UTB **3311**

**Eine Arbeitsgemeinschaft der Verlage**

Böhlau Verlag · Köln · Weimar · Wien
Verlag Barbara Budrich · Opladen · Farmington Hills
facultas.wuv · Wien
Wilhelm Fink · München
A. Francke Verlag · Tübingen und Basel
Haupt Verlag · Bern · Stuttgart · Wien
Julius Klinkhardt Verlagsbuchhandlung · Bad Heilbrunn
Lucius & Lucius Verlagsgesellschaft · Stuttgart
Mohr Siebeck · Tübingen
Orell Füssli Verlag · Zürich
Ernst Reinhardt Verlag · München · Basel
Ferdinand Schöningh · Paderborn · München · Wien · Zürich
Eugen Ulmer Verlag · Stuttgart
UVK Verlagsgesellschaft · Konstanz
Vandenhoeck & Ruprecht · Göttingen
vdf Hochschulverlag AG an der ETH Zürich

# GESTALTUNG VON UNTERRICHT

## Eine Einführung in die Didaktik

Gerhard Tulodziecki,
Bardo Herzig und
Sigrid Blömeke

2., durchgesehene Auflage

VERLAG
JULIUS KLINKHARDT
BAD HEILBRUNN • 2009

*Gerhard Tulodziecki*
Dr. phil., habil., ist Universitätsprofessor (em.) für Schulpädagogik und Allgemeine Didaktik in der Fakultät für Kulturwissenschaften der Universität Paderborn. Seine Arbeitsschwerpunkte sind Unterrichtswissenschaft, Medienpädagogik und Lehrerbildung.

*Bardo Herzig*
Dr. phil., habil., ist Universitätsprofessor für Schulpädagogik, Allgemeine Didaktik und Medienpädagogik in der Fakultät für Kulturwissenschaften der Universität Paderborn. Seine Arbeitsschwerpunkte sind Medienpädagogik, Unterrichtsforschung und Lehrerbildung.

*Sigrid Blömeke*
Dr. phil., habil., ist Universitätsprofessorin für Systematische Didaktik und Unterrichtsforschung an der Humboldt-Universität zu Berlin. Ihre Arbeitsschwerpunkte sind Lehrerbildung, Unterrichtswissenschaft und Medienpädagogik.

Die Deutsche Bibliothek – CIP-Einheitsaufnahme
Die Deutsche Nationalbibliothek verzeichnet diese Publikation in der Deutschen Nationalbibliografie; detaillierte bibliografische Daten sind im Internet über http://dnb.d-nb.de abrufbar.
ISBN 978-3-7815-1703-5 (Klinkhardt)
ISBN 978-3-8252-3311-2 (UTB)

Foto auf Umschlagseite 1: © Dirk Krüll, Düsseldorf.
Einbandgestaltung: Atelier Reichert, Stuttgart.

Druck und Bindung: Friedrich Pustet, Regensburg.
Printed in Germany 2009.
Gedruckt auf chlorfrei gebleichtem alterungsbeständigem Papier.

**UTB-Bestellnummer:** 978-3-8252-3311-2

# Inhalt

# Einleitung

Mit dieser Einführung in die Didaktik möchten wir eine Veröffentlichung vorlegen, die der Zielgruppe der Lehramtsstudierenden in inhaltlicher Hinsicht und im methodischen Aufbau in besonderer Weise gerecht wird. *Inhaltlich* geht es uns schwerpunktmäßig um die Gestaltung von Unterricht als Kern des Lehrerberufs. *Methodisch* ist die Einführung in Form eines handlungsorientierten Lern- und Arbeitsbuches gestaltet.

Das Buch richtet sich an Lehramtsstudierende aller Unterrichtsfächer und aller Schulstufen. Es kann sowohl zur selbstständigen Einarbeitung in das Gebiet der Didaktik genutzt werden als auch parallel zu entsprechenden Lehrveranstaltungen. Wir haben uns bei jedem Kapitel bemüht, fachspezifische und fachübergreifende Aufgaben und Beispiele zu finden, die sowohl Anforderungen an Grundschulen als auch Erwartungen an Haupt- und Realschulen sowie an Gymnasien und Gesamtschulen entsprechen. Dabei liegt ein Schwerpunkt bei Beispielen aus dem allgemeinbildenden Bereich der Sekundarschulen. Die Einsichten und Beispiele sind zwar auch auf den Bereich der Berufskollegs übertragbar, stammen in der Regel jedoch nicht direkt aus diesem Bereich.

Die Hauptaufgabe von Unterricht und Schule sehen wir generell in der Anregung und Unterstützung von Lern- und Entwicklungsprozessen. Mit diesem Verständnis verbindet sich für uns die Intention, *alle* Schülerinnen und Schüler – im Sinne von Chancengerechtigkeit – gleichermaßen zu fördern und *zugleich* eine hohe Unterrichtsqualität anzustreben. Weitere Aufgaben von Lehrerinnen und Lehrern – z. B. Erziehen, Diagnostizieren und Bewerten, Mitwirken an der Schulentwicklung sowie Einflussnahme auf gesellschaftliche Rahmenbedingungen – und historisch-systematische Aspekte der Schule als Institution und internationale Entwicklungen werden in diesem Band zwar im Kontext von Unterrichtsfragen (implizit) angesprochen, jedoch nicht in eigenständiger Weise thematisiert. Eine eigenständige Thematisierung der damit zusammenhängenden Fragen leisten wir in einem gesonderten Band zur „Gestaltung von Schule" (Blömeke/Herzig/Tulodziecki 2007).

Die Fokussierung auf die Anregung und Unterstützung von Lern- und Entwicklungsprozessen in der vorliegenden Einführung ist auch dadurch bedingt, dass in sie Grundideen der 1985 zum ersten Mal publizierten und 1996 in dritter Auflage

erschienenen Veröffentlichung „Unterricht mit Jugendlichen" von Gerhard Tulodziecki eingeflossen sind. Wir haben gegenüber der damaligen Publikation das The-
menspektrum allerdings erweitert, den Ansatz auch auf Kinder bezogen sowie um
neuere Entwicklungen in der Didaktik angereichert – doch ist das Grundkonzept
weiterhin deutlich zu erkennen.

Die Darstellung ist der oben genannten doppelten normativen Ausrichtung verpflichtet: zum einen der Orientierung an Chancengerechtigkeit im Bildungswesen,
zum anderen einer Orientierung an hohen Unterrichtsstandards. Damit setzen wir
an zwei zentralen Defiziten an, welche die nationalen und internationalen Schullei-
stungsvergleiche der letzten Jahre aufgezeigt haben. In Deutschland werden Kinder
und Jugendliche nicht hinreichend gemäß ihrem individuellen Potenzial gefördert.
Vielmehr hängt die schulische Karriere stark von sozialen und ethnischen Merkmalen
ab. Gleichzeitig wird insgesamt nur ein bescheidenes Leistungsniveau hinsichtlich
anwendungsbezogener Kompetenzen erreicht, obwohl es hinreichend empirisch basierte Erkenntnisse zu der Frage gibt, wie Unterricht gestaltet sein muss, um effizient
im Sinne einer Förderung solcher Kompetenzen zu sein. Vor diesem Hintergrund
bedeutet Chancengerechtigkeit, dass Heterogenität als Chance und als Ausgangspunkt
für eine Förderung *aller* Schülerinnen und Schüler wahrgenommen wird und dass
schulische Leistungen unabhängiger von der Herkunft werden. Zugleich können die
schulischen Leistungen damit insgesamt ein deutlich höheres Niveau erreichen.

Um den genannten Intentionen gerecht zu werden, konzentrieren wir uns in dieser
Einführung besonders auf ein handlungs- und entwicklungsorientiertes Vorgehen.
Dies ist unter anderem dadurch gekennzeichnet, dass im Lernprozess eine Auseinandersetzung mit komplexen – für Kinder und Jugendliche im allgemeinbildenden
Sinne bedeutsamen – Aufgaben erfolgt, die bei unterschiedlichen Lernvoraussetzungen in binnendifferenzierter Weise von den Schülerinnen und Schülern möglichst
selbstständig zu bearbeiten sind. Ein solches Vorgehen wählen wir in dem Bewusstsein, dass die Ermöglichung unterschiedlicher Wege beim methodischen Vorgehen
bzw. bei der Erarbeitung von Grundlagen, Lösungswegen und Lösungen eines der
empirisch am besten bewährten Kriterien für hohe Unterrichtsqualität ist. Mit dem
handlungs- und entwicklungsorientierten Ansatz soll für die Studierenden auch
eine Alternative zum fragend-entwickelnden Vorgehen aufgezeigt werden, bei dem
– kleinschrittig und orientiert an der Fachsystematik sowie unter starker Lenkung
durch die Lehrperson – Wissen erarbeitet wird. Letzteres haben die Studierenden
nur allzu oft in ihrer eigenen Schulzeit erlebt, so dass es ihre Vorstellungen von Unterricht weitgehend prägt. Unser Ziel ist es, diesen Erfahrungen und Vorstellungen
einen theoretisch konsistenten Ansatz entgegenzusetzen – einen Ansatz, der zugleich
auf empirisch bewährten Annahmen beruht, so dass die Begründungsqualität unterrichtlichen Handelns erhöht werden kann.

Basis unserer Ausführungen sind zum einen kognitionstheoretische und gemäßigt
sozial-konstruktivistische sowie entwicklungstheoretische Ansätze aus der Pädagogi-

schen Psychologie. Diese werden zusammen mit relevanten Ansätze aus der Didaktik zu unterrichtlichen Anforderungen in Beziehung gesetzt. Mit dieser Fundierung unterstreichen wir sowohl die Notwendigkeit des Erwerbs eines soliden fachlichen Wissens als auch die Bedeutung einer Förderung von intellektuellen Fähigkeiten und Werthaltungen von Schülerinnen und Schülern unter Beachtung von Bedürfnissen und Lebenssituationen.

Wir möchten mit dieser Einführung den Studierenden zugleich die Gelegenheit bieten, beim eigenen Lernen Erfahrungen zu machen, die für ihr späteres Handeln im Unterricht wichtig sind: Sie sollen selbst erfahren, wie bedeutsam es ist, beim Lernen von Anforderungen auszugehen, die für die gegenwärtige oder zukünftige Lebenssituation bedeutsam sind, sich das eigene Vorwissen und die eigenen subjektiven Vorstellungen zum jeweiligen Thema detailliert bewusst zu machen und ernsthaft daran anzuknüpfen, vorab Ziele, Fragestellungen und Vorgehensweisen offen zu legen, Zusammenhänge zwischen Themen aufzuzeigen, immer wieder Beispiele zu suchen und das Gelernte auf neue Situationen zu übertragen bzw. anzuwenden. Gleichzeitig soll die Fallorientierung unserer Überlegungen deutlich machen, dass Lehrerhandeln grundsätzlich mit Unsicherheiten und Risiken behaftet ist, die durch „Rezepte" nicht aufzulösen sind. Damit ist zugleich das Ziel verbunden, ein angemessenes Verständnis für den Stellenwert und für die spezifischen Leistungen didaktischer Theorien im Hinblick auf unterrichtliches Handeln zu entwickeln.

Hieraus ergibt sich die Struktur der einzelnen Kapitel: Einleitend wird das jeweilige Thema in den Gesamtzusammenhang eingeordnet. Ausgehend von einer (fallorientierten) Aufgabe, wie sie sich im beruflichen Alltag von Lehrerinnen und Lehrern stellt, werden die spezifischen Fragestellungen des jeweiligen Kapitels aufgezeigt. Wir empfehlen der Leserin bzw. dem Leser, die Aufgabe sorgfältig auf der Basis bereits vorhandener Kenntnisse, Fertigkeiten und Fähigkeiten sowie Einstellungen so weit wie möglich zu bearbeiten. Da diese Aufgaben die wichtige Funktion haben, sich über den eigenen Zugang und vorhandene Vorstellungen zur Thematik klar zu werden, ist es sinnvoll sich Zeit zu nehmen. Die dann folgenden grundlegenden Informationen können so wesentlich wirksamer angeeignet werden. Abschließend fassen wir wichtige Aussagen des Textes zusammen. Vor diesem Hintergrund kann die jeweilige Aufgabe dann endgültig und umfassend bearbeitet und gelöst werden.

Inhaltlich skizzieren wir in diesem Band – ausgehend von dem Gedanken, dass für den Unterricht das *Lernen* zentrale Bedeutung hat – zunächst den aktuellen Stand der lerntheoretischen Diskussion, gehen auf den Zusammenhang von Lernen und Handeln ein und thematisieren die Bedeutung unterschiedlicher Zielvorstellungen und Inhalte für Lernen und Lehren. Darauf aufbauend nehmen wir die Gestaltung des unterrichtlichen Lehr- und Lernprozesses in den Blick. Zunächst gehen wir auf komplexe Aufgaben zur Anregung von Lernprozessen ein, ehe wir den Ablauf von Unterrichtseinheiten und wichtige Komponenten unterrichtlicher Prozesse im Zusammenhang einer Modellvorstellung von Unterricht behandeln sowie Fragen der Vorbereitung, Beschreibung, Analyse und Bewertung von Unterricht bearbeiten. Daran schließt sich die Darstellung zentraler empirischer Ergebnisse der Lehr-Lernforschung und ihrer Bezüge zu den vorher behandelten Fragen des Unterrichts an. Abschließend werden die unterrichtlichen Überlegungen in den Kontext der didaktischen Diskussion eingebettet. Dabei streben wir an, zum einen den aktuellen Forschungsstand in der Didaktik abzubilden und zum anderen bedeutsame Traditionslinien aufzuzeigen. Bei den Traditionslinien gehen wir zwar hauptsächlich auf die didaktische Diskussion in der früheren Bundesrepublik Deutschland ein, stellen jedoch auch Überlegungen aus der ehemaligen DDR vor. Wir beschließen den Band mit Überlegungen zum Stellenwert didaktischer Ansätze im Hinblick auf unterrichtliches Handeln.

Da die Kapitel aufeinander aufbauen, empfiehlt sich eine Bearbeitung im Sinne der angelegten Kapitelfolge. Dies schließt allerdings nicht aus, bei einzelnen Kapiteln „einzusteigen" bzw. solche – je nach Interesse – einzeln zu bearbeiten. Allerdings sollten dann die Bezüge zu den vorhergehenden Kapiteln besonders beachtet werden. Mit dem Charakter einer Einführung ist außerdem verbunden, dass wir zum Weiterlesen häufiger auf prägnante Überblickswerke als auf wissenschaftliche Detailarbeiten Bezug nehmen.

Unser Dank gilt allen, die uns bei dem Schreiben dieses Bandes hilfreich zur Seite standen. So danken wir zunächst Frau Dipl.-Psych. Dana Eichler, Frau Dipl.-Psych. Christiane Müller und Herrn Dr. Peter Strutzberg (alle Humboldt-Universität zu Berlin), die uns vielfältige und wertvolle Anregungen zur Überarbeitung der Manuskripte gegeben haben.

Des Weiteren gebührt unser Dank allen Studierenden und Lehrpersonen, die mit Vorfassungen der einzelnen Kapitel gearbeitet haben, woraus für uns zahlreiche Rückmeldungen resultierten. Besonderer Dank gilt auch Herrn Andreas Klinkhardt, der die Entwicklung des Bandes von Verlagsseite begleitet und in kooperativer Weise gefördert hat.

Wir hoffen, dass das Buch allen Leserinnen und Lesern vielfältige Anregungen für ihre gegenwärtige oder zukünftige Arbeit in Unterricht, Schule oder Lehrerbildung und Forschung bietet. Für Rückmeldungen sind wir jederzeit dankbar.

Gerhard Tulodziecki, Bardo Herzig, Sigrid Blömeke
Paderborn und Berlin, Juli 2009

# Grundlagen der
# Unterrichtsgestaltung

# 1| Lernen als Orientierungspunkt von Unterricht

## 1.1 Einleitende Hinweise und Fragestellungen

Ziel von Unterricht ist es, Lernen durch Lehren anzuregen und zu unterstützen. Um zu erkennen, welche Anforderungen sich aus dieser Perspektive für Lehrerinnen und Lehrer ergeben, ist es wichtig, sich zunächst einmal intensiv mit dem Lernprozess von Schülerinnen und Schülern auseinander zu setzen. Im Folgenden werden daher zentrale Modellvorstellungen zum Lernen diskutiert. Dabei wird jeweils auch darauf eingegangen, welche ersten Konsequenzen mit den einzelnen Ansätzen für das Lehren verbunden sind. Diese Überlegungen werden ab Kapitel 2 differenziert und konkretisiert.

Einleitend sind in den folgenden beiden Unterrichtsszenen beispielhaft zwei reale Stundenverläufe dargestellt, zu denen die entsprechenden Lehrpersonen auch ihre Beweggründe offen legen. Beide Lehrpersonen streben an, Lernen durch Lehren anzuregen und zu unterstützen. Gleichwohl unterscheiden sich ihr Handeln und ihre Überlegungen dazu.

Herr Schilling unterrichtet Physik in der sechsten Klasse einer Gesamtschule. Zu Beginn einer Doppelstunde bittet er die Schülerinnen und Schüler Gegenstände zu benennen, die schwimmen bzw. untergehen. Er sammelt die Nennungen systematisch an der Tafel und formuliert anschließend das Stundenthema: Die Oberflächenspannung des Wassers. In einem kurzen Vortrag legt er – unterstützt von Folien mit wichtigen Begriffen und Abbildungen – zentrale fachliche Inhalte dar, in denen er wiederholt auf die zuvor von den Schülern genannten Beispiele Bezug nimmt. Anschließend erläutert er einen Versuchsaufbau, mit dem die Kerngedanken seiner einführenden Darlegung geprüft werden sollen. Verschiedene Gegenstände stehen zur Auswahl, zu denen die Schülerinnen und Schüler jeweils Vermutungen äußern, ob sie auf dem Wasser schwimmen oder untergehen. Herr Schilling legt dann jeden Gegenstand vorsichtig in ein großes Wasserglas, von dem das Geschehen per Videokamera und Beamer auf eine große Leinwand projiziert wird, so dass alle gut sehen können. Wenn das Ergebnis anders ausfällt, als es die Schülerinnen und Schüler erwartet haben, wenn z. B. ein Gegenstand untergeht, von dem sie zuvor annahmen, dass er schwimmt, arbeitet Herr Schilling die richtige Erklärung heraus, indem er Fragen stellt, die darauf abzielen, bei den Schülerinnen und Schülern die richtigen Antworten hervorzurufen („fragend-entwickelndes Unterrichtsgespräch"). Zum Abschluss des Unterrichts formuliert er als Hausaufgabe, die Notizen aus der Stunde auszuarbeiten und die Kerngedanken für einen Test in zwei Wochen auswendig zu lernen.

Als Beweggründe für sein Handeln legt Herr Schilling auf Befragung dar: Ich halte es für wichtig, an die Erfahrungen der Schülerinnen und Schüler anzuknüpfen und sie von diesen aus zu einem angemessenen fachlichen Niveau zu führen. Indem ich mich an der Leistungsfähigkeit der Mehrheit der Schülerinnen und Schüler orientiere, werde ich allen am ehesten gerecht. Die Schüler müssen ununterbrochen aufmerksam sein, so dass es auch nicht zu Störungen kommen kann. Die komplizierten physikalischen Inhalte habe ich für sie in nachvollziehbare Informationseinheiten unterteilt, die ich ihnen systematisch präsentiere. Ich habe viele Fortbildungen in meinem Berufsleben besucht, in denen der neueste Stand der Physik vermittelt wurde. Die Fachentwicklung geht ja so schnell, dass man aufpassen muss, dabei zu bleiben. Ich habe daher zusätzlich eine Fachzeitschrift abonniert, die wissenschaftliche Fortschritte in der Physik darstellt.

Frau Becker unterrichtet Physik in der sechsten Klasse einer Gesamtschule. Für die heutige Doppelstunde sollen alle Schülerinnen und Schüler kleine Gegenstände von zu Hause mitbringen, die ruhig auch einmal nass werden dürfen. Sie hat selbst einen Vorrat an weiteren Gegenständen und die notwendigen Materialien für verschiedene Schülerversuche zusammengestellt. Zu Beginn der Unterrichtsstunde erläutert sie das Ziel und das geplante Vorgehen: In Partnerarbeit sollen die Schülerinnen und Schüler mit Hilfe der vorhandenen Gegenstände in vier Versuchen Eigenschaften von Wasser erkunden und die beobachteten Phänomene zu erklären versuchen. Alle Gruppen erhalten vier Arbeitsblätter, die jeweils eine Fragestellung (z. B. „Was trägt den Wasserläufer?") und Hinweise für die Versuche enthalten. Die Schülerversuche nehmen ca. 45 Minuten in Anspruch, in denen sich Frau Becker abwechselnd um jede Gruppe kümmert. Für besonders gute Schülerinnen und Schüler hat sie einen weiterführenden Versuch vorbereitet, den diese selbstständig durchführen können, wodurch Frau Becker Zeit gewinnt, leistungsschwächere Schülerinnen und Schüler zu unterstützen. Anschließend diskutieren die Gruppen ihre Lösungen im Sitzkreis abwechselnd untereinander. Das Ergebnis wird im abschließenden fragend-entwickelnden Unterrichtsgespräch zusammengefasst und an der Tafel festgehalten.

Frau Becker gibt folgende Erläuterungen zu ihrem Handeln: Ich halte es für wichtig, dass die Schülerinnen und Schüler fachliche Inhalte selbst entdecken, indem sie eigene Erfahrungen machen und diese mit ihren Worten beschreiben. Dafür bereite ich möglichst optimale Lernmaterialien vor, dann lasse ich die Schülerinnen und Schüler aber zunächst einmal weitgehend selbstständig agieren. Ich begleite ihre Arbeit, wobei ich versuche, individuell die Schwächeren zu fördern und die Stärkeren zu fordern. Um Störungen zu vermeiden, habe ich bereits ganz zu Beginn Regeln mit den Schülern entwickelt, auf deren Einhaltung sie auch selbst achten. Ich habe viele Fortbildungen besucht, in denen die neuesten Entwicklungen zur Vermittlung von Physik in der Schule diskutiert und Unterrichtsentwürfe erprobt wurden. Zudem habe ich eine fachdidaktische Zeitschrift abonniert, in der Anregungen zur innovativen Gestaltung einzelner Themen dargelegt sind.

> Überlegen Sie bitte, welche Unterschiede im Handeln von Frau Becker und Herrn Schilling Ihnen besonders auffallen und auf welchem Lernverständnis diese beruhen. Wie beurteilen Sie die beiden Unterrichtsszenen und die Erläuterungen der jeweiligen Lehrpersonen vor dem Hintergrund Ihres bisherigen Wissensstandes über Lernprozesse von Schülerinnen und Schülern?

Diese Aufgabe zielt zunächst darauf ab, dass Sie Ihr Vorwissen aktivieren und sich Ihre Einstellungen bewusst machen. Insofern geht es um eine erst vorläufige Bearbeitung der Aufgabe. Nach der Durcharbeit der nachstehenden grundlegenden Informationen können Sie die Aufgabe dann in umfassender Weise bearbeiten.

Um die beiden Unterrichtsszenen am Ende des Kapitels differenziert daraufhin beurteilen zu können, inwieweit durch das Handeln der Lehrpersonen Lernprozesse bei den Schülerinnen und Schülern angeregt und unterstützt werden, ist es hilfreich, sich mit zentralen Lerntheorien auseinander zu setzen. Im Einzelnen stellen sich die folgenden Fragen:

(1) Welche Lerntheorien kann man unterscheiden und welches Verständnis von Lernprozessen zeigt sich in den Theorien?

(2) Welche Folgerungen ergeben sich daraus für die Gestaltung von Lehrprozessen?

(3) Welche Chancen und Grenzen sind mit den einzelnen Theorien verbunden?

Die Bearbeitung dieser Fragen schärft den Blick für bedeutsame Lernprozesse von Schülerinnen und Schülern im Unterricht.

## 1.2 Grundlegende Informationen

Im Folgenden gehen wir auf Theorien zum Lernen ein, und zwar in erster Linie auf die drei zentralen Theorietraditionen des Behaviorismus, Kognitivismus und Konstruktivismus, die historisch aufeinander folgten (vgl. insbesondere GAGE/BERLINER 1996; REINMANN-ROTHMEIER/MANDL 2001; STEINER 2001). Zunächst wird bei der Darstellung jeweils der Lernbegriff spezifiziert. Anschließend stellen wir dar, wie Lernen modelliert werden kann. Abschließend ziehen wir Konsequenzen im Hinblick darauf, wie Lernprozesse gefördert werden können. Übergänge zwischen den drei Traditionslinien finden ebenfalls Berücksichtigung, im Interesse besserer Übersichtlichkeit werden ihnen jedoch keine eigenen Abschnitte gewidmet.

Vorab kann als Gemeinsamkeit der vorzustellenden Ansätze festgehalten werden, dass Lernen als Resultat von Erfahrung angesehen wird. Sehr vereinfacht kann man formulieren, dass beim Lernen Entwicklungspotentiale des Menschen von der Umwelt angeregt werden. Entwicklung – als Prozess einer langfristigen Veränderung des Menschen hinsichtlich seiner intellektuellen Möglichkeiten und Wertorientierungen im Laufe seines Lebens – geschieht aufgrund von Lernen und stellt ein Wechselspiel zwischen Individuum und Umwelt dar. Ein Lernprozess braucht Zeit und erfolgt abhängig vom Entwicklungsstand des jeweiligen Individuums. Erziehung und Unterricht stellen bewusst gestaltete Anregungen und Unterstützungen dar, um erwünschte Ziele zu erreichen und unerwünschte Folgen zu vermeiden. Diese Beschreibung beinhaltet, dass man nicht von Lernen spricht, wenn Verhaltensänderungen nur aufgrund von biologischen Reifungsprozessen (z. B. Wachsen) oder physiologischen Prozessen (z. B. als Ergebnis von Müdigkeit oder Alkoholkonsum) eintreten.

### 1.2.1 Behavioristische Lerntheorien

Behavioristische Lerntheorien haben sich schon seit dem Ende des 19. Jahrhunderts entwickelt (vgl. SKINNER 1953; HILGARD/BOWER 1966). In ihnen wird Lernen mit Bezug auf beobachtbare Verhaltensweisen beschrieben. Beispielsweise hat Lernen stattgefunden, wenn ein Schüler, der seine Hausaufgaben bisher nicht gemacht hat, nunmehr die Hausaufgaben regelmäßig erledigt. Generell spricht man in behavioristischen Lerntheorien dann von Lernen, wenn sich die Wahrscheinlichkeit, mit der ein bestimmtes Verhalten auftritt, verändert, d.h. vergrößert oder verkleinert. Verhaltensweisen werden dabei als beobachtbare Reaktionen auf auslösende Reize oder als beobachtbare Aktivitäten in einer gegebenen Situation mit bestimmten Konsequenzen aufgefasst. Die Strukturen und Prozesse im Gehirn, die möglichen Veränderungen zugrunde liegen – so genannte „Kognitionen" – blendet der Behaviorismus aus. Ein Lernender bzw. eine Lernende wird in behavioristischen Lerntheorien als *black box* angesehen. Zugleich wird angenommen, dass das Verhalten eines Individuums durch äußere Reize, die einem Verhalten vorausgehen und/oder folgen, gesteuert werden kann.

Bei behavioristischen Lerntheorien kann man zwei Varianten unterscheiden, die jeweils zur Verhaltenssteuerung bzw. Verhaltensänderung genutzt werden können: das klassische Konditionieren und das operante Konditionieren.

### Klassisches Konditionieren

Mit dem Begriff des klassischen Konditionierens wird eine Form des Lernens bezeichnet, bei der durch einen bekannten Reiz eine Reaktion ausgelöst wird (respondentes Lernen). Experimente hierzu führte der russische Physiologe und Nobelpreisträger Iwan PAWLOW (1849-1936) durch. Er setzte Hunde gleichzeitig zwei Reizen aus: einem neutralen Reiz (Licht), der – allein angewendet – ohne Folgen bleiben würde, und einem zweiten Reiz (Fleisch), der aufgrund physiologischer Vorgänge zu einer bestimmten Reaktion führt (Speichelfluss). Dieser Speichelfluss stellt zunächst kein Lernen dar. Nach mehrfachen gemeinsamen Darbietungen von Licht und Fleisch führt aber auch die alleinige Darbietung des zuvor neutralen Reizes (Licht) zu der mit dem parallelen Reiz verbundenen Reaktion (Speichelfluss): Der Hund hat gelernt, er wurde „konditioniert"; das Licht stellt nun einen *bedingten* Reiz dar, der auch allein zur (bedingten) Reaktion des Speichelflusses führt (vgl. Darstellung 1.1).

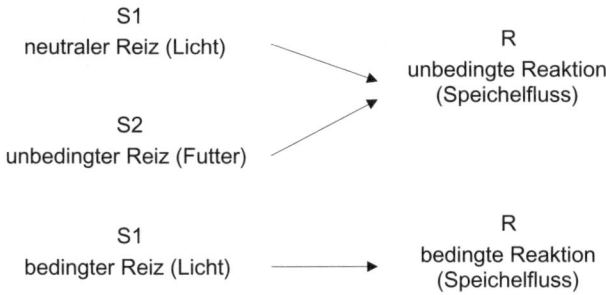

**Darstellung 1.1**: Klassisches Konditionieren

In Bezug auf das Lernen in der Schule kann der Ansatz des klassischen Konditionierens herangezogen werden, um das Auftreten bestimmter Emotionen zu erklären. Ein Beispiel: Abgesehen von spontan-emotionalen Reaktionen auf eine neue Lehrperson, stellt ihr Anblick ursprünglich einen neutralen Reiz (S1) dar. Kommt es nun beispielsweise zu einer Kopplung mit Prüfungssituationen (S2) – als Momenten, die Angst auslösen können (R) – kann die Lehrperson zu einem bedingten Reiz werden, auf den dann auch außerhalb von Prüfungssituationen mit Angst reagiert wird. Generell bedeutet dies, dass allein durch die wiederholte Darbietung unbedingter Reize, die Emotionen – Freude oder Angst – hervorrufen, in der Schule respondentes Lernen erfolgen kann. Eine unmittelbare Übertragung der Mechanismen des klassischen Konditionierens auf kognitives Lernen ist dagegen nur schwer möglich.

**Operantes Konditionieren**
Dem Ansatz des operanten Konditionierens zufolge ist Lernen abhängig von den Konsequenzen eines Verhaltens, d. h. dass ein Verhalten – als spontane Reaktion (R) in einer bestimmten Situation – mit seinen Folgen (C: englisch *consequences*) verknüpft wird, von denen dann die Wahrscheinlichkeit abhängt, mit der dieses Verhalten in Zukunft auftritt (vgl. Darstellung 1.2).

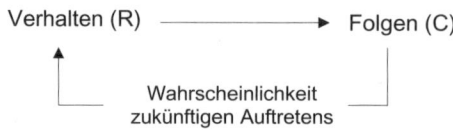

**Darstellung 1.2:** Operantes Konditionieren

Ein wichtiger Vertreter dieses Ansatzes ist der Psychologe Burrhus F. SKINNER (1940-1990). Nach seiner Auffassung sind für das Lernen die Folgen des Verhaltens der Lernenden ausschlaggebend. Lernen wird aus dieser Perspektive insbesondere dann erreicht, wenn die Konsequenzen für den Lernenden eindeutig, unmittelbar und in Anpassung an das gezeigte Verhalten erfolgen. Prinzipiell können zwei Fälle unterschieden werden, die sich jeweils durch zwei Strategien erreichen lassen (vgl. Tabelle 1.1): Im ersten Fall geht es um den Aufbau eines Verhaltens, im zweiten Fall um den Abbau.

Die Wahrscheinlichkeit, dass ein Verhalten auch in Zukunft auftritt, *erhöht* sich zum einen durch Darbietung eines positiven Stimulus im Anschluss an das Verhalten, z. B. durch das Lob einer Lehrperson. Man spricht in diesem Falle von positiver Verstärkung. Die Auftretenswahrscheinlichkeit kann zum anderen aber auch dadurch erhöht werden, dass als Folge eines Verhaltens eine negativ empfundene Situation beendet wird, z. B. wenn jemand von einer Angst erzeugende Klassenarbeit befreit wird, weil er sich krank meldet. In diesem Fall spricht man von *negativer* Verstärkung.

Demgegenüber *verringert* sich die Wahrscheinlichkeit, dass ein Verhalten in Zukunft auftritt, wenn es durch den Entzug eines positiven Verstärkers bestraft wird (z. B. Ausbleiben eines positiven Feedbacks). Die Auftretenswahrscheinlichkeit kann aber auch dadurch verringert werden, dass eine Bestrafung durch Darbietung eines negativen Stimulus erfolgt (z. B. Tadel). Voraussetzung für eine Wirkung von Bestrafung ist, dass der Stimulus sofort und intensiv einsetzt und dass der betroffene Schüler ihm nicht ausweichen kann. Bei Bestrafung besteht aber immer das Problem, dass sie in der Regel mit erhöhter Aufmerksamkeit für den Schüler verbunden ist und daher von diesem als Belohnung empfunden werden kann. Zudem provoziert sie gegebenenfalls eine aggressive Reaktion auf Schülerseite oder aber ein negatives Selbstbild.

Die Strategien der positiven oder negativen Verstärkung können damit gekoppelt werden, dass die Lernenden einschätzen lernen, wann ein bestimmtes Verhalten zu einer positiven Konsequenz führt. So sollte die Lehrperson z. B. darauf achten, dass sie Lernende für ihre Beiträge zu einem Klassengespräch nur dann lobt, wenn sie sich ordnungsgemäß gemeldet haben und aufgerufen worden sind. Der Aufruf durch die Lehrperson wird damit zu einem Hinweisreiz für ein Verhalten, das positive Konsequenzen hat.

**Tabelle 1.1:** Strategien des operanten Konditionierens

|  | positiver Stimulus | negativer Stimulus |
|---|---|---|
| **erhöhte Auftretens-wahrscheinlichkeit eines Verhaltens** | Darbietung (positive Verstärkung) | Entzug (negative Verstärkung) |
| **geringere Auftretens-wahrscheinlichkeit eines Verhaltens** | Entzug (Bestrafung) | Darbietung (Bestrafung) |

Da weder die Darbietung eines negativen Stimulus noch der Entzug eines positiven Verstärkers als Bestrafung dazu führen, dass ein positives Alternativverhalten aufgebaut wird, ist im Falle von unerwünschten Verhaltensweisen zum einen zu überlegen, ob die Situation so verändert werden kann, dass das unerwünschte Verhalten erst gar nicht auftritt. Beispielsweise kann ein Wechsel von Frontalunterricht zu Gruppenunterricht unter Umständen dazu führen, dass Störungen aufhören. Zum anderen ist zu überlegen, wie mit Hilfe von positiven oder negativen Verstärkungen alternative Verhaltensweisen aufgebaut werden können.

Um Erfolg zu haben, ist es wichtig, dass die jeweils gewählte Strategie gut geplant ist, bewusst umgesetzt und über einen längeren Zeitraum durchgehalten wird. Ebenso stellt eine Abstimmung unter den Lehrpersonen einer Klasse eine wichtige Voraussetzung dar. An manchen Schulen ist es üblich, in besonders schwierigen Fällen mit den entsprechenden Schülerinnen und Schülern individuell angepasste Verträge abzuschließen, in denen sowohl das erwartete Handeln als auch die zu erwartende Belohnung genau festgehalten werden. Es handelt sich dabei um so genannte Kontingenzverträge. Werden diese mit der Vergabe von Sammelpunkten verbunden, spricht man auch von einem Tokensystem. Mit Kontingenzverträgen und Tokensystemen können in bestimmten Bereichen gute Erfolge erzielt werden.

**Schnittstellen des Behaviorismus zu kognitiven Lerntheorien**

Auf die Veränderung von Verhalten bezogen ist festzuhalten, dass die Ansätze des operanten und klassischen Konditionierens für das Erlernen von sozialem Verhalten und Emotionen zum Teil mit Erfolgen verbunden sind. Komplexere Formen des Wissenserwerbs und den Erwerb von Problemlösefähigkeit erklären diese frühen behavioristischen Ansätze dagegen nicht hinreichend. Solche Lernprozesse werden erst in kognitiven Lerntheorien modelliert, zu denen spätere behavioristische Ansätze allerdings eine Schnittstelle darstellen, indem sie auf die Notwendigkeit einer präzisen Definition von Lernzielen aufmerksam gemacht haben. So differenziert beispielsweise BLOOM (1972) zwischen kognitiven, affektiven und psychomotorischen Zielen, die jeweils mit Niveaustufen versehen sind. Auch GAGNÉ (1965) betont den kumulativen

Charakter von Lernen, bei dem komplexere Formen zur Voraussetzung haben, dass einfachere beherrscht werden. Für die Anregung und Unterstützung von Lernprozessen sowie die Überprüfung des Lernerfolgs ist es wichtig, dass solche Hierarchien bewusst sind, weil sonst die Gefahr besteht, dass schulische Lehr-Lernprozesse auf mittlere Niveaustufen – wie z. B. das Lernen von Begriffen oder Regeln – beschränkt bleiben und komplexere Stufen – wie z. B. der Erwerb von Problemlösefähigkeit – nicht erreicht werden.

Aber auch die späten behavioristischen Lerntheorien machen keine Aussagen zu den kognitiven Grundlagen erreichter Verhaltensänderungen. An dieser Stelle setzen die kognitiven Lerntheorien an.

### 1.2.2 Kognitive Lerntheorien

Kognitive Lerntheorien setzen einen Akzent auf die dem Lernen zugrunde liegenden kognitiven – d. h. im Gedächtnis repräsentierten – Strukturen. Lernen wird zwar weiterhin als erfahrungsbedingte Veränderung angesehen, doch stehen nicht mehr das beobachtbare Verhalten und seine Auftretenswahrscheinlichkeit im Fokus, sondern der Prozess des Aufbaus bzw. der Veränderung vorhandener Kognitionen. Gleichzeitig ändert sich auch das Menschenbild: Während in behavioristischen Ansätzen – wie bereits erwähnt – die Tendenz vorherrschte, menschliches Verhalten als durch äußere Reize steuerbar anzusehen, wird in kognitiven Theorien die Bedeutung der internen Verarbeitung äußerer Reize hervorgehoben und modelliert. Damit wird der Lernende als Individuum begriffen, das äußere Reize eigenständig verarbeitet (und nicht einfach durch solche gesteuert werden kann). Im Folgenden werden zunächst die Ansätze von Bandura und Piaget dargestellt, die hierzu bedeutsame Grundlagen erarbeitet haben. Anschließend wird auf Weiterentwicklungen eingegangen, die zum Teil bereits Schnittstellen zu konstruktivistischen Ansätzen darstellen.

### Frühe kognitive Lerntheorien

Banduras (1977) sozial-kognitive Lerntheorie stellt ein wichtiges Bindeglied zwischen behavioristischen und kognitiven Theorien dar. Der kanadische Psychologe (geb. 1925) führt das Lernen durch Beobachtung und Nachahmung am Modell auf zugrunde liegende kognitive Prozesse im Beobachter zurück, indem er folgende Schritte des Lernens unterscheidet: 1. Der Handlung eines Modells wird besondere Aufmerksamkeit durch einen Beobachter zuteil. 2. Im Prozess der Beobachtung wird die Handlung schrittweise nachvollzogen und mental nachgebildet, so dass im Gedächtnis ihre symbolische Repräsentation entsteht. 3. Die Handlung wird praktisch nachgemacht, reflektiert (gegebenenfalls aufgrund von Rückmeldungen) und erneut reproduziert. Der dritte Schritt muss allerdings nicht in jedem Fall erfolgen. Dennoch kann Lernen vorliegen. Bandura unterscheidet zwischen dem *Erwerb* eines Verhaltens und einer tatsächlich beobachtbaren Verhaltens*äußerung*. Letztere hängt seiner Theorie zufolge wie beim operanten Konditionieren von einer Verstärkung des Modellhandelns ab. Während der Erwerb eines Verhaltens unabhängig von den Folgen für das beobachtete Modell geschieht, geht eine Belohnung des Modells mit einer erhöhten Auftretenswahrscheinlichkeit auch im Alltag des Beobachters einher. Ein Beispiel:

> Veli beobachtet im Sportunterricht ganz genau, wie Lea am Stufenbarren einen Aufschwung macht. Schrittweise vollzieht er die gezeigte Handlung gedanklich nach, so dass er weiß, wie er selbst einen Aufschwung machen müsste. Er hat gelernt. Kurz vor Abschluss der Übung verliert Lea allerdings überraschend das Gleichgewicht. Die Wahrscheinlichkeit, dass Veli nun so handelt wie das von ihm beobachtete Modell (Lea), sinkt in diesem Moment. Die Wahrscheinlichkeit wäre dagegen gestiegen, wenn Lea einerseits das Gleichgewicht nicht verloren hätte und wenn andererseits der Sportlehrer auch noch spontan geäußert hätte: „Prima, so ist die Übung perfekt ausgeführt."

Ein bedeutsamer Ansatz zum Verständnis der intellektuellen Entwicklung von Kindern und Jugendlichen ist auch dem Schweizer Entwicklungspsychologen Jean PIAGET (1896-1986) zu verdanken. Nach PIAGET (1947/1972) verläuft die intellektuelle Entwicklung in vier Stufen, die aufeinander aufbauen. Dabei werden jeweils entweder Umwelterfahrungen in schon vorhandene kognitive Strukturen integriert (Assimilation) oder diese Strukturen werden aufgrund kognitiver Konflikte an die äußeren Bedingungen angepasst (Akkomodation). Ziel ist es, ein internes Gleichgewicht zwischen Organismus und Umweltanforderungen zu erhalten oder zu erreichen (Äquilibration). In Bezug auf Schule bedeutet dies zum Beispiel im Fall der Assimilation:

> Ruth soll die Aufgabe 3 x 5 bearbeiten. Sie wendet ihre Fähigkeit zu Zählen darauf an und stellt die Gleichung auf: 3 x 5 = 5 + 5 + 5 = 15. Das neue Verfahren, die Multiplikation, gliedert sich in Bekanntes (Addition natürlicher Zahlen) ein.

Im nächsten Beispiel handelt es sich dagegen um Akkomodation:

> Jorgos soll ebenfalls eine Multiplikation ausführen, allerdings mit drei Multiplikanden: 3 x 5 x 2.
>
> Zunächst versucht Jorgos, die Aufgabe auf bereits Bekanntes zurückzuführen und führt folgenden Schritt aus:
>
> 3 x 5 x 2 = 5 + 5 + 2 + 2 + 2 +2 + 2 = 20
>
> Das Ergebnis ist allerdings falsch, weil bei der Umformung das Assoziativgesetz und das Distributivgesetz nicht beachtet wurden. Diese neuen Regeln muss Jorgos erwerben – d. h. sein bisheriges Schema akkomodieren –, um die Aufgabe korrekt zu lösen:
>
> 3 x 5 x 2 = (3 x 5) x 2 = (5+5+5) x 2 = (5+5+5) + (5+5+5) = 15 + 15 = 30 bzw.
>
> 3 x 5 x 2 = (3 x 5) x 2 = (5+5+5) x 2 = (5x2) + (5x2) + (5x2) = 10 + 10 + 10 = 30

Voraussetzung für das Erlernen komplexer Verhaltensweisen ist das Durchlaufen der so genannten „sensomotorischen Stufe". In dieser Phase, die nach PIAGET etwa bis zum zweiten Lebensjahr dauert, stehen dem Kind noch keine Begriffe zur Verfügung, so dass es sich Handlungen auch noch nicht vorstellen bzw. diese in ihrem Zusammenhang durchdenken kann. Maßstab des kindlichen Handelns ist der unmittelbar sichtbare Erfolg, nicht eine Suche nach Erklärungen oder eine systematische Unterscheidung zwischen Handlungsformen. Entwicklung erfolgt, indem angeborene Reflexe mit äußeren Eindrücken abgeglichen werden, so dass immer umfangreichere Handlungsschemata aufgebaut werden (Kreisreaktionen). Ein Beispiel: Ein Kind zieht an der Schnur eines Spielzeugs. Hat es Erfolg, indem Musik erklingt, wird es diese Handlung mehrmals aktiv wiederholen, um bewusst diese Musik zu erzeugen, die beim ersten Mal nur zufällig – durch reflexhaftes Greifen – entstanden ist.

Es folgt die Stufe des anschaulichen Denkens ohne interne Transformationen. Diese Phase dauert etwa bis zum siebten Lebensjahr und ist durch sprachliche Repräsentationen sowie das Unterscheiden von Realität und Vorstellung gekennzeichnet. In der ersten Teilphase des so genannten „präoperationalen Denkens", die etwa vom zweiten bis zum vierten Lebensjahr dauert, erlernt das Kind die Sprache, womit es in die Lage versetzt wird, sich Handlungen bewusst zu machen und vorzustellen. Dies ist gleichbedeutend damit, dass das Kind lernt, zwischen Gegenständen und seiner Bezeichnung zu unterscheiden. Es kann nun z. B. „Essen" auch spielen. Zwischen dem vierten und dem siebenten Lebensjahr durchläuft das Kind die zweite Teilphase des „anschaulichen Denkens". Es kann nun zwar erste Beziehungen zwischen Gegenständen herstellen (z. B. mehr, weniger oder gleich viel), aber es vertraut letztlich dem, was es sieht. Wird beispielsweise Wasser aus zwei Gläsern mit gleichem Durchmesser und mit gleichem Wasserstand vor den Augen eines Kindes zum einen in ein schmaleres und zum anderen in ein breiteres Glas gegossen, ohne dass etwas verloren geht, behauptet das Kind anschließend dennoch, dass in dem schmaleren Glas mehr Wasser enthalten ist, weil der Pegel vergleichsweise höher steht.

In der nächsten Entwicklungsstufe – nach PIAGET etwa ab dem achten Lebensjahr – treten Kinder in die Phase des konkret-operationalen Denkens ein, die eine Vorstufe für das formal-operationale Denken darstellt. Die Kinder beginnen nun, logisch zu denken und Schlussfolgerungen zu ziehen, wenn auch begrenzt auf konkrete Dinge. Beispielsweise erkennen die Kinder nun eine gleich bleibende Wassermenge trotz veränderter Höhe und Breite eines Glases. Während die Kinder in den Jahren vorher gegebenenfalls schon Zahlenreihen aufsagen konnten, entwickelt sich nun auch ein Verständnis für die Bedeutung des Zahlbegriffs, indem beim Zählen eine Kopplung von Zahlen und Gegenständen erfolgt (d. h. immer nur eine Zahl einem Gegenstand zugeordnet wird) und indem ein Verständnis dafür entwickelt wird, dass die letzte Zahl ein dauerhaft gültiges Ergebnis darstellt (und nicht etwa jedes Mal neu gezählt werden muss, wenn man für dieselbe Menge noch einmal wissen will, wie viele Gegenstände es sind).

Etwa ab dem elften Lebensjahr können – unabhängig von einer konkreten Handlung – abstrakte Inhalte erfasst und logische Zusammenhänge geprüft werden. Die Kinder entwickeln ein Verständnis für zeitliche Entwicklung (Vergangenheit und Zukunft) und sie sind in der Lage, ihre Denkprozesse zu reflektieren und ihre Argumentation aus unterschiedlichen Perspektiven zu bewerten.

**Tabelle 1.2:** Stufen der kognitiven Entwicklung nach PIAGET

|     | Kognitionen |
| --- | --- |
| 0   | Sensomotorische Stufe |
| I   | Präoperationales Denken, anschauliches Denken |
| II  | Konkret-operationales Denken |
| III | Formal-operationales Denken |

**Weiterentwicklungen der frühen kognitiven Lerntheorien**

Die an diese grundlegenden Arbeiten von PIAGET anschließenden Entwicklungen sind dadurch gekennzeichnet, dass sowohl einzelne seiner Annahmen revidiert bzw. ergänzt wurden als auch auf seinen grundlegenden Modellvorstellungen aufgebaut wurde. Zunächst zu den revidierten bzw. ergänzten Annahmen, von denen drei an dieser Stelle wegen ihrer Bedeutung für schulisches Lernen hervorgehoben werden sollen (dabei wird auch jeweils angegeben, an welcher Stelle dieser Einführung diese Aspekte wieder aufgegriffen werden):

Erstens hat Lew S. WYGOTSKI (1896-1934) die Bedeutung der sozialen Interaktion für Lernen deutlich stärker als PIAGET betont. Der russische Entwicklungspsychologe knüpft daran an, dass (sozio-)kognitive Konflikte entstehen können, wenn Lernende mit unterschiedlichen Vorstellungen zu einer Fragestellung zusammenarbeiten, so dass es zu Akkomodations- oder Assimilationsprozessen kommt. Er entwickelt PIAGETs intrapsychisch fokussierten Ansatz weiter, indem er davon ausgeht, dass Wissen erst *interpsychisch* – in einem sozialen Prozess – als gemeinsam geteilte Bedeutung gebildet wird (vgl. WYGOTSKI 1978; vgl. zu Möglichkeiten, diskursive Prozesse in den Unterrichtsablauf zu integrieren Kap. 5).

Zweitens wird die Entwicklung komplexerer intellektueller Fähigkeiten mittlerweile als bereichsspezifisch angesehen. PIAGETs Theorie der kognitiven Entwicklung hatte den Anspruch, universell – also bereichsübergreifend – zu gelten. Das Durchführen formaler Denkoperationen hing danach lediglich vom Erreichen der entsprechenden Entwicklungsstufe ab. Die Bedeutung des fachinhaltlichen Vorwissens wurde lange Zeit unterschätzt (vgl. SHULMAN 1992). Neueren Erkenntnissen der Expertiseforschung zufolge müssen aber bezogen auf die Fähigkeit, in einem bestimmten Bereich komplexe Gedankengänge durchzuführen, die entsprechende generelle intellektuelle Fähigkeit *und* entsprechendes bereichsspezifisches Wissen zusammengeführt werden (vgl. z. B. REINHOLD/LIND/FRIEGE 1999; vgl. zur Bedeutung dieser Differenzierung für den Unterricht Kap. 2 und 4).

Drittens haben zahlreiche empirische Studien gezeigt, dass zwar der von PIAGET herausgearbeitete Stufenablauf bereichsspezifisch bei jedem Individuum wieder gefunden werden kann, dass die angegebenen Altersgrenzen aber in Frage gestellt werden müssen. Dies hängt zum einen mit der Veränderung des Blickwinkels von universeller zu – unterschiedlich schnell verlaufender – bereichsspezifischer Entwicklung zusammen, zum anderen aber auch mit Fortschritten in der didaktisch-methodischen Gestaltung von Lehr-Lernprozessen, die es vor allem für die Grundschule ermöglichen, Kinder schon früh zu formalen Denkoperationen zu führen.

Im Hinblick auf die grundsätzliche Weiterentwicklung der lerntheoretischen Diskussion ist festzustellen, dass sich zwei parallele Entwicklungslinien herauskristallisieren, die beide auf PIAGET aufbauen. Die erste Linie umfasst kognitive Lerntheorien im engeren Sinn, während die zweite einen Vorläufer konstruktivistischer Lerntheorien darstellt (hierzu s. im Einzelnen Abschnitt 1.2.3).

Kognitive Lerntheorien im engeren Sinne thematisieren vor allem das Lernen in Form von Wissenserwerb. WITTROCKS (1977) Theorie des generativen Lernens betont die Verknüpfung von neuen Lerninhalten mit bereits vorhandenem Wissen, das die Wahrnehmung und Interpretation des Neuen prägt. Demzufolge reicht für die Initiierung von Wissenserwerb auch der behavioristische Verweis auf reizbedingte Reaktionen nicht mehr aus, sondern es geht darum, Lernschritte in Anknüpfung an das Vorwissen der Schülerinnen und Schüler anzustoßen (vgl. zu Möglichkeiten der Umsetzung Kap. 5). Im Unterricht kommt der Lehrperson damit die Aufgabe zu, einen Lerngegenstand auf angemessenem Niveau aufzubereiten und den Schülerinnen und Schülern in überschaubaren Einheiten zu präsentieren. Damit wird eine pädagogische Tradition weitergeführt, die von HERBART bis AUSUBEL reicht. In diesen Ansätzen liegt der Fokus darauf, Inhalte möglichst optimal vorzustrukturieren und zu systematisieren, so dass sie von Schülerinnen und Schülern schrittweise in Verknüpfung mit dem vorhandenen Wissen nachvollzogen werden können.

Der Pädagoge und Philosoph Johann Friedrich HERBART (1776-1841) entwarf eine Erziehungs- und Bildungstheorie, die sich später in der Praxis durch Weiterentwicklungen der so genannten „Herbartianer" (vor allem Tuiskon ZILLER, 1817-1882, und Wilhelm REIN, 1847-1929) in fünf Formalstufen für den Unterricht manifestierte: Vorbereitung, Darbietung, Verknüpfung, Zusammenfassung, Anwendung (REIN 1907, S. 109). Diese Stufen sollten jeglichen Unterricht gliedern und waren von der Lehrperson auszuführen. Vor allem in Deutschland wurde dieser Ansatz sehr einflussreich (vgl. auch Kap. 9.2.1). Der Kognitionspsychologe David P. AUSUBEL (geb. 1918) betont ebenfalls die Strukturierungs- und Verknüpfungsaufgaben der Lehrperson, die den Schülerinnen und Schülern eine sinnvolle Rezeption der Lerninhalte ermöglichen. Einführungen (*advance organizers*) sollen die Verknüpfung von neuem und vorhandenem Wissen erleichtern, indem sie abstrakter als der zu vermittelnde Inhalt gehalten sind und vor allem Beziehungen zwischen den Inhalten aufzeigen. Die in diesem Band vorgenommenen einleitenden Hinweise und Fragestellungen können als ein Beispiel dafür angesehen werden.

### 1.2.3 Konstruktivistische Lerntheorien

Konstruktivistische Ansätze, die den kognitionstheoretischen Zugang weiterentwickeln, ohne diesen zu verdrängen, indem Lücken geschlossen und Defizite überwunden werden, bieten einen aktuell besonders bedeutsamen theoretischen Rahmen für das Verständnis des Lernprozesses. Auf sie wird daher etwas umfassender eingegangen.

Lernen wird in konstruktivistischem Sinn vor allem als eigenaktiver Aufbau kognitiver Strukturen durch die Schülerinnen und Schüler angesehen. Im Unterschied zum Primat der Wissensrepräsentation im Kognitivismus (verbunden mit einer rezeptiven Lernhaltung, die dort kaum problematisiert wird), folgt der Konstruktivismus dem Primat des Problemlösens (verbunden mit einer selbstständigen Denkaktivität der Lernenden). Damit wird eine didaktische Tradition erneuert und – unter Bezug auf Piaget – kognitionspsychologisch fundiert, die von Deweys Projektmethode und Kerschensteiners Idee der Arbeitsschule über Bruners Konzept des entdeckenden Lernens bis zu handlungsorientierten Ansätzen reicht. John Dewey (1859-1952) betonte für die Schülerinnen und Schüler eine Selbsttätigkeit mit allen Sinnen, die für den Unterricht in Form der Projektmethode konzeptionell realisiert wurde. Darauf aufbauend entwickelte Georg Kerschensteiner (1854-1932) seinen reformpädagogischen Ansatz, Schülerinnen und Schüler mit Hilfe von Aufgaben aus dem Alltag in Schulwerkstätten lernen zu lassen, statt sie in einer „Buchschule" nur zu belehren. Jerome Bruner (geb. 1915) setzte die Forderung nach Selbsttätigkeit schließlich auch für den kognitiven Wissenserwerb um, indem er das Konzept entwickelte, Schülerinnen und Schüler ausgehend von einer Problemstellung selbstständig durch systematische Beobachtung oder andere Formen empirisch-wissenschaftlichen Arbeitens nach Informationen über Sachverhalte suchen zu lassen, statt sie ihnen in abgeschlossener Form zu präsentieren. In den aktuellen didaktischen Ansätzen, die sich dem Prinzip der Handlungsorientierung zuordnen lassen (wie z. B. auch der von uns in diesem Band vorgestellte Ansatz), sind diese Überlegungen aufgenommen. Für den schulischen Unterricht lässt sich daraus resümierend die Konsequenz ableiten, Schülerinnen und Schüler stärker als selbstgesteuerte Lernende zu sehen, die vorhandene kognitive Strukturen eigenaktiv weiterentwickeln. Neue Inhalte sollen also nicht geschlossen und systematisch präsentiert werden, sondern Lernende entdecken und erklären Phänomene selbstständig. Eine dominante Rolle der Lehrperson und eine Aufbereitung von Lerninhalten in kleinschrittigen Einheiten lassen sich vor diesem Hintergrund – in Abhängigkeit von den Lernvoraussetzungen – gegebenenfalls als wenig lernförderlich ansehen.

In entscheidendem Maße wird in konstruktivistischen Ansätzen aber auch darauf hingewiesen, dass der Lernbegriff selbst weiterentwickelt werden muss. Um handlungsrelevante Lernerfolge erzielen zu können, ist Wissen*erwerb* im Sinne der kognitiven Lerntheorien allein nicht hinreichend. Das Langzeitgedächtnis hat eine enorme Speicherkapazität, so dass die *Speicherung* von Wissen ein eher untergeordnetes Problem darstellt. Das vorhandene Wissen muss bei Bedarf aber auch *abgerufen* werden können, um im Alltag genutzt zu werden. Und dies ist häufig sehr viel schwieriger zu erreichen (Problem des „trägen Wissens"). Im Konstruktivismus findet daher die Erkenntnis Berücksichtigung, dass jede Konstruktion von Wissen als kontextgebunden angesehen werden muss (vgl. GERSTENMAIER/MANDL 1995). Das bedeutet, dass erworbenes Wissen zunächst immer an diejenigen Beispiele gebunden bleibt, anhand derer es gelernt wurde. Ein Transfer auf neue Situationen gelingt nicht automatisch, sondern muss im Unterricht systematisch gefördert werden. Dies verlangt, sehr viele komplexe Aufgaben, die jeweils eine authentische Situation repräsentieren, in der bestimmtes Wissen zur Anwendung kommen kann, zu verwenden und so das Wissen über Anwendungsbereiche – und deren Grenzen – immer gleich mit zu vermitteln. Auf diese Weise kann einerseits deutlich werden, wofür und wann welches Wissen eine Rolle spielt, andererseits wird die Verknüpfung des Wissens untereinander verbessert. Durch die ständige situationsbezogene Rekonstruktion befindet sich das Wissen in einem stetigen Wandel und wird flexibel anwendbar. Implizit steht hinter dieser konstruktivistischen Annahme übrigens auch die Vorstellung, dass das individuelle „Wissen" eines Menschen auf keinen Fall eine 1:1-Abbildung von Wirklichkeit darstellt, sondern dass es von Lernenden subjektiv mit – durchaus unterschiedlicher – Bedeutung versehen wird.

Traditionell fördert Schule allerdings eher den Erwerb so genannten „trägen Wissens", das im Alltag – außerhalb der Schule – kaum zur Anwendung kommt. Ursache ist, dass der Lerngegenstand nicht in authentische (häufig komplexe und nicht unmittelbar durchschaubare) Kontexte aus dem realen Alltag eingebunden wird, sondern dass eine – in der Logik kognitiver Theorien im engeren Sinne durchaus angemessene – kleinschrittige und anhand der Fachsystematik gegliederte Präsentation aus nur einer Perspektive erfolgt. Wir versuchen diese Vorstellung in unserem Lern- und Handlungsmodell zu überwinden, indem wir auf die Entwicklung einführender Aufgaben sehr viel Wert legen (vgl. Kap. 4). Gelingt es, diese – z. B. in Form von Problemen, Entscheidungen, Gestaltungsaufgaben oder Beurteilungen – angemessen komplex zu gestalten, steigt die Chance, bei den Schülerinnen und Schülern handlungsrelevante Lernprozesse anzuregen.

Einen besonderen Schwerpunkt nimmt in konstruktivistischen Lerntheorien der Aufbau heuristischer, d.h. problemlösender Kompetenzen ein. Hierbei geht es darum, Vorwissen unterschiedlicher Art in neuen Situationen zusammenführen und verwenden zu können (traditioneller Weise auch als „Transfer" bezeichnet). Charakteristische Merkmale eines Problems sind (vgl. hierzu im Einzelnen auch Abschnitt 4.2.2): Es gibt einen unbefriedigenden Ausgangszustand, ein Ziel soll erreicht werden und dafür ist ein Lösungsweg zu entwickeln. Problemlösen besteht vor diesem Hintergrund im Kern aus drei Schritten (vgl. STEINER 2001, S. 190 ff.): Zunächst geht es darum, dass sich die Lernenden im Hinblick auf das Ziel selbstständig eine möglichst vollständige Übersicht über die vorhandenen Informationen verschaffen. In einem zweiten Schritt führen sie vom Ziel ausgehend eine Analyse möglicher Lösungswege durch, verbunden mit einer (erneut selbstständigen!) Konstruktion von Teilzielen, um die Aufgabe zu zergliedern. Für diesen Schritt ist der Rückgriff auf eine hinreichende Vorwissensbasis notwendig. Und schließlich geht es in einem dritten Schritt darum, das Problem zu lösen. Hierbei kommt dem einsichtigen Lernen eine entscheidende Rolle zu. Unter Umständen ist auch eine Transformation einer gegebenen Darstellung in eine andere Codierungsart (z. B. einer symbolisch-sprachlichen Darstellung in eine bildhaft-ikonische) notwendig, um eine Lösung erarbeiten zu können. Vor diesem Hintergrund ist es sinnvoll, Schülerinnen und Schüler anzuhalten, sich – mit Bezug auf begriffliches Wissen – Zusammenhänge mit Hilfe anderer Formen der Darstellung klar zu machen. Im Zuge einer solchen Transformation kann der Fokus der Wahrnehmung verschoben werden, so dass das Problem gegebenenfalls eine neue „Gestalt" erhält („Aha-Effekt"). Die beiden folgenden populären Beispiele sollen dies verdeutlichen:

Der Mathematiker GAUSS hat bereits als junger Schüler die Summenformel für die Reihe der natürlichen Zahlen von 1 bis 100 gefunden, und zwar durch Umstrukturierung der Problemsituation, so dass die Lösung geradezu „ins Auge" sprang. Als Hausaufgabe sollte GAUSS die Zahlen von 1 bis 100 zusammenzählen. Seine Lösung sah wie folgt aus: $1 + 2 + ... + 100 = (1 + 100) + (2 + 99) + ... + (50 + 51) = 50 \times 101 = 5050$.

Das Neun-Punkte-Problem ist ein weiteres Beispiel:

Gegeben sind neun Punkte (je drei in einer Reihe, drei Reihen übereinander), die durch vier Geraden verbunden werden sollen, ohne den Stift abzusetzen und so, dass alle Punkte auf einer der vier Geraden liegen. Bei ersten Versuchen wird in der Regel ein Punkt unberührt bleiben, so dass sich die Überzeugung einstellt, es wären fünf Geraden notwendig. Erst durch die Umstrukturierung der Problemsituation in einen größeren Raum – durch Hinausgehen über die Ecken – wird eine Lösung möglich (vgl. Darstellung 1.3).

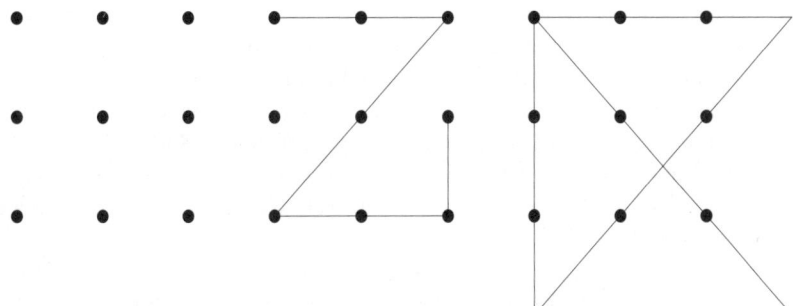

**Darstellung 1.3:** Das Neun-Punkte-Problem

Eine solche flexible Problemlösefähigkeit zu fördern, ist ein wichtiges Anliegen konstruktivistischer Didaktik, die im Anschluss an konstruktivistische Lerntheorien entstanden ist (vgl. im Einzelnen z. B. MEIXNER/MÜLLER 2001; REICH 2002; TERHART 2002). Die Rolle von Lehrpersonen wechselt in diesen Ansätzen von der des Vermittlers hin zum Gestalter von Lernumgebungen und Unterstützer von Lernprozessen. Das bedeutet, dass Lehrpersonen in erster Linie lernförderliche Materialien zusammenstellen und anregende Aufgaben für den Lernprozess formulieren, die von den Schülerinnen und Schülern dann möglichst selbstständig bearbeitet werden. Der Lernprozess wird durch eine individuell angepasste Beratung der Schülerinnen und Schüler in der Erarbeitungsphase und durch die Strukturierung des Kommunikationsprozesses in Phasen des Klassengesprächs unterstützt. Im Detail stehen verschiedene Konzepte des so genannten „situierten Lernens" – also des Lernens anhand von authentischen Situationen – zur Verfügung, in denen die konstruktivistischen Lerntheorien im Hinblick auf didaktisch-methodische Ideen für die Unterrichtsgestaltung ausgewertet werden. Bedeutsam sind hier vor allem die Konzepte der *anchored instruction*, der *cognitive flexibility* und des *cognitive apprenticeship*.

Im ersten Konzept der *anchored instruction* wird gezielt versucht, durch interessante Geschichten mit alltäglichen Situationen narrative „Anker" im Gedächtnis als Ausgangspunkt für Lernprozesse zu schaffen (vgl. BRANSFORD u.a. 1990). Die Geschichten werden multimedial präsentiert und ranken sich um komplexe Probleme, zu denen die Schülerinnen und Schüler selbstständig eine Lösung finden sollen. Alle relevanten Informationen befinden sich in der Geschichte. Die Alltagsnähe und die realistische Schilderung sollen den Schülerinnen und Schülern deutlich machen, dass sie bereits einiges wissen, um das jeweilige Problem lösen zu können; gleichzeitig sollen sie aber auch erkennen, dass es notwendig ist, noch weiteres Wissen zu erwerben, um auch wirklich ans Ziel zu kommen.

Das Konzept der *cognitive flexibility* setzt den Gedanken fort, von komplexen Problemen auszugehen. Besonderer Wert wird darauf gelegt, dass ein Lerninhalt in unterschiedlichen Kontexten, aus verschiedenen Perspektiven und mit unterschiedlichen Zielen betrachtet wird (vgl. SPIRO/JEHNG 1990), um für eine flexible Einsetzbarkeit von erworbenem Wissen zu sorgen. Daher werden – vor allem für schlecht strukturierte Themengebiete – verschiedene Fälle behandelt. Angesichts der Kontextgebundenheit von Wissen wird die Bearbeitung vieler Beispiele für wichtig gehalten, um Schülerinnen und Schülern eine selbstständige Abstrahierung zu ermöglichen. Dies ist im Übrigen deutlich davon zu unterscheiden, dass direkt lediglich das Abstrakte gelernt wird; in diesem Fall fehlt Lernenden die Einsicht in die Anwendbarkeit des Wissens.

Das Konzept des *cognitive apprenticeship* schließlich fokussiert auf die Lehr-Lernmethode und den Grad der notwendigen Anleitung (vgl. COLLINS/BROWN/NEWMAN 1989). Für den Einstieg in ein Thema ist noch eine starke Unterstützung von Lernprozessen durch die Lehrperson vorgesehen (Meister-Lehrlings-Prinzip), indem diese den Lösungsweg ausführlich demonstriert. Nach und nach soll die Anleitung dann geringer und der Grad an Selbstständigkeit der Lernenden größer werden. Eine große Rolle spielt der im sozialen Konstruktivismus betonte (s.u.) kommunikative Austausch zwischen Lehrperson und Lernenden sowie zwischen diesen und die Artikulation von Denkprozessen und Lösungswegen durch die Lernenden.

Dass im sozialen Konstruktivismus vor allem auf die Bedeutung der verbalen Interaktion hingewiesen wird, beruht darauf, dass Lernen einerseits zwar als individuelle eigenaktive Konstruktion begriffen wird, dass andererseits aber die soziale Gebundenheit dieses Prozesses anerkannt wird – eines Prozesses, in dem Wissen als gemeinsam geteilte Bedeutung entwickelt wird. Damit kommt neben den individuellen Lernvoraussetzungen und dem fachlichen Inhalt ein weiteres Merkmal des Lehrens und Lernens in den Blick, nämlich seine soziale Gebundenheit. Daraus ergibt sich die Forderung, im Rahmen von Unterricht häufig Gelegenheiten zum Austausch zu geben (vgl. WYGOTSKI 1978). Der institutionelle Rahmen von Lernen in der Schule bietet mit der Klasse bzw. dem Kurs als sozialem Bezugsrahmen (vgl. hierzu Abschnitt 6.2.3) prinzipiell gute Voraussetzungen.

Die Vorteile des Lernens in Gruppen liegen auf mehreren Ebenen: Zum einen wird das Vorwissen der Teilnehmerinnen und Teilnehmer durch den kommunikativen Austausch aktiviert. Verglichen mit individuellem Lernen experimentieren Schülerinnen und Schüler in Gruppenarbeit häufiger mit neuen Ideen und testen bzw. überdenken diese kritisch. Durch das Beobachten anderer Gruppenmitglieder beim Denken werden darüber hinaus kognitive Modelle bereitgestellt. Und schließlich können die Diskussionen im Laufe der Bearbeitung einer Aufgabe einerseits zu kognitiven Konflikten mit Veränderungen in der eigenen kognitiven Struktur als Folge führen, andererseits fordern sie Begründungen der eigenen Position mit einem tieferen Verständnis als Folge heraus. Die Zusammenarbeit erfordert es, dass intuitive oder sich entwickelnde Ideen explizit bzw. öffentlich gemacht werden. Schon allein um bei der Aufgabenbearbeitung voranzukommen, müssen die Lernenden ihre Meinungen, Vorhersagen oder Interpretationen artikulieren. Dieser Druck zu kommunizieren verhilft ihnen dazu, ihre Vorstellungen zu klären. So steigt durch den Austausch untereinander auch die Flexibilität der Wissensanwendung. Zugleich kann man durch Kleingruppenarbeit der Forderung nach innerer Differenzierung gerecht werden, weil in der Gruppenarbeit – insbesondere wenn die Gruppen nach unterschiedlicher Leistungsfähigkeit zusammengesetzt sind – den individuellen Lernvoraussetzungen der Schülerinnen und Schüler besser Rechnung getragen werden kann als im Klassenverband.

Abschließend sei auf ein für Unterricht besonders schwieriges Problem hingewiesen, das aus der Abhängigkeit des Lernens von den Voraussetzungen der Schülerinnen und Schüler resultiert. Diese kommen mit Vorstellungen in den Unterricht, die sich aufgrund ihrer Alltagserfahrungen gebildet haben und die mit wissenschaftlichen Konzepten häufig nicht übereinstimmen. Nach PIAGET müsste eine Veränderung der

Vorstellungen dadurch erreicht werden, dass die Alltagsannahmen mit wissenschaftlichen Konzepten konfrontiert werden und dadurch ein kognitives „Ungleichgewicht" entsteht, das durch die Entwicklung angemessener Vorstellungen in einen neuen „Gleichgewichtszustand" überführt wird. In der empirischen Forschung ist jedoch deutlich geworden, dass dies im Unterricht nicht im erwarteten und wünschenswerten Maß erreicht wird. Ursache ist, dass die Schülerinnen und Schüler mit ihrem bisherigen Wissen im Alltag durchaus zurecht kommen, so dass sie damit keineswegs unzufrieden sein müssen. Wenn das provozierte „Ungleichgewicht" und der damit verbundene kognitive Konflikt sich nun nicht auf den alltäglichen Erfahrungsbereich beziehen, lernen die Schülerinnen und Schüler die neuen Konzepte nicht mit hinreichender Tiefe, und ihr Alltags- und ihr Schulwissen bestehen weitgehend unverbunden nebeneinander. In der naturwissenschaftlichen Lehr-Lernforschung hat sich für die Beschreibung des notwendigen Lernwegs der Begriff des „Konzeptwechsels" (von naiven Vorstellungen zu wissenschaftlich präzisen Repräsentationen) eingebürgert. Im Rahmen entsprechender Forschungen ist unter anderem festgestellt worden, dass die Notwendigkeit des Konzeptwechsels in den Naturwissenschaften für das Erlernen der meisten Grundbegriffe und -prinzipien notwendig ist (vgl. DUIT 2000). Ein Konzeptwechsel tritt allerdings nur ein, wenn die Lernenden mit ihren bisherigen Vorstellungen unzufrieden sind, wenn ihnen neue Vorstellungen verständlich präsentiert werden und wenn diese ihnen notwendig und plausibel erscheinen (vgl. DUIT 1995). Um erfolgreich zu sein, müssen demnach mindestens zwei Bedingungen erfüllt werden: Zum einen sind die vorhandenen Überzeugungen überhaupt erst einmal bewusst zu machen. Zum anderen müssen die Schülerinnen und Schüler bedeutsame Alltagskontexte entdecken, in denen ihre bisherigen Vorstellungen nicht tragen. Es geht also zunächst weniger darum, das Wissen selbst zu verändern, sondern zu lernen, in welchen Kontexten welches Wissen sinnvoll angewendet werden kann (Viabilität).

## 1.3 Zusammenfassung und Anwendung

In diesem Kapitel wurden grundlegende Theorien zum Lernen dargelegt. Es ist deutlich geworden, dass Lernen das Ergebnis von Erfahrungen ist, wobei neue Erfahrungen mit dem jeweiligen Vorwissen in Beziehung gesetzt und interpretiert werden. So wird neues Wissen in Abhängigkeit von Erfahrungen und bereits vorhandenem Wissen individuell konstruiert. Hauptanliegen von Unterricht soll es sein, lernförderliche Erfahrungen zu ermöglichen, so dass das in jedem Individuum angelegte Entwicklungspotenzial angeregt und ausgebildet wird. Konstruktivistische Lerntheorien betonen die Notwendigkeit der Eigenaktivität von Schülerinnen und Schülern, die Kontextgebundenheit des Wissenserwerbs und die Vorteile des sozialen Austauschs zwischen den Lernenden. Vor diesem Hintergrund können Lernprozesse besonders gut durch komplexe, in Gruppenarbeit zu bearbeitende und unterschiedliche Anwendungsbereiche thematisierende Aufgaben aus dem alltäglichen Leben angeregt werden. Die konstruktivistische Perspektive ergänzt frühere kognitive Lerntheorien, in denen Lernen vor allem als Aufbau und Weitentwicklung kognitiver Strukturen gesehen wurde. Erst aus konstruktivistischer Perspektive wird die hohe Bedeutung des Vorwissens deutlich, das für erfolgreiche Lernprozesse aktiviert und reflektiert werden muss. In behavioristischen Lerntheorien wird menschliches Verhalten dagegen als durch äußere Reize steuerbar angesehen. Mit diesen Lerntheorien lassen sich allerdings nur Lernvorgänge erklären, die auf beobachtbare Verhaltensweisen und Emotionen gerichtet sind und durch Verstärkung oder Bestrafung beeinflusst werden können.

Lesen Sie vor diesem Hintergrund noch einmal die einleitend präsentierten Unterrichtsszenen. Welche Lerntheorien spiegeln sich im Handeln von Frau Becker und Herrn Schilling wider? Welche Anregungen bzw. Impulse würden Sie den beiden Lehrpersonen in einem Gespräch über ihren Unterricht geben?

# 2| Lernen und Handeln

## 2.1 Einleitende Hinweise und Fragestellungen

Im ersten Kapitel haben wir uns mit grundlegenden Vorstellungen vom Lernen beschäftigt. Dabei ist deutlich geworden, dass Unterricht insbesondere auf die Ermöglichung lernförderlicher Erfahrungen ausgerichtet sein soll und dass solche Erfahrungen durch Lehraktivitäten angeregt und begleitet werden können.

Der Aufbau, die Erweiterung oder die Veränderung von Wissensstrukturen und Problemlösekompetenzen oder auch von Wertvorstellungen werden in lerntheoretischen Ansätzen kognitivistischer oder konstruktivistischer Ausrichtung als Ergebnis einer intensiven Auseinandersetzung des Individuums mit einem Lerngegenstand betrachtet. Aus diesen Ansätzen lassen sich auch Anregungen für die Gestaltung von Lernprozessen und Lehraktivitäten gewinnen – so z. B. die Aktivierung von Vorwissen, die Strukturierung von Prozessen oder die Konfrontation mit authentischen Aufgaben (vgl. Abschnitte 1.2.2, 1.2.3).

Wir haben bei der Beschreibung von Vorstellungen zum Lernen unter anderem von Lernaktivitäten und von Lehraktivitäten gesprochen. Diese Aktivitäten lassen sich im weitesten Sinne auch als Handlungen bzw. Lernhandlungen und Lehrhandlungen charakterisieren. Der Hinweis, dass Lern- und Lehraktivitäten als Handlungen aufgefasst werden können, ist aus mindestens drei Gründen bedeutsam: Wenn Schülerinnen und Schüler im Alltag und im Unterricht handeln und Letzteres gleichzeitig Lernen darstellt, dann ergibt sich die Frage, ob das Alltagshandeln nicht auch *Anregungen* für die Gestaltung von Lernprozessen im schulischen Kontext bietet. Zugleich kann gefragt werden, ob nicht bestimmte Alltagssituationen auch als *Lernprozess* verstanden werden können. Darüber hinaus stellt Handlungsfähigkeit im Alltag eine wichtige *Zielkategorie* schulischer Lehr- und Lernprozesse dar. So ist eine Analyse von Handlungs- und Lernprozessen notwendig, um das Verhältnis von schulischem Handeln und Alltagshandeln sowie von Handlungsfähigkeit als Zielvorstellung zu klären.

> Stellen Sie sich bitte zunächst eine Situation vor, die man als Alltagshandeln charakterisieren könnte. Wählen Sie eine Situation aus, die sich von einem „bloßen" Verhalten – z. B. bei der Bedienung eines Fahrkartenautomaten – oder von routinisierten Alltagshandlungen – z. B. Wäsche waschen oder Auto fahren

– abhebt. Solche Situationen könnten beispielsweise die Auswahl eines neuen Fahrrades oder die Planung einer Reise sein. Spielen Sie nun die Handlung einmal gedanklich durch und halten Sie dabei fest, welche einzelnen Schritte Sie in diesem Prozess – z. B. vom Wunsch nach einem neuen Fahrrad bis zum ersten Ausflug damit – durchlaufen und welche Faktoren diese Schritte beeinflussen. Berücksichtigen Sie dabei auch, was Sie veranlasst haben könnte, z. B. ein neues Rad zu kaufen oder eine Reise zu planen. Versuchen Sie, Ihre Ergebnisse in einer grafischen Darstellung festzuhalten. Dazu können Sie z. B. mit Pfeilen verbundene Kästchen verwenden, um Auslöser, Wechselwirkungen, Folgen oder Rückwirkungen darzustellen.
Vergegenwärtigen Sie sich nun bitte die im Kapitel 1 bearbeiteten lerntheoretischen Konzepte und prüfen Sie, ob sich Bezüge zwischen Ihren Vorstellungen zum Handeln und den lerntheoretischen Ansätzen herstellen lassen. Sie können auch überlegen, ob in der von Ihnen vorgestellten Alltagshandlung etwas gelernt werden konnte.

Zur Klärung der Frage, welcher Zusammenhang zwischen Lernen und Handeln besteht und welche Besonderheiten sich im Hinblick auf Unterricht ergeben, ist es sinnvoll, zunächst folgende Fragen zu bearbeiten:
(1) Wie lässt sich menschliches Handeln allgemein beschreiben?
(2) Wie lassen sich Lernprozesse als Handlungsprozesse charakterisieren?
Die Bearbeitung dieser Fragen kann zu wichtigen Erkenntnissen für die Gestaltung von Unterrichtsprozessen führen. Für schulische Lehr- und Lernprozesse kann so in angemessener Weise bestimmt werden, wie Lernprozesse angeregt werden können, wie sie als Prozess gestaltet werden sollten und welche Aspekte Einfluss auf ein Lernergebnis gewinnen können – oder anders ausgedrückt: welche Faktoren mit Lehr- und Lernhandlungen angesprochen und berücksichtigt werden sollten.

## 2.2 Grundlegende Informationen

### 2.2.1 Modellvorstellung menschlichen Handelns
In diesem Abschnitt entwickeln wir anhand des folgenden unterrichtsbezogenen Beispiels eine Modellvorstellung vom menschlichen Handeln.
Anne ist eine an mathematischen Fragen sehr interessierte Schülerin und beschäftigt sich auch außerhalb des Unterrichts mit kniffligen mathematischen Problemen, die eigentlich erst in den nächsten Klassenstufen behandelt werden. Entsprechend sind ihre schulischen Leistungen im Fach Mathematik sehr gut. Seit langem ist Anne mit Kathrin befreundet, die beiden unternehmen in ihrer Freizeit sehr viel gemeinsam und teilen die Freude am Reitsport. Kathrins Leistungen in Mathematik sind eher durchschnittlich, allerdings hat sie in der letzten Zeit zwei Klassenarbeiten mangelhaft geschrieben, so dass ihre Versetzung ernsthaft

gefährdet ist, wenn sie in der nächsten Arbeit keine ausreichende Leistung zeigt. In dieser Situation wendet sich Kathrin an Anne und bittet sie, ihr in der nächsten Arbeit zu helfen und sie abschreiben zu lassen oder ihr Lösungen zuzustecken. Andernfalls sei es mit der Freundschaft wohl nicht so weit her. Anne ist verunsichert und weiß nicht, wie sie sich verhalten soll.

Zur Erläuterung von Handlungsbedingungen gehen wir zunächst einmal davon aus, dass Anne dem Wunsch ihrer Freundin, ihr bei der nächsten Klassenarbeit zu helfen, nachgibt. Ein solches Handeln lässt sich zum einen als *bedürfnisbedingt* deuten: Man kann annehmen, dass Anne durch das Drängen der Freundin in eine Situation gebracht wird, in der ihre Bedürfnisse nach Zugehörigkeit und Erhalt der Freundschaft oder – z. B. im Hinblick auf die Vermeidung eines Konflikts mit Kathrin – nach Stabilität und Ordnung angesprochen werden. Dadurch, dass sie ihrer Freundin Kathrin zusagt, sie in der kommenden Arbeit abschreiben zu lassen, mag sie glauben, diese Bedürfnisse befriedigen zu können.

Zum anderen erweist sich das Handeln von Anne als *situationsbedingt*: Ohne die nachlassenden Leistungen ihrer Freundin in Mathematik und die damit verbundene Bitte um „Hilfe" bei der kommenden Klassenarbeit sowie die Andeutung einer Gefährdung der Freundschaft, hätte sich bei Anne das Bedürfnis nach einer weiterhin guten freundschaftlichen Beziehung zu ihrer Freundin und nach der damit verbundenen Stabilität nicht in dieser Weise gezeigt.

In diesem Sinne lässt sich menschliches Handeln als bedürfnis- und situationsbedingt ansehen. In der Wechselbeziehung von Bedürfnis und Situation entsteht ein Spannungszustand – auch *Motivation* genannt –, der eine Entscheidung für eine bestimmte Handlungsmöglichkeit erforderlich macht (vgl. dazu auch HECKHAUSEN 1974, S. 151 ff.; RHEINBERG 2002, S. 44 ff.; S. 61 ff.).

Anne entscheidet sich jedoch nicht sofort. Ihr Zögern lässt sich so deuten, dass sie vor der Entscheidung verschiedene Handlungsmöglichkeiten, z. B. „Anbieten von Nachhilfe für Kathrin" oder „Rat suchen bei den Eltern" erwägt.

Für eine solche Erwägung ist zunächst bedeutsam, welches bereichsspezifisches *Wissen* bzw. welche *Erfahrungen* Anne in die Situation einbringt. Wenn sie sich z. B. schon einmal mit schulischen Konsequenzen bei Täuschungsversuchen auseinander gesetzt hat, wird die Erwägung möglicherweise anders verlaufen, als wenn sie keine Kenntnisse im Hinblick auf mögliche Folgen hat. So könnte Anne beispielsweise annehmen, das Risiko läge nur bei Kathrin, die abschreiben wolle, und im Falle des Erwischtwerdens hätte nur Kathrin mit Konsequenzen zu rechnen. Hat Anne hingegen schon einmal Hilfe in solchen Situationen geleistet und dabei auch selbst negative Konsequenzen erfahren, wird sie gegebenenfalls nicht einwilligen.

Darüber hinaus sind für die Erwägung die (generellen) *intellektuellen Fähigkeiten* sowie die *Werthaltungen* wichtig. Intellektuell gesehen wird Anne durch die Situation zunächst vor die Handlungsalternativen „Kathrin Unterstützung beim Abschreiben zusagen" oder „das Abschreiben lassen ablehnen" gestellt. Die zweite Möglichkeit lässt sich nun weiter ausdifferenzieren im Hinblick auf die Frage, welche Aktivitäten überhaupt in Betracht kommen, z. B. Kathrin anbieten, mit ihr bis zur Klassenarbeit regelmäßig intensiv zusammen zu lernen, mit Kathrin ein Gespräch führen und sie zu überzeugen versuchen, dass Abschreiben nicht erlaubt ist und eine Freundschaft dadurch nicht erpresst werden kann, oder Dritte – z. B. die Eltern – hinzuziehen und um Rat fragen. Zwischen diesen Möglichkeiten könnte Anne noch einmal nach möglichen Vor- und Nachteilen differenzieren oder nach bestimmten Prioritäten gewichten. Diese Überlegungen können – je nach Anzahl der Möglichkeiten und deren weiterer Differenzierung und Verknüpfung – vergleichsweise komplex werden und erfordern ein entsprechend komplexes Denkvermögen im Sinne intellektueller Fähigkeiten. Im Hinblick auf die Werthaltungen muss sich Anne z. B. entscheiden, ob ihr die Freundschaft zu Kathrin wichtiger ist als mögliche Konsequenzen, z. B. in Form der Bewertung beider Arbeiten als nicht bestanden, oder als das Vertrauen der Lehrerin.

Folgt man dieser Deutung, so lässt sich menschliches Handeln nunmehr folgendermaßen beschreiben: Aufgrund eines Spannungszustandes – ausgelöst durch Bedürfnisse, die in einer bestimmten Situation aktiviert werden – kommen verschiedene Handlungsmöglichkeiten ins Bewusstsein, von denen schließlich eine ausgewählt und realisiert wird. Für die Erwägung ist zum einen der Stand des Wissens bzw. der Erfahrungen zu der jeweiligen Situation bedeutsam. Zum anderen sind das intellektuelle Vermögen und die individuellen Werthaltungen wichtig. Die Anzahl, die Differenziertheit und der Grad der Verknüpfung der in den Blick genommenen Handlungsmöglichkeiten und Beurteilungskriterien sind vom intellektuellen Entwicklungsstand und die Bewertung vom sozialen bzw. moralischen Entwicklungsstand abhängig. Diese beiden Aspekte fassen wir unter dem Begriff des sozial-kognitiven Niveaus zusammen.

Für zukünftige Handlungen bzw. Erwägungen im Vorstadium von Handlungsausführungen sind auch die Folgen einer Handlung relevant. Nimmt man in unserem Beispiel für den Fall eines Gesprächs zwischen Anne und Kathrin an, dass gemeinsam eine Lösung gefunden werden kann, etwa in Form gemeinsamen Lernens, dann wird es wahrscheinlicher, dass Anne in ähnlichen Fällen auch versucht, eine gemeinsame Lösung mit den Beteiligten herbeizuführen. Ist die Folge eines gemeinsamen Gesprächs hingegen ein nachhaltiger Konflikt mit der Freundin, wird ein Versuch der gemeinsamen Klärung in späteren ähnlichen Situationen eher unwahrscheinlich. Für den Fall, dass Anne ihre Freundin in der Klassenarbeit abschreiben lässt und dadurch auch ihre eigene Arbeit als Täuschungsversuch gewertet wird, können diese negativen Konsequenzen die Wahrscheinlichkeit zukünftiger „Hilfestellung" herabsetzen (vgl. den Einfluss der Erfahrung).

Allgemein gilt: Die gewählte Handlungsmöglichkeit kann zur Befriedigung der ursprünglich angeregten Bedürfnisse oder zur Enttäuschung sowie zu Konflikten mit anderen oder mit eigenen sozialen bzw. moralischen Orientierungen führen. Die jeweiligen Konsequenzen und ihre Verarbeitung sind bedeutsam für die Wahrscheinlichkeit, mit der eine bestimmte Handlungsmöglichkeit in Zukunft in vergleichbaren Situationen wieder gewählt wird.

Den obigen Überlegungen liegt eine Modellvorstellung vom menschlichen Handeln zugrunde, die graphisch in der Darstellung 2.1 zusammengefasst ist.

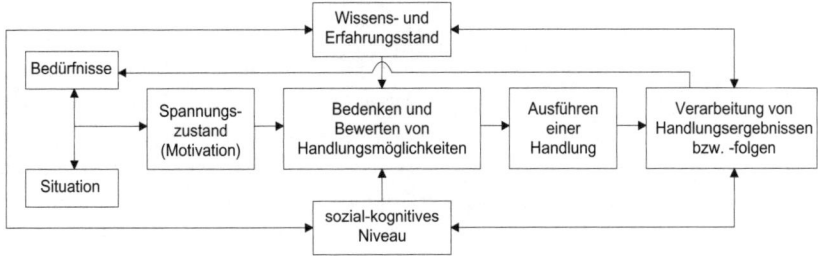

**Darstellung 2.1**: Allgemeine Modellvorstellung menschlichen Handelns

In der graphischen Darstellung sind neben den oben bereits beschriebenen Zusammenhängen weitere Wechselbeziehungen durch entsprechende Pfeile gekennzeichnet, und zwar

– zwischen dem (bereichsspezifischen) Wissens- bzw. Erfahrungsstand und dem (generellen) Niveau der sozial-kognitiven Entwicklung und

– zwischen der Verarbeitung von Ergebnissen bzw. Folgen einer Handlung und dem sozial-kognitiven Niveau sowie dem Wissens- bzw. Erfahrungsstand.

Damit soll der wechselseitige Zusammenhang der Faktoren in dem dargestellten Handlungsmodell verdeutlicht werden.

Mit dem Handlungsmodell wird zugleich der *Handlungsbegriff* erläutert, der den folgenden Ausführungen zugrunde liegt:

Unter Handeln verstehen wir eine bedürfnis- und situationsbedingte psychische oder physische Aktivität, die bewusst durchgeführt wird, um einen befriedigenden bzw. als bedeutsam empfundenen Zustand zu erreichen.

Bei dieser Begriffsbestimmung verweist das Merkmal „situationsbedingt" auf soziale Komponenten des Handelns. Das Merkmal, dass es darum geht, „einen befriedigenden bzw. subjektiv als bedeutsam empfundenen Zustand zu erreichen", zeigt ergebnis- bzw. zielbezogene Komponenten des Handelns an. (Vgl. zum Handlungsbegriff unter anderem AEBLI 1983, S. 179 ff.; SÖLTENFUSS 1983, S. 47 ff.; DIETRICH 1984, S. 58 f.; GUDJONS 1992, S. 44 ff.).

Dieser – in der Tradition der humanistischen Psychologie[1] stehende – Handlungsbegriff stellt eine Beschreibung von Handlungen dar, wie wir sie für sinnvoll und zweckmäßig halten. In der Literatur ist eine Reihe weiterer Ansätze zu finden, in denen menschliches Handeln nach verschiedenen Kriterien beschrieben bzw. charakterisiert wird. So kann eine grobe Unterscheidung nach Rationalitätsmodellen und Interaktionsansätzen getroffen werden. Rationalitätsmodelle fragen z. B. nach dem individuellen Zweck einer Handlung, ihren Zielen und gegebenenfalls ihren Nebenwirkungen oder nach der Kosten-Nutzen-Bilanz einer Handlung. Andere Modelle dieser Kategorie unterstellen nicht maximalen Nutzen, sondern die Erfüllung bestimmter subjektiver Erwartungen als ein wichtiges Kriterium für die Entscheidung für eine bestimmte Handlung. Interaktionsorientierte Ansätze fokussieren ihr Interesse auf den subjektiven Sinn, den Akteure ihren Handlungen in Interaktionssituationen beimessen. Dabei wird angenommen, dass Menschen ihre Handlungen aneinander ausrichten, indem sie Bedeutungszuschreibungen antizipieren und diese Zuschreibungen bereits – als Erwartungserwartung anderer Akteure – in ihrem Handeln berücksichtigen (dies passiert beispielsweise, wenn jemand mit ausgestreckter Hand auf uns zukommt, um uns zu begrüßen und wir ebenfalls die Hand entgegenhalten – wir wären überrascht, wenn unser Gegenüber uns dann nicht begrüßen würde, sondern uns z. B. „den Vogel zeigt"). In einem solchen Handlungsverständnis tritt der Einzelne zugunsten der sozialen Interaktion in den Hintergrund des Interesses. Mit diesen Hinweisen sei deutlich gemacht, dass wir nicht davon ausgehen, dass menschliches Handeln nur in einem einzigen (einheitlichen) Modell zu beschreiben ist, sondern dass auch unsere Auffassung letztlich im Kontext einer Vielzahl von Ansätzen unterschiedlicher Komplexität und Abstraktionsgrade zu verorten ist. Für den Kontext von Bildung und Erziehung erscheint uns unser Ansatz besonders zweckmäßig.

Wir haben in den bisherigen Überlegungen situative Aspekte, die Bedürfnisse, die intellektuellen Fähigkeiten, die Werthaltungen und die Wissens- und Erfahrungsstände in allgemeiner Form beschrieben und mit einem Beispiel illustriert. Da diese Einflussfaktoren menschlichen Handelns nicht nur zur Erklärung von Handlungsprozessen dienen, sondern auch gleichzeitig Schlüsse darüber erlauben, wie Lehr- und Lernprozesse gestaltet werden können bzw. sollten, gehen wir auf die einzelnen Aspekte im Folgenden mindestens kurz ein. Wir bewegen uns dabei zunächst auf der Ebene des Alltagserlebens und Alltagshandelns. Eine Übertragung auf schulisches Handeln und Lernen nehmen wir im Abschnitt 2.2.7 vor.

### 2.2.2 Lebenssituation von Kindern und Jugendlichen

Die Lebenssituation von Kindern und Jugendlichen wird zum einen durch makrosoziale Faktoren – gesellschafts- und weltpolitische Rahmenbedingungen – sowie durch mikrosoziale Bedingungen – insbesondere die familiale Lebenssituation – geprägt. Gleichzeitig sind die Lebensspannen des Kinder- und Jugendalters mit grundsätzlichen Entwicklungsaufgaben verbunden. So geht es in der Phase der Kindheit unter anderem um die Entwicklung des Selbstkonzepts und der Selbstrepräsentation, um die Entwicklung eines Menschenbildes, die Erprobung und Ausprägung kindlicher

Spielformen, um den Erwerb von Kulturtechniken oder die Entwicklung sozialer Kompetenz (vgl. z. B. OERTER 2002). Für die Phase der Jugend stellen sich Entwicklungsaufgaben insbesondere infolge physischer Reifung und im Spannungsfeld zwischen individuellen Bedürfnissen und gesellschaftlichen Anforderungen. Dazu zählen unter anderem der Aufbau von Freundschaften zu Gleichaltrigen, die Akzeptanz körperlicher Veränderungen, die Aneignung geschlechtsspezifischer Rollen, die Ablösung vom Elternhaus, die Entwicklung von Beziehungen, der Aufbau von beruflichen Vorstellungen sowie von Vorstellungen zu Familie und Partnerschaft, die Entwicklung des Selbstbildes und eigener Wertanschauungen (vgl. OERTER/ DREHER 2002).

Dass die veränderten Rahmenbedingungen auf nationaler und auch auf internationaler Ebene Einfluss auf die genannten Entwicklungsaufgaben ausüben, zeigt sich insbesondere in regelmäßig durchgeführten Studien, in denen die Jugendlichen zu Themen wie Politik, Familie, Werte, Beruf, Lifestyle, Zukunftsperspektiven usw. befragt werden. Eine solche Untersuchung stellt die Shell-Jugendstudie dar, die alle fünf Jahre durchgeführt wird. In der 14. Jugendstudie aus dem Jahr 2002 wurden die Wertorientierungen der Jugendlichen über 15 Jahre hin ausgewertet. Dabei zeigten sich im Hinblick auf die Zustimmung zu den als wichtig für die Lebensgestaltung empfundenen Items insbesondere Veränderungen in Form einer zunehmenden Sicherheitsorientierung, einer wesentlich geringeren Wertschätzung umweltbewussten Verhaltens, deutlich geringerer Wichtigkeit politischen Engagements und einer stärkeren Gewichtung von Sekundärtugenden wie Fleiß und Ehrgeiz sowie von Traditionellem. Damit hat sich die Annahme, „der Wertewandel verlaufe relativ stetig in Richtung ‚postmaterialistischer' Selbstverwirklichungs- und Engagementwerte und ginge mit einem Rückgang von Leistungs- und Anpassungswerten einher, ... als vorschnell erwiesen. Die Entwicklung der Jugend in den letzten knapp 15 Jahren ist anders verlaufen und das liegt auch an den veränderten Rahmenbedingungen ... In dieser Situation wäre es von den Jugendlichen entweder naiv oder kontraproduktiv, ihre Wertorientierungen nicht an diese neue Lage anzupassen" (ebd., S. 4; vgl. OESTERDIEKHOFF/JEGELKA 2001; zur These der Abhängigkeit individueller Wertprioritäten von gesellschaftlichem Wohlstand und von Sozialisationsbedingungen vgl. auch INGLEHART 1971, 1987, 1990). Vergleicht man die Ergebnisse mit denen der Studie aus dem Jahr 2006, so ist zwar insgesamt eine gewisse Stabilität des jugendlichen Wertesystems erkennbar, dennoch gibt es einige deutliche Veränderungen, die in Tabelle 2.1 dargestellt sind (vgl. DEUTSCHE SHELL 2002; SHELL DEUTSCHLAND HOLDING 2006).

**Tabelle 2.1:** Vergleich von Werthaltungen Jugendlicher 2002 und 2006 (vgl. SHELL DEUTSCHLAND HOLDING 2006, S. 176)

| Shell Jugendstudien 2002 / 2006 | | |
|---|---|---|
| Item ("wichtig für die Lebensgestaltung") | 2002 | 2006 |
| Freundschaft | 6,4 | 6,6 |
| Familienleben | 5,8 | 6,0 |
| Unabhängigkeit | 5,5 | 5,7 |
| Gesetz und Ordnung | 5,5 | 5,6 |
| Fleiß und Ehrgeiz | 5,4 | 5,6 |
| Sicherheit | 5,4 | 5,5 |
| Gesundheitsbewusstsein | 5,2 | 5,4 |
| Selbstdurchsetzung | 4,8 | 4,6 |
| Politikengagement | 3,3 | 3,2 |
| Jugendliche im Alter von 12 bis 25 Jahren; n = 2532; Mittelwerte Skala: 1 = unwichtig, 7 = außerordentlich wichtig | | |

Von 2002 zu 2006 sind die Bedeutung der Netzwerke Freunde und Familie sowie die so genannten Sekundärtugenden – Fleiß und Ordnung oder Respekt vor Gesetz und Ordnung noch einmal gestiegen. Die höhere Bewertung sozialer Bindungen bei gleichzeitiger Betonung von Unabhängigkeit interpretiert GENSICKE (2006) so, „dass soziale Beziehungen wichtiger geworden sind, die dazu beitragen, die Abhängigkeit ′nach außen′ zu verringern, und gleichzeitig individuelle Freiräume gewähren" (S. 176). Darüber hinaus ist ein höheres Gesundheitsbewusstsein zu verzeichnen. Deutlich gesunken ist hingegen die Bedeutsamkeit, sich gegen andere durchsetzen zu müssen.

Die hier wiedergegebenen Einstellungen von repräsentativ befragten Jugendlichen sind unter zwei Einschränkungen zu betrachten: Zum einen sind die Ergebnisse der Studien als durchschnittliche Werthaltungen zu verstehen, die nicht unmittelbar auch handlungsleitend sein müssen. Die Umsetzung von Werten im praktischen Lebensvollzug ist einerseits ein gegebenenfalls längerer zeitlicher Prozess, andererseits nehmen verschiedene Faktoren – Gelegenheiten, Gewohnheiten, Gruppennormen usw. – Einfluss auf die Umsetzung und behindern sie unter Umständen, selbst wenn den jeweiligen Werten individuell eine hohe Bedeutsamkeit zugemessen wird. Zum anderen bedeuten die Ergebnisse nicht, dass die Lebensentwürfe der Jugendlichen und ihre Umgangsweisen mit den Herausforderungen in Familie, Schule, Gesellschaft und Beruf weitgehend einheitlich sind. Individuelle Wertportfolios sind durchaus unterschiedlich.

In der 14. Shell Jugendstudie konnten auf der Basis der erhobenen Daten vier Typen von Jugendlichen identifiziert werden, die in unterschiedlicher Weise mit den gesellschaftlichen Rahmenbedingungen und Anforderungen umgehen (vgl. DEUTSCHE SHELL 2002). Etwa die Hälfte der befragten Jugendlichen fällt unter die beiden Gruppen der „selbstbewussten Macher" und „pragmatischen Idealisten". Diese Jugendlichen kommen aus der breiten sozialen Mitte bzw. aus den bildungsbürgerlichen Schichten und stellen die „Leistungs- und Engagementelite der Jugend" dar (ebd., S. 5). Die „selbstbewussten Macher" zeichnen sich durch eine insgesamt optimistische Grundhaltung aus und sind – durch einen fordernden und fördernden Erziehungsstil ihrer Eltern – psychologisch gut gerüstet, die gesellschaftlichen Anforderungen zu bewältigen. Während sie Leistung und Erfolg an vorderster Stelle sehen, sind bei den pragmatischen Idealisten soziales und politisches Engagement noch vor Leistung und Sicherheit angesiedelt. Bei ihnen steht die ideelle Seite des Lebens im Vordergrund. Unter den „zögerlichen Unauffälligen" und den „robusten Materialisten" – als der dritten und vierten Gruppe – finden sich die Jugendlichen, die eher skeptisch in ihre Zukunft sehen und die aufgrund ihrer Schichtzugehörigkeit und ihrer schlechteren schulischen Leistungen zu den potentiellen Verlierern zählen. Die Umgangsweise mit ihrer ungünstigen Situation unterscheidet sich dadurch, dass die eine Gruppe in Resignation und Apathie verharrt, die andere aber mindestens äußerlich Stärke demonstriert und gegebenenfalls auch bereit ist, soziale Übereinkünfte und Regeln zu übertreten. Insofern markieren Idealisten und Materialisten Kontrastpositionen in Bezug auf Humanität versus Egozentrik, ebenso wie Macher und Unauffällige in Bezug auf Aktivität versus Passivität.

Die Entwicklung der Werteorientierung in Richtung einer pragmatischen Synthese aus traditionellen Werten (Sekundärtugenden wie z. B. Fleiß und Ehrgeiz) und deutlich „moderneren" Werten (wie z. B. Kreativität oder Unabhängigkeit) zeigt sich in der wenig einheitlichen inhaltlichen Ausrichtung der Präferenzrangreihe. Für viele Jugendliche ist es heute offensichtlich durchaus denkbar und möglich, Leistungsbereitschaft und Erfolg auf der einen Seite mit hedonistischen Zielen auf der anderen Seite zu verbinden. So wird beispielsweise unter dem, was „in" ist, unter anderem Folgendes angegeben: „toll aussehen" (88%), „Karriere machen" (81%), „neue Technik" (Handy, Internet etc.) (81%), „Treue" (78%).

Die Daten der Shell Jugendstudie wurden auch 2006 wieder unter dem Fokus verschiedener Werttypen in den Blick genommen. Dabei zeigte sich – aufs Ganze gesehen – sowohl in qualitativer als auch in quantitativer Hinsicht eine hohe Stabilität der Muster (vgl. Tabelle 2.2).

**Tabelle 2.2:** Vergleich von Wertetypen nach verschiedenen Gruppen 2002 und 2006 (vgl. SHELL DEUTSCHLAND HOLDING 2006, S. 194)

| Shell Jugendstudien 2002 / 2006 | | | | | | | | |
|---|---|---|---|---|---|---|---|---|
| | Idealisten | | Unauffällige | | Macher | | Materialisten | |
| | 2002 | 2006 | 2002 | 2006 | 2002 | 2006 | 2002 | 2006 |
| gesamt | 24 | 26 | 26 | 25 | 27 | 27 | 23 | 23 |
| Region | | | | | | | | |
| West | 25 | 26 | 26 | 25 | 26 | 26 | 23 | 23 |
| Ost | 24 | 26 | 24 | 22 | 27 | 30 | 25 | 22 |
| Alter | | | | | | | | |
| 12 bis 17 Jahre | 23 | 23 | 28 | 23 | 25 | 27 | 24 | 27 |
| 18 bis 24 Jahre | 26 | 28 | 24 | 26 | 28 | 27 | 22 | 19 |
| Sozialer Status | | | | | | | | |
| Hauptschüler | 17 | 18 | 31 | 21 | 25 | 27 | 27 | 34 |
| Realschüler | 22 | 21 | 30 | 24 | 22 | 29 | 26 | 27 |
| Gymnasiasten | 25 | 26 | 25 | 24 | 28 | 27 | 22 | 23 |
| Jugendliche im Alter von 12 bis 25 Jahren; n = 2532; Angaben in Prozent | | | | | | | | |

Die deutlichste quantitative Verschiebung gibt es in einem Zugewinn bei den Idealisten zu Lasten der Unauffälligen und der Materialisten, wobei die Veränderungen im Wesentlichen durch Jugendliche aus den neuen Ländern bewirkt werden: „Die Jugend in den neuen Ländern hat damit inzwischen ein aktiveres Profil gewonnen als in den alten Länder" (GENSICKE 2006, S. 193). In der Verteilung der Typen auf Altersklassen zeigt sich ein gegenläufiger Trend: „Das Profil der Jüngeren erscheint somit 2006 aktiver, aber nicht wie bei allen Jugendlichen idealistischer" (ebd.). Die erwachsenen Jugendlichen zeigen sich weniger materialistisch, stärker idealistisch. Betrachtet man die Jugendlichen innerhalb eines Wertetyps nach ihrem sozialen Status – hier gemessen an der Zugehörigkeit zu einem Schultyp –, so zeigt sich, dass der Faktor Bildung eine hohe Erklärungsrelevanz für die Zuordnung zu einer der Kontrastgruppen – Idealisten und Materialisten – besitzt. Eine deutliche Verschiebung zwischen 2002 und 2006 ist bei den Hauptschülern von der Gruppe der eher wertpassiven Unauffälligen zu den Materialisten zu verzeichnen (vgl. Tab. 2.2). Für GENSICKE ergibt sich der Eindruck, „dass ein Teil der Unterprivilegierten im Blick auf Verteilungs- und Behauptungskämpfe die Ellenbogen mobil macht" (2006, S. 194). In der Realschule verlor die Gruppe der Unauffälligen ebenfalls an Boden, die Zuwächse sind aber bei der aktiven Gruppe der Macher angesiedelt. Im Bereich des Gymnasiums zeichnet sich eine sehr stabile Situation ab.

Wir haben bereits darauf verwiesen, dass die Werthaltungen von Jugendlichen individuell sehr unterschiedlich sein können. Charakterisierungen anhand von – statistisch ermittelten – Typologien sollen helfen, die relativ große Anzahl von Einstellungen überschaubar darzustellen und Tendenzaussagen zur Situation der Gruppe der Jugendlichen über die Zeit hin machen zu können. Grundsätzlich ist dabei zu beachten, dass der einzelne Jugendliche eine mehr oder minder große Abweichung von Typologien aufweisen kann, dass es häufig keine Reinformen gibt und dass diese Typologien keine Festlegungen darstellen, sondern dass Jugendliche in ihrer individuellen Entwicklung auch Einstellungen ändern und damit unterschiedlichen Typen zugerechnet werden können.

Im Folgenden skizzieren wir in zusammenfassender und systematischer Weise, welche Faktoren geeignet sind, die Lebenssituation von Jugendlichen zu charakterisieren oder anders ausgedrückt: die Einfluss auf die individuelle Lebenssituation und damit die individuelle Entwicklung nehmen.

*a) Statusunsicherheit:*
Jugendzeit ist in unserer Gesellschaft strukturell dadurch gekennzeichnet, dass der Jugendliche einerseits aus dem „Schutzraum" der Familie heraustritt und andererseits seinen Status im Hinblick auf das Erwachsenenleben noch nicht gefunden hat. Damit sind zum einen Ablösungsprobleme und zum anderen Schwierigkeiten der Neuorientierung verbunden. Insofern ist diese Phase im Ansatz durch Unsicherheit gekennzeichnet. Im positiven Falle führt die damit verbundene Krise zur Identitätssuche und zum Aufbau von Ich-Identität. Im negativen Falle resultiert sie in Identitätsdiffusion (vgl. ERIKSON 1970; WAGNER-WINTERHAGER 1990; REIS 1997; SCHÄFERS 2001, S. 111 ff.). Die genannten Übergänge verlaufen – in Abhängigkeit von den jeweiligen personalen Bewältigungskompetenzen und sozialen Ressourcen – individuell sehr unterschiedlich und sind mit ständiger Arbeit an der „Statusinkonsistenz", d.h. der Ungleichzeitigkeit und Unausgewogenheit von sozialen Positionen (etwa frühe soziokulturelle, aber spätere soziökonomische Selbstständigkeit) verbunden (vgl. HURRELMANN 2004, S. 39 f., S. 159).

*b) Pluralismus der Werte als Orientierungsproblem:*
Neben die tradierten Werte sind in unserer Gesellschaft zum Teil alternative Grundhaltungen getreten. Die Verschiedenheit der Wertvorstellungen wird besonders spürbar, wenn man Grundhaltungen, die in Schule, Ausbildung und Arbeitswelt gefordert werden, mit den Grundhaltungen vergleicht, die unter anderem Werbung und Massenmedien für die Freizeit suggerieren. Geht es zum einen um Selbstdisziplin, Leistungsbereitschaft, Rationalität und soziale Verantwortung, werden zum anderen Konsum, Genuss, Emotionalität und narzisstische Selbstdarstellung nahegelegt. Für Jugendliche bedeutet dieser Widerspruch in jedem Fall, dass sie bei ihrer Suche nach Orientierung und Identität mit einer Vielzahl von unterschiedlichen Wertvorstellun-

gen konfrontiert werden, die zwar grundsätzlich eine Chance darstellen, die aber auch die eigene Orientierung und die Entwicklung ihrer Identität erheblich erschweren, wenn nicht sogar gefährden können (vgl. BAACKE/HEITMEYER 1985, S. 16 ff.; FRIESE 1998; GENSICKE 2000, 2006; UNVERZAGT/HURRELMANN 2001).

*c) Unsicherheit im Hinblick auf die familiale Situation und private Lebensperspektive:*
Das Infragestellen tradierter Werte und die Entwicklung neuer Wertorientierungen zeigen sich auch in einer Pluralisierung der Lebensformen. Neben der noch dominierenden Weiterexistenz traditionell-ehelicher Lebensformen haben z. B. Stieffamilien, das nicht-eheliche Zusammenleben, das Single-Dasein und Ein-Eltern-Familien zugenommen (vgl. STATISTISCHES BUNDESAMT 2009). Solche Tendenzen werden überlagert durch den Wechsel von Partnern und Lebensformen mit den damit verbundenen Entwicklungsproblemen und -chancen für Jugendliche (vgl. z. B. SCHÄFERS 2001, S. 107 ff.; Alt 2001; SCHNEEWIND 2002; WISSENSCHAFTLICHER BEIRAT FÜR FAMILIENFRAGEN 2005).

*d) Multikulturelle Sichtweisen als Herausforderung:*
Deutschland ist inzwischen ein Einwanderungsland geworden und weist einen steigenden Anteil von Bürgerinnen und Bürgern mit Migrationshintergrund bzw. Zuwanderungsgeschichte auf. (Damit sind alle nach 1949 in das heutige Gebiet der Bundesrepublik Zugewanderten sowie alle in Deutschland geborenen Ausländer und alle in Deutschland als Deutsche Geborenen mit mindestens einem zugewanderten oder in Deutschland als Ausländer geborenen Elternteil gemeint). Der Anteil stieg von 2006 zu 2007 von 18,4% auf 18,7 % (vgl. STATISTISCHES BUNDESAMT 2008, S. 7 ff.). Damit verbunden weisen Jugendliche in Deutschland heute einen multiethnischen Lebenshintergrund auf, der sich z.B. auch in der Wahrnehmung der Jugendlichen von Europa als Raum kultureller Vielfalt widerspiegelt (vgl. SCHNEEKLOTH 2006, S. 159 f.). Sie werden dadurch im alltäglichen Leben in unmittelbaren Erfahrungen und darüber hinaus in mittelbaren Erfahrungen durch Medien und Computernetze mit Sicht- und Verhaltensweisen anderer europäischer und außereuropäischer Kulturen konfrontiert. Die damit verbundene Verunsicherung kann bei einem Teil der Jugendlichen zu einer positiven Entwicklungsanregung führen, für einen anderen Teil jedoch auch zu einer Überforderung – mit der Gefahr eines Rückzugs auf einfache Freund-Feind-Schemata (vgl. z.B. HOLZBRECHER 2004).

*e) Unsicherheit im Hinblick auf die berufliche Lebensperspektive:*
Die Entwicklung der Technik sowie der Weltmärkte und ihre Einwirkungen auf Beruf und Gesellschaft führen unter anderem dazu, dass viele berufliche Entscheidungen mit Unsicherheiten behaftet sind. Hinzu kommen mittelbare oder unmittelbare Erfahrungen mit Arbeitsplatz- oder Lehrstellenmangel. Entsprechend zeigen sich

Jugendliche deutlich stärker als in früheren Jahren besorgt im Hinblick auf ihre persönliche Zukunft, insbesondere Haupt- und Realschüler sind skeptisch im Hinblick auf die Realisierung ihrer beruflichen Wünsche (vgl. LANGNESS/LEVEN/ HURRELMANN 2006, S. 71 ff.). Solche Unsicherheiten sind umso größer, je weniger eine langfristige politische Lösung für die Verteilung von Arbeit und Einkommen in unserer Gesellschaft erkennbar wird. Für einen Teil der Jugendlichen bedeutet dies auch, dass ihnen schon der Einstieg in die Arbeitswelt dadurch verwehrt wird, dass sie keine Chance auf eine berufliche Ausbildung erhalten. Diejenigen Jugendlichen, die Zugang zum Erwerbsleben gefunden haben, können darüber hinaus nicht mehr davon ausgehen, dass ihr Berufsleben einer „Normalerwerbsbiographie" entspricht (vgl. z.B. PRAGER/WIELAND 2005). Dieses Problem wird zudem überlagert durch die schwindende Bedeutung der beruflichen Tätigkeit im Vergleich zu Freizeitaktivitäten, wobei Ausbildung und Beruf jedoch für den sozialen Status und die ökonomische Absicherung bedeutsam bleiben (vgl. z. B. SOWI-ONLINE 2003).

*f) Relative Abnahme unmittelbarer und relative Zunahme mittelbarer Erfahrungen an der Gesamterfahrung:*
Medien und Informationstechnologien stellen heute einen selbstverständlichen und konstitutiven Bestandteil der Lebens- und Erfahrungswelt von Kindern und Jugendlichen dar. Die breite Verfügbarkeit und intensive Nutzung technischer – zunehmend digitaler – Medien (vgl. z.B. MPFS 2008a,b) führt dazu, dass Kinder und Jugendliche ihre Vorstellungen von der Wirklichkeit und von der Welt – im Vergleich zu früher – weniger durch die Begegnung und den eigenen Umgang mit Personen, Tieren, Pflanzen und Gegenständen erwerben, sondern mehr durch die Rezeption von Darstellungen in technischen Medien. Dies bedeutet zugleich, dass wesentlich mehr Informationen auf sie einströmen und verarbeitet werden müssen. Außerdem sind die Informationen zum Teil widersprüchlich. Damit können viele Anregungen, aber auch Überforderungen verbunden sein. Unter Umständen erzeugen die medial vermittelten Bilder und Aussagen irreführende Vorstellungen über die Wirklichkeit, unangemessene Emotionen und problematische Verhaltensorientierungen (vgl. BRUNER/OLSON 1975, S. 197 ff.; TULODZIECKI/HERZIG 2002, S. 17 ff.; S. 46 ff.).

*g) Bedrohung der natürlichen Lebensgrundlagen:*
Bevölkerungswachstum, Rohstoffmangel, Umwelt- und Energieprobleme sowie militärische Vernichtungspotentiale und internationaler Terrorismus sind in der öffentlichen Diskussion zentrale Themen geworden, die auf Überlebensfragen für die Jugendlichen, für die gegenwärtige Generation und für zukünftige Generationen verweisen (vgl. z. B. KING/SCHNEIDER 1991; KUCKARTZ/GRUNENBERG 2002).

### 2.2.3 Bedürfnisse

In der Psychologie ist eine Reihe von Theorien dazu entwickelt worden, welche Bedürfnisse dem menschlichen Handeln zugrunde liegen. Sie reichen von dem Versuch, menschliches Handeln im Wesentlichen auf ein Grundmotiv zurückzuführen, z. B. auf den Sexualtrieb oder das Geltungsstreben, bis zu weit ausdifferenzierten Motiv- oder Bedürfniskatalogen (vgl. zur Übersicht z. B. SEIFFGE-KRENKE/TODT 1977; RHEINBERG 2002). Es geht hier nicht darum, diese Ansätze im Einzelnen zu diskutieren. Wir konzentrieren uns auf den Ansatz des amerikanischen Psychologen MASLOW, welcher der humanistischen Psychologie (s.o.) zuzuordnen ist. Dieses Konzept erscheint uns für den hier behandelten Zusammenhang von Lernen und Handeln als besonders angemessen und kann als der Versuch gesehen werden, verschiedene Bedürfnistheorien zu integrieren (vgl. KRECH u.a. 1985, S. 35 f.).

MASLOW (1981) geht davon aus, dass die bewusst wahrgenommenen Bedürfnisse des täglichen Lebens nicht selbst schon die eigentlichen Motive des Handelns sind, sondern Mittel zum Zweck der Befriedigung tiefer liegender Bedürfnisse: „Wir wollen Geld, um ein Auto zu besitzen. Wir wünschen uns ein Auto, weil die Nachbarn eines haben und wir ihnen nicht unterlegen sein wollen, damit wir die Selbstachtung behalten und von anderen geliebt und geachtet werden können" (S. 48).

Auf der Basis einer solchen Unterscheidung von Mittel und Zweck nennt MASLOW folgende Grundbedürfnisse des Menschen (vgl. 1981, S. 62 ff.):

(1) *Physiologische Bedürfnisse*, z. B. die „klassischen" Bedürfnisse Hunger, Durst und Sexualität sowie die Bedürfnisse nach Erregung und Aktivität sowie die Bedürfnisse nach Ruhe und Schlaf.

(2) *Sicherheitsbedürfnisse*, z. B. die Bedürfnisse nach Stabilität, Geborgenheit, Schutz und Angstfreiheit, nach Struktur, Gesetz und Grenzen.

(3) *Bedürfnisse nach Zugehörigkeit und Liebe*, z. B. die Bedürfnisse nach Kontakt, Zuneigung und intimen Beziehungen.

(4) *Bedürfnisse nach Achtung*, z. B. die Bedürfnisse nach Stärke, Leistung, Bewältigung und Kompetenz, nach Status, Ruhm, Dominanz, Anerkennung und Wertschätzung.

(5) *Bedürfnisse nach Selbstverwirklichung*, z. B. das Verlangen nach Aktualisierung der Möglichkeiten, die der oder die Einzelne besitzt – sei es im sozialen, sportlichen, künstlerischen oder wissenschaftlichen Bereich.

Mit dieser Strukturierung der Grundbedürfnisse sind verschiedene theoretische Annahmen verbunden. Einige von ihnen, die für den hier gegebenen Zusammenhang besonders bedeutsam sind, stellen wir im Folgenden in aller Kürze dar (vgl. dazu MASLOW 1981, S. 46 ff.):

– Der Mensch ist ein *integriertes Ganzes*. Das bedeutet, dass der Mensch bei einem Mangel jeweils als Ganzer motiviert ist. Wenn ein Mensch Hunger hat, so ist dies sein Bedürfnis, nicht nur das Bedürfnis seines Magens. Verschiedene Funktionen werden gleichzeitig verändert: Die Wahrnehmung richtet sich stärker auf Nahrung

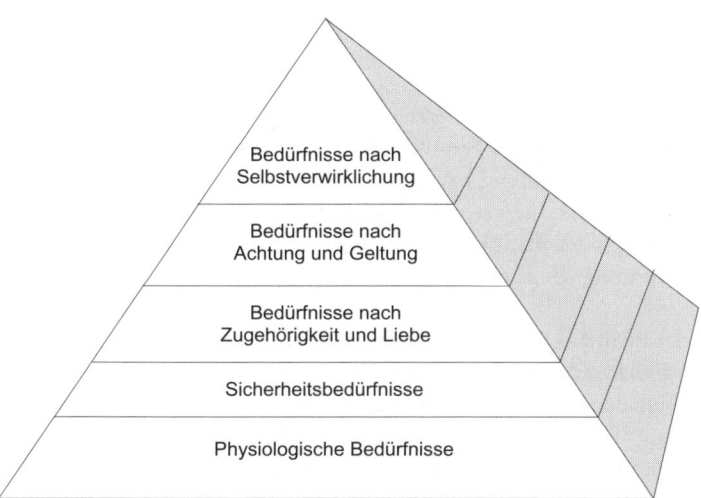

Darstellung 2.2: Bedürfnispyramide in Anlehnung an MASLOW

als auf andere Dinge, emotional ist der Mensch angespannter und nervöser als sonst, sein Denken ist vor allem darauf gerichtet, wie er sich Nahrung beschaffen kann, usw.

–   Die Grundbedürfnisse sind *hierarchisch* organisiert. Das Auftauchen höherer Bedürfnisse setzt im Allgemeinen die Befriedigung der darunter liegenden Bedürfnisse voraus: „Wir hätten nie das Verlangen, Musik zu komponieren oder mathematische Systeme aufzustellen oder unser Heim zu dekorieren oder gut angezogen zu sein, wenn unsere Mägen die meiste Zeit leer wären oder wenn wir ständig vor Durst fast stürben oder wenn wir ständig von einer nahen Katastrophe bedroht wären oder wenn uns alle hassten" (S. 52). Dabei ist gleichzeitig der Zusammenhang der Grundbedürfnisse zu sehen: Das motivationale Erscheinungsbild eines Menschen „hängt praktisch immer vom Zustand der Befriedigung oder des Unbefriedigtseins aller anderen Motivationen ab, die im Organismus jeweils vorhanden sind, das heißt von der Tatsache, dass diese oder jene anderen übermächtigen Wünsche den Zustand der relativen Befriedigung erreicht haben" (S. 51). Weiterhin bedeutet die hierarchische Organisation der Bedürfnisse, dass sich in der Regel ein neues Bedürfnis zeigt, sobald ein zunächst vorrangiges Bedürfnis befriedigt ist. Insofern ist ein Zustand vollständiger Befriedigung für längere Zeit praktisch nicht zu erreichen.

–   Die Fähigkeit, die *Nicht-Befriedigung eines Bedürfnisses zu tolerieren*, ist von der bisherigen Bedürfnisbefriedigung abhängig. Menschen, bei denen ein bestimmtes Bedürfnis in der Vergangenheit ständig befriedigt wurde, können eine aktuelle

Frustration dieses Bedürfnisses leichter ertragen als Menschen, die mit einer dauernden Nicht-Befriedigung dieses Bedürfnisses leben mussten. Um es an einem Beispiel zu sagen: Wer immer Zuneigung und Liebe gespürt hat, ist eher in der Lage, auf diese zeitweilig zu verzichten, als jemand, der sich häufig vergeblich um Zuneigung und Liebe bemüht hat (vgl. S. 85).

– Eine bestimmte Handlung bzw. ein bestimmtes Verhalten kann durch *mehrere Grundbedürfnisse* bedingt sein. So kann ein Jugendlicher z. B. Sport treiben, um sein physiologisches Bedürfnis nach Bewegung zu befriedigen und gleichzeitig die Zustimmung der Eltern sowie die Wertschätzung der Gleichaltrigen zu erhalten.

– Die in der Bedürfnishierarchie jeweils höheren Bedürfnisse haben sich *in der Geschichte der Menschheit später entwickelt* als die grundlegenderen. Gleiches gilt für die Individualentwicklung. Beim Säugling dominieren z. B. die physiologischen Bedürfnisse. Danach werden die Sicherheitsbedürfnisse wichtig. Im weiteren Verlauf kommen die Zugehörigkeits- und die Achtungsbedürfnisse hinzu. Erst später entwickeln sich die Selbstverwirklichungsbedürfnisse.

Bisher nicht erwähnt wurden die *kognitiven und ästhetischen Bedürfnisse.* Sie nehmen eine besondere Rolle ein. Kognitive Antriebe, z. B. nach Wissen und nach Verstehen, sowie ästhetische Bedürfnisse, z. B. nach Symmetrie und Ordnung, können zunächst als Mittel verstanden werden, um Sicherheits- oder Selbstverwirklichungsbedürfnisse zu befriedigen. Mit dieser Deutung sind jedoch noch keine „definitiven Antworten auf die Frage der motivierenden Rolle der Neugier, des Lernens, Philosophierens, Experimentierens und so weiter" gegeben (S. 76). Die Bedürfnisse nach Wissen, Verstehen und Ästhetik lassen sich selbst als Persönlichkeitsbedürfnisse wie die Grundbedürfnisse auffassen. Im Rahmen der Selbstverwirklichungsbedürfnisse kommen sie zu ihrer eigentlichen Entfaltung.

Dieser Ansatz kann – wie andere Bedürfnistheorien auch – in einzelnen Punkten kritisiert werden (vgl. z. B. SEIFFGE-KRENKE/TODT 1977, S. 197 f.; TULODZIECKI 1996, S. 58 ff.). Wir haben uns hier allerdings auf die Darstellung des Ansatzes beschränkt, weil es in diesem Band vor allem darum geht zu zeigen, welche Bedeutung der Ansatz von MASLOW für die Erklärung von Handlungsprozessen hat und welche Konsequenzen sich daraus für Lehr-Lernprozesse ergeben.

### 2.2.4 Wissens- und Erfahrungsstände

Wissens- und Erfahrungsstände nehmen ebenfalls Einfluss auf die Auswahl und Bewertung von Handlungsmöglichkeiten und stellen damit im Rahmen menschlichen Handelns einen bedeutsamen Faktor dar. Im eingangs beschriebenen Fall kann beispielsweise die Kenntnis von schulrechtlichen Bestimmungen zum Umgang mit Täuschungsversuchen bzw. mit deren Begünstigung ausschlaggebend dafür sein, dass sich Anne Gedanken über mögliche Folgen macht und diese Erwägungen in ihre Entscheidung einbezieht.

Wissen lässt sich zunächst einmal allgemein als ein Teil der kognitiven Struktur kennzeichnen, die Einfluss auf das Denken und Handeln des Menschen nimmt. Es kann danach unterschieden werden,

- wie gesichert es ist, z. B. fehlerhaftes Wissen oder unsicheres Wissen,
- auf welchen Inhalt es bezogen ist, z. B. mathematisches oder medizinisches Wissen,
- welche Funktion es erfüllt, z. B. Problemlösewissen, Diagnosewissen, Kontrollwissen, Strategiewissen,
- welchen Allgemeinheitsgrad es besitzt, z. B. bereichsspezifisches oder generelles Wissen,
- welchen Grad an Spezialisierung und Detaillierung sowie an Wissenschaftlichkeit es aufweist, z. B. Expertenwissen oder Alltagswissen.

Hinsichtlich der Frage, wie das Wissen im Gedächtnis repräsentiert ist, lassen sich weitere Differenzierungen treffen, z. B. nach propositionalem Wissen (d. h. verbal codiertes Wissen) oder analogem Wissen (d. h. bildlich codiertes Wissen). Wir wollen diese Unterscheidungen hier im Einzelnen nicht verfolgen, sondern den *Bewusstheitsgrad* und die *Handlungsrelevanz* als Kriterien zur Klassifizierung von Wissensarten hervorheben, weil sie uns für schulische Kontexte bedeutsam erscheinen. Nach diesen Kriterien kann Wissen als implizites bzw. explizites und als träges bzw. nicht träges Wissen charakterisiert werden.

Als *explizites* Wissen werden die Wissensformen bezeichnet, die als solche explizierbar bzw. verbalisierbar sind, also z. B. Ereignisse, Namen, Bewertungsmöglichkeiten, Fakten, Begriffe, Vorgehensweisen, Gesetzesaussagen, Regeln, Normen, Verfahren, Systeme, Theorien o. Ä. *Implizites* Wissen hingegen ist verborgenes Wissen, das sich nur in Handlungen zeigt bzw. in Handlungen selbst liegt. Implizites Wissen ist quasi „einverleibtes" Wissen, das weniger auf Begriffssystemen als auf Gestalten, bildhaften Strukturen und Prototypen beruht. Man könnte es auch so ausdrücken, dass jemand mehr kann als er (zu sagen) weiß. Dies führt dazu, implizites Wissen zum Teil mit Expertise und praktischem Wissen oder intuitivem Können gleichzusetzen (vgl. etwa SCHÖN 1983, S. 54).

Unter *trägem* Wissen werden – in der Regel auch explizierbare – Wissensbestände verstanden, über die ein Individuum verfügt, die es aber in Problemlöseprozessen nicht zur Anwendung bringt. Das heißt, dass das Wissen nicht grundsätzlich irrelevant ist, es kann nur nicht in der jeweils erforderlichen Situation abgerufen und konstruktiv genutzt werden (vgl. GRUBER/RENKL 2000, S. 155). Etwas plakativ ausgedrückt: jemand weiß mehr als er (zur Anwendung bringen) kann.

Im Zusammenhang des von uns entwickelten Handlungsmodells ist mit Wissen das explizite Wissen gemeint, das in den Erwägungsprozess einfließt, d. h. über die entsprechenden Ereignisse, Regeln, Theorien, Fakten usw. kann gedanklich verfügt werden – also nicht träges Wissen.

Mit der zusätzlichen Aufnahme von *Erfahrungsständen* als Einflussfaktor wollen wir deutlich machen, dass auch das unmittelbare Erleben bzw. dessen Folgen Einfluss auf das Handeln nehmen können, selbst wenn diese Erfahrungen nicht in Form von abstrahierten, kontextfreien Aussagen (wie z. B. Fakten, Normen, Gesetzesaussagen usw.) im Gedächtnis repräsentiert sind. Erfahrungen in diesem Sinne sind an spezifische Situationen des unmittelbaren Erlebens – man könnte auch sagen: an die unmittelbare Interaktion mit der Umwelt – gebunden. Sie können einerseits als implizites Wissen vorliegen (als Ergebnis vorreflexiver Erfahrung), andererseits aber auch als explizites Wissen, wenn Erfahrungen reflektiert werden. Im letzten Fall tritt die Erfahrung hinter das Wissen zurück (vgl. KOCH 2008, S. 367).

Das folgende Beispiel soll die Zusammenhänge zwischen Wissen und Erfahrung noch einmal verdeutlichen: Wenn ein Schüler beim Baden am See nach langem Aufenthalt in der Sonne Übelkeit verspürt, Schwindelanfälle bekommt und gegebenenfalls Fieber, so lässt sich dieses „Erlebnis" als Erfahrung deuten, die mit einer gewissen Wahrscheinlichkeit dazu führt, dass sich der Schüler beim nächsten Badebesuch weniger lang der Sonne oder Hitze aussetzt. Diese Erfahrung kann beim Schüler als implizites Wissen oder als episodisches, d. h. an eine konkrete Situation gebundenes, Wissen repräsentiert sein. Wenn er allerdings seinen Hausarzt aufsuchen würde und dieser ihm erklärt, dass bei langer direkter Sonneneinstrahlung die Hirnhäute gereizt werden und dies zu Symptomen wie Fieber, Übelkeit usw. führt, dann könnte der Schüler zusätzlich über ein explizites Wissen über den Sonnenstich verfügen. Dieses Wissen können aber auch Andere erwerben, ohne die unmittelbare Erfahrung eines Sonnenstichs gemacht zu haben.

### 2.2.5 Intellektuelle Fähigkeiten

Wir haben bereits im Kapitel 1 die intellektuellen Fähigkeiten als wichtige Lernvoraussetzung genannt und als das Vermögen charakterisiert, komplexe Gedankengänge durchführen zu können. Man kann dieses Vermögen auch als die kognitive Komplexität von Individuen kennzeichnen. Im Anschluss an die Arbeiten von PIAGET (vgl. Abschnitt 1.2.2) lässt sich die kognitive Komplexität durch die Anzahl und Eigenschaften der Dimensionen charakterisieren, die ein Individuum zur kognitiven Strukturierung von Gegenstandsbereichen verwendet:

– *Anzahl der in den Blick genommenen Handlungsmöglichkeiten*: Im Beispiel des Abschreibens kommen im einfachsten Fall die Möglichkeiten „Zusagen, abschreiben zu lassen" oder „Abschreiben ablehnen" in Betracht. In weiteren Überlegungen können nun insbesondere unter Ausdifferenzierung der zweiten Alternative weitere Handlungsmöglichkeiten bedacht werden, z. B. das Gespräch mit der Freundin suchen und sie davon überzeugen, dass Abschreiben eine unangemessene Lösung ist, eine gemeinsame Vorbereitung auf die Klassenarbeit vereinbaren oder die Eltern einbeziehen, um die Gründe für die sinkenden Leistungen herauszufinden.

- *Anzahl der Kriterien zur Beurteilung einer Handlungsmöglichkeit*: Einzelne Handlungsalternativen werden bei der Entscheidungsfindung nach bestimmten Kriterien bewertet. So ließe sich z. B. das Bemühen um ein Gespräch mit der Freundin allein nach dem Kriterium des guten freundschaftlichen Verhältnisses beurteilen, es könnten aber – je nach Differenzierung und Systematik – auch andere Kriterien herangezogen werden, z. B. die Fairness oder Gerechtigkeit bei der Erbringung schulischer Leistungen oder die Einschätzung des Verhaltens durch andere Personen, z. B. die Lehrerinnen und Lehrer.
- *Unterscheidungsfähigkeit innerhalb der Kriterien*: Einzelne Kriterien, die zur Beurteilung herangezogen werden, lassen sich noch einmal differenzieren. Beispielsweise kann das Kriterium „Einschätzung des Verhaltens durch andere Personen" neben den Lehrpersonen auch die Mitschüler und die Eltern einbeziehen.
- *Abstraktionsgrad der Kriterien*: Kriterien weisen in der Regel unterschiedliche Grade an Abstraktheit auf. So ist beispielsweise das Kriterium „Gerechtigkeit" abstrakter als das Kriterium „Einschätzung durch andere Personen".
- *Grad der Verknüpfung*: Der Grad der Verknüpfung gibt an,
  - ob Handlungsmöglichkeiten isoliert nebeneinander im Hinblick auf Vor- und Nachteile gesehen werden oder ob sie über Kriterien zueinander in Beziehung gesetzt werden,
  - ob Kriterien zur Beurteilung von einzelnen Möglichkeiten untereinander gewichtet werden oder
  - ob die Kriterien hinsichtlich ihrer Bedeutung für den konkreten Fall sowie im Aspekt allgemeiner Prinzipien reflektiert werden.

Auf der Basis dieser Merkmale unterscheiden wir im Folgenden – angeregt durch die Arbeit von Harvey/Hunt/Schroder (1961), wenn auch mit anderer Akzentuierung und einer Strukturierung nach fünf Stufen – folgende intellektuelle Niveaus:

(1) Das Denken ist im Wesentlichen darauf fixiert, dass es für jedes Problem nur eine richtige Lösung, für jeden Fall nur die Beurteilung „gut" oder „schlecht", für jede Situation nur eine angemessene Handlungsweise gibt. Handlungsalternativen werden erst gar nicht in Betracht gezogen. Wir sprechen hier von *„fixiertem Denken"*.

(2) Alternativen zu der – zunächst als richtig angesehenen – Problemlösung bzw. Beurteilung oder Handlungsweise kommen zwar in den Blick, werden jedoch nur in isolierender Weise bewertet. Die Bewertung erfolgt dabei relativ pauschal oder nur mit Blick auf Einzelheiten. Aufgrund der Kenntnis von Alternativen ist das Individuum unter Umständen auch so verunsichert, dass es nicht mehr recht weiß, wie es sich verhalten soll. In diesem Fall kann es passieren, dass alle möglichen Lösungen abgelehnt werden und ein Rückzug erfolgt. Dieses Niveau bezeichnen wir als *„isolierendes Denken"*.

(3) Auf einer dritten Stufe ist das Individuum in der Lage, unterschiedliche Problemlösungen bzw. Handlungsmöglichkeiten hinsichtlich verschiedener konkreter

Vorteile und Nachteile zu bedenken. Vor- und Nachteile bleiben unter Umständen jedoch noch relativ unverbunden nebeneinander stehen. Entscheidungen werden häufig unter dem Gesichtspunkt gefällt, welche Lösung oder Handlung die meisten Vorteile für die unmittelbar Betroffenen bringt. Insofern haben Entscheidungen häufig den Charakter eines Kompromisses zwischen den Betroffenen. Diese Denkweise charakterisieren wir als *„konkret-differenzierendes Denken“*.

(4) Auf der nächsten Stufe können verschiedene Problemlösungen und Handlungsmöglichkeiten unter mehreren Kriterien systematisch beurteilt werden. Die Entscheidung erfolgt in der Regel so, dass eines der Kriterien als vorrangig erklärt wird. Hier sprechen wir von *„systematisch-kriterienbezogenem Denken“*.

(5) Eine weitere Stufe des Denkens lässt sich dadurch charakterisieren, dass der Prozess der Prioritätensetzung zwischen verschiedenen Kriterien immer mehr thematisiert und reflektiert wird. Dabei wird sowohl der individuelle Fall berücksichtigt als auch Bezug auf übergreifende Prinzipien genommen. Ein Denken dieser Art lässt sich als *„kritisch-reflektierendes Denken“* kennzeichnen.

Wenn eine Stufung dieser Art auch kritisierbar ist und weiter geprüft und ausgearbeitet werden müsste, scheint es doch vertretbar, sie zur Beschreibung der Komplexität von Erwägungsüberlegungen heranzuziehen und mögliche Konsequenzen für das Lernen in der Schule daraus abzuleiten.

### 2.2.6 Wertorientierungen

Neben der Komplexität in der Auswahl von Handlungsmöglichkeiten und der Differenziertheit der Bewertung spielt die Beurteilung der Inhalte von Alternativen bei der Entscheidungsfindung eine wichtige Rolle. Getroffene Entscheidungen spiegeln damit auch die Werthaltungen von Individuen wider. So lässt sich beispielsweise danach fragen,

– inwieweit über die eigene Sichtweise hinaus die *Perspektive Anderer* berücksichtigt bzw. eingenommen wird, z. B. die Perspektive unmittelbarer Bezugspersonen, entfernterer Gesellschaftsmitglieder oder gar der ganzen Menschheit (vgl. z. B. MEAD 1968).

– inwieweit *Verantwortung* für das Zusammenleben mit anderen übernommen wird, z. B. ob man sich nur für das eigene Wohl oder letztlich für das Wohl Aller verantwortlich fühlt (vgl. GILLIGAN 1983).

– welcher Begriff von *richtigem bzw. gerechtem Handeln* den Argumenten zugrunde liegt, z. B. ob nur das für richtig gehalten wird, was einem selbst nützt, oder ob gerechtes Handeln durch Übereinstimmung mit bestimmten Regeln des Zusammenlebens, vielleicht sogar mit universalen ethischen Prinzipien gekennzeichnet ist (vgl. dazu KOHLBERG 1974).

Im Folgenden verwenden wir diese Gesichtspunkte für eine Kennzeichnung der wertbezogenen Aspekte von Entscheidungen bei der Auswahl von Handlungsmöglichkeiten. Dabei werden wir *Begründungen* für oder gegen eine bestimmte

Handlungsmöglichkeit als Ausdruck für verschiedene Stufen der sozialen bzw. moralischen Urteilentwicklung deuten, nicht schon die Entscheidung selbst – d. h. nicht die Befürwortung oder Ablehnung einer Handlung bestimmt deren moralische Qualität, sondern erst die Reichweite der Begründung dafür. Die Stufenzuordnung nehmen wir auf der Basis des Ansatzes von KOHLBERG (1974) vor, obwohl bei ihm nicht alle drei der oben genannten Gesichtspunkte in gleicher Weise berücksichtigt werden. Vielmehr dominieren bei Kohlberg Aspekte des gerechten Handelns bzw. die Prinzipien der Fairness und Gerechtigkeit. Wir gehen jedoch davon aus, dass die Gesichtspunkte der sozialen Perspektive und der sozialen Verantwortung mit dem KOHLBERGschen Ansatz verbunden werden können (vgl. dazu auch COLBY/KOHLBERG 1978; EDELSTEIN 1986, S. 327; HERZIG 1998, S. 107 ff.).

KOHLBERG (1974; KOHLBERG/TURIEL 1978) geht in seinem Ansatz davon aus, dass moralisches Denken und Urteilen im Wesentlichen durch die Vorstellung des Einzelnen von dem, was gerecht oder ungerecht, fair oder unfair bzw. richtig oder falsch ist, geprägt wird. Diese Vorstellung, so eine zentrale Annahme des Konzeptes, entwickelt das Individuum in der Interaktion mit seiner Umwelt. Demnach sind Werthaltungen und -vorstellungen weder allein durch Reifungsprozesse noch als Resultat von „Formungsprozessen" durch Erziehende in ihrer Entstehung zu erklären. Es handelt sich nach KOHLBERG vielmehr um einen Prozess aktiver Auseinandersetzung mit der Umwelt. Wenn der Einzelne Erfahrungen macht, die mit seinen bisher verfügbaren Werthaltungen, Denk- oder Urteilsstrukturen in Konflikt geraten, wird das grundsätzliche Bestreben, ein möglichst stabiles Gleichgewicht in der Interaktion mit der Umwelt zu erreichen bzw. aufrecht zu erhalten, zum „Motor" der Weiterentwicklung bestehender Urteilsstrukturen (vgl. auch die Ausführungen zu PIAGET in Abschnitt 2.2.2).

(1) Auf der ersten Stufe moralischer Urteilsfähigkeit wird eine Handlung oder ein Verhalten danach beurteilt, welche physischen Konsequenzen (Strafe, Belohnung) sie nach sich zieht. Die Durchsetzung eigener Interessen und Bedürfnisse wird auf dieser Stufe solange als gerechtfertigt angesehen, wie sie nicht durch strafende Autoritäten reglementiert wird. Die Grundhaltung dieser Urteilsstufe wird auch als eine „Orientierung an Strafe und Gehorsam" charakterisiert. Wir ziehen es – mit Blick auf die Verbindung sozialer und moralischer Perspektiven – vor, von einer *„Egozentrischen Fixierung auf die eigenen Bedürfnisse unter Vermeidung von Strafe"* zu sprechen.

(2) Der zweiten Stufe liegt eine „instrumentell-relativistische Orientierung" zugrunde. Richtig ist eine Handlung dann, wenn dadurch die eigenen Bedürfnisse befriedigt werden, wenngleich dazu gegebenenfalls auch die Bedürfnisse Anderer instrumentell befriedigt werden müssen. Kompromisse einzugehen und Zugeständnisse zu machen, ist eine Frage des zweckgebundenen Austausches im Sinne der Losung „Eine Hand wäscht die andere". Ein Denken auf dieser Stufe ist also an die Fähigkeit gebunden, sich in die Lage des Anderen zu versetzen

und zu erkennen, dass seine Interessen mit den eigenen nicht übereinstimmen müssen. Wir sprechen hier von einer *„Orientierung an den eigenen Bedürfnissen unter Beachtung der Interessen beteiligter Personen"*.

(3) Auf der dritten Stufe wird ein Verhalten dann als richtig oder gerechtfertigt angesehen, wenn es sich an „zwischenmenschlicher Übereinstimmung" orientiert. Mehrheitliches Verhalten und Verhalten nach stereotypen Verhaltensmustern (Erwartungen an einen „guten Jungen" oder ein „nettes Mädchen") können auf dieser Stufe ebenso urteilsrelevant sein wie Handlungs- oder Verhaltensformen, die eine besondere Anerkennung von Bezugsgruppen versprechen, z. B. einer Clique. Das bedeutet, dass nicht nur die Interessen eines konkreten Anderen wahrgenommen werden können, sondern auch die Perspektive von Dritten. Um den Erwartungscharakter, dem Handlungen auf dieser Stufe genügen, deutlicher zu betonen, charakterisieren wir sie als *„Orientierung an der Erwartung von Bezugspersonen oder Bezugsgruppen"*.

(4) Auf die in Gesetzen manifestierte soziale Ordnung richtet sich der Blick auf der vierten Stufe. Urteile über die Rechtfertigung oder Ablehnung von Handlungen oder Verhalten richten sich danach, ob gegen verbindliche Regeln der Sozialgemeinschaft, insbesondere gegen bestehende Gesetze, verstoßen wird. Mit dieser Urteilsstruktur ist die Einsicht verbunden, dass eine soziale Gemeinschaft um ihrer selbst willen aufrecht erhalten werden und jeder dazu seinen Beitrag leisten muss. Gesetze werden in ihrer Bedeutung für die Regelung eines „geordneten" Zusammenlebens erkannt. Entsprechend beschreiben wir diese Stufe als *„Orientierung am sozialen System mit einer bewussten Übernahme verbindlicher Verpflichtungen"*.

(5) Auf der fünften Stufe findet die Idee des Sozialvertrags ihren Niederschlag. Auf dieser Stufe neigt man dazu, richtiges Handeln durch Bezugnahme auf individuelle Rechte und Standards zu begründen, die kritisch geprüft sind und denen die Gesellschaft zustimmt. Persönliche Werthaltungen und Meinungen werden als relativ angesehen und Regelungen zur Konsensfindung werden ebenso wie Gesetze anerkannt, allerdings als grundsätzlich korrigierbar angesehen, wenn sie nicht mehr dem Wohl der menschlichen Gemeinschaft dienen. Während auf der vierten Stufe ein Gesetz als unbedingt gültig angesehen wird (rechtspositivistische Auffassung), ist auf der fünften Stufe nicht mehr alles Recht, was Gesetz ist. Das Gesetz muss ein Höchstmaß an Gerechtigkeit ermöglichen und geändert werden, wenn dies nicht mehr zutrifft. Dazu ist die Einnahme einer der Gesellschaft übergeordneten Perspektive notwendig. Neben den Gesetzen gibt es Werte, wie z. B. Freiheit oder Leben, die eher absoluten Charakter besitzen. Wir kennzeichnen die fünfte Stufe als *„Orientierung an individuellen Rechten und ihrer kritischen Prüfung unter universalen Ansprüchen der menschlichen Gemeinschaft"*.

KOHLBERG hat auch eine sechste Stufe des moralischen Urteils formuliert, die allerdings zu vielerlei Missverständnissen und Kritik geführt hat. KOHLBERG bezeichnet diese Stufe als „Orientierung an Gewissen oder Prinzipien". Eine Urteilsbildung auf dieser Stufe geht von der Prämisse aus, dass der Urteilende nicht weiß, welche Rolle er selbst inne hätte, wenn er Beteiligter oder Betroffener wäre (ideale Rollenübernahme und Prüfung der vollständigen Reversibilität einer Lösung). Quasi in einem Gedankenexperiment gilt es, sich wechselweise in die Situation aller Beteiligten einzufühlen. KEGAN hat dies mit dem Begriff der „Überindividualität" auszudrücken versucht (1986, S. 101 ff.). Die entscheidungsleitenden Prinzipien sind „universale Prinzipien der *Gerechtigkeit*, der *Gegenseitigkeit* und der *Gleichheit der Menschenrechte*, und auch Prinzipien der Achtung vor der Würde der Menschen als *je einzelne Personen*" (KOHLBERG 1977, S. 8).

Weil die sechste Stufe empirisch bisher nicht nachgewiesen wurde (vgl. COLBY/KOHLBERG 1987, S. 32 ff.; KOHLBERG et al. 1986) und auch in der philosophischen Diskussion umstritten ist, verzichten wir im Folgenden auf eine Ausformulierung zur sechsten Stufe. Dies erscheint auch vor dem Hintergrund der Zielgruppe von Schülerinnen und Schülern gerechtfertigt, deren moralische Urteilsfähigkeit nicht auf diesem Niveau zu erwarten ist.

Auf der Basis der von KOHLBERG vorgelegten Studien kann als grobe Orientierung davon ausgegangen werden, dass Kinder und Jugendliche im Alter bis zu zehn Jahren hauptsächlich den Entwicklungsstufen I und II und bis zum dreizehnten Lebensjahr den Stufen II und III zuzuordnen sind (vgl. KOHLBERG/TURIEL 1978, S. 58 f.; COLBY/KOHLBERG 1987, S. 101). Die vierte Stufe etabliert sich empirisch gesehen häufig erst im Alter zwischen 16 und 25 Jahren. Ähnliche Angaben finden sich bei ARBUTHNOT/FAUST (1981), bei OSER (1984) bei TULODZIECKI/AUFENANGER (1989) und bei HERZIG (1998). Allerdings sind diese Angaben grundsätzlich vorsichtig zu interpretieren, da sie stark stichprobenabhängig sind.

### 2.2.7 Lernen als Handeln

Das obige allgemeine Handlungsmodell enthält Bezüge zum Lernbegriff. Diese wollen wir im Folgenden entfalten und damit deutlich machen, dass Lernen als Handlungsprozess verstanden werden kann.

### a) Indirektes Lernen

Eine erste Interpretation des Handlungsprozesses als Lernen wird offensichtlich, wenn man sich das Ausgangsbeispiel der Schülerin Anne noch einmal bewusst macht und annimmt, dass Anne mit ihrer Freundin Kathrin ein Gespräch über die Situation und ihre Bedenken gegenüber dem Abschreiben geführt hat. In diesem Gespräch – so sei weiter angenommen – hat Anne ihre Bedenken ausführlich begründet, verschiedene Argumente mit Kathrin ausgetauscht und sich schließlich mit ihr auf eine alternative Lösung geeinigt. Die Auseinandersetzung mit Kathrin stand in diesem Fall sicherlich nicht unter der Absicht, etwas lernen zu wollen, sondern die unangenehme Situation – mögliche Gefährdung der Freundschaft zu Kathrin auf der einen und Enttäuschung des Vertrauens der Lehrerin auf der anderen Seite – zu überwinden. Dies ist mit der Einigung auch erfolgreich geschehen und zunächst würde nichts Anlass dazu geben, von einem Lernprozess zu sprechen. Berücksichtigt man aber, dass Anne in zukünftigen vergleichbaren Situationen wiederum das Gespräch suchen würde, so lässt sich dies unter anderem darauf zurückführen, dass sie die Erfahrung gemacht hat, in einem konstruktiven Gespräch durch den Austausch von Argumenten und die offene Darlegung der eigenen Befindlichkeit zu sehr befriedigenden Ergebnissen kommen zu können. Sie hat damit etwas gelernt, wenn dies auch nicht in bewusster Absicht geschehen ist. ROTH (1963) nennt diese Art des Lernens das unbeabsichtigte oder unbewusste Lernen und charakterisiert es folgendermaßen: „Es gibt ohne Zweifel ein unbeabsichtigtes, unbewusstes Lernen, das sich bei all unserem Tun als Nebeneffekt ereignet. Jede Handlung, die wir zu Ende führen, endigt mit einer Rückwirkungsphase des Handlungsablaufes und Handlungsergebnisses auf uns, d.h. sie lässt Spuren zurück, die bewirken, dass wir ‚nicht mehr als gleiche in den Fluss steigen'" (S. 202). Diese von ROTH genannten Spuren im Sinne von Rückwirkungen sind in Darstellung 2.1 – von den Handlungsergebnissen und -folgen ausgehend – als rückwirkende Pfeile dargestellt. In dieser allgemeinen Form lässt sich somit in vielen Fällen Handeln auch als unbewusster oder unbeabsichtigter Lernprozess auffassen. Mit diesen Überlegungen ist ein erster Zusammenhang zwischen Handeln und Lernen deutlich geworden. Im Folgenden werden wir die im Kapitel 1 dargestellten Lerntheorien – von behavioristischen Modellen bis zu konstruktivistischen Ansätzen – mit dem Handlungsmodell in Verbindung bringen.

#### b) Lernen als Reizsteuerung

Wir haben bei der Frage nach verschiedenen Auffassungen vom Lernen den behavioristischen Ansatz als einen gekennzeichnet, in dem angenommen wird, das Verhalten eines Individuums lasse sich durch äußere Hinweisreize und Verstärkungen steuern. Fragen der „inneren" Vorgänge im Lernprozess spielen in diesem Ansatz keine Rolle (*black box*, vgl. Abschnitt 1.2.1). Ein solches Lernmodell lässt sich als eine stark restringierte Form des allgemeinen Handlungsmodells darstellen bzw. verstehen (vgl. Darstellung 2.3). Ausgangspunkt des Lernens ist dabei eine Situation, in der dem Individuum Hinweisreize präsentiert werden, z. B. Informationen mit einer anschließenden Aufgabe, die ein gewünschtes Lernverhalten, z. B. die korrekte Anwendung von Rechenoperationen, nahe legen. Wenn das gewünschte Verhalten gezeigt wird, kann durch entsprechende Verstärkung die Wahrscheinlichkeit erhöht werden, dass in ähnlichen Situationen das gelernte Verhalten wieder gezeigt wird.

**Darstellung 2.3:** Lernen als Ergebnis situativer Anforderungen

### c) Bedürfnisbedingtes Lernen – Erweiterung des behavioristischen Modells

Das behavioristische Modell kann nun in einem ersten Schritt erweitert werden um die Frage, was ein Individuum bewegt, sich mit bestimmten Anforderungen – z. B. Aufgabenstellungen – auseinander zu setzen. Dazu werden die Bedürfnisse als relevanter Faktor eingeführt, die in einer bestimmten Situation angesprochen werden und – mit dem Ziel, die Bedürfnisse zu befriedigen – zu einem inneren Spannungszustand führen, den das Individuum durch entsprechendes Handeln abbauen möchte (vgl. Darstellung 2.4). Dieser Spannungszustand kann auch als Motivation bezeichnet werden. Die Folgen der Handlung wirken auf die Bedürfnislage zurück, indem die angesprochenen Bedürfnisse befriedigt oder auch frustriert wird.

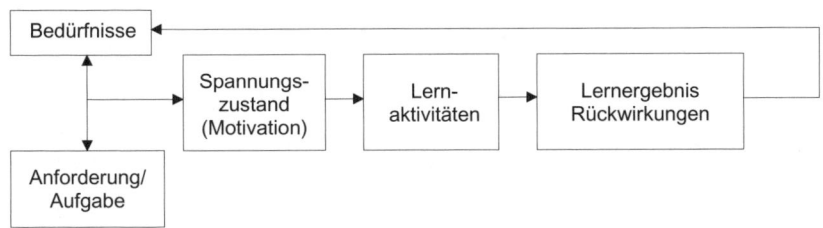

**Darstellung 2.4:** Erweitertes behavioristisches Lernmodell

Die Berücksichtigung von Bedürfnissen des Menschen als wichtige Determinante des Handelns – resp. des Lernens – kann als eine Erweiterung des behavioristischen Modells im humanistischen Sinne gedeutet werden: „Das Wesen dieser Kritik an der behavioristischen, assoziativen Lerntheorie ist, dass sie die Ziele und Zwecke des Organismus als gegeben annimmt. Sie behandelt nur die Manipulation der Mittel auf einen unerwähnten Zweck hin. Im Gegensatz dazu behandelt die hier vorgestellte Theorie der Grundbedürfnisse die Ziele und höchsten Werte des Organismus" (MASLOW 1981, S. 91 f.). Die humanistische Psychologie beschäftigt sich mit dem Menschen als Ganzheit, seinen spezifischen Bedingtheiten und Werten und grenzt sich damit deutlich gegen eine enggeführte, am Verhalten ausgerichtete Betrachtung ab. Der Mensch wird nicht mehr als von äußeren Kräften bestimmt gesehen, sondern als aktiv, selbstbestimmt Handelnder. Im Hinblick auf Lernprozesse bedeutet dies, dass erstmals „innere" Aspekte des Lernens – hier: Fragen der Motivation und Beweggründe – in den Fokus der Aufmerksamkeit rücken und als wichtige Bedingung von Lernen anerkannt werden. Darüber hinaus wird – mindestens ansatzweise – deutlich, dass Lernen ein prozesshaftes Geschehen ist.

### d) Lernen als kognitiver Prozess

Der Prozesscharakter von Lernvorgängen wird noch deutlicher, wenn man kognitive Vorgänge berücksichtigt und damit das Handlungs-/Lernmodell noch einmal erweitert. In einer solchen Sichtweise erfordert die Auseinandersetzung mit einer

bestimmten Anforderung – z. B. die Lösung eines naturwissenschaftlichen Problems
– bestimmte Lernaktivitäten, die zum einen durch die bereits vorhandenen Wissens-
und Erfahrungsstände, zum anderen durch die intellektuellen Fähigkeiten und die
Werthaltungen beeinflusst bzw. bestimmt werden. Diese Auffassung vom Lernen
haben wir als kognitionstheoretische Ansätze beschrieben (vgl. Abschnitt 1.2.2).
Einem solchen Lernmodell liegt die Annahme zugrunde, dass die Lernaktivitäten
zum Aufbau, zur Veränderung oder zur Ausdifferenzierung von kognitiven Strukturen
beitragen. Dies bedeutet, dass das Ergebnis von Lernaktivitäten zu entsprechenden
Rückwirkungen im Sinne der genannten Veränderungen auf den Wissens- und Erfahrungsstand, die intellektuellen Fähigkeiten und auf die Werthaltungen führt.

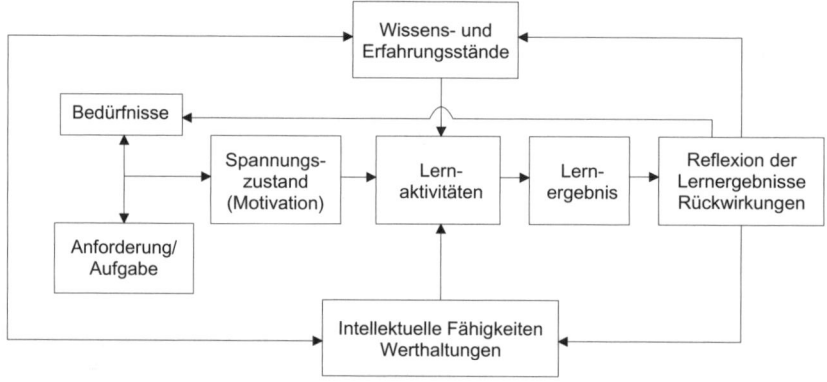

**Darstellung 2.5:** Kognitionstheoretisches Lernmodell

Konstruktivistische Ansätze bauen auf dem hier entfalteten Modell auf, betonen
einzelne Aspekte des Lernens jedoch stärker. Die Auffassung, dass Lernen ein eigenaktiver, konstruktiver Prozess ist, den das Individuum in Auseinandersetzung
mit seiner Umwelt führt und der nicht unmittelbar beeinflusst werden kann, hebt
die Annahme hervor, dass Lernaktivitäten auf der Basis bisheriger Wissens- und
Erfahrungsstände unter Einfluss des intellektuellen und des wertbezogenen Entwicklungsniveaus durchgeführt werden. In Kapitel 1 haben wir diese zusammenfassend als
Lernvoraussetzungen charakterisiert. Die starke Betonung der Kontextgebundenheit
solcher Prozesse verweist darüber hinaus auf die Bedeutung der situativen und auf-
gabenbezogenen Aspekte bei der Initiierung von Lernprozessen. Und nicht zuletzt
zeigt die Reflexion über die Lernergebnisse, dass auch die soziale Komponente im
Sinne des Austausches von Ideen, des Infragestellens der eigenen Vorstellungen und
der möglichen Erweiterung, Ausdifferenzierung oder Korrektur der individuellen
Vorstellungen von Bedeutung ist.

Zusammenfassend lässt sich an dieser Stelle festhalten, dass Lernen als ein Prozess verstanden werden kann, der zum einen den gleichen Bedingungsfaktoren unterliegt wie menschliches Handeln allgemein und der zum anderen auf die dauerhafte Veränderung dieser Dispositionen für menschliches Handeln gerichtet ist. Dies bezieht sich insbesondere auf die Weiterentwicklung des Wissens- und Erfahrungsstandes sowie der damit verbundenen Fähigkeiten und Fertigkeiten und des Niveaus der intellektuellen und sozial-moralischen Entwicklung.

Wir sind in diesem Kapitel von Lernprozessen ausgegangen, wie wir sie im Alltag vorfinden. Diese Lern- und Handlungssituationen sind allerdings nicht typisch für schulisches Lernen, wenngleich die grundlegenden Strukturen und Zusammenhänge, die wir erarbeitet haben, auch in schulischen Kontexten ihre Gültigkeit behalten. Dennoch weisen schulische Lernprozesse Besonderheiten auf, die wir ausführlicher im Abschnitt 3.2.3 in den Blick nehmen.

## 2.3 Zusammenfassung und Anwendung

In diesem Kapitel haben wir danach gefragt, welche Beziehungen zwischen Alltagshandlungen und Lernhandlungen bestehen. Dazu haben wir zunächst eine allgemeine Modellvorstellung menschlichen Handelns entwickelt. Nach diesem Modell wird menschliches Handeln dadurch motiviert, dass in einer bestimmten Situation Bedürfnisse aktiviert werden, deren Befriedigung das Handeln dienen soll. Die Auswahl einer bestimmten Handlungsmöglichkeit wird durch den Wissens- und Erfahrungsstand, das intellektuelle Vermögen und den sozial-moralischen Entwicklungsstand des Individuums beeinflusst. Die intellektuellen Fähigkeiten sind maßgeblich für die Differenziertheit und Komplexität der Überlegungen, das Niveau der moralischen Entwicklung nimmt Einfluss auf die Bewertung von Handlungsmöglichkeiten, z. B. im Hinblick auf Fragen gerechten, fairen oder verantwortungsbewussten Handelns. Nach dem Erwägen von Möglichkeiten und ihrer Bewertung wird eine Handlung ausgeführt, deren Folgen anschließend Rückwirkungen auf die Bedürfnislage, den Wissens- und Erfahrungsstand sowie das sozial-kognitive Entwicklungsniveau haben.

Vergleicht man ein solches Handlungsmodell mit lerntheoretischen Vorstellungen, so wird deutlich, dass die Entwicklung der lerntheoretischen Ansätze von behavioristischen Vorstellungen bis zu konstruktivistischen Orientierungen auch als eine Entwicklung von einem einfachen Verhaltensmodell hin zu einem umfassenden Handlungsmodell nachgezeichnet werden kann.

Auf der Basis dieser Überlegungen können Sie nun Ihre eingangs entwickelte Vorstellung von Handlungsprozessen mit unserem Modell vergleichen. Dazu empfehlen wir, dass Sie

(1) zunächst prüfen, inwieweit sich Ihr Modell um Faktoren, die Sie bisher nicht berücksichtigt haben, ergänzen lässt und inwieweit Faktoren, die Ihnen wichtig erscheinen, in unser Modell integrierbar sind,

(2) die von Ihnen ausgewählte Alltagssituation vor dem Hintergrund des gegebenenfalls ergänzten Modells noch einmal analysieren und Ausprägungen für die einzelnen Bedingungsfaktoren – z. B. mögliche Bedürfnisse, die angesprochen werden, mögliche Wissensbestände, die wichtig sind, usw. – bestimmen,

(3) eine ähnliche Analyse für eine schulische Lernhandlung vornehmen.

## Anmerkungen

1  Die humanistische Psychologie entwickelte sich Anfang der 60er Jahre in den USA als eine Gegenposition zur damaligen psychologischen Forschung, die vorrangig psychoanalytisch oder behavioristisch ausgerichtet war. Wichtige Vertreter waren unter anderem MASLOW, ROGERS und BÜHLER. Die humanistische Psychologie versteht sich als problemorientierter Ansatz, in dem der Mensch in seiner Ganzheit mit allen emotionalen, kognitiven und somatischen Prozessen sowie insbesondere in seiner sozialen bzw. gesellschaftlichen Eingebundenheit im Mittelpunkt steht. Im politischen Sinn fühlt sie sich der Entwicklung einer menschengerechteren und menschenwürdigeren Umwelt verpflichtet (vgl. z. B. HUTTERER 1998).

# 3| Ziel- und Inhaltsdimensionen von Unterricht

## 3.1 Einleitende Hinweise und Fragestellungen

Im zweiten Kapitel haben wir die Beziehung zwischen allgemeinen Handlungsprozessen und Lernprozessen in den Blick genommen und gezeigt, dass eine Modellvorstellung menschlichen Handelns auch als implizite Vorstellung von Lernprozessen im Sinne des Kognitivismus oder des Konstruktivismus verstanden werden kann. Lernprozesse umfassen dabei nicht nur die handelnde, aktive Auseinandersetzung mit Lerngegenständen, sondern der Handlungsbegriff beinhaltet gleichzeitig eine bedeutsame Zielvorstellung von Unterricht. Schulische Lehr- und Lernprozesse dienen dem Ziel, dass Menschen in unterschiedlichen – gegenwärtigen oder zukünftigen – (Lebens-) Situationen handlungsfähig werden und bestimmte Anforderungen bewältigen können. Eine solche Handlungsfähigkeit kann in Lernprozessen entwickelt werden. Geht man von der allgemeinen Modellvorstellung zum Handeln aus (vgl. Darstellung 2.1), so wird deutlich, dass diese Zielformulierung die Erweiterung des Wissens und des Erfahrungsstandes sowie eine Weiterentwicklung des intellektuellen Vermögens und der Werthaltungen einschließt. Unser Handlungsmodell verweist darüber hinaus auf die Bedeutsamkeit der Inhalte, die im Rahmen der Modellvorstellung als Wissenselemente in Erscheinung getreten sind. Bezieht man nun die Ziel- und die Inhaltskomponente von Lernen und Unterricht aufeinander und stellt die Überlegungen in einen didaktischen Kontext, ergibt sich die Frage, welche Inhalte geeignet sind, bestimmte Zielvorstellungen zu erreichen. Darüber hinaus stellt sich die Frage, wie man mit bestimmten Inhalten auch die Motivation und das Interesse der Schülerinnen und Schüler ansprechen bzw. fördern kann.

Im Folgenden sind einleitend zwei Situationen dargestellt, in denen Lehrpersonen Inhalte für den Unterricht ausgewählt haben und diese Auswahl begründen.

Frau Mozafra ist Physik-Lehrerin und sucht die Inhalte für ihren Unterricht häufig danach aus, inwieweit sie etwas dazu beitragen können, das im Alltag gewonnene „Weltbild" ihrer Schülerinnen und Schüler „gerade zu rücken". So erarbeitet sie mit den Lernenden z. B. das physikalische Phänomen der Fallgesetze, indem sie von Alltagssituationen ausgeht und die Schülerinnen und Schüler zu möglichen Erklärungen oder auch Prognosen – z. B. über die Flugbahn eines über eine Klippe hinausfahrenden Fahrzeugs – befragt. Darin zeigen sich dann die so genannten subjektiven Theorien der Lernenden, d. h. ihre Überlegungen zur Erklärung von Beobachtetem. Häufig sind diese Vorstellungen allerdings physikalisch gesehen unangemessen. Daher sieht Frau Mozafra eine besondere Herausforderung darin, dass die Schülerinnen und Schüler erkennen, worin die physikalischen Unzulänglichkeiten ihrer bisherigen Deutung liegen und zukünftig ähnliche Phänomene angemessen beschreiben, erklären oder mit physikalisch begründeten Prognosen verbinden können. Eine solche physikalische Grundkompetenz sei ein wichtiges Allgemeinbildungsgut. Zu nahezu allen physikalischen Themen findet Frau Mozafra entsprechende Alltagsphänomene und betont, dass diese Art des Physikunterrichts für die Schülerinnen und Schüler auch besonders motivierend sei.

Herr Meier ist Deutschlehrer und geht bei der Auswahl seiner Inhalte für den Unterricht in der Regel vom Lehrplan aus, der seines Erachtens die bildungsrelevanten Inhalte umfasst, mit denen sich die Schülerinnen und Schüler auf jeden Fall auseinander setzen sollten. Da ihm aber sehr an einem lebendigen und „aktuellen" Unterricht gelegen ist, versucht er, die Lernenden möglichst aktiv einzubeziehen und deutlich zu machen, worin der besondere Wert eines Inhalts oder eines Themas liegt. Bei der Erarbeitung von publizistischen Textsorten geht es ihm beispielsweise nicht nur darum, dass die Schülerinnen und Schüler diese Textsorten und ihre spezifischen Charakteristika kennen lernen und unterscheiden können, sondern auch darum, dass die Lernenden solche Texte zur Herstellung von Öffentlichkeit für eigene Belange und Bedürfnisse selbst formulieren und veröffentlichen.

> Überlegen Sie bitte, welche allgemeinen Zielvorstellungen für Unterricht in den beiden Beispielen zum Ausdruck kommen und welche Sie gegebenenfalls vermissen. Welche Begründungen für die Auswahl der Inhalte, mit Hilfe derer die Zielvorstellungen erreicht werden sollen, erkennen Sie darüber hinaus?
> Notieren Sie bitte zusätzlich, welche Eigenschaften solche Themen bzw. Inhalte Ihrer Meinung nach aufweisen müssten, damit sie als besonders motivierend oder interessant gelten können.

Die Bearbeitung der angesprochenen Fragen zu Zielen und Inhalten schulischen Lernens gehen wir in zwei Schritten an:
(1) Welche Zielvorstellungen bestehen für den schulischen Unterricht und wie lassen sie sich begründen?
(2) Nach welchen Kriterien lassen sich Inhalte für schulische Lehr- und Lernprozesse auswählen?

Eine Bearbeitung und Klärung dieser Fragen kann zum einen helfen, gesellschaftliche bzw. politisch vorgegebene Rahmenbedingungen und Zielvorstellungen von schulischem Unterricht aus pädagogischer Sicht kritisch zu hinterfragen und eigene Vorstellungen zu entwickeln, begründet zu vertreten und in unterrichtliches Handeln einfließen zu lassen. Zum anderen erlauben sie, den inhaltlichen Gegenstand von Lehr- und Lernprozessen aus der vorhandenen Vielfalt an Möglichkeiten begründet auszuwählen und im Rahmen von didaktischen Überlegungen für den Unterricht zu reflektieren.

## 3.2 Grundlegende Informationen

### 3.2.1 Zielvorstellungen für den schulischen Unterricht

Zielvorstellungen für den Unterricht werden im Kontext unterschiedlicher Rahmenbedingungen und von unterschiedlichen Institutionen, Gremien oder Gruppierungen formuliert. Als grundlegende Norm gilt in der Bundesrepublik Deutschland das Grundgesetz, das auch für die Zielformulierungen im Hinblick auf schulisches Lernen Richtwerte setzt. Auf der Basis der Kulturhoheit der einzelnen Bundesländer spricht die Kultusministerkonferenz als übergreifendes Gremium Empfehlungen aus. Weitere Hinweise und Orientierungen können wichtigen Gutachten auf Bundes- oder Landesebene entnommen werden. Und nicht zuletzt setzen sich Wissenschaftlerinnen und Wissenschaftler in der Didaktik mit Zielvorstellungen für den schulischen Unterricht auseinander. Wir werden die verschiedenen Ebenen im Folgenden im Einzelnen ansprechen.

#### Bundesweite Regelungen und Empfehlungen

Für die Bundesrepublik Deutschland stellt das Grundgesetz die grundlegende Norm dar. Dort wird im Art. 1 bestimmt: „Die Würde des Menschen ist unantastbar. Sie zu achten und schützen ist Verpflichtung aller staatlichen Gewalt."
Art. 2 lautet: „Jeder hat das Rechte auf die freie Entfaltung seiner Persönlichkeit, soweit er nicht die Rechte anderer verletzt und nicht gegen die verfassungsmäßige Ordnung oder das Sittengesetz verstößt."
Das Recht auf freie Entfaltung der Persönlichkeit gilt – wie die weiteren im Grundgesetz verankerten Grundrechte – für alle Mitglieder der Gesellschaft. Jeder einzelne soll diese Rechte in Anspruch nehmen können und sie den anderen als selbstverständliche Rechte zugestehen.
Auf dieser Basis hat die Bildungskommission des Deutschen Bildungsrates im bis heute richtungsweisenden „Strukturplan für das Bildungswesen" länderübergreifend folgenden Grundsatz betont: „Jeden Staatsbürger zur Wahrnehmung seiner Rechte und zur Erfüllung seiner Pflichten zu befähigen, muss ... das allgemeine Ziel der Bildung sein, für das nächst den Eltern der Staat sorgen muss" (DEUTSCHER BILDUNGSRAT 1970, S. 29). Des Weiteren werden dort folgende „allgemeine Lernziele" benannt: „Selbstständiges und kritisches Denken, intellektuelle Beweglichkeit, kulturelle Aufgeschlossenheit, Ausdauer, Leistungsfreude, Sachlichkeit, Kopera-

tionsfähigkeit, soziale Sensibilität, Verantwortungsbewusstsein und Fähigkeit zur Selbstverantwortung" (S. 83 f.).

Länderübergreifende Empfehlungen und gemeinsame Beschlusslagen werden von der Ständigen Konferenz der Kultusminister der Länder (KMK) ausgesprochen bzw. getroffen. So heißt es beispielsweise in der Vereinbarung über die Schularten und Bildungsgänge der Sekundarstufe I zu den gemeinsamen Merkmalen der verschiedenen Schularten und Bildungsgänge:

> „Die Gestaltung der Schularten und Bildungsgänge des Sekundarbereichs I geht vom Grundsatz einer allgemeinen Grundbildung, einer individuellen Schwerpunktsetzung und einer leistungsgerechten Förderung aus. Dies wird angestrebt durch:
> – die Förderung der geistigen, seelischen und körperlichen Gesamtentwicklung der Schülerinnen und Schüler; Erziehung zur Selbstständigkeit und Entscheidungsfähigkeit sowie zu personaler, sozialer und politischer Verantwortung,
> – die Sicherung eines Unterrichts, der sich am Erkenntnisstand der Wissenschaft orientiert sowie in Gestaltung und Anforderungen die altersgemäße Verständnisfähigkeit der Schülerinnen und Schüler berücksichtigt." (KMK 1996, S. 5)

Zu den Zielen der gymnasialen Oberstufe wird unter anderem Folgendes gesagt:

> „Die [für eine berufliche Ausbildung oder ein Studium, d. V.] erforderlichen Kenntnisse, Methoden, Lernstrategien, Einstellungen und Verhaltensweisen werden über eine fachlich fundierte, vertiefte allgemeine und wissenschaftspropädeutische Bildung und eine an den Werten des Grundgesetzes und der Länderverfassungen orientierte Erziehung vermittelt." (KMK 2000a, S. 3)

In den Handreichungen zur Erarbeitung von Rahmenlehrplänen für die Berufsschule wird als eine wichtige Zielvorstellung „eine Berufsfähigkeit …, die Fachkompetenz mit allgemeinen Fähigkeiten humaner und sozialer Art verbindet" formuliert, verbunden mit beruflicher Flexibilität, Lernbereitschaft und verantwortungsbewusstem Handeln im öffentlichen und privaten Leben (KMK 2000b, S. 8). Diese Ziele werden auf die Entwicklung von Handlungskompetenz bezogen, die als „die Bereitschaft und Fähigkeit des Einzelnen, sich in beruflichen, gesellschaftlichen und privaten Situationen sachgerecht durchdacht sowie individuell und sozial verantwortlich zu verhalten" verstanden wird (ebd., S. 9). Diese Kompetenz gliedert sich auf in Fachkompetenz, Personalkompetenz und Sozialkompetenz.

### Länderspezifische Vorgaben

Auf der Basis des Grundgesetzes sind in den Verfassungen und den Schulgesetzen der einzelnen Bundesländer – entsprechend dem Prinzip der Kulturhoheit – Grundsätze für das Schulwesen sowie schulformspezifische Richtlinien und Lehrpläne formuliert worden. In der Regelschule[1] in Thüringen beispielsweise wird im Rahmen der so genannten Grundbildung eine Verzahnung von Wissensvermittlung, Werteaneignung und Persönlichkeitsentwicklung angestrebt: „Grundbildung zielt auf die Entwicklung der Fähigkeit zu vernunftbetonter Selbstbestimmung, zur Freiheit des Denkens,

Urteilens und Handelns, sofern dies mit der Selbstbestimmung anderer Menschen vereinbar ist. Ziel ist es, alle Schüler zur Mitwirkung an den gemeinsamen Aufgaben in Schule, Gesellschaft und Beruf zu befähigen" (THÜRINGER KULTUSMINISTERIUM 1999, S. 5). Eine Sicherung dieser Grundbildung soll über die Entwicklung von Lern-, Sach-, Sozial-, Selbst- und Methodenkompetenz erreicht werden.

Ähnliche Zielbestimmungen finden sich auch im Lehrplan für das bayerische Gymnasium, das junge Menschen heranbilden soll, „die über eine breite Wissensbasis sowie die Fähigkeit zum Transfer verfügen, die Sozialkompetenz und Urteilssicherheit erworben haben, die den Anforderungen des Studiums ebenso gewachsen sind wie dem sich ständig wandelnden Profil herausgehobener beruflicher Tätigkeiten und die nicht zuletzt das kulturelle und ethische Fundament besitzen, das ein erfülltes Leben erst ermöglicht" (ISB 2002, S. 1). Auch hier wird auf den Erwerb notwendiger Kompetenzen verwiesen: „Unerlässlich für die Schüler des Gymnasiums ist der Erwerb überfachlicher Kompetenzen. Zu diesen zählen vor allem Selbstkompetenz (z. B. Leistungsbereitschaft, Ausdauer, Konzentrationsfähigkeit, Verantwortungsbereitschaft, Zeiteinteilung, Selbstvertrauen), Sozialkompetenz (z. B. Kommunikationsfähigkeit, Teamfähigkeit, Konfliktfähigkeit, Toleranzbereitschaft, Gemeinschaftssinn, Hilfsbereitschaft), Sachkompetenz (z. B. Wissen, Urteilsfähigkeit) und Methodenkompetenz (z. B. Informationsbeschaffung, Präsentationstechniken, fachspezifische Arbeitsmethoden)" (ebd., S. 4).

Die hier exemplarisch aufgeführten Zielvorstellungen finden sich – wenn auch mit unterschiedlichen Schwerpunktsetzungen – auch in den Richtlinien und Lehrplänen zu den verschiedenen Schulformen der übrigen Bundesländer wieder. Gemeinsam treffen auf sie die generellen folgenden Aspekte zu: Zielvorstellungen für den schulischen Unterricht

- sind in grundsätzlicher Weise an die Prinzipien und Leitlinien unseres demokratisch verfassten Gesellschaftssystems gebunden,
- orientieren sich im o. g. Sinne an den Ideen der Freiheit, Selbstbestimmung, Autonomie, Mündigkeit und Verantwortung im Gemeinwesen,
- berücksichtigen die Entwicklungsstände und Bedürfnisse der Kinder und Jugendlichen auf der einen Seite und die Ansprüche der Gesellschaft auf der anderen Seite,
- sind ausgerichtet auf Handlungsfähigkeit in beruflichen – wissenschaftlichen oder nicht-wissenschaftlichen –, gesellschaftlichen oder privaten Kontexten,
- sind in ihrer Realisierung an die Auseinandersetzung mit Inhalten gebunden, deren Auswahl im Kontext wissenschaftlicher Erkenntnisse und kultureller Errungenschaften steht.

Auf den letztgenannten Aspekt hat bereits BLANKERTZ (1972) hingewiesen, indem er forderte, dass Wissenschaftspropädeutik didaktische Leitkategorie für alle Fächer sein soll – seien sie allgemeiner oder beruflicher Art. Wissenschaftspropädeutik umfasst einerseits die Orientierung an wissenschaftlich geprüften Inhalten und andererseits das Prinzip der Kritik: Mündigkeit des Menschen als Zielvorstellung einer demokratisch organisierten Gesellschaft erfordert zum einen die Kenntnis wissenschaftlich abgesicherter Aussagen und zum anderen die Fähigkeit, diese hinsichtlich ihrer Voraussetzungen und ihres Geltungsbereichs bzw. ihrer Grenzen kritisch einordnen zu können.

### Weitere Empfehlungen und zusammenfassende Überlegungen

Viele schul- bzw. bildungsbezogene Zielvorstellungen werden als zu erwerbende Kompetenzen formuliert – so beispielsweise auch bei dem von Bund und Ländern eingesetzten „Forum Bildung", einem Bündnis für Bildung, das aus Vertretern des Bundes und der Länder, der Arbeitgeber und der Arbeitnehmer, der Wissenschaft, der Kirchen, der Auszubildenden und der Studierenden bestand und Empfehlungen zur Bildungsreform erarbeitet hat. Dort wird Bildung in den Zieldimensionen der Entwicklung der Persönlichkeit, der Teilhabe an der Gesellschaft und der Beschäftigungsfähigkeit beschrieben (vgl. FORUM BILDUNG 2002, S. 54). Der Weg zur Realisierung dieser Zielvorstellung führt über den „Erwerb von Kompetenzen, die den Einzelnen zur Orientierung und zum produktiven Umgang mit Pluralität und Wandel befähigen. Zu diesen Kompetenzen zählen vor allem:
– Lernkompetenzen (Lernen des Lernens),
– die Verknüpfung von ‚intelligentem' inhaltlichen Wissen mit der Fähigkeit zu dessen Anwendung,
– methodisch-instrumentelle (Schlüssel-)Kompetenzen, insbesondere im Bereich Sprachen, Medien und Naturwissenschaften,
– soziale Kompetenzen sowie
– Wertorientierungen." (Ebd., S. 55.)

Der Kompetenzbegriff meint hier also nicht die Zuständigkeit für eine bestimmte Sache, sondern beschreibt die Fähigkeit zu einem bestimmten Handeln.

Vergleicht man die Kompetenzen, die als Zielvorstellungen schulischen Unterrichts in Richtlinien und Lehrplänen formuliert werden, mit der allgemeinen Modellvorstellung menschlichen Handelns (vgl. Abschnitt 2.2.1), so lassen sich verschiedene Kompetenzaspekte im Handlungsmodell verorten. Fach- oder Sachkompetenz verweist auf die Bedeutsamkeit entsprechenden Wissens im Zusammenhang der Auswahl und Bewertung von Handlungsmöglichkeiten. Sozialkompetenz bezieht sich auf bestimmte Werthaltungen in einer sozialen Gemeinschaft, z. B. die Beachtung von Bedürfnissen Anderer oder die Orientierung an verbindlichen Regeln, wie sie im Rahmen der moralischen Urteilsfähigkeit diskutiert werden. Diese Kompetenzaspekte beziehen sich sowohl auf die Bewertung von bestimmten Handlungsmöglichkeiten als auch auf die Bewertung von Vorgehensweisen bei der Erwägung von Möglichkeiten, z. B. bei der gemeinsamen Lösungsfindung – d. h. sie sind produkt- und prozessbezogen. Ein Blick auf die weiteren Kompetenzen macht allerdings deutlich, dass diese zum Teil unspezifisch sind oder nicht trennscharf zu einzelnen Bedingungsfaktoren menschlichen Handelns. So ist beispielsweise das Konstrukt Selbstkompetenz, wie es im bayerischen Lehrplan formuliert ist, in seiner Ausprägung als Leistungsbereitschaft mit Bedürfnissen verbunden und in seiner Ausprägung als Verantwortungsbereitschaft an moralische Vorstellungen gekoppelt. Ähnliches gilt für die Methodenkompetenz. Beispielsweise ist die Fähigkeit zu einem angemessenen Umgang mit Informationsvielfalt abhängig vom bisherigen Wissens- und Erfahrungsstand, von den intellektuellen Fähigkeiten und nicht zuletzt vom Stand der moralischen Entwicklung im Hinblick auf die Bewertung von Informationen (vgl. TULODZIECKI/HERZIG 2002, S. 48 ff.). Diese Überlegungen machen deutlich, dass eine theoriebezogene Sichtweise, wie wir sie im Handlungsmodell entwickelt haben, hilfreich ist, um Kompetenzaspekte sinnvoll zu strukturieren.

Allerdings ist es wichtig darauf hinzuweisen, dass Kompetenzen Fähigkeiten zum Handeln darstellen, die nicht notwendigerweise immer in entsprechendes Handeln umgesetzt werden. So ist beispielsweise die moralische Urteilsfähigkeit zunächst nur eine notwendige, aber nicht hinreichende Voraussetzung für ein entsprechendes Handeln (vgl. HERZIG 1998, S. 114 ff.). Mit anderen Worten: die grundsätzliche Fähigkeit, moralisch zu denken und zu argumentieren, ist noch keine Gewähr dafür, dass auch in entsprechender Weise gehandelt wird. In Bezug auf das moralische Urteilsvermögen ist bisher weitgehend ungeklärt, welche Faktoren letztlich den Ausschlag für konkrete Handlungen geben (vgl. z. B. AUFENANGER 1992, S. 94 ff., S. 124 ff.; OSER/ALTHOF 1992, S. 224 ff.; UHL 1991).

Im Hinblick auf eine Rechtfertigung von Zielvorstellungen für den Unterricht mit Kindern und Jugendlichen sind neben verfassungsbezogenen auch bildungstheoretische Überlegungen bedeutsam. So sind z. B. in der didaktischen Diskussion von KLAFKI Selbstbestimmungs-, Mitbestimmungs- und Solidaritätsfähigkeit, von SCHULZ Kompetenz, Autonomie und Solidarität, von WINKEL Demokratisierung und Humanisierung oder von KLINGBERG Mitentscheidung, Mitgestaltung und Mitverantwortung als Ziele für Unterricht und Schule formuliert worden (vgl. Abschnitt 9.3). Außerdem wird in der didaktischen Diskussion zunehmend betont, dass die zu erwerbenden Fähigkeiten bzw. Kompetenzen im Handeln wirksam werden sollen (vgl. z. B. AEBLI 1983, S. 195 ff.; TULODZIECKI 1996, S. 48 ff.; JANK/MEYER 1991, S. 337 ff.).

Vor dem Hintergrund der aufgezeigten Zieldiskussion legen wir für schulischen Unterricht die Leitidee eines sachgerechten, selbstbestimmten und kreativen Handelns in sozialer Verantwortung zugrunde. Im Hinblick auf unser Verständnis von Bildung bedeutet dies,

- dass Bildung auf gegenwärtiges und zukünftiges Handlungsvermögen bezogen und ausgerichtet sein soll,
- dass Bildung die Verfügung über Wissensbestände und Erfahrungen sowie intellektuelles Vermögen und sozial-moralische Urteilsfähigkeit voraussetzt, die in der Auseinandersetzung mit bestimmten Inhalten erworben und entwickelt werden können und

- dass Bildung sich in der Realisierung bzw. Anwendung entsprechender Kompetenzen im Sinne der genannten allgemeinen Bildungsziele äußern soll.

Mit der Darstellung von Zielüberlegungen zum Unterricht möchten wir allerdings nicht suggerieren, dass die in Grundsatzformulierungen, Empfehlungen, Richtlinien und didaktischen Ansätzen vorgesehenen Ziele auch jeweils erreicht werden. Das mögliche Auseinanderklaffen von Zielanspruch und Realität sollte jedoch nicht dazu führen, gerechtfertigte Ziele nur als wünschenswert anzuerkennen und sie dann als nicht realisierbar abzutun. Vielmehr kommt es darauf an, die Frage zu stellen, welche Bedingungen hergestellt werden müssen, damit die Realisierungschancen vergrößert werden. So ist beispielsweise der Hinweis auf das ungeklärte Verhältnis zwischen moralischem Urteilen und moralischem Handeln kein Argument, die Entwicklung des sozial-moralischen Niveaus nicht zu fördern, denn die Verfügung über ein entsprechendes Urteilsniveau ermöglicht überhaupt erst moralisches Handeln, selbst wenn Urteilsniveau und Handeln nicht immer übereinstimmen. Darüber hinaus gibt es Überlegungen und Anregungen, die „Kluft" zwischen Urteilen und Handeln zu verringern (vgl. HERZIG 1998, S. 360 ff.).

### 3.2.2 Zur Auswahl von Inhalten für den Unterricht

In den Überlegungen zu Zielvorstellungen für den schulischen Unterricht wurde bereits deutlich, dass die Zielfrage in engem Zusammenhang mit der Frage steht, welche Inhalte geeignet sind, wünschenswerte Zielvorstellungen zu realisieren – anders ausgedrückt: mit welchen Inhalten sich Kinder und Jugendliche auseinandersetzen sollen, um die angestrebten Wissensbestände, Erfahrungen und Kompetenzen erwerben und entwickeln zu können.

In der geisteswissenschaftlichen Didaktik, die die Diskussion in der Bundesrepublik nach 1945 dominierte, hat die Auseinandersetzung mit Lehrplänen und Curricula eine lange Tradition, z. B. in der Lehrplantheorie von WENIGER (1952). Im Anschluss an diese Entwicklungen hat KLAFKI Ende der 50er Jahre im Rahmen seines bildungstheoretischen Ansatzes die Frage aufgegriffen, wie eine bildende Begegnung der Kinder mit geeigneten Inhalten ermöglicht werden kann. Seine Überlegungen beziehen sich insbesondere auf die Vorbereitung des Unterrichts auf der Basis der in Lehrplänen vorgegebenen Inhalte. Dazu hat KLAFKI ein Verfahren vorgestellt, mit dem der jeweilige Bildungsgehalt eines Bildungsinhaltes bestimmt werden kann. Als charakteristisches Merkmal eines Bildungsinhaltes verweist KLAFKI dabei darauf, dass dieser „als einzelner Inhalt immer stellvertretend für viele Kulturinhalte steht; immer soll ein Bildungsinhalt Grundprobleme, Grundverhältnisse, Grundmöglichkeiten, allgemeine Prinzipien, Gesetze, Werte, Methoden sichtbar machen. Jene Momente nun, die eine solche Erschließung des Allgemeinen im Besonderen oder am Besonderen bewirken, meint der Begriff des Bildungs*gehaltes*" (1969, S. 14). Wir werden diese so genannte Didaktische Analyse an späterer Stelle diskutieren (vgl. Abschnitt 10.2.2). Hier soll uns zunächst die Frage interessieren, welche Kriterien an die

Auswahl von Inhalten – die dann in einer bestimmten Form für den Unterricht aufzubereiten sind – auf der Ebene der *Lehrpläne* zu stellen sind (vgl. dazu KLAFKI 1995b, S. 97 ff.).

Als mögliche Orientierung für die Auswahl von Lehrplaninhalten können zum einen die Fachwissenschaften dienen, zum anderen solche kulturellen Inhalte, denen in der Vergangenheit, in der Gegenwart oder für die Zukunft Bedeutsamkeit zugesprochen wurde bzw. wird. Die Frage der Bedeutsamkeit wiederum ist an Wertungen und Entscheidungen gebunden. Ein Inhalt oder Thema ist nicht *sui generis* als Unterrichtsinhalt legitimiert, sondern erfordert – auf der Ebene der Lehrpläne – gesellschaftliche (politisch-administrative) Entscheidungen und – auf der Ebene des Unterrichts – individuelle (lehrpersonbezogene) Entscheidungen. Nicht zuletzt sind diese jedoch wieder abhängig von grundsätzlichen Zielvorstellungen, die sich mit der Veränderung gesellschaftlicher Rahmenbedingungen wandeln oder erweitern können. Ein Beispiel dafür stellen die Medien, insbesondere im Kontext von neuen Informations- und Kommunikationstechnologien, dar. Die nachhaltigen Veränderungen in Beruf und Alltag durch die technologischen Entwicklungen haben in der öffentlichen Diskussion breiten Raum im Hinblick auf die Notwendigkeit eines Wandels der Schule eingenommen. In den Begründungen geht es – je nach Perspektive – unter anderem um die Sicherung von Wettbewerbsfähigkeit in der globalen Gesellschaft, um die Erschließung neuer Wirtschaftsräume, um den Erwerb von Schlüsselqualifikationen für ein neues Informationszeitalter oder um das Zurechtfinden in einer Wissensgesellschaft. In erzieherischen bzw. pädagogischen Begründungen für die Zielvorstellung, Kindern und Jugendlichen den Erwerb von Medienkompetenz – als sachgerechtes, selbstbestimmtes, kreatives und sozial verantwortliches Handeln in einer von Medien beeinflussten Welt – in der Schule zu ermöglichen, spielen z. B. folgende Überlegungen eine Rolle:

– Die Befähigung zu sachgerechtem Handeln erweist sich unter anderem aufgrund des Problems, dass durch Medien unangemessene Wirklichkeitsvorstellungen aufgebaut werden können, als besonders wichtig.
– Die Befähigung zu selbstbestimmtem Handeln ist als erzieherisches Ziel angesichts möglicher Fremdbestimmung durch Medieneinflüsse ebenfalls von großer Bedeutung.
– Kreatives Handeln ist erforderlich, damit Kinder und Jugendliche nicht in einer Rezeptions- oder Konsumhaltung gegenüber Medien verharren, sondern selbst zu Produzenten werden.
– Die Bereitschaft zu sozialverantwortlichem Handeln ist unter anderem mit Blick auf mögliche Verhaltensbeeinflussungen, z. B. durch die häufige Präsentation ich-orientierter Darstellungen und aggressiver Konfliktlösungen in den Medien, von ganz besonderer Wichtigkeit.

Als wichtige Inhaltsbereiche im Rahmen der Nutzung von Angeboten und der eigenen Gestaltung von Medienprodukten ergeben sich daraus z. B. Aufgaben
- im Bereich der Gestaltungsmöglichkeiten von medialen Angeboten,
- im Bereich der Voraussetzungen und Wirkungen der Mediennutzung und
- im Bereich der Bedingungen von Medienproduktion und Medienverbreitung.
Im Kontext dieser Inhaltsfelder gilt es auch, Zusammenhänge zwischen der Entwicklung von Technik und der Veränderung von medialen Angeboten, von Kommunikations- und Arbeitsformen sowie von Lernprozessen bewusst zu machen.
Ein solches Vorgehen – die Entwicklung der Inhalte aus Zielvorstellungen – nennt KLAFKI im Anschluss an WENIGER, der die These vom „Primat der Didaktik" (Didaktik verstanden als Theorie der Bildungsinhalte und des Lehrplans) vertreten hat, den „Primat der Zielentscheidungen". Das bedeutet, dass die Inhalte aus den Zielvorstellungen zu rechtfertigen und zu begründen sind. Erst dann können weitere Aspekte des Unterrichts, z. B. Methoden- oder Medienfragen, in den Blick genommen werden. Unter Berücksichtigung der Zielvorstellungen, wie wir sie für Unterricht und Lernen formuliert haben, ergibt sich daraus zunächst, dass Inhalte „nicht dogmatische Setzungen oder bloße Übernahmen aus ungeprüften Traditionen sein dürfen, sondern didaktische Rechtfertigungen erfordern und für Kritik und Veränderungen offen gehalten werden müssen" (KLAFKI 1995b, S. 97).
Die Auswahl von Inhalten orientiert sich nach KLAFKI an der Frage, „welche Orientierungen, Einstellungen, Erkenntnisse, Kenntnisse, Fähigkeiten und Fertigkeiten ... die Aufwachsenden [brauchen], um angesichts ihrer gegenwärtigen und vermutlich zukünftigen geschichtlichen Wirklichkeit Selbstbestimmungs-, Mitbestimmungs- und Solidaritätsfähigkeit entwickeln zu können" (S. 98). Daraus ergibt sich für die Inhaltsbestimmung auf der Ebene der Lehrpläne und Curricula die Aufgabe, zwischen den jeweils aktuellen Interessen, Erfahrungen und Bedürfnissen der Lernenden sowie ihren alltagsweltlichen Problemen und den Ansprüchen ihrer zukünftigen gesellschaftlichen und individuellen Aufgaben zu vermitteln. Dies kommt auch in der Aufbereitung der in den Lehrplänen vorgegebenen Inhalte für den Unterricht zum Ausdruck, die nach KLAFKI aus zwei Positionen heraus erfolgen soll. Zunächst geht es darum, in die vorgegebenen Bildungsinhalte einzudringen: „Der Praktiker [in diesem Fall die Lehrperson, d. V.] muss die in den Lehrplaninhalten verborgene pädagogische Vorentscheidung der Lehrplangestalter gleichsam noch einmal vollziehen. Er muss der Frage nachsinnen, welche Momente es denn gewesen sein mögen, die dazu geführt haben, einen bestimmten Inhalt oder ein bestimmtes Grundproblem in den Lehrplan aufzunehmen, d. h. sie als mögliche und in der praktischen Unterrichtsarbeit zu verlebendigende *Bildungsinhalte* auszuwählen" (1969, S. 8).
Dieses „Eindringen in den Bildungsinhalt" darf nicht als Sachanalyse im fachwissenschaftlichen Sinne missverstanden werden. Vielmehr ist es wichtig, bei der Auseinandersetzung mit dem Inhalt die folgenden zwei Positionen stellvertretend zu beziehen:

a) die (Ziel-)Position eines mündigen und mitverantwortlichen, an der jeweils gegebenen Kultur teilhabenden Mitglieds unserer Gesellschaft, die von KLAFKI als Perspektive des „gebildeten Laien" bezeichnet wird (vgl. 1963, S. 129),

b) die (Ausgangs-)Position des jungen Menschen mit seinen – dem jeweiligen Alter entsprechenden – Interessen, Sichtweisen und Bildungsmöglichkeiten (vgl. S. 130).

Erst wenn es gelingt, den Unterrichtsinhalt im Sinne dieser beiden Positionen bzw. Perspektiven aufzubereiten, kann er zum Bildungsinhalt für den jungen Menschen werden. Mit dieser Auffassung setzt sich KLAFKI zugleich von früheren didaktischen Ansätzen ab, in denen versucht wurde, den Bildungswert kulturell bedeutsamer Inhalte unabhängig von der jeweils gegebenen historischen Situation und den Bildungsmöglichkeiten der Kinder und Jugendlichen zu bestimmen. Die von KLAFKI vertretene Position betont demgegenüber die Abhängigkeit des Bildungsinhalts sowohl von der geschichtlichen Situation als auch von der Bedeutung des Inhalts für die Heranwachsenden.

Neben den Voraussetzungen der Lernenden, den gegenwärtigen oder zukünftigen gesellschaftlichen Anforderungen sowie den geschichtlichen und kulturellen Gegebenheiten wurden bereits die Wissenschaften als Orientierungspunkte für die Auswahl von Unterrichtsinhalten genannt. Zu den meisten Unterrichtsfächern existieren korrespondierende Fachwissenschaften, wie etwa die Mathematik, die Germanistik, die Naturwissenschaften, die Religionswissenschaft oder die Sportwissenschaft. Daraus wird mitunter die Annahme abgeleitet, die schulischen Inhalte seien vereinfachte und reduzierte Abbildungen der fachwissenschaftlichen Systematik. Diese problematische Interpretation des Prinzips einer Wissenschaftsorientierung des Unterrichts suggeriert, dass wissenschaftliche Inhalte grundsätzlich – wenn auch in didaktisch reduzierter Form – für Unterricht und damit für allgemeinbildende Zwecke relevant sind und darüber hinaus keiner weiteren Legitimation bedürfen. Zudem wird die Aufgabe der Fachdidaktiken darauf verkürzt, „eine direkte Beziehung zwischen den betreffenden Wissenschaftsdisziplinen und den bestimmten Schulfächern herzustellen" (KLAFKI 1995b, S. 98).

KLAFKI hat sich auch dazu geäußert, nach welchen Kriterien und Rahmenbedingungen schulische Inhalte – gerade im Hinblick auf die Fachwissenschaften – ausgewählt werden sollten (vgl. S. 99 f.):

– Schulische Inhalte sollten in exemplarischer Weise aufzeigen, welchen Beitrag Wissenschaften für die Lösung individuell und gesellschaftlich relevanter Lebensprobleme leisten können und wo ihre Grenzen liegen. Bei diesen Problemen sollte es um epochaltypische „Schlüsselprobleme" gehen, „die, im Horizont der jeweiligen Erfahrungs-, Erkenntnis-, Verarbeitungs- und Handlungsmöglichkeit der Kinder und Jugendlichen, zentrale Themen des Lehrens und Lernens bilden müssen: die Friedensproblematik, die Umweltfrage, Möglichkeiten und Gefahren des technischen und ökonomischen Fortschritts, Entwicklungsländer und so genannte hochentwickelte Länder, Arbeit und Arbeitslosigkeit, soziale Ungleichheit und gesellschaftlich-ökonomische Machtpositionen, neue Technologien und ihre Möglichkeiten und Gefahren, Immigranten und die jeweilige einheimische Bevölkerung eines Landes, Massenmedien und ihre Wirkungen u. ä." (S. 99).

– Schulische Inhalte sollten nicht entlang enger Fächergrenzen ausgewählt werden, sondern auch als fächerübergreifende Inhalte, die in Verbindung mit dem Fachunterricht oder in projektartigen Unterrichtsformen bearbeitet werden, um der Komplexität lebensbedeutsamer Problemlagen gerecht zu werden.

– Die Auswahl wissenschaftlicher Inhalte bzw. deren Aufarbeitung sollte so erfolgen, dass nicht der Eindruck entsteht, Wissenschaft und wissenschaftliche Forschung verliefen nach einer sachimmanenten Logik. Es sollte deutlich werden, dass auch wissenschaftliche Aussagen und Erkenntnisse von politischen, ökonomischen und gesellschaftlichen Interessen beeinflusst werden.

– Die Auswahl unterrichtsrelevanter Inhalte – z. B. im Rahmen von Lehrplänen – sollte als eine Vorauswahl verstanden werden, die in der Vorbereitung des Unterrichtsprozesses präzisiert und konkretisiert werden muss. Die Ausfaltung der Inhalte lässt sich nicht im Vorhinein festlegen, sie ergibt sich – in Wechselwirkung mit den individuellen Voraussetzungen der Schülerinnen und Schüler – erst im Verlauf des Unterrichtsprozesses.

Gerade der letztgenannte Aspekt macht darauf aufmerksam, dass die Auswahl bedeutsamer Inhalte zwar grundsätzlich eine wichtige Entscheidung im Kontext von Unterricht darstellt, dass aber mit der Auswahl keineswegs „zwangsläufig" eine bildende oder entwicklungsfördernde Wirkung verbunden ist. Erst in der Auseinandersetzung der Lernenden mit einem Inhalt entscheidet sich seine bildende oder entwicklungsfördernde Wirkung. Damit ist zugleich eine gewisse Relativierung des Primats von Zielentscheidungen verbunden.

In diesem Zusammenhang hat u. a. BRUNER (1970) die Bedeutung der Fachwissenschaften thematisiert. Sie stellen für ihn einen wichtigen Bezugspunkt bei der Auswahl schulischer Inhalte dar. BRUNER fordert als zentrales Unterrichtsprinzip in jedem Fach die Vermittlung der grundlegenden Begriffe und Strukturen, der „*fundamental ideas*", der zugrundeliegenden Wissenschaften, die sich die Lernenden in möglichst selbstständiger und entdeckender Weise erschließen sollen. Für die Entwicklung eines Curriculums bedeutet dies, dass es „von dem fundamentalen Verständnis des Faches her aufgebaut werden soll, das sich aus den tragenden, seine Struktur ausmachenden Prinzipien gewinnen lässt" (S. 42). Zur Begründung verweist BRUNER unter anderem darauf, dass

– der Lerngegenstand fasslicher wird, wenn man seine Grundlagen versteht,

– einzelne Wissensbestände schnell wieder vergessen werden, wenn sie nicht in eine verbindende Form gebracht und nach Prinzipien und Ideen strukturiert werden und

– das Verständnis grundlegender Begriffe und Prinzipien die Übertragung des Spezifischen auf allgemeine Fälle erleichtert (vgl. S. 35 ff.).

Die Überlegungen zur Auswahl von Inhalten für schulischen Unterricht machen deutlich, dass die Inhaltsfrage zum einen auf der Ebene der Lehrpläne und Curricula, zum anderen auf der Ebene der konkreten unterrichtlichen Auseinandersetzung mit Inhalten zu diskutieren ist und darüber hinaus nicht von der Frage der grundsätzlichen Zielvorstellungen von Unterricht getrennt werden kann.

Im Rahmen der von uns vertretenen handlungs- und lernprozessorientierten Sichtweise kann im Hinblick auf die Inhalte zusammenfassend Folgendes festgehalten werden:

– Den Inhalten kommt eine eigenständige Bedeutung zu – und nicht etwa eine nur untergeordnete Funktion als bloßes Mittel des Lernens oder des Entwicklungsanreizes: Die Inhalte haben für sich selbst einen eigenständigen Wert. Sie stellen zugleich ein konstitutives Element des jeweiligen Wissensstandes von Lernenden und der Motivation bzw. des Interesses dar. Handlungsrelevante kognitive Strukturen können nicht losgelöst von Inhalten, sondern nur im Zusammenhang mit diesen entwickelt werden.

– Die zu erarbeitenden Inhalte sollen für die Kinder und Jugendlichen mit Blick auf ihre gegenwärtige und zukünftige Lebenswelt bedeutsam sein. Die Bedeutsamkeit hängt insofern mit dem Stellenwert der Inhalte für Gegenwart und Zukunft zusammen. Auch aus dieser Sicht sind die Inhalte nicht einfach austauschbar, sondern haben einen eigenen Stellenwert.

– Es ist zwar wichtig, dass man sich im Rahmen der Curriculum- bzw. Lehrplanentwicklung Gedanken über eine geeignete Inhaltsauswahl für den Unterricht macht, die entsprechenden Entscheidungen sollten jedoch nur als vorläufig betrachtet werden. Die Frage, ob ein bestimmter Inhalt für Schülerinnen und Schüler eine lern- und entwicklungsfördernde bzw. bildende Wirkung hat, entscheidet sich letztlich erst in der Auseinandersetzung der Lernenden mit diesem Inhalt und nicht durch vorherige Lehrplanfestlegungen.

– Inhalte sollten nicht als statisches System von Aussagen angesehen und vermittelt, sondern für den Unterricht problem-, entscheidungs-, gestaltungs- und beurteilungsorientiert aufbereitet werden.

Der letzte Punkt ist vor allem für die Unterrichtsvorbereitung wichtig. Im Rahmen der Unterrichtsvorbereitung geht es um eine lernprozess- und entwicklungsbezogene bzw. handlungsorientierte Strukturierung der Inhalte mit Bezug auf bedeutsame Aufgaben. Dem steht häufig das Vorurteil entgegen, erst müssten die Schülerinnen und Schüler einen Stoff systematisch lernen, ehe man sie mit interessanten Aufgaben – z. B. Problemen, Entscheidungsfällen, Gestaltungs- und Beurteilungsaufgaben – konfrontieren könne. Didaktisch gesehen ist genau das Gegenteil richtig: Interessante Aufgaben sollten am Beginn des Lernprozesses eingeführt werden, denn erst auf dieser Basis erschließt sich für die Kinder und Jugendlichen die Bedeutung des zu Lernenden. Erst vor dem Hintergrund bedeutsamer Aufgaben wird die Aneignung systematischen Wissens sinnvoll (vgl. Kap. 4).

Wir haben die Frage nach Inhalten schulischer Lernprozesse bisher vorrangig mit Blick auf Lehrpläne und Curricula sowie vor dem Hintergrund allgemeiner Zielvorstellungen von Unterricht diskutiert. Rückt man die Schülerinnen und Schüler als Subjekte des Lernens stärker in den Mittelpunkt, so entsteht die Frage, ob bildungsrelevante Inhalte aus den Lehrplänen auch interessant und motivierend sein können bzw. so „aufbereitet" werden können, dass sie von den Schülerinnen und Schülern als motivierend und interessant empfunden werden. Diesen Fragen widmen wir uns im folgenden Abschnitt.

### 3.2.3 Motivation und Interesse im Kontext von Ziel- und Inhaltsüberlegungen

Schulische Lernprozesse können als „inszenierte" Situationen betrachtet werden, in denen Schülerinnen und Schüler zur Auseinandersetzung mit bestimmten Aufgabenstellungen angeregt werden sollen. Insofern handelt es sich um Lernarrangements, die – z. B. durch Curricula und Lehrpläne – vorbestimmt sind und in der Regel von den Lernenden nicht – bzw. mindestens nicht vollständig – eigenverantwortlich gestaltet werden können. Damit ist die allgemeine Annahme verbunden, schulische Lernprozesse bedürften einer besonderen Motivierung, im Gegensatz zum außerschulischen Lernen, das keiner besonderen Anregungen bedarf und von den Kindern und Jugendlichen freiwillig, aus Interesse, mit Spaß und aus eigenem Antrieb durchgeführt werde. Zur Klärung dieser Annahmen gehen wir von zwei Situationen aus dem schulischen Alltag aus:

- Schülerin A zeigt für das Fach Mathematik eine hohe Begeisterung, ist wissbegierig und beteiligt sich ohne Aufforderung in besonderem Maße am Unterrichtsgeschehen. Im Lateinunterricht ist die Schülerin jedoch eher passiv, zeigt kein Engagement und meidet besondere Anstrengungen.
- Schüler B ist im Fach Musik sehr engagiert und fällt durch rege Beteiligung am Unterricht sowie durch die Übernahme zusätzlicher Aufgaben auf. In der Freizeit zeigt der Schüler jedoch keine Beziehung zur Musik. Er spielt weder ein Instrument, noch hört er besonders gern Musik.

Das erste Beispiel zeigt, dass Schülerinnen und Schüler nicht *per se* motiviert oder unmotiviert sind, sondern dass Motivation offensichtlich auf einer Wechselwirkung von verschiedenen Faktoren beruht. Wir haben im Handlungsmodell auf die Bedürfnislage und die jeweilige Situation bzw. Anforderung als die relevanten Faktoren aufmerksam gemacht. Vor dem Hintergrund dieses Motivationsverständnisses lässt sich die beschriebene Situation so deuten, dass im Fall des Mathematikunterrichts durch die Anforderungen ein relevantes Bedürfnis aktiviert wird, wohingegen die Anforderungen der unterrichtlichen Situation im Fach Latein dies nicht vermögen. So könnte es beispielsweise sein, dass durch die mathematischen Aufgaben das Bedürfnis aktiviert wird, sich als kompetent in der Bewältigung dieser Aufgaben zu erleben und damit eine durch die Aufgabe hervorgerufene Unsicherheit abbauen zu können oder das eigene Selbstwertgefühl zu steigern. Dies allein würde aber

noch nicht erklären, warum im anderen Fach eine solche Motivation nicht zu beobachten ist. Hier wird deutlich, dass Motivationsprozesse im schulischen Kontext
nur dann umfassend diskutiert werden können, wenn zusätzlich mindestens noch
der *inhaltliche Gegenstand* der Auseinandersetzung berücksichtigt wird, d. h. wenn
Motivation als ein Wechselwirkungsprozess aufgefasst wird. Wir ziehen dazu das
zweite Beispiel hinzu. In diesem Fall ließe sich vermuten, dass der Schüler im Unterricht besonders engagiert ist, weil in ihm z. B. das Bedürfnis nach Anerkennung
und Wertschätzung – etwa in Form guter Noten – aktiviert wird. Darüber hinaus
scheint aber das Fach Musik bzw. die Musik grundsätzlich kein besonderes Interesse
beim Schüler hervorzurufen. Schülerin A hingegen scheint für das Fach Mathematik
ein besonderes Interesse zu zeigen, für die lateinische Sprache jedoch nicht. Auch
das Bedürfnis nach Anerkennung scheint in diesem Bereich nicht relevant zu sein.
Somit erscheint das *Interesse* als weiterer wichtiger Faktor im Zusammenhang von
Motivationsprozessen.
Welche Schlüsse lassen sich aus diesen Beispielen ziehen? – Zunächst zeigt sich, dass
in schulischen Lernprozessen verschiedene Bedürfnisse aktiviert werden können, die
dazu führen, dass Schülerinnen und Schüler sich mit bestimmten Anforderungen
im Unterricht in engagierter und aktiver Weise auseinander setzen (vgl. Abschnitt
4.2.2). Im einen Fall kann dieses Bedürfnis – als Bedürfnis nach Wissen und Verstehen (vgl. 2.2.3) – auf den Lernprozess selbst gerichtet sein, z. B. die Bearbeitung
eines physikalischen Problems, das Durchführen eines Experimentes oder die
Besprechung eines Romans. Im anderen Fall kann dieses Bedürfnis auf die Folgen
des Lernprozesses – z. B. Anerkennung durch die Lehrperson oder die Eltern bzw.
Vermeidung von Unannehmlichkeiten infolge schlechter Beurteilungen durch die
Lehrperson – zielen. Dieser Unterschied wird auch in den Bezeichnungen „intrinsische" Motivation und „extrinsische" Motivation festgehalten. Allerdings ist diese
Bezeichnung nicht unproblematisch, weil sich auch die extrinsische Motivation
letztlich als eine vom Individuum ausgehende Motivation, die sich nur auf ein
anderes Bedürfnis bezieht, interpretieren lässt (vgl. zur Übersicht RHEINBERG 2002,
S. 151 ff.; SCHIEFELE/KÖLLER 2002).
Das Konstrukt *Interesse* erlaubt darüber hinaus Aussagen, warum sich Motivation
in einem Inhalts- oder Gegenstandsbereich zeigt, in einem anderen aber nicht. Als
Interesse wird allgemein eine Beziehung zwischen einer Person und einem Inhalts-
oder Gegenstandsbereich beschrieben, die eine langfristige überdauernde und stabile
Orientierung an diesem Bereich nach sich zieht (vgl. z. B. KRAPP 2001). Interessen
sind in der Regel mit gefühlsbezogenen oder mit wertbezogenen Faktoren gekoppelt,
d. h. mit Gefühlen im Hinblick auf einen Gegenstandsbereich – z. B. „Sport macht
Spaß" – oder mit subjektiven rationalen Einschätzungen zur Bedeutsamkeit des Gegenstandsbereiches – z. B. „Mathematik ist wichtig für ein späteres Ingenieurstudium"
oder „Fremdsprachenkenntnisse haben einen besonderen Wert im privaten wie im
beruflichen Leben". Darüber hinaus ist Interesse an die mentale Repräsentation,

d. h. eine Vorstellung des Gegenstandsbereiches, als Voraussetzung gebunden. Als weitere Bedingungen für die Entstehung von dauerhaften Interessen werden – im Kontext einer pädagogischen Interessentheorie – die Bedürfnisse des Lernenden nach Kompetenz, Autonomie und sozialer Eingebundenheit angesehen (vgl. DECI/ RYAN 1993; vgl. die Ausführungen zur Bedürfnistheorie von MASLOW in Abschnitt 2.2.3). Das Bedürfnis nach Kompetenz zielt darauf, sich als handlungsfähig und als Verursacher von Handlungsergebnissen im Sinne von Wirksamkeit zu erleben, das Autonomiebedürfnis entspricht dem Bestreben nach Selbstbestimmung und das Bedürfnis nach sozialer Eingebundenheit richtet sich auf soziale Geborgenheit und Zugehörigkeit. Ob und in welchem Bereich Interessen ausgebildet werden, hängt damit nicht zuletzt auch wieder von den Möglichkeiten ab, die genannten Bedürfnisse bei der Bewältigung von Aufgaben aus diesen Bereichen zu befriedigen (vgl. SEEL 2000, S. 90). Für den Unterricht bedeutet dies zum einen, dass Inhalte an bestehenden Interessen von Schülerinnen und Schülern anschließen sollten, wo dies möglich ist. Zum anderen sollte schulisches Lernen Möglichkeiten zur langfristigen Ausbildung von inhaltlichen bzw. fachlichen Interessen bieten.

### 3.2.4 Handlungsorientierung als Zielvorstellung – didaktische Konsequenzen

Auf der Basis der Überlegungen zu Ziel- und Inhaltsfragen sollen im Folgenden erste Konsequenzen im Hinblick auf die Frage formuliert werden, wie eine lern- und entwicklungsfördernde Auseinandersetzung mit bedeutsamen Inhalten unter der Zielperspektive von Handlungsfähigkeit in handlungsorientierter Weise gestaltet werden sollte. Wir wollen diese Konsequenzen schrittweise aus dem Handlungs- bzw. Lernmodell (vgl. Abschnitte 2.2.1, 2.2.7) entwickeln. Dazu ist es notwendig, zunächst noch einmal ins Bewusstsein zu heben, dass schulische Lernsituationen arrangiert sind. Wir nehmen dazu die im Abschnitt 2.2.1 dargestellte Beispielsituation mit Anne und Katrin („Abschreiben") erneut auf und diskutieren sie nachfolgend als mögliche Unterrichtssituation.

Dazu sei angenommen, dass eine Lehrperson im Politikunterricht Aspekte des gerechtfertigten und verantwortungsbewussten Handelns in einer demokratischen Gemeinschaft thematisieren möchte. Dazu stellt sich zunächst die Frage, wie ein Lern-prozess angeregt werden kann, der zu entsprechenden Ergebnissen führt. Nach dem bisher über Motivation Gesagten ist es wichtig, einen Spannungszustand zwischen relevanten Bedürfnissen und situativen Anforderungen herzustellen. Dazu ließe sich eine Situation, wie sie im angesprochenen Fall beschrieben ist, als Aufgabe in den Unterricht einbringen[2]. Die Schülerinnen und Schüler können sich dann in diese Situation hineinversetzen und – quasi stellvertretend – die Schwierigkeiten erfahren, welche die Entscheidung für Anne mit sich bringt. Eine motivierende Funktion hat die Aufgabe dann, wenn sie Bedürfnisse anspricht, die auch für die Schülerinnen und Schüler relevant sind. Dies gelingt umso eher, je bedeutsamer die in der Aufgabe beschriebenen Anforderungen für die Lernenden sind bzw. von ihnen empfunden werden. Wenn also die Fragen der Freundschaft und der Unterstützung von Freunden – auch entgegen schulischen Bestimmungen – für Schülerinnen und Schüler als wichtig in ihrer gegenwärtigen oder zukünftigen Lebenssituation eingestuft werden, besteht eine höhere Wahrscheinlichkeit, dass die Aufgabe zur Auseinandersetzung mit Fragen von Fairness, Verantwortung und Gerechtigkeit sowie deren gesellschaftlicher Bedeutung führt, als wenn der Unterricht sich auf die bloße Vermittlung von entsprechenden Kenntnissen beschränkt.

Die im Beispiel von Anne und Katrin beschriebene Situation lässt sich als ein Entscheidungsfall charakterisieren. Wir werden an späterer Stelle noch andere Aufgabentypen – Probleme, Gestaltungs- und Beurteilungsaufgaben – einführen und deren lernprozessanregende Eigenschaften diskutieren (vgl. Kapitel 4).

Nach der Einführung einer motivierenden – wir sagen im Folgenden zutreffender: lernprozessanregenden – Aufgabenstellung ist es wichtig, zunächst einmal spontane Lösungsmöglichkeiten auf der Basis vorhandener Wissens- und Erfahrungsstände aufzunehmen. Dabei wird sich zeigen – sei es, weil es unterschiedliche Vorschläge gibt oder sich einzelne Vorschläge offensichtlich als nicht angemessen erweisen oder auch (noch) nicht beurteilt werden können –, welche Teilfragen zu bearbeiten und welche Schwierigkeiten zu überwinden sind. So könnten im Beispiel des Abschreibens die Schülerinnen und Schüler spontan Zustimmung oder Ablehnung gegenüber dem Abschreiben signalisieren, weil sie Unterstützung und Hilfeleistung in der Freundschaft für wichtig erachten oder weil sie Angst davor haben, erwischt zu werden. Sie werden dies aber nur tun, wenn ein offenes Unterrichtsklima herrscht, das es den Lernenden erlaubt, frei ihre Meinungen und Ideen zu äußern – was für Unterricht generell wichtig ist.

Das Äußern spontaner Eindrücke zur Aufgabenstellung durch die Schülerinnen und Schüler ist nicht zuletzt deshalb wichtig, weil sich in diesen Äußerungen subjektive Theorien zu bestimmten Wirklichkeitsbereichen zeigen können, die die weitere individuelle inhaltliche Auseinandersetzung mit bestimmten Anforderungen beeinflussen. So lassen die Einstellungen zum Fallbeispiel des Abschreibens unter Umständen erkennen, welche Auffassung die Schülerinnen und Schüler von „richtigem" oder gerechtfertigtem und „falschem" oder ungerechtfertigtem Verhalten haben.

Im Anschluss an die Aufnahme von Vorschlägen zu inhaltlichen Aspekten oder zur Vorgehensweise sollte die Lehrperson mit den Schülerinnen und Schülern Ziele vereinbaren und die Bedeutsamkeit der – im Hinblick auf die Ziele – angestrebten Lernfortschritte bewusst machen. So kann es in diesem Fall darum gehen, begründete Stellungnahmen zum Fallbeispiel zu erarbeiten und diese daraufhin analysieren zu können, welche Auffassungen von Fairness, Gerechtigkeit und Verantwortung darin zum Ausdruck kommen. Darüber hinaus könnte eine Zielvorstellung darin bestehen, Regeln hinsichtlich ihrer Bedeutsamkeit für das gemeinschaftliche Zusammenleben begründen zu können.

Im allgemeinen Handlungs- bzw. Lernmodell wird der Abbau des – als Motivation gekennzeichneten – Spannungszustandes durch die Ausführung einer Handlung erreicht, die in einem Erwägungsprozess vorbereitet wird. Diese Erwägungen werden im Unterrichtsprozess angeleitet, indem die Lernenden zunächst überlegen, zu welchen Fragen Informationen beschafft werden müssen, wie dies geschehen kann und welche Arbeitstechniken und Fertigkeiten zur Lösung der Aufgabe gegebenenfalls angeeignet werden müssen. In diesem Fall könnten die Lehrperson und die Schülerinnen und Schüler sich darauf verständigen zu erarbeiten, welche schulischen Regeln zum Abschreiben existieren bzw. welche Regeln Bezüge zu diesem Problem aufweisen und welche Konsequenzen mit Verstößen gegen entsprechende Regeln verbunden sind. Für eine gemeinsame Diskussion auf der Basis der zu erarbeitenden Stellungnahmen ist es gegebenenfalls notwendig, Diskussionsregeln ins Bewusstsein zu heben oder – falls dies noch nicht geschehen ist – diese ebenfalls noch zu erarbeiten. Anschließend erfolgt die Erarbeitung notwendiger Grundlagen, z. B. in Partnerarbeit oder in Kleingruppen.

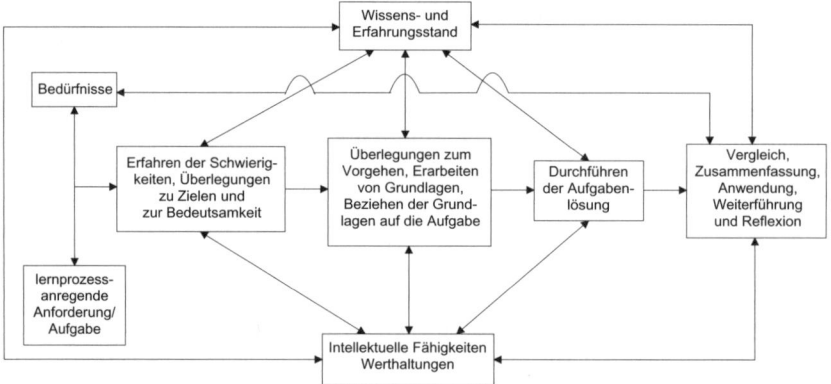

**Darstellung 3.1:** Schulische Lernprozesse als Handlungsprozesse

Diese Grundlagen werden dann auf die Ausgangsaufgabe bezogen und bilden die Basis für die Erstellung eines fundierten Lösungsvorschlags – entsprechend der Ausführung einer Handlung im allgemeinen Modell. Im unterrichtlichen Kontext könnte man auch von einem Probehandeln sprechen. Gibt es mehrere Lösungen, bietet sich ein anschließender Vergleich an, dem eine Zusammenfassung der zentralen Informationsgrundlagen bzw. Erkenntnisse und Vorgehensweisen folgt. So ist es beim Entscheidungsfall „Abschreiben" durchaus denkbar, verschiedene Alternativen zu finden, die einen Regelverstoß nicht erforderlich werden lassen – z. B. das direkte Gespräch mit der Freundin mit dem Angebot, ihr bei der Vorbereitung der Arbeit zu helfen, so dass sie es aus eigener Kraft schaffen kann.

Auf der Basis der erworbenen Wissensbestände, Fähigkeiten, Fertigkeiten und Werthaltungen können nun weitere Anwendungsaufgaben bearbeitet werden, bevor der Lernweg und das Gelernte reflektiert und weiterführende Fragen diskutiert werden.

Für die Notwendigkeit von Regeln und deren Einhaltung in einem sozialen System gibt es hinreichend Beispiele, auf die die erarbeiteten Argumentationsmuster übertragen werden können – z. B. Verkehrsregeln. Je nach Beispiel sind gegebenenfalls spezifische Kenntnisse als Informationsgrundlage für mögliche Entscheidungen zu erarbeiten.

Vor dem Hintergrund dieser Überlegungen lässt sich das allgemeine Handlungsmodell (vgl. Darstellung 2.1) in etwas modifizierter Weise auf den schulischen Lernprozess übertragen (vgl. Darstellung 3.1). Dabei wird deutlich, dass die Wissens- und Erfahrungsstände sowie die kognitiven Fähigkeiten und Werthaltungen in vielfältiger Weise Einfluss auf die Lernaktivitäten in einzelnen Phasen haben. Gleichzeitig zielt Unterricht darauf ab, diese Bedingungsfaktoren weiter zu entwickeln.

Zusammenfassend lässt sich die didaktische Strukturierung von Unterricht im Sinne einzelner Unterrichtsphasen wie folgt darstellen (vgl. ausführlich Kap. 5):

(1) Aufgabenstellung
(2) Zielvereinbarung und Bedeutsamkeit
(3) Verständigung über das Vorgehen
(4) Erarbeitung von Grundlagen für die Aufgabenlösung
(5) Aufgabenlösung
(6) Vergleich und Zusammenfassung
(7) Anwendung
(8) Weiterführung und Bewertung

Diese Auflistung bzw. Zusammenfassung von Unterrichtsphasen und -schritten kann als mögliche und für geeignete Themen als lerntheoretisch fundierte Reihenfolge des Unterrichts aufgefasst werden, sie sollte jedoch keineswegs als starrer und stets einzuhaltender Unterrichtsablauf missverstanden werden. Die Abfolge ist je nach Themenstellung und situativen Bedingungen zu spezifizieren und zu modifizieren. Insofern stellt die Auflistung bzw. Zusammenfassung vor allem Gesichtspunkte dar, die bei der Unterrichtsplanung und Unterrichtsdurchführung beachtet werden sollten. In diesem Sinne kann man auch von einem Grundmuster für den Unterricht sprechen (vgl. Frey 1982, S. 52 f.). Bei der hier vorgestellten Struktur von Unterrichtsabläufen handelt es sich um ein Grundmuster für einen handlungsorientierten Unterricht auf der Basis entwicklungs- und lernprozessbezogener Überlegungen.

## 3.3 Zusammenfassung und Anwendung

Zielvorstellungen für den schulischen Unterricht sind an grundgesetzliche Bestimmungen und – auf der Ebene der einzelnen Bundesländer – an länderspezifische verfassungsrechtliche und schulgesetzliche Bestimmungen gebunden. Unabhängig von länderspezifischen Schwerpunktsetzungen sind die Ziele von Schule und Unterricht übergreifend ausgerichtet auf

– Freiheit, Selbstbestimmung, Mündigkeit und Verantwortung des Einzelnen im Rahmen einer sozialen und demokratisch organisierten Gemeinschaft,
– Handlungsfähigkeit des Individuums im beruflichen, privaten und gesellschaftlichen Kontext im Sinne der Befähigung zur Bewältigung von entsprechenden Anforderungen und
– Persönlichkeitsbildung im Sinne der Entwicklung und Entfaltung individueller Potenziale.

Diese Zielvorstellungen können unter der Leitidee eines sachgerechten, selbstbestimmten und kreativen Handelns in sozialer Verantwortung zusammengefasst werden.

Eng verbunden mit der Frage nach gerechtfertigten Zielvorstellungen ist die Frage nach geeigneten Inhalten, mit denen sich Schülerinnen und Schüler auseinander setzen sollen, um die angestrebten Ziele zu realisieren. Diese Inhalte sollen nicht nur Mittel zum Zweck sein, sondern einen eigenständigen Wert und Bedeutsamkeit für die gegenwärtige oder zukünftige Lebenssituation aufweisen. Die Festlegung von Inhalten auf der Ebene von Lehrplänen und Curricula hat jedoch nur vorläufigen Charakter. Ob mit dem Inhalt auch eine bildende oder entwicklungsfördernde Wirkung verbunden ist, kann sich erst in der Auseinandersetzung der Lernenden mit dem jeweiligen Inhalt zeigen. Diese Auseinandersetzung anzuregen und zu gestalten, ist eine wichtige Aufgabe für Lehrpersonen. Entsprechende Hinweise und Anregungen dazu lassen sich aus einer Modellvorstellung menschlichen Handelns gewinnen, wenn man Lernprozesse als Handlungsprozesse versteht. Die handelnde Auseinandersetzung mit bedeutsamen Inhalten ist in einem solchen Verständnis darauf ausgerichtet, handlungsrelevante Faktoren weiterzuentwickeln: den Erfahrungsstand und handlungsrelevantes Wissen, das intellektuelle Vermögen und die sozial-moralische Urteilsfähigkeit. Die Auseinandersetzung selbst kann – im Sinne von Motivation – dadurch angeregt werden, dass mit entsprechenden Aufgabenstellungen Bedürfnisse und Interessen der Schülerinnen und Schüler angesprochen bzw. berücksichtigt werden. Auf längere Sicht sollte Unterricht auch Möglichkeiten bieten, Interessen auszubilden.

Vor dem Hintergrund dieser Ausführungen können Sie nun Ihre Überlegungen zur eingangs gestellten Aufgabe überdenken. Welche Zielvorstellungen für Unterricht haben Sie in den beiden Beispielen gefunden und welche sind – vor dem Hintergrund der Informationen im Text – gegebenenfalls zu ergänzen? Welche Begründungen bzw. Kriterien für die Auswahl von Inhalten waren aus den Beispielen zu erschließen, welche zusätzlichen haben Sie kennen gelernt?
Im Hinblick auf die Inhaltsfrage sollten Sie die Richtlinien bzw. den Lehrplan zu einem Ihrer Fächer und einer beliebigen Jahrgangsstufe einmal unter folgenden Aspekten analysieren:
– Welche Inhalte werden vorgeschlagen und wie differenziert sind sie ausgearbeitet?

– Welche Kriterien für die Auswahl der Inhalte sind genannt oder erkennbar?
– Welche Beziehungen bestehen zwischen Inhalten und Zielvorstellungen bzw.
zu erwerbenden Kompetenzen?
– Welche Rolle spielt Handlungsfähigkeit als Zielvorstellung?

## Anmerkungen

1 Das thüringische Schulsystem ist gegliedert und umfasst die Grundschule, die Regelschule, das Gymnasium, die Gesamtschule und berufsbildende Schulen. Die Regelschule ist auf eine allgemeine und berufvorbereitende Bildung ausgerichtet und kann nach Klasse 9 (vergleichbar dem Hauptschulabschluss) oder nach Klasse 10 (vergleichbar dem Realschulabschluss) abgeschlossen werden.

2 Grundsätzlich kann ein konkreter Fall, wie er sich im Unterricht zugetragen hat, selbst zum Gegenstand bzw. zur Aufgabe gemacht werden. Dies hat den Vorteil, dass die Frage des gerechtfertigten oder nicht gerechtfertigten Handelns an einem Beispiel diskutiert wird, das der unmittelbaren Lebenswelt der Kinder und Jugendlichen entspricht. Zudem können die unmittelbar Betroffenen (in diesem Beispiel die Schülerinnen Anne und Kathrin) ihre Interessen, Beweggründe und Motive authentisch und mit den entsprechenden Emotionen vertreten. In manchen Fällen ist es aber auch günstiger, eine solche Situation als fiktives Beispiel einzubringen, so dass nicht einzelne Schülerinnen und Schüler als unmittelbar Betroffene angesprochen sind, sondern eine rationale Distanz gewahrt bleibt.

# Planung, Durchführung und Reflexion von Unterricht

# 4| Komplexe Aufgaben zur Anregung von Lernprozessen

## 4.1 Einleitende Hinweise und Fragestellungen

Die Darstellungen zum Lernen und Handeln in den Abschnitten 1 und 2 sowie die Ziel- und Inhaltsüberlegungen im Abschnitt 3 haben verdeutlicht, dass Lernprozesse durch Anforderungen angeregt werden können, die sich nicht mit bisher verfügbaren Kenntnissen, Fähigkeiten oder Fertigkeiten bewältigen lassen. Solche Anforderungen lassen sich in Form komplexer Aufgaben stellen. Die Aufgaben sollen dabei einerseits Bedürfnisse und Interessen von Kindern ansprechen und andererseits zur Erarbeitung von Inhalten führen, die bildende Bedeutung haben und gesellschaftlichen Anforderungen – im Sinne von Richtlinien und Lehrplänen – gerecht werden. Zugleich sollen sie der Förderung der intellektuellen und sozial-moralischen Entwicklung dienen.

Vor diesem Hintergrund ist die Frage, mit welchen Aufgaben die Schülerinnen und Schüler in der ersten Phase des Unterrichts konfrontiert werden sollen, von besonderer Relevanz für unterrichtliche Überlegungen bzw. für die Unterrichtsvorbereitung.

> Versetzen Sie sich bitte einmal in die Situation einer Lehrperson, die für ein bestimmtes Thema in einer entsprechenden Jahrgangsstufe eine geeignete Aufgabenstellung als „Einstieg" formulieren möchte. Sie können dabei eines der folgenden Themen, aber auch ein anderes von Ihnen festzulegendes Thema wählen. Mögliche Themen sind z. B.:
> – Manipulationstechniken der Werbung,
> – Umweltprobleme durch den Straßenverkehr,
> – Die politische Bedeutung der Parteien in der Bundesrepublik Deutschland,
> – Das Grundgesetz der Dynamik,
> – Terme mit Variablen – Multiplizieren von Summen,
> – Das Komma zwischen Sätzen,
> – Frage und Verneinung mit „to do".
> Formulieren Sie nun entweder zu einem der oben genannten Themen oder zu dem von Ihnen selbst gewählten Thema – zunächst in vorläufiger Form – zwei

mögliche Aufgaben mit einer angemessenen Komplexität. Die Aufgaben sollen so gewählt werden, dass sie für Schülerinnen und Schüler einer bestimmten Jahrgangsstufe bedeutsam sind und sie anregen können, wichtige Aspekte des Themas zu erarbeiten.

Für die endgültige Festlegung einer angemessen komplexen Aufgabe für den „Einstieg" in ein Thema ist es hilfreich, drei Fragen weiter nachzugehen:
(1) Welche Merkmale sollten lernprozessanregende Aufgaben aufweisen?
(2) Welche Typen von Aufgaben bieten sich für die Anregung von Lernprozessen an?
(3) Wie können die einzelnen Aufgabentypen ausdifferenziert werden?
Die Bearbeitung dieser Fragen kann generell helfen, motivierende Aufgaben für den Unterricht zu entwickeln.

## 4.2 Grundlegende Informationen

Im Folgenden geht es zunächst um Merkmale von lernprozessanregenden Aufgaben. Im Anschluss daran werden vier Aufgabentypen vorgestellt, die in besonderer Weise geeignet sind, wünschenswerte Lernprozesse bei Kindern und Jugendlichen anzuregen. Der Begriff „lernprozessanregende Aufgabe" steht dabei für Fragestellungen und Anforderungen, mit denen Kinder und Jugendliche zum Beginn einer Unterrichtseinheit konfrontiert werden und die zu einer Auseinandersetzung mit dem jeweiligen Unterrichtsinhalt anregen sollen. Dafür ist ein gewisser Komplexitätsgrad der Aufgabe notwendig.

Lernprozessanregende Aufgaben dürfen nicht mit Aufgaben verwechselt werden, die in der Schule zu Übungszwecken gestellt werden, z. B.: $2x + 6 = 20$, x = ? oder: Setze ß oder ss oder s ein: Für da__ Zusammenleben ist es wichtig, da__ jeder wei__ , welche Regeln beachtet werden mü__en. Solche strukturell wenig komplexen Aufgaben können zwar im weiteren Verlauf des Unterrichts sinnvoll sein, insbesondere zur Festigung bestimmter Regeln, eignen sich jedoch nicht, um für einen Inhalt zu motivieren. Zudem werden sie – für sich allein – nicht der Anforderung gerecht, anwendungsfähiges Wissen für komplexe Alltagssituationen zu entwickeln.

### 4.2.1 Merkmale von lernprozessanregenden Aufgaben
Lernen kann als eine besondere Form des Handelns verstanden werden (vgl. Kap. 2). Generell lässt sich festhalten, dass eine Handlung durch eine Wechselbeziehung von Situation und Bedürfnissen angestoßen wird. Demnach gilt auch für Lernaktivitäten: Jugendliche werden dann zum Lernen angeregt, wenn durch eine situative Herausforderung ein Bedürfnis angesprochen wird und damit eine Motivation zur Auseinandersetzung entsteht. Daraus folgt unter anderem, dass Aufgaben, die auf einen Lernprozess bei Schülerinnen und Schülern zielen, Bedürfnisse bzw. Motive

von Kindern oder Jugendlichen ansprechen sollten. Gleichzeitig sollen die Aufgaben für die Schülerinnen und Schüler inhaltlich interessant sein und der Anforderung, eine bildende Begegnung mit relevanten Inhalten zu ermöglichen, Rechnung tragen (vgl. KLAFKI 1985, S. 194 ff.). Durch entsprechende Aufgaben kann zugleich verhindert werden, dass lediglich „träges" (Schul-)Wissen entsteht.

So könnte eine Aufgabenstellung zum Thema „Kaufvertrag" beispielsweise folgendermaßen formuliert werden:

> Birgit hat sich aus einem Katalog ein neues Fahrrad ausgesucht. Da der örtliche Fahrradhändler das betreffende Modell nicht vorrätig hat, muss er es bei der Herstellerfirma beschaffen. Der Händler verspricht Birgit, das Fahrrad in zwei Wochen zu liefern. Daraufhin bestellt Birgit das Fahrrad bei ihm. Es dauert jedoch vier Wochen, bis das Fahrrad endlich da ist. Zudem stellt Birgit zu Hause einige Kratzer und Schrammen am Fahrrad fest. Einerseits hat sie keine Lust, das Rad zurückzugeben und noch einmal auf ein neues Rad zu warten. Andererseits sieht sie nicht ein, dass sie den vollen Kaufpreis bezahlt, zumal sie schon zusätzliche Kosten für Busfahrten durch die Verzögerung hatte.
>
> Sie überlegt, welche rechtlichen Möglichkeiten ihr in diesem Falle zustehen.

Eine wichtige Voraussetzung dafür, dass eine Aufgabe dieser Art Bedürfnisse bzw. inhaltliche Interessen ansprechen kann, liegt darin, dass die Aufgabe der Vorstellungs- und Erfahrungswelt der Jugendlichen entspricht. Anders ausgedrückt: Der Kenntnis- bzw. Erfahrungsstand der Jugendlichen muss Anknüpfungspunkte für die jeweilige Aufgabe zulassen.

Zugleich soll die Aufgabe mit ihren Bezügen zu Erfahrungen und zur Lebenssituation eine hinreichende Komplexität aufweisen. Dies ist als Voraussetzung für die Anwendungsfähigkeit bzw. Übertragung des Gelernten auf neue Situationen von besonderer Bedeutung (vgl. Abschnitt 1.2.3).

Sind diese Voraussetzungen gegeben, wird eine Fragestellung obiger Art in der Regel das Gefühl der Unsicherheit bei den Jugendlichen auslösen und damit das Bedürfnis nach Sicherheit und Klarheit in solchen oder ähnlichen Situationen anregen. Die so entstehende Lernmotivation ist – wenn man die Bedürfnistheorie von MASLOW zugrundelegt – darauf gerichtet, die durch die Aufgabe provozierte Unsicherheit abzubauen (vgl. MASLOW 1981, S. 66 ff.). Unter Umständen ist die Lernmotivation jedoch auch noch mit anderen Bedürfnissen verknüpft. Beispielsweise könnten Jugendliche erwarten, dass entsprechende Kenntnisse sie in die Lage versetzen, ihre Freundinnen oder Freunde in vergleichbaren Fällen angemessen zu beraten. Mit solchen Erwartungen würden die Bedürfnisse nach Zugehörigkeit und Wertschätzung angesprochen. Die Situation kann auch so gedeutet werden, dass sich ein „kognitiver Konflikt" oder eine „kognitive Dissonanz" ergibt. Als Folge davon können Neugier und Aktivitäten angeregt werden (vgl. BERLYNE 1974, S. 349 ff.; FESTINGER 1964, S. 27 ff.; PRENZEL/SCHIEFELE 2001, S. 923 ff.).

Des Weiteren ist anzunehmen, dass bei Jugendlichen durch diesen oder einen ähnlichen Fall das Verlangen nach Wissen und Verstehen als Solches ins Spiel kommt. Demgemäß geht es bei der Motivation neben affektiven Aspekten auch um inhaltliche Komponenten. Anders ausgedrückt: Im positiven Falle spricht eine Aufgabe nicht nur Grundbedürfnisse im Sinne von MASLOW an, sondern zugleich inhaltliche Interessen (vgl. dazu Kap. 3). Allerdings müssen solche Interessen für die Aufgabenstellung immer schon vorausgesetzt werden und durch früheres Lernen oder vorangehende Erfahrungen entwickelt worden sein. Insofern ist der motivierende Gehalt einer Aufgabenstellung zugleich von bisherigen Lernerfahrungen abhängig.

Welche Bedürfnisse und inhaltlichen Interessen durch eine unterrichtliche Aufgabe auch angesprochen werden – in jedem Fall ist es wichtig, dass überhaupt ein Bezug zu einem Bedürfnis und einem inhaltlichen Interesse gegeben ist und die Aufgabe damit Bedeutsamkeit für die Schülerinnen und Schüler erhält. So kann eine intensive Auseinandersetzung mit der Aufgabe erreicht werden.

Wird die Aufgabenstellung als bedeutsam erfahren und ist den Jugendlichen darüber hinaus einsichtig, dass z. B. die Frage nach einem angemessenen Handeln von Birgit auf der Basis von Informationen zum Kaufvertrag beantwortet werden kann, wird sich die entstandene Lernmotivation auf den Erwerb solcher Informationen richten.

Im Hinblick auf die Motivation ist eine weitere Eigenschaft von Aufgaben wichtig: Die Lösung der Aufgabe darf noch nicht bekannt sein. Die für die Lösung der Aufgabe notwendigen Kenntnisse, Fähigkeiten und Fertigkeiten müssen erst noch erworben werden. Dies unterscheidet die hier im Mittelpunkt stehenden lernprozessanregenden Aufgaben in besonderer Weise von bloßen Übungsaufgaben und bedeutet, dass – wie oben schon angesprochen – lernprozessanregende Aufgaben Neuigkeitswert haben und hinreichend komplex sein sollen.

Allerdings muss gleichzeitig ein viertes Merkmal gegeben sein: Für die Lernenden muss die Chance bestehen, die jeweilige Aufgabe zu bewältigen, d. h. die Informationen zu beschaffen und die Fähigkeiten oder Fertigkeiten zu erwerben, die zur Lösung der Aufgabe notwendig sind. Erscheint eine Aufgabe den Schülerinnen und Schülern zwar als bedeutsam, zugleich aber als so schwierig, dass sie keine Chance der Bewältigung sehen, ist eine Abwendung zu erwarten. Die Aufgabe wird nicht als Anreiz zur Auseinandersetzung, sondern als Bedrohung empfunden. Diese Überlegung bedeutet, dass für *alle* Schülerinnen und Schüler – auch bei heterogenen Lerngruppen – die Chance einer Bewältigung gegeben sein muss.

Die bisher genannten Merkmale beziehen sich vor allem auf motivationale und kognitive Aspekte von Aufgaben. Didaktisch gesehen ist es darüber hinaus wichtig, dass die Aufgaben jeweils geeignet sind, einen Unterrichtsinhalt in einer Weise zu erschließen, die es ermöglicht, gewonnene Einsichten, Fähigkeiten und Fertigkeiten auch auf andere Situationen, Fälle oder Anforderungen zu übertragen. Das heißt, dass die Aufgabenbearbeitung eine exemplarische Erschließung von Kenntnissen, Fähigkeiten und Fertigkeiten ermöglichen soll (vgl. Kap. 3). In diesem Sinne setzt die oben skizzierte Aufgabe zunächst voraus, dass die Schülerinnen und Schüler Rechte und Pflichten erarbeiten, die mit dem Kaufvertrag verbunden sind. Auf dieser Basis lässt sich dann bestimmen, welche Möglichkeiten Birgit hat, auf die Lieferverzögerung und Mängel am Fahrrad zu reagieren. Die Situation kann dabei als exemplarisch für Situationen aufgefasst werden, in denen beim Kauf einer Ware Lieferverzögerungen auftreten und Mängel festgestellt werden. Darüber hinaus bietet der Unterrichtsinhalt Einsichten zu Rechten und Pflichten bei vertraglichen Regelungen generell.

Vor dem Hintergrund obiger Überlegungen lassen sich zusammenfassend sechs Forderungen an eine lernprozessanregende Aufgabe formulieren:

a) Die Aufgabe soll auf die Erfahrungs- und Vorstellungswelt der Kinder und Jugendlichen bezogen sein, weil sie nur so adäquat verstanden werden kann.

b) Die Aufgabe soll hinreichend komplexe Situationen widerspiegeln, weil nur so anwendungsfähiges Wissen entsteht.

c) Die Aufgabe soll ein Bedürfnis und inhaltliche Interessen bei den Kindern und Jugendlichen ansprechen, weil sie nur dann Bedeutsamkeit erhält und zu dem Handlungsziel führt, sie lernend zu bewältigen.

d) Die Lösung der Aufgabe muss Kenntnisse, Fähigkeiten oder Fertigkeiten erfordern, über die die Kinder und Jugendlichen noch nicht verfügen, weil nur dann eine Weiterentwicklung möglich ist.

e) Die Aufgabe selbst und der unterrichtliche Zusammenhang müssen die Chance auf ihre Bewältigung zulassen, d. h. die Aufgabe muss einen angemessenen Schwierigkeitsgrad haben, weil sonst demotivierende Wirkungen zu erwarten sind.

f) Die Aufgabe muss geeignet sein, die zu erwerbenden Inhalte in exemplarischer Weise zu erschließen, wobei die Inhalte den schulischen bzw. gesellschaftlichen Anforderungen gerecht werden sollen.

Im Folgenden stellen wir vier Aufgabentypen dar, die in besonderer Weise die genannten Forderungen erfüllen können.

### 4.2.2 Übersicht über verschiedene Aufgabentypen

Aufgaben, die sich so formulieren lassen, dass sie den im Abschnitt 4.2.1 entwickelten Merkmalen gerecht werden, sind:

– *komplexe Probleme*, für die Lösungswege und Lösungen bzw. Handlungsmöglichkeiten erarbeitet werden sollen,

– *komplexe Entscheidungsfälle*, bei denen unter Berücksichtigung verschiedener Kriterien Handlungsmöglichkeiten zu beurteilen und Entscheidungen zu treffen sind.

– *komplexe Gestaltungsaufgaben,* wobei die Gestaltung einer Situation, eines Verfahrens oder eines Produkts gefordert sind und dabei gedanklich erarbeitete Handlungsmöglichkeiten bzw. Entscheidungen in angemessener Form umgesetzt werden müssen,

– *komplexe Beurteilungen* verschiedener Problemlösungen, Entscheidungen oder Gestaltungsergebnisse, wobei verschiedene Kriterien zur Bewertung zu erarbeiten, zu diskutieren und anzuwenden sind.

Ein *Problem* ist als Aufgabentyp – in dem hier zugrunde liegenden didaktischen Begriffsverständnis – dadurch gekennzeichnet, dass ein unbefriedigender Ausgangszustand gegeben ist, für den im Unterricht eine Informationsgrundlage erarbeitet wird, die es gestattet, einen Lösungsvorschlag für das Problem zu entwickeln. Dabei lässt sich der Lösungsvorschlag – wenn man ihn aus der Sicht einer bestimmten Informationsbasis, z. B. einer naturwissenschaftlichen Gesetzesaussage oder einer sozialwissenschaftlichen Theorie betrachtet – als richtig oder falsch kennzeichnen. Diese Begriffsbestimmung erfüllt zunächst die allgemeinen Merkmale eines Problems: Es gibt einen Ausgangszustand (die Problemlage), einen End- bzw. Zielzustand (die Problemlösung) und einen Transformationsprozess, der vom Ausgangszustand zum Zielzustand führt (Erarbeiten von Grundlagen und Entwickeln eines Lösungsvorschlags) (vgl. auch Abschnitt 9.3.2). Allerdings wird mit der obigen Forderung, dass es möglich sein soll, den Lösungsvorschlag mit Bezug auf eine bestimmte und im Unterricht jeweils zu erarbeitende Informationsbasis als richtig oder falsch zu kennzeichnen, eine Eingrenzung gegenüber einem weiten Problembegriff vorgenommen, wie er zum Teil in der Problemlöseforschung anzutreffen ist (vgl. z. B. DOERNER 1990, FÜRSTENAU 1999). Ein weiter Problembegriff wird auch im Kontext des situierten Lernens verwendet, wenn beispielsweise MANDL/GRUBER/RENKL (2002) komplexe Ausgangsprobleme als Ausgangspunkt von Lernprozessen fordern (vgl. S. 143). Bei ihnen wird der Begriff „komplexe Ausgangsprobleme" im Sinne des von uns verwendeten Begriffs „komplexe Aufgaben" gebraucht.

Die von uns vorgenommene Fokussierung des Problembegriffs auf Aufgaben, bei denen es mit Bezug auf eine bestimmte Informationsbasis möglich ist, einen Lösungsvorschlag als richtig oder falsch zu kennzeichnen, bietet gegenüber einem weiten Problembegriff die Möglichkeit, den Aufgabentyp „Problem" von anderen Aufgabentypen abzugrenzen und damit seine Spezifika aus didaktischer Sicht ins Bewusstsein zu heben. So lässt sich ein Problem von einem Entscheidungsfall, einer Gestaltungsaufgabe oder einer Beurteilungsaufgabe unterscheiden.

Wenn es beispielsweise in der Aufgabenstellung zu dem Fahrradkauf (nur) darum geht festzustellen, welche Möglichkeiten Birgit aufgrund rechtlicher Bestimmungen hat, auf den Lieferungsverzug und die Mängel an der Ware zu reagieren, so handelt es sich um ein Problem im engeren Sinne: die Aufgabe wäre mit der Zusammenstellung der rechtlichen Möglichkeiten gelöst und für jede gedachte Möglichkeit ließe sich feststellen, ob sie auf der Basis der gesetzlichen Bestimmungen zum Kaufvertrag richtig bzw. rechtmäßig ist oder nicht.

Wenn die Aufgabenstellung für die Schülerinnen und Schüler dagegen lautet: „Stellt verschiedene Handlungsmöglichkeiten für Birgit zusammen, diskutiert deren Vor- und Nachteile und entscheidet euch für eine Handlungsmöglichkeit", dann würde ein Entscheidungsfall vorliegen.

An dem Beispiel wird der Unterschied zwischen einem Entscheidungsfall und einem Problem deutlich: *Entscheidungsfälle* sind dadurch gekennzeichnet, dass die Lernenden bei der Aufgabenbearbeitung aus verschiedenen Handlungsmöglichkeiten eine auswählen müssen, ohne dass man einzelne Handlungsmöglichkeiten aus logischer oder empirischer Sicht einfach als richtig oder falsch bezeichnen könnte, wie das bei Problemen der Fall ist (vgl. zum Vorgehen bei Entscheidungsfällen auch KAISER/ KAMINSKI 1994, S. 126 ff.).

Entscheidungsfälle können sich auf vergangene, gegenwärtige oder zukünftige Situationen beziehen, sie können sich dabei auf historische, politische oder andere Situationen richten. Als Beispiel mag der folgende Fall dienen, der am Anfang einer Unterrichtseinheit im Fach Geschichte stehen könnte:

> Mit dem Ausbruch des Koreakrieges 1950 begann in Westdeutschland die öffentliche Diskussion über die Wiederbewaffnung der Bundesrepublik Deutschlands. Die damit verbundenen Überlegungen führten 1954 nach dem Scheitern des Konzepts einer Europäischen Verteidigungsgemeinschaft (EVG) zu den Pariser Verträgen. In diesen wurden die Aufnahme der Bundesrepublik Deutschland in die NATO und ein entsprechender Wehrbeitrag, d. h. die Wiederbewaffnung, vorgesehen. Um wirksam werden zu können, mussten die Pariser Verträge im Deutschen Bundestag verabschiedet werden. Versetzen Sie sich bitte in die Situation eines Bundestagsabgeordneten der damaligen Zeit. Wie hätten Sie entschieden?

Bei einem Fall dieser Art müssen zunächst Informationen zum Verständnis der damaligen politischen Situation erarbeitet werden: Wie konnte es nach dem grausamen Krieg, den Deutschland zu verantworten und der fünfzig Millionen Menschen das Leben gekostet hatte, überhaupt zu dem Gedanken einer Wiederbewaffnung kommen? Vor dem Hintergrund der damaligen Entwicklung und Situation sind dann die Entscheidungsmöglichkeiten „Ja" oder „Nein" zu den Pariser Verträgen von den Schülerinnen und Schülern abzuwägen (vgl. zu dem Fall HARBECKE 1983, S. 49 ff.).

Der Kern der Aufgabe besteht darin, zwischen unterschiedlichen Möglichkeiten eine begründete Entscheidung zu treffen. Würde die Aufgabe derart verändert, dass es nicht (nur) darum geht, für diesen Fall abzuwägen, ob man sich damals für oder gegen die Pariser Verträge entschieden hätte, sondern dass für die Debatte eine Grundsatzrede zu entwerfen wäre, dann würde die Aufgabenstellung nicht mehr als Entscheidungsfall, sondern als Gestaltungsaufgabe zu kennzeichnen sein.

*Gestaltungsaufgaben* sind dadurch gekennzeichnet, dass etwas gedanklich entworfen und ausgestaltet werden muss. Ein weiteres Beispiel könnte folgendermaßen aussehen:

> Eine Klasse bzw. ein Kurs entschließt sich, ein Videomagazin für die Schule herzustellen. Dazu wird geplant, sowohl Passagen, die interessante Ereignisse aus dem Schulleben dokumentieren, als auch Passagen, in denen in kleinen Spielszenen schulische Probleme thematisiert werden, zu produzieren.

Eine solche Aufgabe erfordert eine sorgfältige Planung der Einzelbeiträge im Gesamtzusammenhang des Magazins, die Vorbereitung und Durchführung der Produktion der Einzelbeiträge und ihr Zusammenfügen zum Magazin (vgl. TULODZIECKI 1997, S. 164 ff.). Das Magazin kann dann in der Pausenhalle, in der Schulbibliothek oder in der Schulmediothek präsentiert werden.

Die bisherigen Beispiele und Überlegungen zeigen, dass Probleme, Entscheidungsfälle und Gestaltungsaufgaben jeweils einen unterschiedlichen Akzent setzen. Im ersten Fall geht es um eine inhaltlich basierte Problemlösung, im zweiten Fall um die Abwägung und eine begründete Entscheidung und im dritten Fall muss etwas entworfen und umgesetzt werden. So hat dann auch die Aufgabenlösung einen jeweils anderen Charakter.

Dennoch gilt, dass es bei den Prozessen der Aufgabenbearbeitung Überschneidungen geben kann. Unter Umständen setzt eine begründete Entscheidung voraus, dass zunächst Handlungsmöglichkeiten im Sinne eines Problemlöseprozesses zusammengestellt werden, und für die Bearbeitung einer Gestaltungsaufgabe sind unter Umständen Problemlöseprozesse, in jedem Falle aber Entscheidungsprozesse notwendig. Dies ändert jedoch nichts an den grundsätzlichen Unterschieden zwischen den genannten Aufgabentypen.

Das gilt auch für die *Beurteilungsaufgabe* als weiteren Aufgabentyp. Das entscheidende Merkmal von Beurteilungsaufgaben ist, dass eine bereits vorhandene Problemlösung, Entscheidung oder Gestaltung in den Blick gerückt und bewertet werden soll. So ließen sich die obigen Probleme, Entscheidungsfälle und Gestaltungsaufgaben jeweils auch so formulieren, dass mögliche Problemlösungen, getroffene Entscheidungen oder Gestaltungsergebnisse vorgestellt werden und die Aufgabe dann darin besteht, diese zu beurteilen. Die geforderte Denkrichtung wäre dann gegenüber der Bearbeitung der Probleme, Entscheidungsfälle und Gestaltungsaufgaben „umgekehrt": Ausgangspunkt wäre nicht die ungeklärte Situation, sondern eine praktizierte Problemlösung, eine getroffene Entscheidung oder ein Gestaltungsergebnis. In diesem Sinne kommt es bei Beurteilungsaufgaben darauf an, das „Beurteilungsobjekt" zunächst in seiner Entstehung als Problemlösung, als Entscheidung oder als Gestaltung zu verstehen, vor diesem Hintergrund Beurteilungskriterien zu entwickeln und schließlich eine Beurteilung durchzuführen.

Im Folgenden wird dazu ein Beispiel aus dem naturwissenschaftlichen Unterricht skizziert. Dort könnten die Schülerinnen und Schüler mit folgender Situation bzw. Aufgabe konfrontiert werden:

> Ingo hat sich einen Hobbyraum eingerichtet. Da in dem Hobbyraum keine Heizung vorhanden ist, beabsichtigt er, bei Bedarf ein Heizgerät mit einer Leistung von 2000 Watt zu betreiben. An eine entsprechende Doppelsteckdose mit 220 Volt möchte er für kleinere Lötarbeiten gleichzeitig einen Lötkolben mit einer Leistung von 500 Watt anschließen. Im Sicherungskasten des Hauses sichert er den Kellerraum mit einer 10 Ampere-Sicherung ab. Wie beurteilen Sie diese Lösung?

Um die Lösung beurteilen zu können, müssen die Lernenden die Grundzusammenhänge im elektrischen Stromkreis bei Parallelschaltungen sowie den Zusammenhang zwischen Spannung, Stromstärke und Leistung kennen bzw. erarbeiten und anwenden. Auf dieser Basis können sie beurteilen, ob die Sicherung ausreicht oder nicht. Da sie im Falle des Beispiels nicht ausreicht, liegt es nahe, über die Beurteilung hinaus zu überlegen, welche Sicherung für den Hobbyraum notwendig ist. Unter Umständen können in entsprechenden Aufgaben auch von vornherein zwei oder mehr Lösungsvorschläge zur Diskussion gestellt werden, die dann vergleichend zu beurteilen sind.

Mit diesem Beispiel ist der vierte Aufgabentyp vorgestellt, mit dem die unter 4.2.1 besprochenen Merkmale lernprozessanregender Aufgaben umgesetzt werden können. Mit allen vier Aufgabentypen ist die didaktische Forderung verbunden, dass sie am Anfang einer Unterrichtseinheit stehen sollen. Damit ist die Überlegung verbunden, dass auf diese Weise die – möglichst selbstständige – Erarbeitung eines fachlichen oder überfachlichen Inhalts durch die Schülerinnen und Schüler angeregt bzw. motiviert werden kann. Dies bedeutet gleichzeitig, dass eine Unterrichtseinheit *nicht* einfach – ohne Bezug zu bedeutungsvollen Aufgaben – mit der Vermittlung oder der Präsentation von Inhalten beginnen sollte und gegebenenfalls erst später dazu passende Aufgaben eingeführt werden. Letzteres Vorgehen läuft leicht Gefahr, dass den Schülerinnen und Schülern bei der Auseinandersetzung mit bzw. bei der Erarbeitung von Inhalten die Bedeutsamkeit bzw. die Sinnhaftigkeit ihres Lernens unklar bleibt und eine spätere Anwendung des Gelernten erschwert wird.

Im Folgenden werden die vier Aufgabentypen – im Sinne weiterer Anregungen für die Formulierung unterrichtlicher Aufgaben – ausdifferenziert.

### 4.2.3 Probleme als Anregung für Lernprozesse

Für Problemstellungen gibt es – wie für die anderen Aufgabentypen – verschiedene Varianten. Zur Bestimmung solcher Problemvarianten sind grundsätzlich zwei Zugänge denkbar. Man könnte entweder von der Systematik der Unterrichtsfächer oder von dem Versuch ausgehen, bestimmte inhaltliche Grundlagen für Problemlösungen in fächerübergreifender Weise zu bestimmen.

Im ersten Falle müssten innerhalb des jeweiligen Unterrichtsfachs bestimmte Problemtypen unterschieden werden. Beispielsweise ließe sich innerhalb des Deutschunterrichts das Problem, bei einem Text die Rechtschreib- und Grammatikregeln richtig anzuwenden, von dem Problem unterscheiden, in einer Zeitung Berichte von Kommentaren zu unterscheiden, indem die Textsorte der einzelnen Beiträge bestimmt wird. Innerhalb des Mathematikunterrichts könnte das Problem, den Satz des Pythagoras auf die Berechnung einer Dreieckseite anzuwenden, von dem Problem, eine quadratische Gleichung richtig zu lösen, unterschieden werden.

Eine solche Vorgehensweise zur Unterscheidung von Varianten der Problemstellung würde einerseits den Rahmen dieser Einführung sprengen und andererseits den Blick auf Varianten von Problemstellungen erschweren, die jeweils für mehrere

Fächer relevant sind. Wir werden deshalb den zweiten Zugang wählen, d. h. *nicht* vorrangig vom einzelnen Fach ausgehen, sondern von strukturell unterscheidbaren inhaltlichen Grundlagen für Problemlösungen, die sich auf verschiedene Fächer übertragen lassen. So taucht z. B. die Notwendigkeit, sprachliche und begriffliche Vereinbarungen bzw. Konventionen (als Inhaltstyp) zu erlernen, praktisch in jedem Fach auf. Im Physikunterricht muss beispielsweise gelernt werden, was mit einem Hebel gemeint ist, im Kunstunterricht, was sich hinter dem Begriff Expressionismus verbirgt, im Englischunterricht, wofür *table* steht usw. In allen Fällen handelt es sich um sprachliche und/oder begriffliche Konventionen. In diesem Sinne sind die folgenden Problemvarianten zu verstehen. Insgesamt unterscheiden wir dabei die folgenden inhaltlichen Grundlagen bzw. Inhaltstypen für Problemlösungen (die später noch weiter ausdifferenziert werden):

– Konventionen,
– Normen,
– Verfahren,
– wissenschaftliche Gesetzesaussagen,
– Systeme.

Bevor wir auf einzelne Beispiele eingehen, sei noch angemerkt, dass wir bei der Darstellung verschiedener Problemvarianten keine Vollständigkeit anstreben. Neben den angeführten inhaltlichen Grundlagen sind andere denkbar. Mit den ausgewählten Beispielen soll vor allem aufgezeigt werden, wie sich Unterrichtsinhalte – ausgehend von komplexen Problemstellungen – in handlungsrelevanter und lernprozessanregender Weise erschließen lassen.

Eine erste wichtige inhaltliche Grundlage für eine Problemlösung kann in der Erarbeitung von *Konventionen* bestehen. Konventionen können sich beziehen unter anderem

– auf *verbale oder nonverbale Zeichensysteme*
– auf *Begriffe* oder
– auf *Regeln*.

Im Fremdsprachenunterricht könnte ein Problem, das über die Erarbeitung verbaler und nonverbaler Zeichensysteme gelöst werden kann, folgendermaßen gestellt werden:

> Eine Klasse bzw. ein Kurs bereitet eine Fahrt nach England vor. Die Schülerinnen und Schüler wollen in London auch mit der U-Bahn fahren. In diesem Zusammenhang wird die Frage aufgeworfen, was alles zu beachten ist, wenn man in London mit der U-Bahn fahren möchte – vom Betreten des U-Bahnhofs und dem Erwerb einer Fahrkarte bis zum Verlassen des Zielbahnhofs. Die mit dieser Frage verbundene Problemstellung besteht darin, Gebots- und Verbotsschilder, Textpassagen, z. B. von Fahrkartenautomaten, sowie Hinweistafeln, die auf dem U-Bahngelände und in den U-Bahnen zu finden sind, richtig zu deuten bzw. zu übersetzen.

Dazu ist es notwendig, sprachliche und nicht-sprachliche Konventionen zu kennen und zu verstehen. Das bedeutet, dass die Schülerinnen und Schüler ihre Kenntnisse zur englischen Sprache und zu Piktogrammen, d. h. zu den verwendeten verbalen und nonverbalen Zeichensystemen und zu den mit ihnen verbundenen Konventionen, aktivieren, erweitern und anwenden. Auf der Basis entsprechender Anwendungen lassen sich zugleich Hinweise für ein situationsgerechtes Verhalten am U-Bahnhof und in der U-Bahn entwickeln.

Neben zeichensystembezogenen Konventionen können – wie oben angesprochen – auch *begriffliche Konventionen* eine wichtige inhaltliche Grundlage für Problemlösungen darstellen. Dies soll das folgende Beispiel aus dem Kunstunterricht verdeutlichen:

> Elke möchte ihren Freundinnen Anja und Grete einige Sehenswürdigkeiten ihrer Heimatstadt zeigen. Da Anja noch einzelne Dinge in der Stadt zu erledigen hat, will sie etwas später zu den beiden hinzustoßen. Elke schlägt deshalb vor, dass sie selbst mit Grete zunächst die romanische Kirche anschaut und dort mit Grete bleibt, bis Anja kommt. Sie fügt hinzu, Anja solle sich nicht dadurch irritieren lassen, dass in der Nähe der romanischen Kirche noch eine gotische und eine barocke Kirche stünden. Da Anja etwas verunsichert ist, bittet sie Elke, ihr kurz zu sagen, woran man eine romanische Kirche erkennen kann.

Eine solche Situationsschilderung kann im Unterricht zum Anlass genommen werden, Stilelemente der romanischen, der gotischen und der barocken Bauepoche anhand geeigneter Beispiele zu erarbeiten. Auf der Grundlage entsprechender begrifflicher Kenntnisse ist es dann möglich, betreffende Kirchen einzuordnen und die besonderen Merkmale romanischer Kirchen im Vergleich zu gotischen und barocken zu beschreiben.

Ein Beispiel für die Lösung von Problemen auf der Basis von *Regeln* kann folgendermaßen aussehen:

> Im Sportunterricht kommt es während eines Fußballspiels zu folgenden Situationen:
>
> – Ein Stürmer befindet sich beim Anspiel durch einen Mitspieler in der eigenen Spielhälfte und hat nur noch den gegnerischen Torwart vor sich. Muss der Schiedsrichter in diesem Falle wegen Abseitsstellung abpfeifen oder nicht?
>
> – Ein Abwehrspieler gibt einen Ball per Kopfstoß an den eigenen Torwart zurück. Darf der Torwart den Ball mit den Händen fangen oder darf er ihn nur abklatschen bzw. wegfausten?
>
> – In der letzten Sekunde eines Spiels wird ein Foul im Strafraum verübt. Darf der fällige Elfmeter noch ausgeführt werden, obwohl die Spielzeit zu Ende ist?

Zur Beantwortung dieser Fragen ist es notwendig, sich das Regelwerk für das Fußballspiel bewusst zu machen bzw. zu erarbeiten. Auf dieser Basis können dann die jeweiligen Fragen beantwortet werden.

Eine weitere inhaltliche Grundlage für die Lösung von Problemen können Normen sein, z. B. *Gesetze und Rechtsverordnungen.* Beispielsweise kann Birgit in der oben skizzierten Situation auf die verspätete Lieferung des bestellten Fahrrads und die festgestellten Schäden nur dann im Bewusstsein der Rechtmäßigkeit reagieren, wenn sie hinreichende Kenntnisse über die gesetzlichen Bestimmungen zum Kaufvertrag besitzt. Auf der Basis solcher Kenntnisse lassen sich angemessene Vorgehensweisen erarbeiten.

Neben der Kenntnis von Konventionen bzw. Regeln und Normen kann das Wissen um *geeignete Verfahren* wichtig für Problemlösungen sein. Dies zeigt das folgende Beispiel aus dem Mathematikunterricht:

> Tobias ärgert sich darüber, dass seine kleine Schwester im Wohnzimmer ständig ihre Spielsachen herumliegen lässt. Er beschließt, für sie eine Spielzeugkiste aus Holz zu bauen. Dabei möchte er mit möglichst geringem Holzverbrauch möglichst viel Platz in der Kiste gewinnen. Er fragt sich, wie er dies erreichen kann bzw. in welchem Verhältnis die Seitenlängen zueinander sowie zur Höhe stehen müssen, damit diese Bedingung erfüllt ist.

Diese Aufgabe entspricht einer mathematisch zu lösenden Extremwertaufgabe. In erster Annäherung können die Schülerinnen und Schüler Wertetabellen aufstellen und mit ihrer Hilfe eine Lösung erarbeiten. Für eine generelle Lösung müssen Verfahren der Differenzialrechnung erarbeitet werden.

Ein etwas einfacheres Beispiel aus dem Mathematikunterricht könnte lauten:

> Esther beeindruckt ihre Mitschülerinnen und Mitschüler dadurch, dass sie Aufgaben folgender Art sehr schnell lösen kann:
>
> 27 x 33 = 891
> 45 x 35 = 1575
> 94 x 86 = 8084
>
> Es stellt sich die Frage, wie es Esther gelingt, das Ergebnis entsprechender Rechenaufgaben „blitzartig" zu ermitteln.

Um diese Frage zu beantworten, können im Unterricht die binomischen Formeln erarbeitet werden, wobei aus der dritten binomischen Formel ein Verfahren zur schnellen Ergebnisermittlung abgeleitet werden kann.

*Verfahrenskenntnisse* sind nicht nur in der Mathematik, sondern auch in vielen anderen Bereichen als Voraussetzung für Problemlösungen anzusehen, z. B. im sozialen, beruflichen und politischen Bereich.

Außer dem Wissen um Konventionen, Normen und Verfahren kann die Kenntnis von *wissenschaftlichen Gesetzesaussagen* als mögliche inhaltliche Grundlage von Problemlösungen gelten. Dies zeigt das folgende Beispiel für den Bereich der *Naturwissenschaften*:

> Zwei Mädchen, Janine und Kristin, die das gleiche Gewicht haben, stehen sich auf Skateboards im Abstand von 5 m gegenüber. Sie haben ein Seil in der Hand und Janine versucht Kristin zu sich zu ziehen. An welcher Stelle werden sie sich treffen?

Für die Lösung dieses Problems ist es notwendig, im Unterricht – z. B. durch einen direkten Versuch oder in experimenteller Weise – eine naturwissenschaftliche Gesetzesaussage zum Zusammenhang zwischen Kraft und Gegenkraft zu erarbeiten. So kann für solche oder ähnliche Situationen vorausgesagt werden, wo der Treffpunkt liegt. Gesetzesaussagen bzw. Hypothesen sind nicht nur für die Bearbeitung von Problemen im naturwissenschaftlichen Bereich wichtig, sie haben auch *in den Sozialwissenschaften* ihre Bedeutung. Zur Verdeutlichung sei folgendes Beispiel angeführt:

> Eine Klasse bzw. ein Kurs entschließt sich, das Problem der Aggressionen auf dem Schulhof zu bearbeiten und Erklärungsansätze sowie Lösungsvorschläge zu formulieren. Die Ausgangssituation besteht darin, dass die Aggressionen auf dem Schulhof zugenommen haben, obwohl die Schulleitung und Schülervertretung erst kürzlich Ball- und Laufspiele in den Pausen angeregt hatten. Schulleitung und Schülervertretung hatten dies in der Hoffnung getan, dass dadurch ein Rückgang der schon vorher festgestellten Aggressionen, die auf Langeweile zurückgeführt worden waren, erreicht werden könnte.

Um das Problem zu bearbeiten, müsste die Klasse bzw. der Kurs zum einen Beobachtungen auf dem Schulhof durchführen und zum anderen nach geeigneten Theorien zur Erklärung der beobachteten Phänomene suchen. Nimmt man an, dass die Beobachtungen zeigen, dass Aggressionen häufig dadurch entstehen, dass Schülerinnen und Schüler, die Laufspiele durchführen, in Spielfelder eindringen, die für Ballspiele vorgesehen sind, so könnten die beobachteten Aggressionen auf der Basis der so genannten Frustrations-Aggressions-Hypothese erklärt werden: Das Eindringen in die Spielfelder wird als Störung empfunden und ruft Frustrationen hervor, die sich dann in Aggressionen entladen. Demnach wäre es im Sinne der Frustrations-Aggressions-Hypothese richtig, die Felder für verschiedene Spielarten in hinreichend weit auseinanderliegenden Schulhofbereichen anzusiedeln, sodass Spielstörungen bzw. Frustrationen vermieden werden (vgl. zu dem Beispiel REICH u. a. 1982, S. 57 ff.).

Außer den bisher genannten inhaltlichen Grundlagen spielt für Problemlösungen unter Umständen auch die *Erarbeitung von Systemkenntnissen* eine wichtige Rolle. Systemkenntnisse sind z. B. für technische Zusammenhänge sehr wichtig. Der Systembegriff lässt sich allerdings auch auf soziale Zusammenhänge, z. B. Institutionen, anwenden. So kann auch die *Kenntnis sozialer Systeme* eine wichtige Basis für Problemlösungen darstellen. Dies soll das folgende Beispiel aus dem Deutschunterricht oder aus dem Politikunterricht demonstrieren:

> Eine Klasse bzw. ein Kurs hat sich mit dem Fernsehangebot für Kinder und Jugendliche auseinander gesetzt. Die Schülerinnen und Schüler haben in diesem Zusammenhang eine differenzierte Kritik und viele Vorschläge erarbeitet. Nun möchten sie diese Vorschläge gezielt den Programmverantwortlichen mitteilen. Es entsteht die Frage, an wen ein entsprechendes Schreiben gerichtet werden sollte.

Um diese Frage zu beantworten, ist es wichtig, etwas über den Aufbau der betreffenden Rundfunkanstalten, über verantwortliche Stellen und über die Verteilung der Zuständigkeiten sowie über Aufsichtsgremien für den Rundfunk zu wissen. Nachdem entsprechende Informationen erarbeitet worden sind, können geeignete Funktionsträger als Adressaten des Schreibens bestimmt werden.

Die angeführten Beispiele verdeutlichen zunächst einmal, dass die Lösung von Problemen die Erarbeitung strukturell unterschiedlicher inhaltlicher Grundlagen durch die Schülerinnen und Schüler erforderlich macht, und zwar die Erarbeitung von Konventionen, von Normen, von Verfahren, von wissenschaftlichen Gesetzesaussagen oder von Systemen. Dies kann – ausgehend von handlungsrelevanten Fragestellungen – im fachlichen oder überfachlichen Unterricht geschehen. Mit der Erarbeitung unterschiedlicher Informationsgrundlagen und ihrer Anwendung auf die jeweils angeführten Problemlagen lässt sich gleichzeitig die intellektuelle Entwicklung fördern. Dies ist zum einen zu erwarten, weil die Schülerinnen und Schüler sachgerechte Vorgehensweisen bzw. Handlungsmöglichkeiten für verschiedene Situationen kennen lernen. Zum anderen können die Schülerinnen und Schüler in der Auseinandersetzung mit Problemen erfahren, dass man unter Umständen verschiedene Wege zur Lösung einschlagen kann, z. B. bei der Lösung von Extremwertaufgaben. Dies bietet die Möglichkeit, verschiedene Lösungswege zu diskutieren und zu beurteilen, z. B. unter dem Kriterium der Problemangemessenheit oder des Aufwandes.

Allerdings schließt der hier verwendete Problembegriff ein, dass mit der Vor-Entscheidung für die zu erarbeitenden inhaltlichen Grundlagen bestimmte Lösungswege nahegelegt werden und die möglichen Lösungen mit Bezug auf die inhaltlichen Grundlagen als richtig oder falsch bewertet werden können. So ist es bei den oben angesprochenen Problemen und jeweiligen inhaltlichen Grundlagen z. B. angemessen,

– das Problem der Verzögerung und der Mängel beim Fahrradkauf auf der Grundlage der gesetzlichen Bestimmungen zum Kaufvertrag und nicht durch beliebiges Vorgehen zu regeln,
– das Extremwertproblem letztlich auf der Basis mathematischer Verfahren und nicht durch bloßes Probieren zu lösen,
– das Aggressionsproblem mit Hilfe der Frustrations-Aggressionstheorie zu erklären.

Dies schließt allerdings nicht aus, dass auf dem Weg zu einer angemessenen Lösung verschiedene Alternativen bedacht und erwogen werden können. Beispielsweise wäre es bei dem Aggressionsproblem möglich, neben der Frustrations-Aggressions-Hypothese noch andere Aggressionstheorien zu erarbeiten. Damit würde das Spektrum der Erklärungen und Lösungsvorschläge erweitert. Allerdings bliebe die Möglichkeit erhalten, erarbeitete Lösungsvorschläge mit Bezug auf die unterschiedlichen Theorien jeweils als richtig bzw. übereinstimmend mit einer Theorie oder als falsch bzw. nicht übereinstimmend mit einer Theorie zu beurteilen.

### 4.2.4 Entscheidungsfälle als Anregung für Lernprozesse

Die Schwierigkeit, in Entscheidungssituationen eine sinnvolle Entscheidung zu treffen, kann auf unterschiedlichen Ebenen liegen. Sie kann darin begründet sein,

– dass bei einem gegebenen Ziel zwischen zwei oder mehr Vorgehensweisen als möglichen Wegen zum Ziel zu entscheiden ist,
– dass zwischen zwei oder mehr Zielen entschieden werden muss oder
– dass sowohl zwischen mehreren Zielen als auch zwischen mehreren Vorgehensweisen eine Entscheidung zu fällen ist.

Im Folgenden werden Beispiele für die verschiedenen Entscheidungstypen angeführt.

Das erste Beispiel kann im sprachlichen Bereich als Fallschilderung zum Ausgangspunkt einer Unterrichtseinheit gewählt werden:

Heike ist seit einigen Wochen eng mit Olaf befreundet. Die beiden sind an Wochenenden häufig zusammen ausgegangen. Nun hat Heike Thorsten kennen gelernt und möchte sich in Zukunft nicht mehr mit Olaf, sondern mit Thorsten treffen. Es fällt ihr jedoch schwer, Olaf dies mitzuteilen. Sie überlegt, ob sie Olaf im direkten Gespräch oder per Telefon mündlich informieren oder ihm lieber eine E-Mail oder einen Brief schreiben soll. Wie soll sie sich entscheiden?

Der Konflikt liegt in diesem Fall weniger in den Zielen als in *geeigneten Wegen zur Erreichung der Ziele*. So kann man davon ausgehen, dass das Ziel für Heike darin besteht, die Trennung zu bewirken, ohne den früheren Freund zu verletzen.

Auch im Mathematikunterricht können Entscheidungsfälle auftreten, wie das folgende Beispiel zeigt:

Im Statistikunterricht lässt sich die Frage diskutieren, wie man in einem bestimmten Fall verschiedene Messergebnisse darstellen kann oder sollte. Die Aufgabe könnte darin bestehen, mehrere Messergebnisse zu Schadstoffen in einem nahe gelegenen See, die im Rahmen des Biologieunterrichts über einen längeren Zeitraum erhoben wurden, für eine Ausstellung darzustellen. Die Ausstellung soll auf der Basis der gemessenen Ergebnisse an das Umweltbewusstsein appellieren. Es stellt sich die Frage, wie die Daten dargestellt werden sollen.

Der mögliche Konflikt liegt in der Entscheidung, inwieweit man durch die Form der Darstellung negative Veränderungen – um des Appells an das Umweltbewusstsein willen – besonders hervorheben darf oder sollte, ohne die Ergebnisse in unangemessen suggestiver Weise zu manipulieren. Auch hier geht es weniger um einen Ziel- als um einen Weg- bzw. Mittelkonflikt.

Bei anderen Entscheidungsfällen kann im Unterschied dazu ein deutlicher *Zielkonflikt* im Mittelpunkt stehen. Dies zeigt der folgende Fall, der im Religionsunterricht oder auch im Politikunterricht behandelt werden könnte:

Petras älterer Bruder Wolfgang ist vor einigen Jahren im Streit mit seinen Eltern und seiner Schwester von zu Hause weggegangen. Dabei hat er auch eine größere Summe Geld entwendet. Jahrelang hat er nichts von sich hören lassen.

Selbst als der Vater einmal mit Mühe und Not seine Adresse ausfindig machen konnte, um ihm mitzuteilen, dass die Mutter sterbenskrank sei, hat er nicht reagiert. Jetzt erfahren die Eltern und Petra, dass Wolfgang an einem Banküberfall beteiligt gewesen und festgenommen worden ist. Da es sich um einen bewaffneten Raubüberfall handelte, muss er mit einer langjährigen Freiheitsstrafe rechnen. Die Eltern lehnen es ab, sich in irgendeiner Weise um ihren Sohn zu kümmern. Petra überlegt, ob sie nicht doch versuchen soll, ihre Eltern zu bewegen, Kontakt mit ihrem Sohn aufzunehmen. Sie erwägt auch, ihn selbst einmal zu besuchen. Wie soll Petra sich verhalten?

Die Stellungnahmen zu einem solchen Fall werden unterschiedlich ausfallen, je nachdem, ob eher eine Orientierung am Prinzip der Vergeltung oder eher am Prinzip der Vergebung erfolgt. Insofern kann ein entsprechender Fall dazu anregen, mögliche Zielvorstellungen für das Verhalten und Handeln zu erarbeiten und zu diskutieren bzw. zu reflektieren.

Neben Entscheidungsfällen, bei denen es entweder um Weg- oder um Zielkonflikte geht, gibt es auch Entscheidungsfälle, bei denen *sowohl Ziel- als auch Wegkonflikte* eine Rolle spielen. Als Beispiel kann der folgende Fall dienen, der sich unter anderem im Geographieunterricht bearbeiten ließe:

In einem der Trockengebiete Afrikas lebt ein Nomadenstamm, dessen Angehörige dauernd von Hunger, Elend und Tod bedroht sind. Eine Gruppe von Entwicklungshelfern soll einen Plan zur Verbesserung der Lebensbedingungen für den Nomadenstamm entwerfen. Der Gruppe steht ein begrenzter Kredit der Weltbank zur Verfügung, der eingesetzt werden kann, um Brunnen und Bewässerungsanlagen zu bauen, Düngemittel zu beschaffen, Vorratsspeicher anzulegen, die Tse-Tse-Fliege zu bekämpfen, die medizinische Versorgung zu verbessern u. Ä. Versetzen Sie sich bitte in die Lage der Entwicklungshelfer. Welche Maßnahmen empfehlen Sie?

Bei diesem Fall ergeben sich sowohl Ziel- als auch Wegkonflikte. Bezogen auf die Ziele muss z. B. überlegt werden, ob als Erstes der Hunger kurzfristig beseitigt werden soll, wodurch auf lange Sicht jedoch das ökologische Gleichgewicht gestört werden könnte, oder ob das Hungerproblem für eine gewisse Zeit in Kauf genommen werden soll in der Hoffnung, dass dadurch das ökologische Gleichgewicht hergestellt werden kann. Bezogen auf die Wege bleibt auch bei einer klaren Zielentscheidung strittig, welche Vorgehensweisen besonders geeignet sind, um den gewünschten Zustand zu erreichen (vgl. zu dem Fall BREUER/KUMMER 1990).

Ein weiterer Fall, bei dem es *sowohl um Ziel- als auch um Wegentscheidungen* geht, ist durch das folgende Beispiel aus dem Wirtschaftslehreunterricht oder dem sozialwissenschaftlichen Unterricht gegeben:

In einem Betrieb, der sich in einer schwierigen wirtschaftlichen Situation befindet, wird überlegt, welche Maßnahmen zur Verbesserung der Situation ergriffen werden sollen. Solche Maßnahmen können z. B. sein: verstärkte Werbung, Kauf neuer

Maschinen, weitere Qualifizierung von Fachkräften, Automatisierung bestimmter Fertigungsbereiche, Abbau von Arbeitsplätzen oder Entwicklung neuer Produkte. Versetzen Sie sich bitte in die Lage der Betriebsführung oder des Betriebsrates. Welche Maßnahmen empfehlen Sie?

Wird ein solcher Fall in einer Klasse bzw. einem Kurs behandelt, werden sich zum einen unterschiedliche Zielvorstellungen zeigen, z. B. Optimierung von möglichen Gewinnen versus Sicherung von Arbeitsplätzen. Zum anderen werden verschiedene Vorstellungen über die Erreichung der jeweils angestrebten Ziele vorhanden sein. In Kleingruppen können unterschiedliche Ziele und Vorgehensweisen diskutiert und Entscheidungen herbeigeführt werden. Günstig ist es, wenn für solche und ähnliche Entscheidungsfälle Planspielmaterialien oder Computer-Simulations-Programme zur Verfügung stehen, mit deren Hilfe Rückmeldungen zu den Entscheidungen gegeben werden, die jeweils zu neuen Überlegungen führen können (vgl. z. B. DEKRA 2001).

Insgesamt soll die Auseinandersetzung mit Entscheidungsfällen sowohl zu den notwendigen fachlichen Kenntnissen führen als auch einen Beitrag zur intellektuellen und sozialen bzw. moralischen Entwicklung leisten. Die besondere Chance von Entscheidungsfällen liegt darin, dass sie dazu anregen, verschiedene Handlungsmöglichkeiten hinsichtlich ihrer Vorzüge und Probleme zu diskutieren. Je nach Entwicklungsstand können darüber hinaus Beurteilungskriterien erarbeitet und Prioritäten gesetzt bzw. kritisch reflektiert werden.

Entscheidungsfälle, bei denen es vor allem um unterschiedliche Auffassungen über geeignete Mittel und Wege zur Erreichung eines akzeptierten Ziels geht, können besonders für die intellektuelle Entwicklung förderlich sein; Entscheidungsfälle, bei denen es auch oder schwerpunktmäßig um Zielkonflikte geht, sind darüber hinaus für die soziale bzw. moralische Entwicklung bedeutsam.

### 4.2.5 Gestaltungsaufgaben als Anregung für Lernprozesse

Neben Problemen und Entscheidungsfällen sind Gestaltungsaufgaben geeignet, um dem Ziel eines sachgerechten, selbstbestimmten und kreativen Handelns in sozialer Verantwortung näher zu kommen.

Gestaltungsaufgaben können schwerpunktmäßig darauf gerichtet sein, eine Situation zu planen und zu realisieren, ein Verfahren zu entwerfen oder ein Produkt zu konzipieren. Wenn es möglich und aus didaktischer Sicht sinnvoll ist, soll die Situation dann auch realisiert, das Verfahren erprobt oder das Produkt hergestellt werden.

Als erstes Beispiel für die *Gestaltung einer Situation* kann der folgende Fall dienen:
> Im Französischunterricht sollen sprachliche Situationen, die bei einem Aufenthalt in Frankreich auftreten können, z. B. beim Einkauf verschiedener Waren oder bei Bestellungen in einem Restaurant, in Rollenspielen simuliert werden.

In diesem Falle müssen zunächst die sprachlichen Mittel für die Rollenspiele von den Schülerinnen und Schülern erarbeitet werden. Danach können sie die Rollenspiele – zur Vorbereitung situationsgerechten Verhaltens in einem anderen Land – durchführen.

Ein zweites Beispiel für die *Gestaltung einer Situation* ist mit dem folgenden Fall gegeben:

> Eine Klasse bzw. ein Kurs plant eine Studienfahrt nach Italien. Dabei sollen unter anderem die Ausgrabungen in Pompeji besucht werden. Eine Aufgabe für die Schülerinnen und Schüler kann darin bestehen, dass Einzelne von ihnen die Führung durch ausgewählte Häuser mit ihren baulichen und künstlerischen Besonderheiten übernehmen.

Diese Führungen können von den Schülerinnen und Schülern zunächst mit Hilfe der Literatur vorbereitet werden. Bei der Studienfahrt sind die Führungen dann „vor Ort" als Situation zu gestalten.

Neben der Gestaltung einer Situation kann auch die *Gestaltung eines Verfahrens* eine wichtige unterrichtliche Aufgabe darstellen. Ein solches Verfahren kann z. B. auf die Regelung sozialer oder technischer Prozesse zielen. Das folgende Beispiel ist auf die Entwicklung einer sprachlich gefassten *sozialen Regelung* gerichtet:

> In einer Schule soll eine Benutzungsordnung für die Schülerbibliothek erstellt werden. In der Benutzungsordnung soll unter anderem das Ausleihverfahren geregelt werden. Die betreuende Lehrperson will mit Zustimmung der Schülervertretung in ihrer Klasse zunächst einen Entwurf für die Benutzungsordnung erarbeiten.

Bei dieser Aufgabe kommt es darauf an, dass die Schülerinnen und Schüler zum einen eigene Ideen für die Benutzungsordnung entwickeln und zum anderen bewährte Ordnungen anderer Schulen durchsehen und diese im Hinblick auf Anregungen für die eigene Ordnung auswerten. Die eigenen Ideen und die Anregungen sind dann unter verschiedenen Gesichtspunkten, z. B. Zugänglichkeit der Bücher, Sicherheit und Realisierbarkeit, zu diskutieren. Schließlich sind Entscheidungen zur Gestaltung eines Entwurfs zu fällen und auszuformulieren. Dieser muss in der Folge mit der Schülervertretung und der Schulleitung abgestimmt und gegebenenfalls überarbeitet werden, ehe er als Benutzungsordnung wirksam werden kann.

Eine Gestaltungsaufgabe, in der es um die *Regelung eines technischen Prozesses* geht, kann folgendermaßen aussehen:

> In einer Schule steht für den Technik-Unterricht das verkleinerte Modell eines Lagers als Modellkonstruktion zur Verfügung. Die Modellkonstruktion lässt sich durch einen Computer steuern. Es soll ein Programm entwickelt werden, mit Hilfe dessen die Ein- und Auslagerungsvorgänge computergesteuert erfolgen können.

Im Rahmen dieser Gestaltungsaufgabe müssen entsprechende Programmierbefehle und Programmiermethoden sowie Programmstrukturen erarbeitet und angewendet werden. Auf dieser Grundlage lassen sich die Ein- und Auslagerungsprozesse automatisieren.

Gestaltungsaufgaben können – außer auf die Gestaltung von Situationen oder Verfahren – auch auf die *Gestaltung eines Produkts* gerichtet sein. Das Produkt kann

z. B. eine dokumentarische oder künstlerische Arbeit, z. B. eine Videodokumentation oder ein Hörspiel, oder ein gegenständliches Produkt sein. Eine Gestaltungsaufgabe für die *Entwicklung eines gegenständlichen Produkts* im Bereich der Technik kann folgendermaßen aussehen:

> Eine Klasse hat ökologische Probleme der Energieversorgung diskutiert. Dies führt zu der Anregung, das Modell einer Windenergieanlage zu entwerfen und zu bauen.

Bei einer solchen Aufgabe kommt es darauf an, sowohl die naturwissenschaftlichen als auch die technischen Bedingungen für eine Windenergieanlage zu erarbeiten, Konstruktionsvorschläge zu entwickeln und diese hinsichtlich ihrer Vorzüge und Probleme aus technischer, ökonomischer und ökologischer Sicht zu diskutieren. Danach ist eine Entscheidung für eine bestimmte Konstruktionsart zu treffen und technisch mit entsprechenden Materialien zu realisieren, wobei auch bestimmte Fertigkeiten zur handwerklichen Umsetzung angeeignet werden müssen. Schließlich kann es zur Erprobung des realisierten Modells und zu seiner Anwendung zur Stromerzeugung kommen.

Die obigen Beispiele verdeutlichen, dass Gestaltungsaufgaben geeignet sind, sowohl dem Erwerb bereichsspezifischer Kenntnisse, Fähigkeiten und Fertigkeiten zu dienen als auch die generelle intellektuelle und soziale bzw. moralische Entwicklung zu fördern. Die Möglichkeit, die intellektuelle Entwicklung zu fördern, zeigt sich besonders daran, dass es bei der Gestaltung einer Situation, eines Verfahrens oder eines Produkts notwendig ist, verschiedene Handlungsmöglichkeiten zusammenzustellen, zu prüfen, sich für eine zu entscheiden und diese zu realisieren. Darüber hinaus ist bei der Präsentation mit Rückmeldungen zu dem Gestaltungsergebnis zu rechnen, die ebenfalls entwicklungsstimulierend wirken können. Je nach Gestaltungsaufgabe kann mit der Förderung der intellektuellen Entwicklung auch die Förderung der sozialen bzw. moralischen Entwicklung verbunden sein. Dies ist dann zu erwarten, wenn einzelne Handlungsmöglichkeiten für die Gestaltung einer Situation, eines Verfahrens oder eines Produktes unter sozialer bzw. moralischer Perspektive diskutiert werden.

### 4.2.6 Beurteilungsaufgaben als Anregung für Lernprozesse

Beurteilungsaufgaben können sich – wie im Abschnitt 4.2.2 angesprochen – auf Problemlösungen, auf Entscheidungen oder auf Gestaltungsergebnisse beziehen.

Ein Beispiel für die Beurteilung einer Problemlösung im Physikunterricht wurde bereits im Abschnitt 4.2.2 dargestellt. Das folgende Beispiel richtet sich auf die *Beurteilung einer getroffenen Entscheidung im Politikunterricht*. Dabei geht es um das so genannte „Kopftuchurteil". Dazu kann zunächst die Situation – etwa wie folgt – beschrieben werden:

> Fereshta Ludin stammt aus Afghanistan und lebt seit 1987 in Deutschland. Sie bekennt sich zum Islam und trägt in Übereinstimmung mit ihrer religiösen Über-

zeugung ein Kopftuch. 1995 hat sie die deutsche Staatsangehörigkeit erworben und 1998 die Zweite Staatsprüfung für das Lehramt an Grund- und Hauptschulen erfolgreich abgelegt. Da sie auch im Unterricht auf das Tragen des Kopftuches nicht verzichten wollte, lehnte das Oberschulamt Stuttgart ihre Einstellung in den Schuldienst ab. Daraufhin klagte sie – mit Berufung auf verschiedene Artikel des Grundgesetzes – gegen das Oberschulamt. Sie durchlief mit ihrer Klage mehrere Instanzen und erfuhr immer wieder eine Ablehnung. Schließlich hat das Bundesverfassungsgericht entschieden, dass der Lehrerin das Tragen des Kopftuches im Unterricht nur dann verboten werden kann, wenn das Land Baden-Württemberg dafür ein neues Gesetz schafft. Ein solches Gesetz müsse Bestimmungen über religiöse Symbole und über die Kleidung von Lehrpersonen im Unterricht enthalten.

Die Aufgabe kann nun darin bestehen, die Position des Stuttgarter Oberschulamtes und das Urteil des Bundesverfassungsgerichts in den Blick zu nehmen bzw. mit dem Ziel einer differenzierten Beurteilung zu diskutieren. Um zu einer angemessenen und differenzierten Beurteilung zu kommen, müssen zunächst die Begründungen, Rahmenbedingungen und Hintergünde für das Urteil – einschließlich der grundgesetzlichen Bestimmungen – von den Schülerinnen und Schülern erarbeitet werden. Auf dieser Basis kann dann eine differenzierte Stellungnahme erfolgen.

Das folgende Beispiel verdeutlicht eine dritte Variante von Beurteilungsaufgaben. Es zielt auf die *Beurteilung von Gestaltungsergebnissen* – in diesem Fall auf die Beurteilung zweier Textstellen:

Eine Lehrperson könnte z. B. in den Pädagogik- oder Deutschunterricht die folgenden zwei Textstellen mit dem Ziel einbringen, eine vergleichende Bewertung beider Textstellen anzuregen:

(1) „Alles, was aus den Händen des Schöpfers kommt, ist gut; alles entartet unter den Händen des Menschen. Er zwingt einen Boden, die Erzeugnisse eines anderen zu züchten, einen Baum, die Früchte eines anderen zu tragen. Er vermischt und verwirrt Klima, Elemente und Jahreszeiten. Er verstümmelt seinen Hund, sein Pferd, seinen Sklaven. Er erschüttert alles, entstellt alles – er liebt die Missbildung, die Monstren. Nichts will er so, wie es die Natur gemacht hat, nicht einmal den Menschen. Er muss ihn dressieren wie ein Zirkuspferd. Er muss ihn seiner Methode anpassen und umbiegen wie einen Baum in seinem Garten." (Rousseau 1762)

(2) „Der Mensch ... ist von Natur, wenn er sich selbst überlassen wild aufwächst, träg', unwissend, unvorsichtig, unbedachtsam, leichtsinnig, leichtgläubig, furchtsam und ohne Grenzen gierig, und wird dann noch durch die Gefahren, die seiner Schwäche, und die Hindernisse, die seiner Gierigkeit aufstoßen, krumm, verschlagen, heimtückisch, misstrauisch, gewaltsam, verwegen, rachgierig und grausam. Das ist der Mensch, wie er von Natur, wenn er sich selbst überlassen wild aufwächst, werden muss; er raubt, wie er isst, und mordet, wie er schläft." (Pestalozzi 1792)

Um eine angemessene Einordnung und Beurteilung beider Textstellen zu ermöglichen, ist es zunächst sinnvoll, den biografischen, historischen und gesellschaftlichen Kontext, in dem die beiden Textstellen entstanden sind, zu erarbeiten. Danach können die Textstellen unter verschiedenen – von den Schülerinnen und Schülern zu entwickelnden – Leitfragen analysiert bzw. interpretiert werden, z. B.: Welche Auffassung von der „Natur des Menschen" wird jeweils vertreten? Wie wird die Umwelt des Menschen in ihrem Einfluss auf den Menschen gesehen? Welche Folgerungen für die Erziehung liegen nahe? Wie wird die jeweilige Auffassung sprachlich vermittelt? Auf der Basis eines angemessenen Verständnisses der Textstellen lassen sich dann Beurteilungsfragen diskutieren, z. B.: Wie sind die Auffassungen über die „Natur des Menschen" und die Bedeutung der Umwelteinflüsse im Lichte heutiger Erkenntnisse zu beurteilen? Wie ist der in den Textstellen nahe gelegte Begriff von Erziehung aus heutiger Sicht zu bewerten?

Das letzte Beispiel zeigt noch einmal, dass es für Beurteilungsaufgaben zunächst wichtig ist, die „Beurteilungsobjekte" in ihrem Zusammenhang zu verstehen und zu analysieren. Vor diesem Hintergrund können sie dann auf der Basis von Beurteilungsfragen bzw. Beurteilungskriterien diskutiert und in ihrer Bedeutung für eigenes Handeln bewertet werden. Für die Diskussion und Beurteilung ist – wie einleitend angesprochen – die Einsicht wichtig, dass das jeweilige „Beurteilungsobjekt" als *eine* Problemlösung, *eine* Entscheidung oder *eine* Gestaltung unter verschiedenen Möglichkeiten aufgefasst wird.

Die Beurteilung kann – je nach Entwicklungsstand – von einer Betrachtung von Vor- und Nachteilen, von ausdrücklichen Kriterien mit einer einfachen Setzung von Prioritäten oder von einer differenzierten Analyse und Reflexion der Beurteilungskriterien ausgehen. In Anlehnung an Abschnitt 2.2.5 lässt sie sich im ersten Fall als konkret-differenzierend, im zweiten Fall als systematisch-kriterienbezogen und im dritten Fall als kritisch-reflektierend charakterisieren. Wenn die Überlegungen nicht nur sachlicher, sondern auch sozialer bzw. moralischer Art sind, kann sowohl ein Beitrag zur intellektuellen als auch zur sozialen bzw. moralischen Entwicklung geleistet werden.

## 4.3 Zusammenfassung und Anwendung

In diesem Abschnitt haben wir danach gefragt, wie Lernprozesse angeregt werden können, die – bezogen auf die Leitidee eines sachgerechten, selbstbestimmten, kreativen und sozialverantwortlichen Handelns – sowohl zu relevanten themenbezogenen Kenntnissen, Fähigkeiten und Fertigkeiten führen als auch die intellektuelle und soziale bzw. moralische Entwicklung fördern sollen.

Als *Merkmale geeigneter bzw. komplexer Aufgaben* haben wir genannt:
– Verständlichkeit, d. h. die Aufgabe weist Bezüge zur Erfahrungs- und Vorstellungswelt der Lernenden auf,

– Situierung, d. h. die Aufgabe spiegelt hinreichend komplexe Anwendungssituationen wider,
– Bedeutsamkeit, d. h. die Aufgabe spricht Bedürfnisse und inhaltliche Interessen der Lernenden an,
– Neuigkeitswert, d. h. die Lösung ist noch nicht bekannt,
– angemessener Schwierigkeitsgrad, d. h. es besteht eine Chance zur Bewältigung der Aufgabe,
– Eignung zur exemplarischen und handlungsrelevanten Erschließung eines für die Gegenwart oder Zukunft bedeutsamen Unterrichtsinhalts.

Die folgenden vier *Aufgabentypen* können bei angemessener Komplexität als besonders geeignet angesehen werden, um die angestrebten Lernprozesse anzuregen:
– Probleme,
– Entscheidungsfälle,
– Gestaltungsaufgaben,
– Beurteilungsaufgaben.

Solche Aufgaben sollen am Beginn einer Unterrichtseinheit unter anderem dazu dienen, die notwendige Motivation für die Erarbeitung relevanter Inhalte zu fördern und gleichzeitig die Bedeutsamkeit bzw. Sinnhaftigkeit des zu Lernenden bewusst zu machen. Im Hinblick auf die Ergebnisse des Lernens sollen sie die Anwendungsfähigkeit erhöhen.

Bei *Problemaufgaben* lassen sich verschiedene inhaltliche Grundlagen unterscheiden, mit deren Hilfe Lösungsvorschläge für die jeweiligen Probleme entwickelt werden können. Dabei wurden – ohne Anspruch auf Vollständigkeit – folgende Grundlagen anhand von Beispielen angesprochen: Konventionen, Normen, Verfahren, wissenschaftliche Gesetzesaussagen und Systeme.

*Entscheidungsfälle* – als zweiter Aufgabentyp – wurden danach unterteilt, ob vor allem ein Zielkonflikt oder vor allem ein Weg- bzw. Mittelkonflikt vorliegt oder ob sich beide Konfliktarten überlagern.

Bei den *Gestaltungsaufgaben* haben wir zwischen der Gestaltung einer Situation, eines Verfahrens oder eines Produkts unterschieden.

Die geforderte Beurteilung bei *Beurteilungsaufgaben* kann sich auf Problemlösungen, getroffene Entscheidungen oder Gestaltungsergebnisse beziehen.

Mit den Überlegungen haben wir aufgezeigt, dass es für vielfältige Themen des Unterrichts möglich ist, bedeutsame und interessante Aufgaben zu formulieren. Allerdings wollen wir damit nicht suggerieren, dass es in jedem Fall leicht ist, solche Aufgaben zu finden. Bei verschiedenen Themen des Lehrplans stellt sich unter Umständen sogar der Eindruck ein, dass es kaum möglich erscheint, entsprechende Aufgaben zu formulieren. Deshalb soll im Folgenden kurz auf zwei mögliche Hindernisse und auf jeweilige Lösungsmöglichkeiten verwiesen werden.

Ein erstes Hindernis liegt in der Auffassung, erst müssten bestimmte Grundlagen erworben sein, ehe man sich mit komplexeren Aufgaben beschäftigen könne. Wir haben schon im Abschnitt 4.2.2 angesprochen, dass diese Annahme aus didaktischer Sicht irreführend ist. Durch die Einführung einer komplexen Aufgaben sollen und können die Lernenden ja gerade dazu angeregt werden, Grundlagen zu erwerben, über die sie noch nicht verfügen. Vor diesem Hintergrund ist es in manchen Fällen ratsam, Lehrbücher nicht „von vorne nach hinten" zu lesen, sondern zunächst einmal zu schauen, ob es am Ende eines inhaltlichen Abschnitts möglicherweise interessante Anwendungsaufgaben gibt, aus denen sich vielleicht eine bedeutsame Eingangsaufgabe formulieren lässt.

Ein zweites Hindernis kann darin liegen, dass Unterricht vor allem auf die Vermittlung systematischen Wissens ausgerichtet ist. Dabei hat sich die Darstellung des Wissens – auch in Lehrbüchern – zum Teil soweit von den Problem- und Fragestellungen, aus denen heraus es entstanden ist, entfernt, dass ein Bezug auf die ursprünglichen Frage- und Problemstellungen nicht mehr erkennbar ist. Grundsätzlich kann man jedoch davon ausgehen, dass alles bedeutsame Wissen zunächst aufgrund einer interessanten Fragestellung, z. B. eines Forschers, entstanden ist. Insofern ist es manchmal hilfreich, die Ursprungssituationen, aus denen heraus ein bestimmtes Wissen entstanden ist, aufzuspüren und auf dieser Basis möglicherweise eine interessante Aufgabenstellung zu entwickeln.

Diese Hinweise verdeutlichen unsere Auffassung, dass es in der Regel möglich ist, interessante Aufgabenstellungen zu finden – und dies auch für Themen, die auf den ersten Blick keine bedeutsamen und Motivation weckenden Zugänge zu erlauben scheinen. Dort, wo dies überhaupt nicht gelingt, muss streng genommen die Frage gestellt werden, ob diese Themen überhaupt für einen Unterricht in der Schule, der auf Bildung zielen soll, geeignet sind. Wenn sich keine sinnvollen und bedeutsamen Zugänge finden lassen, ist letztlich auch keine bildende Begegnung mit einem Inhalt möglich.

Auf der Basis der obigen Überlegungen zu lernprozessanregenden Aufgaben und ihren Merkmalen können Sie nun ihre eingangs formulierten Aufgaben in differenzierter Weise in den Blick nehmen und weitere Alternativen formulieren. Dazu empfehlen wir Folgendes:

(1) Analysieren Sie die beiden von Ihnen formulierten Aufgaben unter der Frage, ob bzw. inwieweit sie die Merkmale lernprozessanregender Aufgaben erfüllen.

(2) Versuchen Sie zwei weitere Aufgaben zu formulieren, die verschiedenen Typen zuzuordnen sind und die den Merkmalen lernprozessorientierter Aufgaben gerecht werden.

Stellen Sie ihre Überlegungen und Entwürfe – wenn es möglich ist – in einer Lerngruppe zur Diskussion.

# 5| Ablauf von Unterricht

## 5.1 Einleitende Hinweise und Fragestellungen

Im Kapitel 4 wurden mögliche Aufgabentypen als Anregung für Lernprozesse vorgestellt. Wie ein Unterricht insgesamt gestaltet werden kann, der von entsprechenden Aufgaben ausgeht, wurde bereits im Kapitel 3 angesprochen. Diese Überlegungen werden im Folgenden aufgegriffen und weiter ausdifferenziert. Insgesamt geht es bei solchen Abläufen darum, dass Kinder und Jugendliche neue Erfahrungen machen und neues Wissen in selbsttätiger Weise erwerben. Gleichzeitig sollen sie in ihren intellektuellen Fähigkeiten sowie in ihrem Wertebewusstsein gefördert werden. Dabei sollen sie auch die Möglichkeit haben, ihre Bedürfnisse, z. B. Zugehörigkeits- und Achtungsbedürfnisse, in unterrichtliche Situationen einzubringen.

Die Überlegungen zu unterrichtlichen Abläufen beziehen sich jeweils auf thematische Einheiten und *nicht* auf zeitliche Einteilungen – wie etwa eine Unterrichtsstunde. Die Auseinandersetzung mit komplexen Aufgaben und den mit ihnen verbundenen Themen macht es erforderlich, in größeren Zeitdimensionen zu denken. So werden die zu planenden Abläufe bzw. Einheiten in der Regel mehrere Unterrichtsstunden umfassen.

> Versetzen Sie sich nun bitte in die Rolle einer Lehrperson, die entweder für ein von Ihnen selbst gewähltes Thema oder für eines der im Kapitel 4 eingangs genannten Themen einen Unterrichtsablauf entwerfen möchte.
> Skizzieren Sie bitte einen – zunächst vorläufigen – Ablauf.

Um einen solchen Ablauf hinsichtlich lernrelevanter Merkmale und Phasen analysieren und gegebenenfalls weiterentwickeln zu können, bietet es sich an, zwei Fragen nachzugehen.

(1) Welche Merkmale sollten lern- und entwicklungsfördernde Unterrichtsabläufe aufweisen?

(2) Welche Phasen sind für lern- und entwicklungsfördernde Unterrichtsabläufe – ausgehend von einer geeigneten Problem-, Entscheidungs-, Gestaltungs- oder Beurteilungsaufgabe – wichtig?

Eine Bearbeitung dieser beiden Fragen kann generell helfen, lern- und entwicklungsfördernde Unterrichtsabläufe zu planen und durchzuführen.

## 5.2 Grundlegende Informationen

Im Folgenden stellen wir zunächst einige allgemeine Überlegungen zu geeigneten Lernprozessen dar. Danach werden wir für je ein Beispiel zu den im Kapitel 4 beschriebenen Aufgabentypen, d.h. für ein Problem, einen Entscheidungsfall, eine Gestaltungs- und eine Beurteilungsaufgabe, einen möglichen Unterrichtsablauf skizzieren. Auf dieser Basis soll anschließend der – im Abschnitt 3.2.3 schon kurz skizzierte – idealtypische Ablauf für Lehr-Lernprozesse zusammenfassend dargestellt werden.

### 5.2.1 Allgemeine Überlegungen zu Lehr-Lernprozessen

Lernen kann – in Anlehnung an die Modellvorstellung von Lernen als Handeln – als Weiterentwicklung des Wissens- bzw. Erfahrungsstandes und des sozial-kognitiven Niveaus gedeutet werden. Dabei kommt dem sozial-kognitiven Niveau eine besondere Bedeutung als bereichsübergreifende intellektuelle und sozial-moralische Disposition für gegenwärtiges und zukünftiges Handeln zu.

*Intellektuell* gesehen zielt Lernen aus handlungsbezogener Sicht auf folgende Aspekte (vgl. Abschnitt 2.2.5):

– Erweiterung in Bezug auf geeignete Problemlösungen bzw. Handlungsmöglichkeiten, die bei einer Anforderung aus der Umwelt vom Individuum in den Blick genommen werden,

– Vergrößerung der Zahl relevanter Beurteilungskriterien, die ein Individuum zur Beurteilung von Handlungsmöglichkeiten, Entscheidungen und Gestaltungsergebnissen heranzieht,

– Verbesserung der Unterscheidungsfähigkeit innerhalb der Beurteilungskriterien,

– Befähigung zur Wahl eines geeigneten Abstraktionsniveaus bei den Beurteilungskriterien,

– Befähigung zu einer angemessenen Verknüpfung bzw. Integration verschiedener Handlungsmöglichkeiten und Beurteilungskriterien im Sinne komplexen Denkens und kritischer Reflexion.

Im Hinblick auf die *soziale bzw. moralische Orientierung* geht es beim Lernen – auf der Basis entsprechender intellektueller Voraussetzungen – um folgende Aspekte (vgl. Abschnitt 2.2.6):

– Erweiterung der sozialen Perspektive,

– zunehmende Bereitschaft zur Übernahme sozialer Verantwortung,

– Entwicklung des Gerechtigkeitsbegriffs.

Lernprozesse, mit denen eine entsprechende Entwicklung gefördert werden kann – so wurde im Kapitel 4 gezeigt –, lassen sich durch geeignete Aufgaben anregen.

Die so angeregten Lernprozesse sollen – auf der Basis der Überlegungen im Kapitel 2 – dem *Prinzip der Handlungsorientierung* folgen. Handlungsorientierung meint zum einen, dass es durch die Lernprozesse zur Weiterentwicklung von Dispositionen für gegenwärtiges und zukünftiges Handeln kommen soll. Handlungsorientierung meint zum anderen, dass die Lernprozesse selbst handelnd im Sinne bewusster physischer und/oder psychischer Aktivitäten mit einem mitteilbaren Ergebnis gestaltet werden. Die Handlungsorientierung kann dabei mit den Prinzipien der Bedürfnis-, Situations-, Erfahrungs- und Entwicklungsorientierung verknüpft werden:

- *Bedürfnisorientierung* bedeutet zunächst, dass die Bedürfnisse von Kindern und Jugendlichen als Ausgangspunkte des Handelns ernst genommen werden, und gleichzeitig, dass Kinder und Jugendliche die Gelegenheit erhalten, ihre Bedürfnisse und Interessen in die unterrichtlichen Prozesse einzubringen.
- *Situationsorientierung* besagt sowohl, dass die Aufgaben, die als Ausgangspunkte für Lernprozesse gewählt werden, Bezüge zur Lebenssituation von Kindern und Jugendlichen aufweisen, als auch, dass das neu zu Lernende auf die Lebenssituation bezogen werden kann.
- *Erfahrungsorientierung* verweist zum einen auf die Forderung, dass die Lernenden ihre bisherigen Erfahrungen als Anknüpfungspunkte für Lernprozesse einbringen können, und zum anderen auf den Grundsatz, dass im Lernprozess neue Erfahrungen unmittelbarer oder mittelbarer Art möglich sein sollen.
- *Entwicklungsorientierung* entspricht zunächst dem Gedanken, dass die Aufgaben als Anregung für Lernprozesse entwicklungsgemäß zu stellen sind, und darüber hinaus der oben erläuterten Forderung, dass die angeregten Lernprozesse entwicklungsfördernd wirken.

Bei entsprechenden Lernprozessen sollen die Lernenden Anregungen und – falls notwendig – Unterstützungen für folgende *Lernaktivitäten* erhalten:

a) Die Lernenden aktivieren vorhandene Kenntnisse zum Thema und äußern spontane Vorschläge zur Bearbeitung der jeweiligen Aufgabe. Die Vorschläge können sich auf inhaltliche Aspekte der Aufgabe oder auf mögliche Vorgehensweisen zur Lösung beziehen.

b) Die Lernenden beteiligen sich an Überlegungen zu Zielvorstellungen für die Auseinandersetzung mit der Aufgabe und machen sich die Sinnhaftigkeit ihres Tuns bewusst – auch vor dem Hintergrund einer Reflexion des bereits vorhandenen Wissens.

c) Die Lernenden bedenken, zu welchen Fragen Informationen beschafft und Grundlagen erarbeitet werden müssen und wie dies geschehen kann. Falls erkennbar ist, dass zur Lösung der Aufgabe bestimmte Arbeitstechniken und Fertigkeiten notwendig sind, ist zu überlegen, wie diese angeeignet werden können.

d) Die Lernenden tragen Informationen zusammen bzw. nehmen neue Informationen auf, verarbeiten und integrieren sie in ihren bisherigen Wissens- und Erfahrungsstand und strukturieren sie im Hinblick auf die Aufgabenstellung. Falls für die Aufgabenlösung die Aneignung von Arbeitstechniken oder Fertigkeiten erforderlich ist, müssen diese entwickelt werden.

e) Die Lernenden erarbeiten einen Lösungsweg bzw. eine Lösung für die jeweils gestellte Aufgabe. Dabei entwickeln sie Problemlösungen, begründete Entscheidungen oder differenzierte Beurteilungen oder gestalten ein Produkt, eine Situation oder ein Verfahren.

f) Die Lernenden stellen ihre Lösungen dar; sie vergleichen, diskutieren und beurteilen verschiedene Lösungswege bzw. Lösungen. Sie fassen Informationsgrundlagen, Handlungsmöglichkeiten und Beurteilungskriterien zusammen bzw. systematisieren diese.

g) Die Lernenden setzen sich mit Anwendungsaufgaben bzw. Beispielen zu dem Gelernten auseinander, bearbeiten diese, stellen Lösungen und Lösungswege vor und diskutieren diese.

h) Die Lernenden bedenken und diskutieren weiterführende Fragen. Sie reflektieren und bewerten das Gelernte und den Lernprozess im Hinblick auf gegenwärtiges und zukünftiges Handeln.

Im Folgenden zeigen wir an vier Beispielen, wie Lernprozesse unter Beachtung dieser Überlegungen im Unterricht realisiert werden können. Die Unterrichtsabläufe werden dabei nach bestimmten Phasen strukturiert. Anregungen dafür entnehmen wir sowohl der lerntheoretischen Diskussion als auch stufenbezogenen Überlegungen in didaktischen Ansätzen (vgl. auch Kapitel 10).

Die folgenden vier Beispiele stellen wir jeweils in Form einer Unterrichtseinheit dar. Den Begriff „Unterrichtseinheit" verstehen wir dabei – wie oben bereits angesprochen – als thematische und *nicht* als zeitliche Einheit.

Bei den Beispielen gehen wir jeweils von einer konkreten Aufgabe aus. Bei der Ablaufbeschreibung erfolgt eine Konzentration auf die strukturellen Aspekte des Vorgehens, sodass übertragbare Vorgehensweisen bei der Behandlung von Problemen, Entscheidungsfällen, Gestaltungs- und Beurteilungsaufgaben im Vordergrund bleiben. Dadurch werden andere Komponenten des Unterrichts, z. B. ins Detail gehende Fragen des spezifischen Unterrichtsinhalts, zurückgestellt. Dies bedeutet zugleich, dass die skizzierten Unterrichtsabläufe im Rahmen der Unterrichtsvorbereitung durch Detailüberlegungen zu weiteren Komponenten des Unterrichts ergänzt werden müssten. Auf solche Komponenten und Detailüberlegungen werden wir dann in den Kapiteln 6 und 7 eingehen.

### 5.2.2 Lösen eines komplexen Problems

In diesem Abschnitt wird ein Unterrichtsablauf für den Fall skizziert, dass eine Problemlösung auf der Basis naturwissenschaftlicher Gesetzesaussagen zu erarbeiten ist. Wir gehen dabei von folgender Situation aus:

> Florian ist am Nachmittag des 24. Dezember dabei, einen Weihnachtbaum mit elektrischen Kerzen zu bestücken. Er möchte die vorhandene Christbaumbeleuchtung mit 10 Kerzen verwenden, die für 22 Volt und 0,3 Ampere pro Kerze ausgelegt ist. Dabei stellt er fest, dass drei Kerzen defekt sind und ausgewechselt werden müssen. Im Keller findet er noch eine Christbaumbeleuchtung, die aus 16 Kerzen mit 14 Volt und 0,3 Ampere pro Kerze besteht. Einzelne dieser Kerzen sind zwar defekt, aber drei Kerzen sind auf jeden Fall noch funktionsfähig. Er überlegt, ob die Christbaumbeleuchtung Schaden nehmen würde, wenn er die drei Kerzen der 16er-Kette in die 10er-Kette einfügt.

Bei der folgenden Unterrichtsskizze wird vorausgesetzt, dass die Schülerinnen und Schüler in einer vorhergehenden Unterrichtseinheit bereits das Ohmsche Gesetz in problemorientierter Form erarbeitet haben. Das Ohmsche Gesetz besagt, dass sich die elektrische Spannung in einem Stromkreis als Produkt aus Stromstärke und Widerstand errechnen lässt (U = I x R).

Die folgende Unterrichtsskizze ist als idealtypische Strukturierung möglicher Abläufe gedacht. Der konkrete Unterrichtsablauf müsste an die jeweils gegebenen speziellen Lernvoraussetzungen und situativen Bedingungen angepasst werden (vgl. dazu auch TULODZIECKI 1992a, S. 60 ff.).

*(1) Problemstellung:*

Die Lehrperson führt das Problem – hier den oben genannten Fall – ein und fragt, ob die Lernenden Erfahrungen mit einem solchen oder ähnlichen Fall haben. Die Lernenden teilen gegebenenfalls Erfahrungen mit und beziehen damit das Problem auf ihre Erfahrungs- und Vorstellungswelt.

Die Lehrperson fragt nach spontanen Vermutungen zur Lösung des Problems. Die Lernenden äußern erste Vermutungen. Angesichts der genannten Voraussetzung (Kenntnis des Ohmschen Gesetzes) ist anzunehmen, dass die Lernenden versuchen, das Ohmsche Gesetz anzuwenden, dabei jedoch erfahren, dass dies allein nicht ausreicht, um mögliche Wirkungen vorauszusagen. Insgesamt wird es so zu unterschiedlichen Vermutungen kommen. Unter Umständen ist eine Problematisierung auf Grund der Unterschiedlichkeit der Annahmen unmittelbar gegeben. Ist dies nicht der Fall, werden einzelne Vermutungen von der Lehrperson problematisiert, damit die Lernenden die in dem Problem liegenden Schwierigkeiten erfahren.

*(2) Zielvereinbarung und Bedeutsamkeit:*

Die Lehrperson regt die Lernenden an, Ziele für die Auseinandersetzung mit dem Problem zu formulieren: Für die Lösung des Problems sollen weitere naturwissenschaftliche Gesetzesaussagen zum elektrischen Strom erarbeitet und anschließend zur Lösung des Eingangsproblems genutzt werden.

Die Lehrperson regt eine kurze Reflexion an, welche Bedeutung entsprechende Kenntnisse haben. Dabei sollte deutlich werden, dass es die Kenntnis naturwissenschaftlicher Gesetzesaussagen gestattet, in bestimmten Situationen angemessen zu handeln (z. B. die Ersatzkerzen einzusetzen oder es besser zu lassen), bestimmte Phänomene zu erklären (z. B. zu erklären, warum die Kerzen der 10er-Kette bei Einsatz der Ersatzkerzen möglicherweise Schaden oder keinen Schaden nehmen) und bestimmte Wirkungen vorherzusagen (z. B. welche Wirkungen der Einsatz der Ersatzkerzen auf die 10er-Kette hat). Auf dieser Basis kann die Bedeutung entsprechender Kenntnisse für verschiedene Alltags- und Berufssituationen angesprochen werden.

*(3) Verständigung über das Vorgehen:*

Es werden Fragen zusammengestellt, die geklärt werden müssen, um die Eingangsaufgabe zu lösen. In unserem Beispiel geht es darum, zunächst zu klären, wie sich Stromstärke, Spannung und Widerstand in einer Lichterkette berechnen lassen und

welche Konsequenzen die Veränderung einzelner Werte dieser Variablen für die Kerzen hat. Demgemäß sollten im Gespräch zwei Teilfragen herausgearbeitet werden:
- Wie lässt sich der Zusammenhang der Variablen in einer Lichterkette in Form einer Gesetzesaussage ausdrücken?
- Welche Konsequenzen hat die Veränderung einzelner Werte auf die Brenndauer der Kerzen?

Sind die Fragen zusammengestellt, gilt es mit den Schülerinnen und Schülern zu überlegen, wie sie beantwortet bzw. geklärt werden können. Im Bereich der Naturwissenschaft liegt es nahe, die Beziehung der relevanten Variablen experimentell zu ermitteln: Die Schülerinnen und Schüler sollten daher mit Unterstützung durch die Lehrperson ein geeignetes Experiment planen. Nach der Durchführung des Experiments wird es möglich sein, eine allgemeine Gesetzesaussage zu formulieren und die Werte für die einzelnen Variablen zu bestimmen. Danach muss noch die Bedeutung der einzelnen Variablen für die Brenndauer von Kerzen geklärt werden. Auf dieser Basis besteht die Aussicht, die Eingangsaufgabe lösen zu können.

*(4) Erarbeitung von Grundlagen für die Problemlösung:*
Die Lernenden greifen gegebenenfalls auf bereits geäußerte Vermutungen zu relevanten Variablen und zu ihrem Zusammenhang bei einer Lichterkette zurück. Sie formulieren Hypothesen über die Zusammenhänge, entwerfen auf der Basis vorhandener Experimentiergeräte in Kleingruppen eine experimentelle Anordnung, führen entsprechende Versuche eigenständig durch, nehmen die Meßwerte auf und werten sie im Hinblick auf eine naturwissenschaftliche Gesetzesaussage – hier zur Reihenschaltung von Widerständen in einem Stromkreis – aus. Die Gesetzesaussage wird formuliert.

*(5) Durchführung der Problemlösung:*
In Kleingruppen beziehen die Schülerinnen und Schüler die erarbeitete Gesetzesaussage auf das Eingangsproblem. Eine Lösung wird erarbeitet: Es wird berechnet, wie sich Spannung, Widerstand und Stromstärke in der Reihenschaltung verhalten, wenn die drei Ersatzkerzen eingefügt werden. Die Bedeutung veränderter Werte – hier Spannungen an der einzelnen Kerze und Stromstärke – für die Brenndauer wird bedacht bzw. geklärt und auf dieser Basis kann vorhergesagt werden, dass sich die Brenndauer der Kerzen verringern wird. Die Schülerinnen und Schüler stellen ihre Ergebnisse für die Präsentation in der Klasse zusammen.

*(6) Vergleich und Zusammenfassung:*
Die Lösungen werden von den Sprecherinnen oder Sprechern der Kleingruppen präsentiert. Es schließt sich eine vergleichende Beurteilung der Lösungen an. Kriterien können dabei sein:
- die Richtigkeit der ermittelten Gesetzesaussage,
- die Richtigkeit der Lösung des Eingangsproblems,
- die Angemessenheit der Lösungswege.

Danach werden die Schritte des experimentellen Vorgehens, die ermittelte naturwissenschaftliche Gesetzesaussage sowie die Schritte zur Lösung des Eingangsproblems mit den Schülerinnen und Schülern zusammengefasst.

*(7) Anwendung:*
Die Lehrperson führt Aufgaben zur Anwendung des Gelernten ein. Dabei kann es um Erklärungen, Prognosen oder Handlungsanleitungen auf der Basis der erarbeiteten Gesetzesaussage gehen (vgl. TULODZIECKI 1992a, S. 61 ff.). Die Anwendungsaufgaben können zur Variation auch als Beurteilungsaufgaben formuliert werden.
Sind die Anwendungsaufgaben eingeführt, werden sie in Kleingruppen, in Partner- oder Einzelarbeit bearbeitet; die Ergebnisse können dann von den Schülerinnen und Schülern vorgestellt, verglichen und gegebenenfalls korrigiert werden.

*(8) Weiterführung und Bewertung:*
Es werden Fragen gesammelt, die für die Lernenden im Zusammenhang mit dem Thema noch interessant sind. Die Fragen können im Rahmen der betreffenden Unterrichtseinheit bearbeitet bzw. diskutiert werden; sie können jedoch auch Anlass für weitere Unterrichtseinheiten sein.
Abschließend werden das Gelernte sowie der Lernweg mit den Schülerinnen und Schülern reflektiert. In dem gegebenen Beispiel sollten dabei auch Fragen des Vorgehens zur Erarbeitung naturwissenschaftlicher Gesetzesaussagen und der technischen Verwertung hinsichtlich ihrer Grenzen und ihrer Bedeutung bedacht werden.

Ein Unterrichtsentwurf mit einer solchen Struktur kann in analoger Weise auch für die anderen Situationen bzw. Aufgaben, die im Abschnitt 4.2.3 zusammengestellt wurden, entwickelt werden. Die Konkretisierung müsste dabei auf die jeweilige Problemstellung und die unterschiedlichen Informationsgrundlagen für die Lösung des Problems sowie auf die jeweiligen Lernvoraussetzungen zugeschnitten werden.

### 5.2.3 Treffen einer komplexen Entscheidung
Im Folgenden gehen wir von einem Datenschutzbeispiel aus, um einen möglichen Lehr-Lernablauf für die Behandlung von Entscheidungsfällen im Unterricht zu verdeutlichen:

> Markus, der die Bestell- und Ausleihvorgänge in der Schülerbibliothek selbstständig mit Hilfe einer entsprechenden Software auf dem Bibliothekscomputer bearbeitet, wird von seinem Freund Andreas um eine Liste gebeten. In dieser sollen für die einzelnen Bibliotheksbenutzer die entliehenen Bücher ausgedruckt werden. Andreas möchte diese Liste für eine gezielte Zeitschriftenwerbung verwenden und verspricht Markus, der die Arbeiten in der Schülerbibliothek ohne Entgelt in seiner Freizeit durchführt, einen Anteil am Gewinn. Markus überlegt, was er tun soll.

Für den folgenden idealtypisch dargestellten Unterrichtsablauf gilt – wie für das Christbaumbeispiel –, dass bei der Realisierung eines entsprechenden Unterrichts die je konkreten Lernvoraussetzungen und situativen Bedingungen angemessen berücksichtigt werden müssten.

### (1) Konfrontation mit einem Entscheidungsfall:

Die Lehrperson schildert die Entscheidungssituation – in unserem Falle die Situation aus der Schülerbibliothek – und gibt die Möglichkeit zu Rückfragen zum Fall. Anschließend fragt sie nach vergleichbaren – realen oder denkbaren – Fällen aus dem Erfahrungsbereich der Lernenden. Dadurch sollen die Lernenden den Fall auf ihre Erfahrungs- und Vorstellungswelt beziehen.

Die Lehrperson wirft die Frage auf, wie sich Markus in einer solchen Situation verhalten könnte. Spontane Äußerungen dazu werden gesammelt. Wenn unterschiedliche Handlungsmöglichkeiten genannt werden, wird dadurch bereits sichtbar, dass es in einem solchen Fall notwendig ist, sich zwischen verschiedenen Handlungsmöglichkeiten zu entscheiden, z. B. die Liste herauszugeben oder nicht herauszugeben, zunächst die betreuende Lehrperson und die Mitschülerinnen und Mitschüler zu fragen oder dies nicht zu tun. Vermutlich werden auch schon Gründe für die eine oder andere Verhaltensweise angeführt. Falls notwendig, gibt die Lehrperson zusätzliche Impulse, um zu verdeutlichen, dass es sinnvoll ist, sich weitere Informationen zum aufgeworfenen Entscheidungsfall zu verschaffen und verschiedene Argumente gegeneinander abzuwägen.

### (2) Zielvereinbarung und Bedeutsamkeit:

Die Lehrperson formuliert zusammen mit den Schülerinnen und Schülern die Ziele, dass in der Unterrichtseinheit Informationen zu Fragen des Umgangs mit personenbezogenen Daten erarbeitet und verschiedene Handlungsmöglichkeiten für den Fall zusammengestellt, geprüft und begründete Entscheidungen erarbeitet werden sollen.

Anschließend wird unter aktiver Beteiligung der Lernenden die Bedeutsamkeit entsprechender Überlegungen reflektiert. Mit Bezug auf die gegenwärtige oder zukünftige Lebenssituation der Lernenden sollte sichtbar werden, dass entsprechende Überlegungen in schulischen, privaten und beruflichen Situationen, in denen es um personenbezogene Daten geht, hilfreich sein können.

### (3) Verständigung über das Vorgehen:

Lernende und Lehrperson stellen Fragen zusammen, die bearbeitet werden sollen, um zu einer angemessenen Entscheidung zu gelangen, z. B.:

- Welche Handlungsmöglichkeiten sind überhaupt gegeben?
- Welche Regelungen sind für den Umgang mit personenbezogenen Daten wichtig?
- Welche Argumente sprechen für oder gegen die einzelnen Handlungsmöglichkeiten?
- Welche Gesichtspunkte kommen als Entscheidungskriterien in Betracht?

Danach ist zu überlegen, wie die Fragen bearbeitet werden sollen. Als Informationsgrundlagen können Texte aus aktuellen Gesetzen oder Rechtsverordnungen zu Fragen des Datenschutzes ins Auge gefasst werden. Die Lehrperson kann ihre Bereitstellung in Aussicht stellen. Bezüglich des methodischen Vorgehens liegt es nahe, Kleingruppenarbeit zu vereinbaren. Auf der Basis der zu erarbeitenden Informationen und Argumente wird es dann möglich sein, eine begründete Entscheidung zu fällen.

*(4) Erarbeitung von Grundlagen für die Entscheidung:*
In Kleingruppen werden für den Entscheidungsfall
– Handlungsmöglichkeiten zusammengetragen,
– wichtige Aussagen aus Texten zum Datenschutz erarbeitet,
– Argumente für und gegen einzelne Handlungsmöglichkeiten unter Berücksichtigung der erarbeiteten Informationen zum Datenschutz zusammengestellt,
– Gesichtspunkte für die Entscheidung überdacht.
Zum letzten Punkt kann die Lehrperson ein Arbeitsblatt vorbereiten, mit dem erreicht werden kann, dass sich die Schülerinnen und Schüler in den Kleingruppen – je nach ihrem Niveau der sozialen bzw. moralischen Entwicklung – mit unterschiedlichen Orientierungen bei Entscheidungen auseinandersetzen (vgl. dazu OSER 1981; HAPPE/TULODZIECKI 1985). Das Arbeitsblatt kann z. B. verschiedene Orientierungen in Anlehnung an die Stufen 1 bis 5 sozial-moralischer Entwicklung enthalten (vgl. Abschnitt 2.2.6):

a) Markus sollte vor allem aufpassen, dass er keine Unannehmlichkeiten mit seinem Freund, mit dem Lehrer oder mit seinen Mitschülern bekommt. Sonst muss er die Sache ausbaden und ist schließlich selbst der Dumme.

b) Markus sollte seinen eigenen Vorteil sichern und dabei die eventuellen Reaktionen der anderen beachten. Er handelt angemessen, wenn seine Entscheidung ihm – unter Berücksichtigung der Wünsche der anderen – einen möglichst großen Nutzen bringt.

c) Markus sollte eine Entscheidung treffen, die weder den Freund noch die Lehrer noch die anderen Mitschüler enttäuscht. Wenn das nicht möglich ist, sollte er eine Lösung finden, die im Kreis der Betroffenen mehrheitlich Zustimmung findet und für alle zusammen den größten Nutzen bringt.

d) Markus sollte sich bei seiner Entscheidung nach vorhandenen rechtlichen Bestimmungen richten, selbst wenn dies Nachteile für ihn bringt, wenn Freunde enttäuscht werden oder wenn sicher ist, dass er Unannehmlichkeiten zu befürchten hat.

e) Markus sollte überlegen, welche Prinzipien für sein Handeln leitend sein sollen. Dann sollte er bedenken, ob diese Prinzipien allgemeine Anerkennung finden und auch für seinen Fall Geltung beanspruchen können. Wenn dies so ist, sollte er entsprechend handeln.

Bei der Gestaltung eines entsprechenden Arbeitsblattes sollte die Reihenfolge per Zufall geändert werden, damit nicht von vornherein bei den Lernenden der Eindruck entsteht, die jeweils später genannten Gesichtspunkte seien „höherwertig".

### (5) Fällen der Entscheidung:

Die Lernenden prüfen in Kleingruppen die zusammengetragenen Argumente zu den einzelnen Handlungsmöglichkeiten unter Beachtung von datenschutzrechtlichen Bestimmungen. Vor der Entscheidung für eine Handlungsmöglichkeit wird diskutiert, welcher Gesichtspunkt für die Entscheidung vorrangig bzw. maßgebend sein soll. Auf dieser Basis kann dann eine Entscheidung gefällt werden. Hierfür sollte die Lehrperson empfehlen, möglichst eine einstimmige Entscheidung herbeizuführen. Dadurch erhöht sich die Wahrscheinlichkeit einer intensiven Auseinandersetzung mit enwicklungsstimulierenden Argumenten (vgl. MAITLAND/ GOLDMAN 1974).

Nachdem die Entscheidung getroffen ist, stellen die Kleingruppen auf der Basis der vorherigen Diskussion ihre Begründungen für die Darstellung in der Klasse zusammen.

### (6) Vergleich und Zusammenfassung:

Die Kleingruppen präsentieren ihre Entscheidungen und Begründungen. Diese werden verglichen und diskutiert. Dabei wird es in der Regel noch einmal zur Auseinandersetzung mit entwicklungsstimulierenden Argumenten kommen. Falls es sich als sinnvoll erweist, kann die Lehrperson weitere entwicklungsstimulierende Argumente oder Fragen einbringen. Solche Fragen können sein (vgl. BEYER 1977, S. 9 f.):

- Klärungsfragen, z. B.: Was ist gemeint, wenn gesagt wird, es sei „unfair", die Daten herauszugeben?
- Problemfragen, z. B.: Welche Verpflichtung hat man seinen Freunden, seinen Lehrern, dem Staat gegenüber?
- Konfliktfragen, z. B.: Was ist wichtiger, den Erwartungen der Freunde oder den Erwartungen der Lehrerinnen und Lehrer zu entsprechen?
- Frage nach der Rolle der Beteiligten, z. B.: Was erwarten die Mitschülerinnen und Mitschüler in diesem Fall von Markus?
- Frage nach universalen Konsequenzen, z. B.: Was wäre, wenn sich alle immer nach den Erwartungen von Freunden richten würden?

Im Anschluss an die vergleichende Diskussion sollten zusammen mit den Schülerinnen und Schülern wichtige Informationen zum Datenschutz, die Hauptargumente, die für oder gegen die Herausgabe der Daten sprechen, sowie Entscheidungsgesichtspunkte zusammengefasst werden.

### (7) Anwendung:

Die Lehrperson regt zur Anwendung die Durchführung eines Rollenspiels an. In dem Rollenspiel soll die Ausgangs- bzw. Entscheidungssituation simuliert werden. In dem gegebenen Fall können zwei Lernende die Rollen von Markus und Andreas übernehmen: Andreas versucht, Markus zu bewegen, die gewünschte Liste herzustellen und ihm zu übergeben. Die Mitschülerinnen und -schüler beobachten das Rollenspiel und diskutieren gegebenenfalls noch einmal einzelne Argumente. Eventuell wird das Rollenspiel auch von anderen Schülern oder Schülerinnen wiederholt.

*(8) Weiterführung und Bewertung:*
Lehrperson und Lernende stellen ergänzende Fragen zusammen, die im Kontext des Themas noch interessant sind, z. B. weitere Fragen zum Datenschutz. Weiterführende Informationen werden eingebracht und diskutiert oder leiten in eine folgende Unterrichtseinheit über.
Abschließend werden das Gelernte und die Vorgehensweise im Hinblick auf ihre Bedeutung für gegenwärtige und zukünftige Situationen reflektiert.

Strukturell ähnliche Unterrichtsabläufe können für andere Entscheidungsfälle gemäß Abschnitt 4.2.4 entworfen werden. Dabei sind die jeweiligen themenspezifischen und entwicklungsmäßigen Voraussetzungen sowie weitere unterrichtliche Bedingungen zu beachten.

### 5.2.4 Gestalten eines komplexen Produkts

Der Ablauf einer Unterrichseinheit, bei der es um die Gestaltung eines Produkts geht, soll im Folgenden am Beispiel der Gestaltung einer Werbeanzeige verdeutlicht werden. Dazu kann man von dem nachstehenden Fall ausgehen:

Die Firma „Medishamp" will ein neues Haarwaschmittel auf den Markt bringen. Sie möchte, dass dieses Haarwaschmittel sowohl von Erwachsenen als auch von Jugendlichen beiderlei Geschlechts gekauft und verwendet wird. Aufgabe ist es, sich in die Situation der Werbeabteilung zu versetzen und eine Werbeanzeige für eine Illustrierte zu entwerfen.

Für dieses Beispiel wurden die Ware „Haarwaschmittel", die Zielgruppe „Erwachsene und Jugendliche" und der Werbeträger „Anzeige" in der gegebenen Weise festgelegt. Bei der unterrichtlichen Realisierung können je nach Bildungsgang, fachlichen Schwerpunkten, Lernvoraussetzungen und verfügbaren technischen Mitteln auch andere Waren, andere Zielgruppen oder andere Werbeträger gewählt werden.

*(1) Einführung der Gestaltungsaufgabe:*
Die Lehrperson bringt eine Gestaltungsaufgabe – hier die Aufgabe zur Gestaltung einer Werbeanzeige – in den Unterricht ein. Sie fragt zunächst nach Vorstellungen, welche die Jugendlichen mit dem Thema Werbung verbinden. Die Jugendlichen werden dazu – da sie häufig mit Werbung konfrontiert sind – verschiedene Assoziationen und Gedanken einbringen.
Die Lehrperson regt spontane Vorschläge zur Gestaltung einer entsprechenden Werbeanzeige an. Erste Vorschläge werden gesammelt. Es ist zu erwarten, dass die spontanen Vorschläge sehr unterschiedlich ausfallen. Dies kann als Zeichen dafür gewertet werden, dass es sinnvoll ist, über unterschiedliche Möglichkeiten der Werbung nachzudenken und auf dieser Basis später eine geeignete bzw. möglichst optimale Gestaltung zu realisieren.

*(2) Zielvereinbarung und Bedeutsamkeit:*
Die Lehrperson verständigt sich mit den Schülerinnen und Schülern über das Ziel, grundlegende Kenntnisse zur Gestaltung von Werbeanzeigen zu erarbeiten und sich

bestimmte Techniken bzw. Fertigkeiten für die Realisierung einer Werbeanzeige anzueignen.

Im Anschluss daran wird die Bedeutsamkeit entsprechender Überlegungen und Fertigkeiten für die gegenwärtige und zukünftige Lebenssituation der Jugendlichen reflektiert. Dabei sollten die Jugendlichen erkennen, dass sie durch die Auseinandersetzung mit der Aufgabe sowohl in die Lage versetzt werden, auf eigene Interessen und Bedürfnisse in geeigneter Weise aufmerksam zu machen, als auch Manipulationstechniken der Werbung zu durchschauen. Im Zusammenhang beruflicher Bildungsgänge kann die Befähigung zur Gestaltung von Werbeanzeigen darüber hinaus eine wichtige Qualifikation bedeuten.

*(3) Verständigung über das Vorgehen:*
Lehrperson, Schülerinnen und Schüler stellen Fragen zusammen, die geklärt werden müssen, um eine Werbeanzeige angemessen gestalten zu können, z. B.:
– Welche werbepsychologischen Grundsätze und Annahmen sind für die Gestaltung von Werbeanzeigen zu beachten?
– Gibt es rechtliche Rahmenbedingungen? Wenn ja, welche?
– Welche Materialien werden für die Gestaltung benötigt?
– Welche Techniken und Fertigkeiten sind für die Realisierung einer Werbeanzeige wichtig?

Nach der Zusammenstellung solcher Fragen ist zu überlegen, wie entsprechende Informationen und Materialien beschafft und die notwendigen Fertigkeiten angeeignet werden können. Die Lehrperson kann z. B. anregen, dass einzelne Schülerinnen und Schüler anhand geeigneter Quellen einen kurzen Überblick über Grundsätze und Annahmen der Werbepsychologie sowie über rechtliche Fragen erarbeiten und dann in der Klasse vorstellen. Eine Alternative bestünde darin, Materialien für eine entsprechende Erarbeitung für alle Schülerinnen und Schüler zur Verfügung zu stellen. Unter Umständen bieten sich auch Interviews in einer Werbeagentur an. Gleichzeitig könnte geplant werden, dort grafische und fotografische Herstellungstechniken zu beobachten. Wenn dies nicht möglich ist, sollte geprüft werden, ob geeignete filmische Demonstrationen zur Verfügung stehen oder ob die Lehrperson oder bereits kundige Schülerinnen und Schüler die notwendigen Techniken demonstrieren und erläutern können.

*(4) Erarbeitung von Grundlagen für die Gestaltung:*
Gemäß den Absprachen in der vorhergehenden Unterrichtsphase werden die notwendigen Informationen erarbeitet, die erforderlichen Materialien beschafft oder bereitgestellt und die notwendigen Techniken und Fertigkeiten angeeignet.

*(5) Gestaltung des Produktes:*
In Kleingruppen wird eine Werbeanzeige entworfen und arbeitsteilig gestaltet.

*(6) Vergleich und Zusammenfassung:*
Die erarbeiteten Werbeanzeigen werden von den Kleingruppen in einer Posterses-

sion vorgestellt und erläutert. Anschließend lassen sich die Werbeanzeigen nach Gesichtspunkten, die mit den Schülerinnen und Schülern zusammengestellt werden, vergleichen, z. B.:

– Inwieweit ist eine ansprechende Gestaltung gemäß den Grundsätzen der Werbepsychologie gelungen?
– Sind rechtliche Bestimmungen zur Werbung eingehalten oder verletzt worden?
– Wurden die zur Verfügung stehenden Techniken angemessen eingesetzt?
– Welche Wirkungen sind von den Anzeigen zu erwarten?

Die Aspekte, die für die Gestaltung von Werbeanzeigen wichtig sind, werden mit den Schülerinnen und Schülern zusammengefasst: werbepsychologische Grundsätze, rechtliche Bestimmungen, Gestaltungstechniken und Gestaltungsmöglichkeiten.

*(7) Anwendung:*
Zur Übertragung des Gelernten können die Jugendlichen professionell gemachte Werbeanzeigen in den Unterricht einbringen und diese im Hinblick auf verwendete Manipulationstechniken analysieren und beurteilen. Sie können damit das Gelernte im Rahmen einer Beurteilungsaufgabe anwenden.

Eine alternative Möglichkeit besteht darin, eine zweite Werbeanzeige für eine andere Ware und Zielgruppe oder einen anderen Werbeträger zu entwickeln.

*(8) Weiterführung und Bewertung:*
Die Schülerinnen und Schüler oder die Lehrperson benennen Fragen, die im Zusammenhang mit dem Thema „Werbung" noch von Interesse sind. Die Fragen werden bearbeitet oder bilden den Ausgangspunkt für weitere Unterrichtseinheiten.

Die Relevanz der erworbenen Kenntnisse und Fertigkeiten wird reflektiert, z. B. im Hinblick auf die Bedeutung für die eigene Rezeption von Werbung bzw. für das eigene Konsumverhalten. Abschließend kann der vollzogene Lernweg überdacht und bewertet werden.

Vergleichbare Abläufe lassen sich auch für die Gestaltung anderer Produkte, für die Gestaltung eines Verfahrens oder für die Gestaltung einer Situation denken (vgl. Abschnitt 4.2.5). Unter Beachtung der jeweiligen spezifischen Lernvoraussetzungen und schulischen Bedingungen, der Ziele und Inhalte, der methodischen und medialen Möglichkeiten können analoge Vorgehensweisen geplant und realisiert werden.

### 5.2.5 Erarbeiten einer komplexen Beurteilung

Ein Unterrichtsablauf für Beurteilungsaufgaben wird im Folgenden am Beispiel des Themas Musik-Videoclips aufgezeigt.

Von der Machart her dienten Videoclips ursprünglich der Vorstellung neuer Musikgruppen, sodass zunächst vorwiegend die Musikgruppen im Bild erschienen. Später sind andere Arten hinzugekommen. Insgesamt kann man folgende Arten von Videoclips unterscheiden:

– den *Performance Clip*, der im Wesentlichen die Darstellung der Band, einer Tanzgruppe und/oder einer singenden Person zeigt,

– den *semi-narrativen Clip*, bei dem Darstellungen wie beim Performance-Clip durch einzelne – auf den Liedtext bezogene – Bilder oder Szenen ergänzt werden, wobei es in der Regel um Darstellungen von Liebe und Leidenschaft, Angst und Gewalt geht,

– den *narrativen Clip*, der eine Geschichte erzählt, die allerdings nur in bruchstückhafter Form dargestellt wird,

– den *Art-Clip*, bei dem einzelne Szenen oder Bilder ohne Handlungsablauf nach formalästhetischen Gesichtspunkten zu einem Clip montiert werden (vgl. BEHNE 1987).

Eine Unterrichtseinheit zur Beurteilung von Videoclips lässt sich – in idealtypischer Darstellung – in nachstehender Weise gestalten (vgl. TULODZIECKI u.a. 1995, S. 161 ff.). Auch für diese Unterrichtseinheit gilt, dass die konkrete Durchführung an die jeweiligen Voraussetzungen der Schülerinnen und Schüler sowie die jeweiligen Bedingungen des Bildungsgangs angepasst werden müssten.

*(1) Einführung der Beurteilungsaufgabe:*
Die Lehrperson kündigt zu Beginn an, dass sie mit den Jugendlichen in der anstehenden Unterrichtseinheit das Thema „Videoclips" behandeln möchte. Daraufhin können die Jugendlichen zunächst spontan äußern, was ihnen zum Thema „Videoclips" einfällt. Erste Stichworte lassen sich – wenn auch in unsystematischer Form – an der Tafel oder auf einer Folie festhalten.

Danach kann die Lehrperson vorschlagen, das Thema nunmehr systematisch und zunächst mit Bezug auf zwei ausgewählte Videoclips anzugehen. Dazu wird ein erster Videoclip vorgeführt. Hierbei kann es sich beispielsweise um einen Performance- oder einen narrativen Clip handeln. Im Anschluss erhalten die Jugendlichen Gelegenheit, spontane Einschätzungen abzugeben. Danach sollte ein zweiter Videoclip, z. B. ein Art-Clip, präsentiert werden. Die Präsentation kann mit dem Impuls eingeführt werden, dass die Jugendlichen auf Unterschiede achten und zu einer vorläufigen vergleichenden Bewertung kommen sollen. Ideen und Meinungen dazu können gesammelt werden. Es ist zu erwarten, dass unterschiedliche Aspekte angesprochen und unterschiedliche Meinungen bzw. Beurteilungen abgegeben werden. Dies kann Anlass für den Vorschlag sein, Vergleich und Bewertung von Videoclips weitergehend zu verfolgen und eine differenzierte Stellungnahme zu den beiden vorgestellten Videos anzustreben.

*(2) Zielvereinbarung:*
Die Lehrperson vereinbart im Gespräch mit den Jugendlichen als Ziel, Gesichtspunkte zur Charakterisierung und zum Vergleich sowie zur Bewertung von Videoclips zu erarbeiten und diese auf die präsentierten Beispiele zu beziehen sowie weitere Fragen zu Videoclips zu behandeln, z. B. zur Nutzung von Videoclips, zur Produktion und Verbreitung sowie zu Vorformen von Videoclips und zu ihrer Entwicklung.

In dem Gespräch soll mit den Jugendlichen geklärt werden, dass die entsprechenden Kenntnisse und Fähigkeiten es ihnen erlauben werden, das Phänomen „Videoclips" in einen größeren Zusammenhang einzuordnen, Videoclips bewusster – unter Vermeidung möglicher Manipulationen – zu nutzen und gegebenenfalls auch eigene Videoclips herzustellen.

*(3) Verständigung über das Vorgehen:*

Die Lehrperson kann mit den Jugendlichen zunächst Fragen zusammenstellen, die eine Einordnung, eine detaillierte Analyse und einen Vergleich der Videoclips ermöglichen, z. B.:

– Welche Arten von Videoclips gibt es überhaupt?
– Wann sind die vorgeführten Clips entstanden und wer hat sie produziert?
– Welche Inhalte werden durch den jeweiligen Clip transportiert? Wie lautet der zugrunde liegende Text?
– Welche Bilder oder Szenen werden den einzelnen Text- und Musikpassagen zugeordnet?
– Welche Gestaltungsmittel werden verwendet: Einstellungsgrößen, Einstellungsperspektiven, Kamerabewegungen, Schnitttechnik?

Für die Bearbeitung der Fragen kann Folgendes vereinbart werden:

– Um eine Übersicht zu Videoclips zu gewinnen, soll ein entsprechender Text, den die Lehrperson zur Verfügung stellt, bearbeitet werden.
– Einzelne Schülerinnen und Schüler sollen – z. B. durch einen Telefonanruf bei einem zuständigen Redakteur – erkunden, wann und von wem der Clip entwickelt wurde.
– Die Texte sollen in Kleingruppen von einem Schallplatten- oder CD-Cover übernommen oder durch eine Transkription erfasst werden.
– Der Videoclip soll – ebenfalls in Kleingruppen – in seiner Abfolge in detaillierter Form beschrieben werden. Auf dieser Basis soll für besonders interessante Passagen ein Protokoll erstellt werden, in dem Einstellungsfolgen, Einstellungszeiten, Bildinhalte, Kameratechniken und Musik- sowie Textteile festgehalten werden.

Des Weiteren wird vorgesehen, Beurteilungsfragen für Videoclips zusammenzustellen.

*(4) Erarbeitung von Grundlagen für die Beurteilung:*

Die Schülerinnen und Schüler bearbeiten den zur Verfügung gestellten Text zu Videoclips und arbeiten verschiedene Formen heraus. Danach erhalten sie Gelegenheit, abgestimmte Erkundungen zu den Videoclips durchzuführen, und berichten über ihre Ergebnisse.

Anschließend werden Kleingruppen gebildet, wobei die Hälfte der Kleingruppen sich auf den ersten Videoclip konzentriert und für diesen die Erfassung des verbalen Textes, eine detaillierte Ablaufbeschreibung und eine stellenweise Protokollierung leistet. Die andere Hälfte der Kleingruppen erledigt dies für den zweiten Videoclip. Im Anschluss daran werden Texte, Ablaufbeschreibungen und Protokolle in der Klasse vorgestellt, besprochen und allen Kleingruppen für die Beurteilung zur Verfügung gestellt. Die Beurteilung wird außerdem dadurch vorbereitet, dass mit den Schüle-

rinnen und Schülern Beurteilungsfragen zusammengestellt werden, z. B.:
- Stehen Text, Musik und Bilder in einem angemessenen Verhältnis? Welche Rolle spielt dabei die Darstellung von Instrumenten und die Präsentation der Band?
- Entspricht die Schnitttechnik dem Rhythmus der Musik?
- Wie sind die textlichen und bildlichen Aussagen des jeweiligen Clips zu beurteilen?
- Welche Wirkung könnte der jeweilige Clip auf Jugendliche haben? Wie ist die mögliche Wirkung zu beurteilen?

*(5) Durchführung der Beurteilung bzw. Erarbeiten einer vergleichenden Stellungnahme:*
Auf der Basis der Clip-Daten, der Texte, der Ablaufbeschreibungen und der Protokolle sowie der Beurteilungsfragen können die Kleingruppen die beiden Clips vergleichend diskutieren, Gemeinsamkeiten und Unterschiede herausarbeiten und bewerten.

*(6) Vorstellen der Stellungnahmen und Zusammenfassung:*
Die Kleingruppen tragen ihre Stellungnahmen vor. Für einen Vergleich und die Diskussion der Stellungnahmen bzw. Beurteilungen werden mit den Schülerinnen und Schülern Fragen zusammengestellt, z. B.:
- In welchen Punkten stimmen die Stellungnahmen überein, in welchen Punkten unterscheiden sie sich?
- Wie sind die Unterschiede in den Stellungnahmen zu erklären?
- Wie sind die Unterschiede zu beurteilen?

Danach kann mit den Schülerinnen und Schülern eine Zusammenfassung bisheriger Einsichten unter folgenden Leitfragen angestrebt werden:
a) Welche Punkte sind für eine Charakterisierung von Videoclips generell geeignet?
b) Welche Gemeinsamkeiten und Unterschiede lassen sich bei Videoclips beobachten?
c) Welche Fragen eignen sich für eine Beurteilung von Videoclips?
Wichtige Ergebnisse werden an der Tafel festgehalten.

*(7) Anwendung:*
Eine erste Anwendung kann darin bestehen, dass die Schülerinnen und Schüler in Kleingruppen aus dem laufenden Fernsehprogramm zu den noch nicht besprochenen Clip-Arten jeweils ein Beispiel aufzeichnen, die Beispiele analysieren und bewerten und sie mit der erarbeiteten Charakterisierung und Bewertung in der Klasse präsentieren.
Für eine zweite Anwendung können Lehrperson, Schülerinnen und Schüler den Gedanken aufnehmen, dass bei der Beurteilung von Videoclips immer auch Einschätzungen zur Bedeutung von Videoclips für Jugendliche und zu ihren Wirkungen eine Rolle gespielt haben. Dies kann Anlass sein, einmal bei einem größeren Kreis von Jugendlichen die Nutzung und Einschätzung von Videoclips in einer Frage-

bogenaktion zu untersuchen. Dazu können Kleingruppen Fragebogenentwürfe erstellen. Diese lassen sich dann zu einem Fragebogen zusammenführen, der in anderen Klassen der Schule, vielleicht auch in Nachbarschulen, eingesetzt werden kann. Die Fragebogen können dann unter der Leitfrage ausgewertet werden, wie Jugendliche Videoclips nutzen und welche Bedeutung diese für Jugendliche haben. Die Ergebnisse können diskutiert, vielleicht auch mit einer theoretischen Arbeit zur Bedeutung von Videoclips verglichen werden. Des Weiteren wäre denkbar, mit einer Redaktion für Musiksendungen Kontakt aufzunehmen und die Ergebnisse mit einem Redakteur zu diskutieren.

Eine dritte Anwendung kann darauf zielen, selbst einmal einen Videoclip zu erstellen und bei geeigneten Gelegenheiten zu präsentieren.

*(8) Weiterführung und Bewertung:*

Für die Weiterführung werden mit den Schülerinnen und Schülern Fragen zusammengestellt, die im Zusammenhang mit dem Thema „Videoclip" noch wichtig und interessant sind, z. B.:

– In welcher Situation sind Videoclips entstanden? Welche Vorläufer gab es? Wie haben sich Videoclips seit ihrem Entstehen entwickelt? Wie wird die zukünftige Entwicklung eingeschätzt?

– Warum wurden und werden Videoclips produziert? Wo werden sie überall verwendet? Welchen Stellenwert haben Videoclip-Produktionen für die Musikindustrie?

– Wie teuer ist die Produktion von Videoclips? Müssen die Rundfunkanstalten etwas für die Ausstrahlung von Videoclips bezahlen oder zahlen die Produzenten an die Rundfunkanstalten für die Verbreitung ihrer Videoclips?

Die Bearbeitung dieser und ähnlicher Fragen lässt sich wieder in Kleingruppen vornehmen.

Dazu können verschiedene Medienangebote zur Verfügung gestellt werden, z. B. Videofilme des Instituts für Film und Bild in Wissenschaft und Unterricht (FWU) zum Thema Videoclip. Darüber hinaus sollte empfohlen werden, in der Schul- oder Stadtbibliothek weitere Recherchen zu den Fragen anzustellen, gegebenenfalls auch telefonische Erkundungen bei Rundfunkanstalten einzuholen. Die Kleingruppen können dann in der Klasse ihre Ergebnisse vorstellen und diskutieren.

Abschließend sollte die Lehrperson die Unterrichtseinheit im Hinblick auf ihre Bedeutung für die Nutzung von Videoclips und die Einschätzung von Musikangeboten durch die Jugendlichen reflektieren. Dabei sollte auch der Lernweg rückblickend eingeschätzt werden.

Ähnlich strukturierte Unterrichtseinheiten lassen sich auch für andere Beurteilungsaufgaben (vgl. z. B. Abschnitt 4.2.5) konzipieren.

Im Folgenden sollen noch einzelne Aspekte bzw. Gesichtspunkte angesprochen werden, die helfen können, mögliche Schwierigkeiten sowie den Stellenwert und die Grenzen der bisherigen Überlegungen für die Gestaltung des Unterrichts ins Bewusstsein zu heben.

### 5.2.6 Aspekte der Umsetzung

Ein *erster Aspekt bzw. Gesichtspunkt* zur Umsetzung der Überlegungen in diesem Kapitel bezieht sich auf die Forderung, dass Lernprozesse hinreichend komplexe Probleme, Entscheidungsfälle, Gestaltungs- oder Beurteilungsaufgaben als Ausgangspunkt haben sollten, sowie auf die – in diesem Kapitel – vorgeschlagene Strukturierung von Unterrichtseinheiten in verschiedene Unterrichtsphasen. Dies kann mit dem – üblicherweise gegebenen – Zeitrhythmus der Schule (45/90 Minuten-Einteilung) kollidieren. Im Regelfall wird es nicht möglich sein, angemessene Aufgabenstellungen in 45 oder 90 Minuten vollständig im Sinne der Unterrichtsphasen zu bearbeiten. Insofern käme eine freiere Zeitgestaltung dem Ansatz entgegen. Dennoch wäre es unangemessen, den Ansatz aufgrund zeitlicher Erwägungen als nicht durchführbar zu betrachten. Die Aufteilung in Phasen lässt es – wenn notwendig – zu, geeignete Einschnitte zu finden, die eine Realisierung des Ansatzes auch bei einem vorgegebenen Stundenrhythmus ermöglichen. So könnten beispielsweise die Phasen „Aufgabenstellung", „Zielvereinbarung und Bedeutsamkeit", „Verständigung über das Vorgehen" sowie der Beginn der „Erarbeitung von Grundlagen für die Aufgabenlösung" in einer ersten Unterrichtsstunde und die weitere Erarbeitung in einer zweiten Unterrichtsstunde stattfinden, die Phasen „Aufgabenlösung" und „Vergleich und Zusammenfassung" in einer dritten Unterrichtsstunde und die Phasen „Anwendung" sowie „Weiterführung und Bewertung" in einer vierten Unterrichtsstunde. Dabei kann auch überlegt werden, ob es sinnvoll ist, einzelne Phasen in Form von Hausaufgaben vorzubereiten, nachzubereiten oder durchzuführen. So könnten z. B. Anwendungsaufgaben in häuslicher Arbeit ausgeführt werden.

Obwohl solche zeitlichen Anpassungen möglich sind, bleibt eine *flexiblere Zeitorganisation* in der Schule eine wichtige Forderung für Weiterentwicklungen.

Ein *zweiter* – ebenfalls institutionell begründeter – *Gesichtspunkt* könnte von dem Argument ausgehen, die lehrplanmäßig vorgegebene Stofffülle ließe ein handlungsorientiertes Arbeiten mit stark exemplarischem Charakter nicht oder nur in Ausnahmefällen zu. Sicherlich kämen Lehrpläne, in denen von vornherein *mehr Raum für exemplarische Vorgehensweisen* gegeben wird, dem hier vertretenen Ansatz entgegen. Dennoch gilt auch für dieses Argument, dass mit ihm zwar ein Problem der Realisierung angesprochen wird, ohne dass es jedoch eine Begründung dafür sein könnte, von einem handlungs- und entwicklungsorientierten Vorgehen Abstand zu nehmen. Vielmehr sollte auch in dem zur Zeit gegebenen schulorganisatorischen Rahmen – soweit wie möglich und sinnvoll – exemplarisch gearbeitet werden, zumal die Lehrpläne der Lehrperson ja auch Freiheiten geben. Außerdem muss beachtet werden, dass eine zu große Stofffülle dazu führt, dass keine angemessene Auseinandersetzung mit den Inhalten erfolgen kann. Zudem schließt exemplarisches Lernen nicht aus, sondern geradezu ein, dass das exemplarische Vorgehen in sinnvoller Weise mit einem – auf Übersicht zielenden – orientierenden Lehren und Lernen verbunden wird (vgl. dazu Roth 1963, S. 169 ff.). Bereits die dargestellte Phasengliederung des Unterrichts legt eine solche Verbindung nahe: Während die Phasen von der „Aufgabenstellung" bis zu „Vergleich und Zusammenfassung" vor allem auf ein exemplarisches Lehren und Lernen zielen, kann in der Phase der „Anwendung" ein stärker orientierendes Vorgehen einsetzen, das dann in der Phase der „Weiterführung und Bewertung" ganz im Mittelpunkt stehen könnte. Trotz des Hinweises auf die Möglichkeit einer Verbindung von exemplarischem und orientierendem Lernen im gegenwärtigen Schulsystem bleibt es wünschenswert, dass in Lehrplänen und Richtlinien eine stärkere Konzentration auf Kerninhalte erfolgt (vg. hierzu auch Blömeke/Herzig/Tulodziecki 2007).

Ein *dritter Gesichtspunkt* bezieht sich auf die in den grundlegenden Überlegungen zum Lernprozess enthaltene Annahme, dass es zum Wesen des Menschen gehört, in eine *aktive Auseinandersetzung* mit seiner Umwelt zu treten. Wenn man auch davon ausgehen kann, dass die Bereitschaft zur aktiven Auseinandersetzung mit der Umwelt im Rahmen der individuellen Entwicklung prinzipiell gegeben ist, bedeutet dies noch nicht, dass diese Bereitschaft unbedingt erhalten bleibt. Bestimmte Sozialisationsbedingungen können bewirken, dass die Bereitschaft zur aktiven Auseinandersetzung mit der Umwelt abnimmt. Wenn beispielsweise eigene Aktivitäten von Kindern und Jugendlichen in Familie und Schule als störend empfunden, ignoriert oder gar negativ sanktioniert werden, wenn sie vielleicht keinen oder nur sehr wenig Raum für eigene Erkundungen und Aktivitäten erhalten, kann die Bereitschaft zu aktivem Lernen vermindert werden. Es ist hier allerdings nicht der Ort, die vielfältigen Bedingungen schulischer und außerschulischer Sozialisation zu diskutieren, die eine Reduzierung der Bereitschaft zur aktiven Auseinandersetzung mit der Umwelt bewirken können. Es soll im Rahmen dieses Abschnitt nur auf das *Problem* aufmerksam gemacht werden, weil es die Realisierung von Unterrichtseinheiten der vorgestellten Art erheblich erschweren kann. Die Überlegung unterstreicht gleichzeitig die Bedeutung der ersten und zweiten Phase des Lernprozesses, in der Aufgaben, die von Kindern und Jugendlichen *als bedeutsam erfahren* werden können, eingeführt bzw. aufgegriffen werden sollen.

Ein *vierter Gesichtspunkt* ergibt sich durch den Umstand, dass themenbezogene Überlegungen sich immer nur auf Teilstrukturen der gesamten kognitiven Struktur beziehen. Insofern kann es passieren, dass implizit generelle Struktureigenschaften vorausgesetzt werden, über die das Individuum (noch) nicht verfügt, bzw. dass die betreffenden Lernenden die implizit vorausgesetzte Entwicklungsstufe noch nicht erreicht haben, obwohl die alters- bzw. reifungsbezogenen Voraussetzungen dafür gegeben sind. Mangelnde Lernmöglichkeiten können die Ausbildung eines entsprechenden Entwicklungsstandes verhindert haben. Dadurch werden unter Umständen Realisierungschancen für die entwickelten Unterrichtseinheiten gemindert. Auch in Bezug auf diese Frage muss es genügen, auf das *Problem* zu verweisen, ohne den Ursachen im Detail nachzugehen. Es sei jedoch betont, dass sich gerade auf der Basis der hier vertretenen Auffassung vom Lernen und Lehren Unterrichtseinheiten entwickeln lassen, die zur *Stimulierung der Entwicklung* beitragen können und es den Lernenden so gestatten, Entwicklungsrückstände auszugleichen. Dafür ist es wichtig – vor allem, wenn es um sozial-moralische Entwicklungsprozesse geht –, dass sowohl im Unterricht als auch in der Schule insgesamt eine entwicklungsstimulierende Atmosphäre herrscht, die durch Vertrauen, Offenheit und gegenseitige Achtung geprägt ist. Wenn eine solche Atmosphäre nicht herrscht, kann damit auch die Realisierung entsprechender Konzepte gefährdet werden. Es gilt jedoch auch hier, dass die in diesem Kapitel beschriebenen Unterrichtsverläufe mit dazu beitragen können, eine entwicklungsfördernde Atmosphäre auszubilden.

Ein *fünfter Gesichtspunkt* hängt damit zusammen, dass die hier formulierten lernprozessbezogenen Annahmen zwar in theoretisch fundierter Weise entwickelt wurden und dass aufgrund verschiedener empirischer Studien auch gesagt werden kann, dass sie mit der Erfahrung übereinstimmen bzw. ihr zumindest *nicht* widersprechen (vgl. auch Kap. 9). Dennoch muss sich ihre *empirische Bewährung* mit jeder Erprobung einer Unterrichtseinheit neu erweisen. Dies beinhaltet unter anderem die Forderung nach weitergehenden Erprobungen bzw. Evaluationen von entsprechenden Unterrichtsbeispielen. Solche Evaluationen können dem unterrichtlichen Handeln auf Dauer größere Sicherheit, wenn auch *keine Erfolgsgarantie* geben.

## 5.3 Zusammenfassung und Anwendung

In diesem Abschnitt ging es um die Frage, wie Unterricht gestaltet werden kann, der – mit dem Erwerb themenbezogener Kenntnisse, Fähigkeiten und Fertigkeiten – die Entwicklung des intellektuellen und sozialen bzw. moralischen Niveaus unter Beachtung von Bedürfnissen und Lebenssituation anregt. Dazu haben wir dargestellt, dass – nach dem Anstoß eines Lernprozesses durch eine komplexe und bedeutsame Aufgabe – Möglichkeiten zu folgenden *Lernaktivitäten* gegeben werden sollten:

– Aktivieren vorhandener Kenntnisse zum Thema, Äußern spontaner Vorschläge und Erfahren der Schwierigkeiten,
– Überlegungen zu Zielvorstellungen und zu ihrer Bedeutsamkeit,
– Bedenken von Fragen und Vorgehensweisen zur Erarbeitung von Grundlagen für die Aufgabenlösung,
– Erarbeiten bzw. Aneignen von Grundlagen für die Aufgabenlösung,
– Beziehen der Grundlagen auf die Aufgabe, Durchführen der Aufgabenlösung,
– Darstellen und Vergleichen von Aufgabenlösungen sowie Zusammenfassen der zentralen Informationsgrundlagen bzw. Erkenntnisse und Vorgehensweisen,
– Anwenden auf weitere Aufgaben,
– Bedenken weiterführender Fragen und Bewerten des Gelernten und des Lernweges.

Die unterrichtlichen Realisierungen sollen gemäß dem Prinzip der *Handlungs-orientierung* erfolgen – verbunden mit den Prinzipien der Bedürfnis-, Situations-, Erfahrungs- und Entwicklungsorientierung.

Entsprechende Unterrichtsabläufe wurden für die – im Abschnitt 4.2.2 eingeführten – Aufgabentypen, d. h. für Probleme, Entscheidungsfälle, Gestaltungs- und Beurteilungsaufgaben, vorgestellt.

Die für den Ablauf aufgezeigten *Unterrichtsphasen bzw. Unterrichtsschritte* lassen sich wie folgt zusammenfassen:

(1) *Aufgabenstellung*:

    a) Einführung eines Problems, eines Entscheidungsfalls, einer Gestaltungsaufgabe oder einer Beurteilungsaufgabe

    b) Einbringen spontaner Lösungsvorschläge durch die Schülerinnen und Schüler und Erfahren der Schwierigkeiten, die in der Aufgabe liegen

(2) *Zielvereinbarung und Bedeutsamkeit*:

    a) Formulieren von Zielen für die Unterrichtseinheit mit den Schülerinnen und Schülern

    b) Besprechen der Bedeutsamkeit für die gegenwärtige und/oder zukünftige Situation der Lernenden

(3) *Verständigung über das Vorgehen*:

    a) Zusammenstellen von Fragen, zu denen Grundlagen erarbeitet werden müssen, um die gestellte Aufgabe lösen zu können; gegebenenfalls Überlegungen zu Arbeitstechniken und Fertigkeiten, die angeeignet werden müssen

    b) Besprechung des Vorgehens zur Klärung der Fragen und – gegebenenfalls – zur Aneignung notwendiger Arbeitstechniken und Fertigkeiten

(4) *Erarbeitung von Grundlagen für die Aufgabenlösung*:

    a) Entnahme von Informationen aus geeigneten Informationsquellen bzw. Erarbeitung der Grundlagen; gegebenenfalls Aneignung notwendiger Arbeitstechniken und Fertigkeiten für die Aufgabenbearbeitung

    b) Festhalten der erarbeiteten Informationen

(5) *Aufgabenlösung*:

    a) Beziehen der erarbeiteten Grundlagen auf das Eingangsproblem, gegebenenfalls Entwickeln eines Lösungsweges

    b) Erarbeiten und Darstellen der Aufgabenlösung als Problemlösung, begründete Entscheidung, Gestaltungsergebnis oder differenzierte Beurteilung

(6) *Vergleich und Zusammenfassung*:

    a) Vorstellung und Diskussion der Aufgabenlösungen und Begründungen; gegebenenfalls Vergleich mit Lösungen, die in der Realität für die behandelten Probleme, Entscheidungsfälle, Gestaltungsaufgaben oder Beurteilungsaufgaben entwickelt wurden

    b) Zusammenfassen der erarbeiteten Erkenntnisse und Vorgehensweisen für die Bearbeitung vergleichbarer Aufgaben

(7) *Anwendung*:
   a) Einführung und Bearbeitung von Anwendungsaufgaben
   b) Besprechen von Aufgabenlösungen
(8) *Weiterführung und Bewertung*:
   a) Zusammenstellen weiterführender Fragen, entsprechende Informations-
      vermittlung oder Diskussion; gegebenenfalls Hinweise auf folgende Un-
      terrichtseinheiten
   b) Bewertung des Gelernten sowie des Lernweges.

Diese Auflistung bzw. Zusammenfassung von Unterrichtsphasen und -schritten kann als mögliche und für geeignete Themen als wünschenswerte Reihenfolge im Unterricht aufgefasst werden, sie sollte jedoch keineswegs als starrer und stets einzuhaltender Unterrichtsablauf missverstanden werden. Die Abfolge ist je nach Themenstellung und situativen Bedingungen zu spezifizieren und zu modifizieren. Insofern stellt die Auflistung bzw. Zusammenfassung vor allem Gesichtspunkte und Funktionen dar, die bei der Unterrichtsplanung und Unterrichtsdurchführung beachtet werden sollten. In diesem Sinne kann man auch von einem Grundmuster für den Unterricht sprechen.

Die Umsetzung eines solchen Grundmusters kann unter den gegebenen Bedingungen von Schule unter Umständen zu Schwierigkeiten führen. Die Schwierigkeiten können z. B. im reglementierten Zeitrhythmus schulischer Abläufe, in der Stofffülle oder in Voraussetzungen und Sozialisationsbedingungen der Schülerinnen und Schüler liegen. Die Schwierigkeiten lassen sich letztlich jedoch bewältigen – wenn die Verbesserung schulischer Rahmenbedingungen auch eine notwendige Forderung bleibt.

Auf der Basis der obigen Überlegungen zu Merkmalen und Phasen eines lernprozessanregenden und entwicklungsfördernden Unterrichts können Sie nun den von Ihnen eingangs skizzierten Unterrichtsablauf in den Blick nehmen. Dazu empfehlen wir Folgendes:
(1) Analysieren Sie den vorläufigen Unterrichtsablauf bitte im Hinblick auf die Frage, welche der oben angesprochenen Phasen explizit oder implizit in ihm enthalten sind. Achten Sie dabei insbesondere auch darauf, wem jeweils eine aktivere Rolle zukommt: der Lehrperson oder den Schülerinnen und Schülern.
(2) Überarbeiten Sie den vorläufigen Unterrichtsablauf bitte im Hinblick auf eine weitergehende Berücksichtigung der in diesem Abschnitt erarbeiteten Phasen.
Stellen Sie Ihren Unterrichtsablauf – wenn dies möglich ist – in einer Lerngruppe zur Diskussion.

# 6| Komponenten von Unterricht

## 6.1 Einleitende Hinweise und Fragestellungen

In den bisherigen Kapiteln unserer Einführung in die Didaktik haben wir wichtige Grundlagen von Lernen bzw. Lernprozessen bearbeitet und sind der Frage nachgegangen, wie solche Lernprozesse durch geeignete Aufgabenstellungen und Strukturierungen des Ablaufs angeregt und unterstützt werden können. Im weiteren Verlauf der Einführung werden wir diese Überlegungen in Ausführungen zur Vorbereitung, Analyse und Bewertung von Unterricht einbringen. Dazu ist es zunächst notwendig, den Unterrichtsbegriff in den Blick zu nehmen. Wir haben zwar schon an vielen Stellen von Unterricht gesprochen, sind dabei zunächst jedoch von einem intuitiven Begriffsverständnis ausgegangen. Unterrichtsvorbereitung, -analyse und -bewertung setzen allerdings ein differenziertes Unterrichtsverständnis voraus. Demgemäß werden wir in diesem Kapitel den Unterrichtsbegriff näher analysieren und eine Vorstellung davon entwickeln, was wichtige Merkmale von Unterricht sind.

Verdeutlichen Sie sich bitte in einem ersten Schritt Ihr subjektives Verständnis von Unterricht, indem Sie Komponenten von Unterricht benennen, die Ihnen wichtig erscheinen. Sie können dazu ein Mind-Map erzeugen, in das Sie die Ihnen im Zusammenhang mit Unterricht wichtigen Begriffe eintragen.
Darstellung 6.1 zeigt die Struktur eines Mind-Map. In die Hauptäste werden wichtige Oberbegriffe eingetragen, die durch Begriffe in den Nebenästen noch weiter differenziert werden können. Es kommt dabei vor allem auf ein Festhalten erster spontaner Gedanken an und weniger auf Trennschärfe oder Vollständigkeit.

Der Aufweis bedeutsamer Komponenten von Unterricht kann als erster Schritt zur Entwicklung einer Modellvorstellung von Unterricht gesehen werden. Ein weiterer Schritt besteht in der Beschreibung von Zusammenhängen zwischen den einzelnen Komponenten.

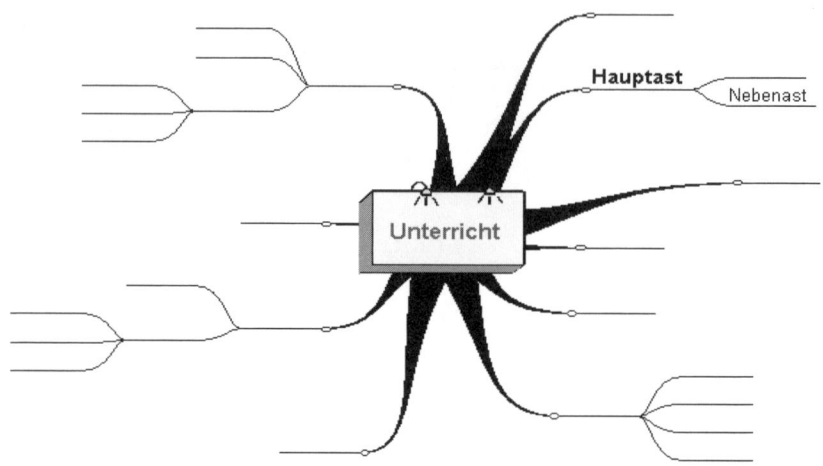

**Darstellung 6.1:** Struktur eines Mind-Map

Bitte setzen Sie einzelne Komponenten aus Ihrem Mind-Map miteinander in Beziehung und beschreiben Sie die Beziehungen bzw. Wechselwirkungen zwischen ihnen.
Zur Visualisierung Ihrer Überlegungen bietet es sich an, die Komponenten aus dem Mind-Map herauszuschreiben und mit Pfeilen zu verbinden, um Abhängigkeiten oder Zusammenhänge zu symbolisieren.

Damit Sie einschätzen können, ob Sie alle wichtigen Merkmale und Zusammenhänge in Ihrem Mind-Map erfasst haben, bietet es sich an, folgenden Fragen nachzugehen:
(1) Mit Hilfe welcher Komponenten lässt sich Unterricht in systematischer Weise beschreiben?
(2) Welche Beziehungen und Wechselwirkungen bestehen zwischen unterrichtsrelevanten Komponenten?
Die Beantwortung dieser Fragen kann helfen, auf wichtige Aspekte von Unterricht aufmerksam zu werden und sie bei der Planung, Durchführung und Analyse angemessen zu berücksichtigen. Darüber hinaus ist es bedeutsam, sich die eigenen Vorstellungen von Unterricht, insbesondere von (Wechsel-)Wirkungen einzelner Komponenten, ins Bewusstsein zu heben und mit anderen (wissenschaftlichen) Vorstellungen zu konfrontieren, um auf mögliche alternative Sichtweisen aufmerksam zu werden.

## 6.2 Grundlegende Informationen

Im Folgenden stellen wir zunächst einige Vorüberlegungen zum Stellenwert von Modellvorstellungen an, bevor wir unsere Modellvorstellung zum Unterricht formulieren. Dabei geht es in einem ersten Schritt um die Beschreibung konstitutiver Unterrichtskomponenten und ihres Zusammenwirkens, in einem zweiten Schritt um die nähere Erläuterung der einzelnen Komponenten.

### 6.2.1 Zum Stellenwert von Modellvorstellungen

Die meisten Menschen verbinden mit dem Begriff Unterricht bestimmte (subjektive) Vorstellungen, die häufig nicht auf der expliziten Kenntnis wissenschaftlicher Aussagen zum Unterricht, sondern auf verschiedenen individuellen Erfahrungen im Zusammenhang mit Situationen beruhen, die sie als unterrichtliches Geschehen wahrnehmen oder wahrgenommen haben. Solche Vorstellungen lassen sich als Alltagstheorien oder als subjektive Theorien kennzeichnen. Sie umfassen unter anderem relevante Begriffe – auch Konstrukte genannt – und Annahmen über Zusammenhänge zwischen diesen Begriffen. Vergleicht man Alltagstheorien verschiedener Menschen zu dem gleichen Phänomen – z. B. Unterricht –, dann werden unterschiedliche Begriffe eine Rolle spielen und unterschiedliche Annahmen über die Zusammenhänge zwischen diesen Begriffen auftreten. Dies spiegelt wider, dass subjektive Theorien Ausdruck einer individuellen Sicht auf die Welt sind und individuelle Erklärungen verschiedener Zusammenhänge ermöglichen.

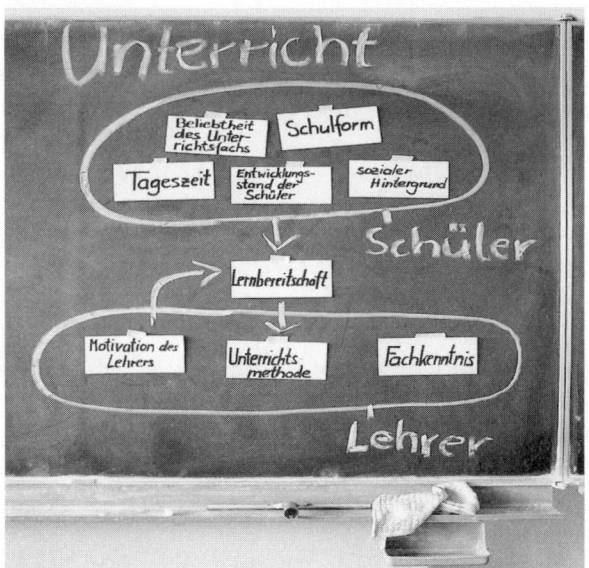

**Darstellung 6.2:** Visualisierung subjektiver Theorien zum Unterricht (Beispiel 1)

In den Darstellungen 6.2 und 6.3 sind Beispiele relevanter Begriffe im Zusammenhang mit Unterricht dargestellt, wie sie von zwei Studierenden formuliert wurden. Ein erster Vergleich macht deutlich, dass einzelne Begrifflichkeiten in ähnlicher Formulierung in beiden Beispielen auftreten, andere Begriffe aber offensichtlich nicht von beiden als unterrichtsrelevante Komponenten angesehen werden.

Eine zweite Beobachtung im Zusammenhang subjektiver Theorien von Unterricht ergibt sich auf der Basis der von Studierenden formulierten Zusammenhänge zwischen den – in den Darstellungen festgehaltenen – Begriffen. Dazu der folgende Auszug aus den Notizen eines Studenten (vgl. Darstellung 6.2):

> Im Zentrum aller Unterrichtsbemühungen steht die Lernbereitschaft bzw. der Lernerfolg der Schüler. Beeinflusst wird dieser durch zwei Faktorengruppen: Schüler- und Lehrerfaktoren.
>
> Auf der Schülerseite beeinflusst die „Beliebtheit des Unterrichtsfaches" die Lernbereitschaft des Schülers. Wenn zum Beispiel das Fach Mathematik unbeliebt ist, ist die Bereitschaft, sich im Unterricht und bei der häuslichen Arbeit einzubringen, ebenfalls gering.
>
> „Schulform" ist ebenso ein Faktor auf der Schülerseite, der die Lernbereitschaft beeinflusst – so klingt es zwar pauschalisierend, aber in der Regel haben Hauptschüler eine geringere Lern- und Leistungsbereitschaft und vielleicht auch Leistungsfähigkeit als beispielsweise Gymnasiasten.
>
> Der Faktor „Tageszeit" ist auf Schülerseite ebenso nicht zu vernachlässigen – so sind viele Schüler morgens leistungsfähiger als in der Mittagszeit, kurz vor Schulschluss.
>
> Schüler, die einen höheren eigenen „Entwicklungsstand" haben, sind möglicherweise von sich aus lernbereiter, da sie gegebenenfalls die Bedeutung der Schule für ihr späteres Fortkommen im Leben erkennen und sich daher aus eigenem Antrieb anstrengen.
>
> „Sozialer Hintergrund" ist leider auch in Deutschland als Faktor für Lernerfolg nicht ganz auszuschließen. In sozial schwachen Familien müssen die Schüler möglicherweise neben der Schule noch arbeiten oder werden vom Elternhaus bei der Wahl der Schulform, bei der Bewältigung des Unterrichtsstoffes oder bei der Finanzierung notwendigen Nachhilfeunterrichts nicht ausreichend unterstützt. All dies ist der Leistungsfähigkeit in der Schule natürlich abträglich.

Weitere Auszüge aus den Überlegungen eines zweiten Studenten (vgl. Darstellung 6.3):

> Auf der Seite der Lehrerfaktoren ist die „Fachkenntnis" des Lehrers ganz entscheidend. Es erscheint möglicherweise überflüssig, diesen Faktor zu erwähnen, doch häufig haben Lehrer in „neuen" Unterrichtsfächern wie der Informatik zu geringe Fachkenntnisse. Folglich kann sich bei den Schülern erst gar kein Lernerfolg einstellen. Wenn die Schüler merken, dass der Lehrer sich nicht auskennt, ist ihre eigene Lernbereitschaft gegebenenfalls auch gering.

Hier sind wir schon bei einem weiteren Lehrerfaktor, der „Motivation des Lehrers". Ist der Lehrer motiviert, kann dies auch auf die Schüler „abfärben". Ist er
demotiviert, fragen sich oftmals auch die Schüler, warum sie motiviert mitarbeiten
und sich einbringen sollten.

Der Abwechslungsreichtum bei der Wahl der Unterrichtsmethode und die Wahl
der Unterrichtsmethode „an sich" beeinflussen als Lehrerfaktoren die Leistungsbereitschaft der Schüler. Werden Schülern immer nur frontale Präsentationen des
Lehrers geboten, sind sie gegebenenfalls nach einiger Zeit demotiviert und sollten
durch Phasen der Gruppen- und Einzelarbeit wieder „aktiviert" werden.

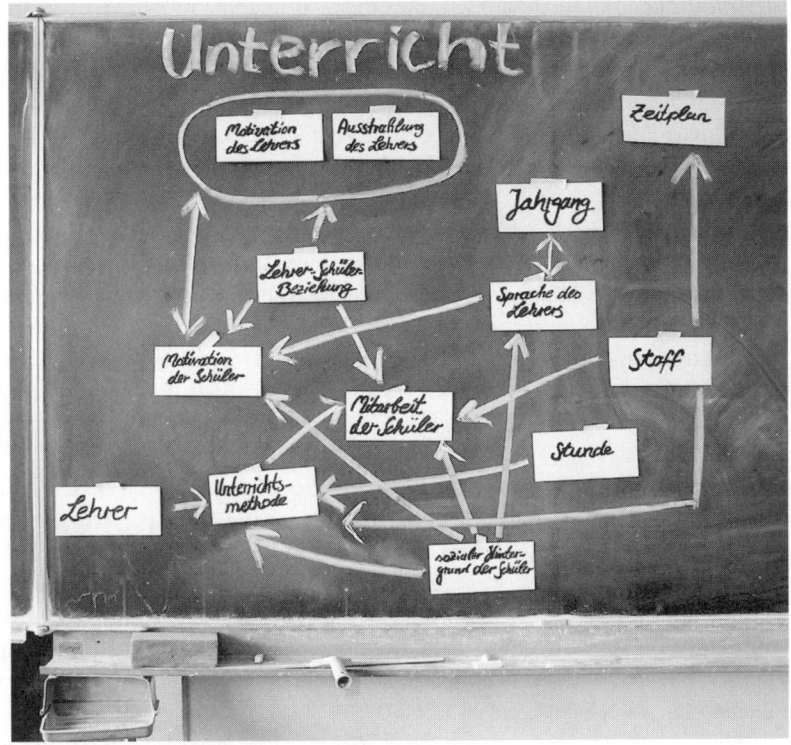

**Darstellung 6.3:** Visualisierung subjektiver Theorien zum Unterricht (Beispiel 2)

Die Auffassungen der Studierenden zum Unterricht enthalten zum einen verschiedene
relevante Begriffe – z. B. Lehrer, Schüler, Motivation, Beliebtheit des Faches, Lernbereitschaft, sozialer Hintergrund etc. –, zum anderen Aussagen über Zusammenhänge zwischen den Faktoren. Diese Aussagen sind einerseits Aussagen über Fakten
oder über kausale Zusammenhänge und Wirkungen, andererseits Erwartungen
oder Forderungen. Sie lassen sich verschiedenen Arten von Sätzen zuordnen (vgl.
TULODZIECKI 1983a, S. 29):

- *empirisch-deskriptive* (beschreibende) Sätze, z. B.: Hauptschüler haben eine geringere Lern- und Leistungsbereitschaft als Gymnasiasten,
- *empirisch-hypothetische* (Zusammenhänge ausdrückende) Sätze, z. B.: Wenn das Fach Mathematik unbeliebt ist, dann ist auch die Bereitschaft, sich im Unterricht und in der häuslichen Arbeit einzubringen, gering,
- *normative* (zielvorgebende) Sätze, z. B.: Schüler sollten durch Phasen von Gruppen- und Einzelarbeit aktiviert werden.

Je nach zugrunde liegender Erfahrungsquelle sind insbesondere die empirischen Aussagen häufig nicht Ergebnisse wissenschaftlicher Untersuchungen, sondern zunächst Vermutungen und Annahmen, die einer – prinzipiell möglichen – Prüfung mit Hilfe wissenschaftlicher Methoden nicht unbedingt standhalten müssen. So könnte sich beispielsweise in einem repräsentativen Test herausstellen, dass Hauptschüler eine ähnliche Lern- und Leistungsbereitschaft zeigen wie Gymnasiasten. Auch den normativen Aussagen können empirisch-hypothetische Annahmen zugrunde liegen, z. B. die Annahme, dass Gruppenarbeit die Aktivität von Schülerinnen und Schülern fördere.

Wenn subjektive Theorien auch mit wissenschaftlichen Erkenntnissen übereinstimmen können, so erheben sie doch grundsätzlich keinen Anspruch auf wissenschaftlich gesicherte Erkenntnisse. Häufig zeichnen sie sich gerade durch die „vorwissenschaftliche" Sichtweise auf Phänomene und Sachverhalte aus. Damit entsteht die Frage, welche Erwartungen an die Formulierung einer Modellvorstellung von Unterricht gestellt werden können bzw. sollten. Gibt sie auch „nur" die subjektiven Theorien der Autoren wieder oder sind an eine solche Modellvorstellung bestimmte Kriterien geknüpft?

Die Beispiele deuten schon an, dass eine Auseinandersetzung mit Fragen des Unterrichts darauf angewiesen ist, Begrifflichkeiten – über die individuellen Assoziationen hinaus – zu präzisieren und Zusammenhänge mindestens in nachvollziehbarer, „vernünftiger" und plausibler Weise zu formulieren. In diesem Sinne kann eine Modellvorstellung als die Beschreibung eines Wirklichkeitsausschnittes charakterisiert werden, die diesen Ausschnitt auf relevante Aspekte und deren Zusammenhänge zurückführt. Demnach lassen sich für Modellvorstellungen folgende Eigenschaften formulieren (vgl. auch SCHULZE 1980, S. 40 f.):

- Sie reduzieren Komplexität durch Beschreibung des Gegenstandsbereiches mit Hilfe konstitutiver Komponenten.
- Sie geben an, für welchen Gegenstandsbereich ihre Aussagen gelten sollen.
- Sie stützen sich nicht allein auf persönliche Eindrücke, sondern beziehen solche Aussagen ein, die sich auf empirische Daten beziehen, die prinzipiell jedermann zugänglich sind.
- Sie formulieren Zusammenhänge in logischer und vernünftiger Weise.
- Sie reflektieren das methodische Vorgehen bzw. den Prozess der Erkenntnisgewinnung, so dass er intersubjektiv nachvollziehbar wird.

- Sie stellen ihre Aussagen in einen wissenschaftlichen Kontext und beziehen bisherige Aussagen und Erkenntnisse zum Gegenstandsbereich ein.
- Sie dienen der weiteren Erkenntnisgewinnung, z. B. durch neue Erklärungsansätze oder neue Handlungsvorschläge.

Solche Eigenschaften können an dieser Stelle zunächst ein Bewusstsein dafür schaffen, dass Modellbildungen in der Erziehungswissenschaft sinnvoll und notwendig sind – auch wenn Modellbildungen nicht mit wissenschaftlichen Theorien gleichgesetzt werden sollten. Allerdings gehen die Anforderungen an ein Modell über eine subjektive Theorie hinaus. Dennoch bleiben auch Modelle letztlich Ausdruck einer – allerdings gut begründeten – Vorstellung von einem Realitätsausschnitt, kein Abbild davon. Eine Modellvorstellung von Unterricht sagt dementsprechend nichts darüber aus, was Unterricht „ist", sondern darüber, welche Komponenten für die Beschreibung dieses Geschehens als wichtig erachtet werden und welche Beziehungen zwischen diesen Komponenten angenommen werden. Die „Angemessenheit" eines Modells kann im Hinblick auf Kriterien, wie sie vorstehend formuliert sind, beurteilt werden. Die Tatsache, dass es in der didaktischen Literatur unterschiedliche Modellvorstellungen von Unterricht gibt, ist zum einen darauf zurückzuführen, dass unterschiedliche Autorinnen und Autoren auch unterschiedliche Komponenten für wichtig halten, und zum andern darauf, dass auch über die o.g. Kriterien für Modellvorstellungen kein grundsätzlicher Konsens besteht (wir nehmen diese Frage ausführlich in der Schlussreflexion auf).

Auf der Basis dieser Vorüberlegungen formulieren wir im Folgenden eine Modellvorstellung von Unterricht.

### 6.2.2 Modellvorstellung von Unterricht

Unterricht lässt sich als ein Geschehen beschreiben, in dem Lernende und Lehrperson miteinander handeln bzw. interagieren. Bezogen auf die Interaktionspartner „Lernende" und „Lehrperson" kann man von folgenden Annahmen ausgehen:

(1) Die Lernenden kommen mit bestimmten *Voraussetzungen* in den Unterricht. Sie führen dort – unter anderem angeregt durch die Lehrperson – verschiedene *Lernaktivitäten* aus. Diese haben bestimmte *Lernwirkungen* zur Folge.

(2) Die Lehrperson geht – unter Berücksichtigung der vermuteten *Lernvoraussetzungen* – mit bestimmten *Zielvorstellungen* in den Unterricht hinein. Dort realisiert sie verschiedene *Lehrhandlungen*. Von diesen erhofft sie sich, dass sie die Lernenden zu *Lernaktivitäten* anregen, die dem Erreichen der Ziele dienen. Die real beobachteten Lernaktivitäten – einschließlich ihrer Ergebnisse, d. h. der *Lernwirkungen* – führen zu bestimmten *Annahmen* der Lehrperson *zum Lernerfolg*. Je nach Übereinstimmung mit oder Abweichung von ihren Zielvorstellungen modifiziert die Lehrperson unter Umständen ihre Lehrhandlungen und/oder ihre Zielvorstellungen.

Damit sind als wichtige Komponenten von Unterricht auf der Seite der Lehrperson die Lehrhandlungen, die Zielvorstellungen und die Annahmen zum Lernerfolg und auf der Seite der Lernenden die Lernaktivitäten, die Lernvoraussetzungen und die Lernwirkungen bestimmt. Berücksichtigt man die in unseren Annahmen formulierten Zusammenhänge, lässt sich eine vereinfachte Modellvorstellung von Unterricht gemäß Darstellung 6.4 herleiten.

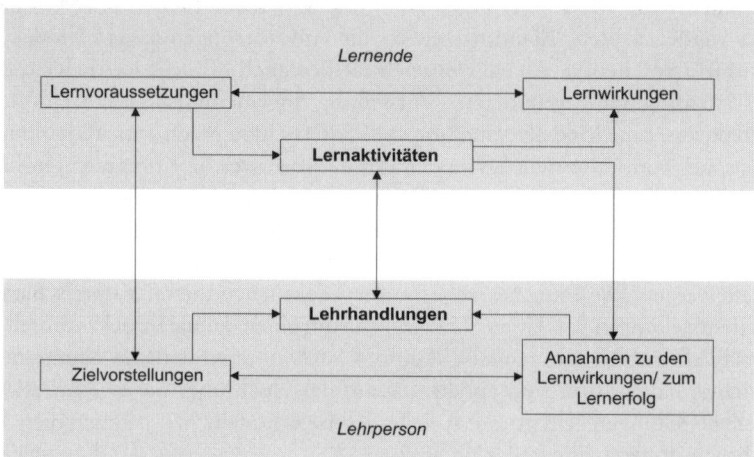

**Darstellung 6.4:** Vereinfachte Modellvorstellung von Unterricht

Zur Konkretisierung der Modellvorstellung gehen wir noch einmal von dem – im Abschnitt 4.2.4 eingeführten – Beispiel aus, dass eine Lehrperson mit den Schülerinnen und Schülern Aspekte des Umgangs mit personenbezogenen Daten erarbeiten möchte und die Lernenden dazu mit folgender Entscheidungssituation konfrontiert:

Markus, der die Bestell- und Ausleihvorgänge in der Schülerbibliothek selbstständig mit Hilfe eines Computers bearbeitet, wird von seinem Freund Andreas um eine Liste gebeten. In dieser sollen für die einzelnen Bibliotheksbenutzer die entliehenen Bücher ausgedruckt werden. Andreas möchte diese Liste für eine gezielte Zeitschriftenwerbung verwenden und verspricht Markus, der die Arbeiten in der Schülerbibliothek ohne Entgelt in seiner Freizeit durchführt, einen Anteil am Gewinn. Markus überlegt, was er tun soll.

Das darauf ausgerichtete unterrichtliche Geschehen lässt sich – entsprechend den beschriebenen grundlegenden Annahmen und der daraus gewonnenen Modellvorstellung – in folgender Art charakterisieren:

(1) Die *Lernenden* treten mit bestimmten Vorstellungen zum möglichen Handeln von Markus (*Lernvoraussetzungen*) in den Lernprozess ein. Diese Vorstellungen sind unter anderem bedingt durch vorhandene Kenntnisse und Erfahrungen zum

Thema „Datenschutz" sowie durch die intellektuellen Fähigkeiten – d. h. z. B. durch die Frage, wie differenziert die Situation analysiert werden kann – und durch die jeweiligen Wertmaßstäbe und Wertorientierungen der Lernenden – d. h. durch die Frage, was für richtig oder falsch, für verantwortbar oder gerecht gehalten wird. Im Unterricht stellen die Lernenden unter anderem Handlungsmöglichkeiten von Markus zusammen, diskutieren diese, treffen eine Entscheidung und begründen sie (*Lernaktivitäten*). Der so stattfindende Lernprozess kann dazu führen, dass die Lernenden für zukünftige Situationen über neue Kenntnisse zum Datenschutz sowie über erweiterte Argumentationsmuster intellektueller und sozialer bzw. moralischer Art verfügen (*Lernwirkungen*).

(2) Die *Lehrperson* führt den Unterricht in der Absicht durch, dass die Lernenden Kenntnisse zum Datenschutz erwerben und sich mit Argumenten auseinander setzen, die zu einer Weiterentwicklung ihres intellektuellen Niveaus und ihres moralischen Urteilsvermögens führen sollen (*Zielvorstellungen*). Um dies zu erreichen, konfrontiert sie die Lernenden mit der Entscheidungssituation, stellt Materialien zum Datenschutz zur Verfügung, regt unter anderem Diskussionen in Kleingruppen an und führt mit Hilfe eines Arbeitsblattes verschiedene Entscheidungsgesichtspunkte ein (*Lehrhandlungen*). Aufgrund der konkret beobachteten Lernaktivitäten, der Argumente, die die Lernenden bei der Diskussion verwenden, und der Entscheidung, die sie treffen, sowie der Begründungen, die sie dafür liefern, bildet die Lehrperson bestimmte *Annahmen zu den Lernwirkungen bzw. zum Lernerfolg*. Je nach ihren Annahmen gibt die Lehrperson sich zufrieden oder führt weitere Lehrhandlungen durch.

Diese Anwendung auf ein Beispiel zeigt, dass für den Unterricht neben den – im obigen Modell – angeführten Komponenten des Unterrichts weitere Gesichtspunkte konstitutiv sind, und zwar

– die Unterrichts*inhalte*, hier z. B. Aussagen zum Thema Datenschutz,
– die Erfahrungsformen bzw. *Medien*, in denen die Inhalte zum Ausdruck kommen, hier z. B. die sprachliche Vermittlung auf einem Arbeitsblatt,
– die *Sozialformen*, hier z. B. der Klassenunterricht und die Kleingruppenarbeit.

Für die Betrachtung und Reflexion von Unterricht ist darüber hinaus bedeutsam, dass er im sozialen Rahmen einer *Klasse* bzw. eines *Kurses* sowie im *institutionellen Rahmen* der *Schule* stattfindet. Die sozialen und institutionellen Rahmenbedingungen basieren ihrerseits auf dem *gesellschaftlichen Kontext*, der sie hervorgebracht hat. So sind beispielsweise rechtliche bzw. gesetzliche Grundlagen von Unterricht und Schule durch Instanzen festgelegt worden, die für sich eine entsprechende demokratische Legitimation in Anspruch nehmen.

Diese Überlegungen führen zu einer erweiterten Modellvorstellung von Unterricht, wie sie Darstellung 6.5 zeigt.

### 6.2.3 Komponenten der Modellvorstellung

Im Folgenden sollen die in dem Modell angesprochenen strukturellen Komponenten des Unterrichts im Einzelnen erläutert und diskutiert werden.

#### a) Lernvoraussetzungen

Unter dem Begriff „Lernvoraussetzungen" werden hier alle Merkmale der Lernenden zusammengefasst, die diese aufgrund ihrer Vorerfahrungen und ihres Entwicklungsstandes in den Unterricht einbringen und die für seinen Ablauf von Bedeutung sind. Dazu zählen vor allem:

- vorhandene bereichsspezifische bzw. themenrelevante Kenntnisse und Erfahrungen sowie die mit ihnen verbundenen Fähigkeiten und Fertigkeiten, einschließlich Lern- und Arbeitstechniken,
- die (generellen) intellektuellen Fähigkeiten,
- die Wertorientierungen und
- die Bedürfnisstruktur.

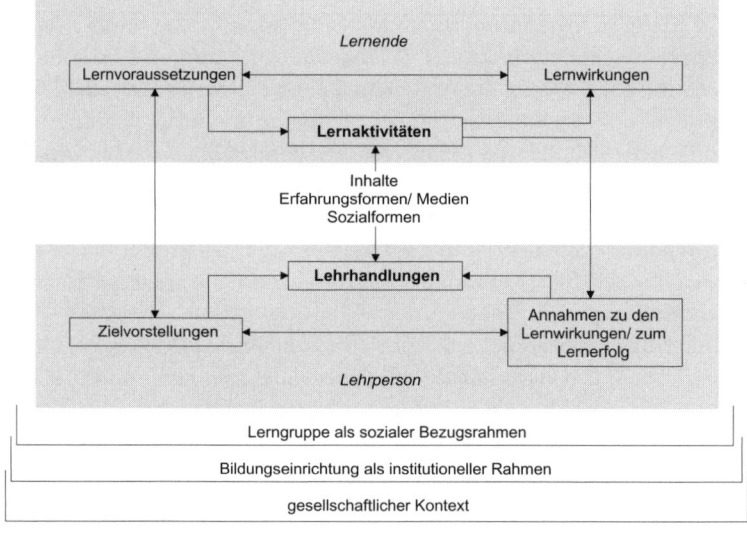

**Darstellung 6.5:** Erweiterte Modellvorstellung von Unterricht

Die themen- und unterrichtsrelevanten Erfahrungen und Kenntnisse können in schulischen oder außerschulischen Zusammenhängen erworben worden sein. Es handelt sich also nicht nur um fachliche Kenntnisse, sondern auch um Vorstellungen, die Kinder und Jugendliche zu bestimmten Themenbereichen oder Sachverhalten im Laufe der Zeit außerhalb schulischer Lernprozesse entwickelt haben. Dass diese subjektiven Vorstellungen häufig gerade nicht mit fachwissenschaftlichen Vorstellungen übereinstimmen, stellt eine besondere didaktische Herausforderung dar (vgl. dazu auch Abschnitt 1.2.3). So könnte sich ein Schüler das Phänomen niedrigerer Temperaturen am Südpol im Vergleich zum Äquator durch die größere Entfernung der Sonne vom Pol erklären. Grundlage einer solchen Erklärung kann die alltägliche Erfahrung sein, dass die Temperatur bei Annäherung an eine Wärmequelle, z. B. einen Heizstrahler, steigt. Dass diese Vorstellung physikalisch oder geologisch nicht angemessen ist, „stört" den Schüler solange nicht, bis andere Erfahrungen seine bisherigen Auffassungen in Frage stellen.

Die intellektuellen Fähigkeiten spiegeln wider, in welchem Maße die Lernenden in der Lage sind, komplexere Gedankengänge durchzuführen. In einer Entscheidungssituation, wie sie im obigen Beispiel dargestellt ist, werden durch das intellektuelle Vermögen beispielsweise die Anzahl der Handlungsmöglichkeiten, die jemand erwägt, die Anzahl der Kriterien, die zur Beurteilung einer Möglichkeit herangezogen werden und die Differenzierung solcher Kriterien sowie deren Abstraktionsgrad und der Grad ihrer Verknüpfung bestimmt (vgl. Abschnitt 2.2.5). In einem allgemeinen Sinne kann man die intellektuellen Fähigkeiten als einen Gradmesser für die Komplexität von Denkprozessen betrachten.

Als Wertorientierung der Kinder und Jugendlichen lässt sich ihr Verständnis von Gerechtigkeit, Fairness, Verantwortung, sozialer Verpflichtung, Gemeinsinn, Toleranz u.ä. beschreiben. Solche sozialen oder moralisch-ethischen Kategorien bilden eine subjektive Bewertungsinstanz, die insbesondere bei Entscheidungsfindungen oder Beurteilungen relevant wird (vgl. Abschnitt 2.2.6).

Bei Kindern und Jugendlichen – wie auch bei Erwachsenen – werden in unterschiedlichen Situationen verschiedene Bedürfnisse aktiviert. So könnte beispielsweise bei einem Schüler ein starkes Bedürfnis nach Anerkennung und Wertschätzung, das nicht durch freundschaftliche Beziehungen oder innerhalb von Peer-Groups befriedigt wird, im Unterricht dazu führen, dass er durch besondere – aus der Sicht der Lehrperson unerwünschte – Aktivitäten auf sich aufmerksam macht und dadurch sein Achtungsbedürfnis zu befriedigen sucht. Andere Situationen, z. B. ein Klassenwechsel, wecken beispielsweise Bedürfnisse nach Ordnung, Stabilität und Sicherheit (vgl. Abschnitt 2.2.3).

Aufgrund der unterschiedlichen Lebenserfahrungen der Lernenden ist damit zu rechnen, dass die Lernvoraussetzungen innerhalb einer Klasse in der Regel sehr heterogen sind. Dabei ist wichtig, dass Unterricht für alle Schülerinnen und Schüler nur dann erfolgreich verlaufen kann, wenn heterogene Lernvoraussetzungen in ihrer Breite aufgenommen werden.

**b) Zielvorstellungen, Lernwirkungen und Annahmen zum Lernerfolg**
Zielvorstellungen für den Unterricht lassen sich strukturell auf die gleichen Bereiche beziehen wie Lernvoraussetzungen. In diesem Sinne können angestrebt werden:

- das Erreichen bestimmter themen- und unterrichtsrelevanter Kenntnisse und der mit ihnen verbundenen Fähigkeiten und Fertigkeiten,
- die Weiterentwicklung der intellektuellen Fähigkeiten,
- die Weiterentwicklung der sozialen bzw. moralischen Orientierung,
- die Befriedigung unterrichtsrelevanter Bedürfnisse der Lernenden, z. B. die Befriedigung von Zugehörigkeits- und Achtungsbedürfnissen.

Die Frage, wie Unterrichtsziele im Einzelnen formuliert und geordnet werden können, hat in der Didaktik mit dem Aufkommen der so genannten lernzielorientierten Ansätze eine breite Diskussion ausgelöst (vgl. z. B. MEYER 1978; MAGER 1978)[1]. Dies hat dazu geführt, dass man sich heute stärker der Bedeutung der Zielperspektive im Unterricht und unterschiedlicher Niveaustufen von Zielen (vgl. zur Taxonomie z. B. BLOOM 1974; KRATHWOHL/BLOOM/MASIA 1975) bewusst ist. Darüber hinaus sind aber vor allem auch prozessbezogene Überlegungen wichtig: Entscheidend für gewünschte Lernwirkungen ist nicht in erster Linie ein wohldefinierter Katalog von Richt-, Grob- und Feinzielen, sondern die Frage, ob es gelingt, die Lernenden zu einer handlungsrelevanten Auseinandersetzung mit bedeutsamen Lerninhalten anzuregen und die Auseinandersetzung in geeigneter Weise zu unterstützen. Auf eine solche Auseinandersetzung sollten unterrichtliche Überlegungen vor allem gerichtet sein. Diese Schwerpunktsetzung schließt ein, dass die folgenden vier Forderungen erfüllt werden (vgl. auch Kap. 3):

a) Die explizit oder implizit verfolgten Ziele berücksichtigen vorhandene Richtlinien und Lehrpläne in angemessener Weise.

b) Die Ziele sind im Hinblick auf die gegenwärtige und zukünftige Lebenssituation der Kinder und Jugendlichen bedeutsam.

c) Die Ziele lassen sich im Hinblick auf die Leitidee eines sachgerechten, selbstbestimmten und kreativen Handelns in sozialer Verantwortung rechtfertigen.

d) Die Lehrperson verständigt sich mit den Schülerinnen und Schülern über angemessene Zielorientierungen für die Auseinandersetzung mit geeigneten Aufgaben bzw. mit geeigneten Inhalten.

Im Zusammenhang mit der Zielfrage stellt sich darüber hinaus das Problem, wie Lernende und Lehrperson zu einer angemessenen Einschätzung der Lernwirkungen bzw. des Lernerfolgs kommen können.

Für die Lehrperson besteht eine Möglichkeit darin, den Lernablauf bei den Lernenden sorgfältig zu beobachten. Bei der Lösung von Aufgaben, beim Vergleich von Lösungen, bei der Zusammenfassung von Ergebnissen oder bei der Auseinandersetzung mit Anwendungsaufgaben wird sich zeigen, wie die Lernenden die eingebrachten Informationen und Argumente verarbeitet haben und ob sie in der Lage sind, das Gelernte anzuwenden.

Außer der Beobachtung des Lernablaufs hat die Lehrperson die Möglichkeit, spezifische Lernerfolgskontrollen einzubringen. Dafür kommen vor allem Anwendungsphasen in Betracht. Diese können unter anderem mit Hilfe von individuell zu lösenden Aufgaben – unter Umständen als Hausaufgaben oder als Klassenarbeit – gestaltet werden. Durch die Bearbeitung solcher Anwendungsaufgaben sollen nicht nur Lehrpersonen, sondern vor allem auch die Lernenden die Chance erhalten festzustellen, welcher Lernerfolg erreicht wurde (vgl. zur Frage der Lernerfolgskontrolle auch BLÖMEKE/HERZIG/TULODZIECKI 2007, S. 193 ff.).

### c) Lernaktivitäten und Lehrhandlungen

Im Verlaufe von Unterricht führen die Lernenden verschiedene Aktivitäten durch, die sich zum Teil direkt beobachten lassen, zum Teil aber auch nur indirekt erschlossen werden können. Dazu zählen z. B.: spontane Lösungsvorschläge äußern, Zielüberlegungen anstellen, die Bedeutsamkeit von Lerninhalten bedenken, Detailfragen für die Bearbeitung von Aufgaben zusammenstellen, Vorgehensvorschläge unterbreiten, Informationen aufnehmen und strukturieren, Aufgabenlösungen erarbeiten, Lösungen vergleichen, Gelerntes zusammenfassen und anwenden, Lernergebnisse und Lernwege reflektieren und bewerten. Auf der Seite der Lehrperson lassen sich als Lehrhandlungen z. B. folgende Aktivitäten nennen: die Lernenden mit einem Problem konfrontieren, Ziele besprechen und Verständigungsprozesse einleiten, geeignete Informationen einbringen, Impulse und Hilfen zu selbstständigen Aufgabenlösungen geben, vergleichende Diskussionen anregen, Hilfen zur Zusammenfassung des Gelernten anbieten, Anwendungsaufgaben einführen, weiterführende Informationen mitteilen, Reflexionen und Bewertungen initiieren.

Ausgehend von diesen Beispielen, lassen sich Lehr- und Lernhandlungen in allgemeiner Weise folgendermaßen charakterisieren:

a) Der Begriff *„Lernaktivitäten"* bezeichnet alle psychischen und physischen Vorgänge, die auf einen Lernzusammenhang bezogen sind. Lernen wird dabei als Prozess der dauerhaften Veränderung von Dispositionen für menschliches Handeln verstanden, insbesondere als Prozess der Weiterentwicklung des Kenntnis- bzw. Erfahrungsstandes, der mit ihm verbundenen Fähigkeiten und Fertigkeiten sowie des intellektuellen Niveaus und der sozialen bzw. moralischen Orientierung.

b) *Lehrhandlungen* sind alle Aktivitäten der Lehrperson im Unterricht, die darauf zielen, Lernaktivitäten beim Lernenden anzuregen oder zu unterstützen. Lehrhandlungen können vorher geplant sein oder sich spontan im Unterricht oder als Reaktion auf bestimmte Verhaltensweisen in Lehr-Lernprozessen ergeben.

Ein angemessenes Zusammenspiel von Lernaktivitäten und Lehrhandlungen – im Sinne einer für Lernende und Lehrperson sinnhaften Interaktion – ist eine wichtige Voraussetzung für wirkungsvollen Unterricht.

### d) Unterrichtsinhalte

Die Frage, welche Inhalte im Unterricht vermittelt werden sollen und welcher Stellenwert für das Lernen ihnen dabei zukommt, hat in der Didaktik eine lange Tradition. Insbesondere in der geisteswissenschaftlich orientierten bildungstheoretischen Didaktik wurde sie intensiv diskutiert (vgl. Abschnitte 3.2.2, 10.2.2). Auch in der – teils sozialwissenschaftlich orientierten – Curriculumdiskussion war sie ein zentrales Thema (vgl. z. B. ROBINSOHN 1967), ebenso im Kontext der Entwicklung des zentralen Lehrplanwerkes in der ehemaligen DDR (vgl. KLINGBERG 1972, S. 59 ff.). Da wir bereits im Abschnitt 3.2.2 auf wichtige Aspekte der Inhaltsfrage eingegangen sind, heben wir nur noch einmal Folgendes hervor:

a)  Die unterrichtlichen Inhalte lassen sich nicht auf funktionale Aspekte im Sinne des Lernmittels oder Lernanreizes reduzieren. Ihnen kommt eine eigenständige Bedeutung zu. Sie stellen zugleich ein konstitutives Element des jeweiligen Kenntnisstandes und der Motivation bzw. des Interesses dar. Darüber hinaus ist die Entwicklung handlungsrelevanter kognitiver Strukturen an die Auseinandersetzung mit Inhalten gebunden.

b)  Unterrichtliche Inhalte sollten für die gegenwärtige oder zukünftige Lebenssituation der Kinder und Jugendlichen bedeutsam sein. Diese Bedeutsamkeit ergibt sich – außer durch den Bedürfnisbezug – durch den Inhalt als solchen, d. h. Inhalte sind nicht beliebig wählbar.

c)  Empfehlungen zur Auswahl von Inhalten in Lehrplänen und Curricula sollten als vorläufige Entscheidungen betrachtet werden. Die lern- und entwicklungsfördernde bzw. bildende Wirkung eines Inhalts erweist sich erst in der konkreten Auseinandersetzung mit diesem Inhalt.

### e)  Erfahrungsformen bzw. Medien

Die Inhalte, mit denen die Lernenden im Rahmen des Unterrichts konfrontiert werden, können in unterschiedlicher Weise erfahren werden. Grundsätzlich kann man folgende Formen der Erfahrung unterscheiden:

–   *reale Form*, diese ist z. B. bei Beobachtungen oder beim Handeln in der Realität, in der Begegnung mit anderen Menschen oder im Umgang mit realen Gegenständen gegeben,

–   *modellhafte Form*, diese tritt z. B. beim simulierten Handeln im Rollenspiel oder beim Umgang mit Modellen auf,

–   *abbildhafte Form*, diese liegt z. B. bei der Information durch Fotos oder Grafiken und Schemazeichnungen vor,

–   *symbolische Form*, diese entspricht der Information durch schriftliche oder mündliche bzw. verbale Darstellungen[2].

Wollen Schülerinnen und Schüler beispielsweise das Problem lösen, wie viele lose Rollen ein Flaschenzug haben muss, damit sie mit ihrer Muskelkraft ein bestimmtes Gewicht hochziehen können, lässt sich hinsichtlich der Erfahrungsformen Folgendes sagen:

–   Bringt die Lehrperson oder ein Lernender einen Rollenflaschenzug mit in den Unterricht, so wird der Inhalt in realer Form präsentiert.

–   Führen die Lernenden mit speziellen Versuchsgeräten Experimente zur Frage des

Zusammenhangs von aufzuwendender Kraft und Masse bzw. Gewicht durch, so begegnet ihnen der Inhalt in modellhafter Form.

– Zeigt die Lehrperson Diapositive von verschiedenen Flaschenzügen in realgetreuer oder schematisierter Form, so liegt eine abbildhafte Erfahrungsform vor.

– Beschreibt die Lehrperson nur mit Worten einen Flaschenzug, so wählt sie die symbolische Form der Darstellung.

Für den Unterricht und die begriffliche Klärung sind noch zwei Hinweise wichtig:

– Die verschiedenen Erfahrungsformen können kombiniert auftreten. So verbindet z. B. eine Lehrperson, die einen Rollenflaschenzug in den Unterricht mitbringt und verschiedene Einsatzmöglichkeiten von Rollenflaschenzügen verbal erläutert, die reale und die symbolische Präsentationsform.

– Welche Form vorliegt, bestimmt sich erst durch den inhaltlichen Gegenstand, auf den sich das unterrichtliche Interesse richtet. Wird der Lerngegenstand „Rollenflaschenzug" beispielsweise verbal beschrieben, so liegt in Bezug auf diesen Gegenstand eine symbolische Präsentation vor. Würde eine entsprechende Unterrichtsstunde jedoch von Studierenden besucht, die Beobachtungen zur Lehrersprache durchführen wollen, so stellt die Beobachtung der verbalen Äußerungen der Lehrperson eine reale Erfahrungsform dar (im Hinblick auf den Inhalt „Lehrersprache").

Im allgemeinen Sinne des Wortes kann man die Form, in der ein Inhalt präsentiert wird, als Medium bezeichnen. Allerdings ist der Begriffsgebrauch in der Literatur sehr unterschiedlich (vgl. hierzu TULODZIECKI/HERZIG 2002, S. 64 ff.). Er reicht von dem oben angeführten umfassenden Begriffsverständnis als Erfahrungsform bis zu einer engeren Begriffsauffassung, bei der nur dann von Medien gesprochen wird, wenn potenzielle Zeichen mit Hilfe technischer Geräte gespeichert, übertragen oder verarbeitet und in abbildhafter oder symbolischer Darstellung wiedergegeben werden. Beispiele für Medien in diesem engeren Sinne sind Buch, Arbeits- und Diaprojektion, Film, Video und Fernsehen, Schallplatte, Tonband und Hörfunk, Bildplatte, Computer und Multimedia (vgl. TULODZIECKI 1997, S. 37 ff.). Ein solch engerer – als technisch zu bezeichnender – Medienbegriff umfasst sowohl die technischen Geräte bzw. Einrichtungen zur Speicherung, Übertragung oder Verarbeitung von Informationen als auch die dazugehörigen Materialien bzw. die Software sowie deren funktionales Zusammenwirken im Vorgang der Kommunikation (vgl. auch HERZIG 2002, S. 110 ff.; S. 287 ff.).

Aus unterrichtlicher Sicht bietet es sich an, von einem umfassenden Medienbegriff auszugehen, weil damit generell der Blick für die Form geschärft wird, in der unterrichtliche Inhalte vermittelt werden. Dabei zeigt sich, dass bereits die modellhafte Form der Präsentation eines Inhalts eine Reduktion im Vergleich zur Wirklichkeit bedeutet. Gleiches gilt für abbildhafte und erst recht für symbolische Darstellungen. Lerntheoretisch folgt daraus, dass Begriffe und inhaltliche Aussagen zu einem Wirklichkeitsbereich möglichst auf realen Formen der Erfahrung basieren sollten.

Bei nur modell- oder abbildhaften und symbolischen Vermittlungsformen besteht immer die Gefahr, dass sich irreführende Vorstellungen über die Realität ausbilden (vgl. BRUNER/OLSON 1975, S. 197 ff.; TULODZIECKI 1983b, S. 43 ff.).

Dies heißt allerdings nicht, dass der Unterricht stets mit Handeln in der Realität oder realen Erfahrungsformen beginnen müsste. Dort, wo aufgrund des bisherigen Lebens- und Bildungsweges bereits direkte Erfahrungen vorliegen, kann selbstverständlich auf diese zurückgegriffen und mit modellhaften, abbildhaften oder symbolischen Präsentationsformen angemessen gelernt werden. Unter Umständen bietet es sich auch an, einen Wirklichkeitsbereich bzw. Inhalt wegen der besseren Überschaubarkeit zunächst mit Hilfe modellhafter Erfahrungen oder in abbildhafter Form, eventuell sogar mit symbolischen Darstellungen zu erschließen. Dann ist es jedoch wichtig, an geeigneter Stelle den Rückbezug auf die Realität zu leisten.

Realitätsbezüge beim Lernen sind auch deshalb so wichtig, weil in unserer „mediatisierten Welt" der relative Anteil von direkten Erfahrungen immer mehr zugunsten von indirekten Erfahrungen verringert wird. Die damit verbundenen Probleme sollen hier nicht ausdiskutiert werden. Es sei jedoch darauf hingewiesen, dass ein angemessenes Verständnis der Lerninhalte nur dann zu erwarten ist, wenn die Erfahrungsformen im Unterricht so ausgewählt werden, dass die Lernenden die unterrichtlichen Informationen – vor dem Hintergrund ihrer bisherigen Erfahrungen – in angemessener Weise auf die Realität beziehen können.

### f) Sozialformen

Sozialformen des Unterrichts beschreiben die soziale Organisation beim Lehren und Lernen. Die unterrichtlichen Beiträge von Lehrpersonen und Lernenden können auf die ganze Klasse, auf kleine Gruppen oder auf jeweils nur einen Partner gerichtet sein. Schließlich kann sich ein Lernender auch allein mit einem Lerninhalt auseinander setzen. Demgemäß kann man folgende Sozialformen unterscheiden:

- *Klassenunterricht*, bei dem man in der Regel von einer Lerngruppe mit 15-35 Lernenden ausgeht,
- *Kleingruppenarbeit*, bei der Gruppen mit 3-7 Lernenden gebildet werden,
- *Partnerarbeit*, bei der jeweils zwei Lernende zusammenarbeiten,
- *Einzelarbeit*, bei der die Lernenden allein eine unterrichtliche Aufgabe bearbeiten.

Jede dieser Sozialformen hat spezifische Vorzüge und Probleme. Hier ist es allerdings nicht notwendig, diese im Detail anzuführen und zu diskutieren – zumal es dazu entsprechende Übersichtsliteratur gibt (vgl. z. B. MEYER 2002; 2003).

Es soll jedoch hervorgehoben werden, dass die Wahl der Sozialform entscheidend dafür sein kann, ob es gelingt, geeignete Entwicklungsimpulse in intellektueller und sozialer bzw. moralischer Hinsicht zu setzen, eine Befriedigung sozialer Bedürfnisse zu ermöglichen und soziale Verhaltensweisen auszubilden. Dazu bietet es sich an, die Sozialformen im Verlaufe des Unterrichts je nach ihrer Eignung für einzelne Unterrichtsphasen zu variieren und damit u.a. auch Möglichkeiten der Differenzierung, d.h. der Berücksichtigung unterschiedlicher Lernvoraussetzungen wahrzunehmen. Im Vergleich zur jetzigen Situation, in der Unterricht durch ein hohes Maß an fragend-entwickelndem Unterrichtsgespräch und durch Lehrervorträge dominiert wird (vgl. Abschnitt 9.2.3), bedeutet dies eine deutlich stärkere Integration von Phasen mit Einzel-, Partner- oder Gruppenarbeit.

### g) Klasse bzw. Kurs als sozialer Bezugsrahmen

Die obigen Überlegungen zu den Sozialformen zeigen, dass die Klasse bzw. der Kurs den sozialen Rahmen für unterrichtliche Aktivitäten bildet. Dieser soziale Rahmen weist gegenüber anderen Gruppen, z. B. Familien oder Jugendgruppen, einige Merkmale auf, die bei der Realisierung von Unterricht – in dem Verständnis, wie wir es hier entwickeln – beachtet werden sollten (vgl. z. B. SEIFFGE-KRENKE 1981; ULICH 1981; JERUSALEM 1997):

– Schulklassen bzw. Kurse sind als soziale Bezugsgruppen weder gewachsen wie die Familie noch von den Mitgliedern frei gewählt wie eine Jugendgruppe, sie werden vielmehr aufgrund institutioneller Rahmenbedingungen zusammengesetzt. Insofern sind sie im Anfangsstadium ein formales Gebilde, auf das die Schülerinnen und Schüler durch äußere Bedingungen verpflichtet werden.

– Die Zielsetzungen für die Schulklasse bzw. den Kurs sind zunächst durch Lehrpläne und Richtlinien vorgegeben und nicht durch einen eigenständigen Entscheidungsprozess als Gruppenziel entwickelt worden.

– Die wechselseitigen Beziehungen zwischen Lehrpersonen und Kindern und Jugendlichen in der Schulklasse sind durch die Institution Schule vorgeprägt. So wird beispielsweise von der Lehrperson erwartet, dass sie dafür Sorge trägt, dass die Lernenden am Ende des jeweiligen Schulhalbjahres die im Lehrplan vorgegebenen Kenntnisse, Fähigkeiten und Fertigkeiten erworben sowie erzieherische Hilfen erhalten haben und dass eine Leistungsbeurteilung erfolgt. Von den Kindern und Jugendlichen wird z. B. erwartet, dass sie die Lehrperson respektieren und bereit sind, entsprechend den Lehrplanvorgaben zu lernen, Störungen zu vermeiden und Leistungsbeurteilungen zu akzeptieren.

Selbst wenn diese Erwartungen im Ablauf unterrichtlicher Interaktionen von den Betroffenen unterschiedlich interpretiert werden können, bleibt der institutionell-gesellschaftliche Einfluss erhalten. Insofern wirken institutionell und gesellschaftlich bedingte Erwartungen an die Lehrer- und Schülerrolle auf den Beziehungsaspekt unterrichtlicher Interaktionen ein. Im Unterschied zu alltäglichen Lehr- und Lernprozessen, mit denen keine Hierarchisierung verbunden ist, bedeutet die Institutionalisierung dieses Prozesses dementsprechend auch eine dauerhafte Statuszuweisung von „oben" und „unten".

Vor dem Hintergrund solcher Bedingungen bilden sich in der Klasse bzw. im Kurs – je nach speziellen Voraussetzungen der einzelnen Kinder und Jugendlichen und

je nach konkretem Verlauf der Interaktionen – bestimmte Dominanz-, Kommuni-
kations-, Erwartungs- und Sympathiestrukturen aus. Dominanzstrukturen zeigen
sich unter anderem in den Beeinflussungsmöglichkeiten, über welche die Lehrperson und die einzelnen Lernenden oder Teilgruppen verfügen; Kommunikations-
strukturen äußern sich unter anderem darin, wer mit wem über welche Themen
spricht; Erwartungsstrukturen werden durch die in der Klasse bzw. im Kurs geltenden
Verhaltensnormen bestimmt; Sympathiestrukturen beziehen sich auf den Grad der
Beliebtheit oder Unbeliebtheit der einzelnen Klassen- bzw. Kursmitglieder (vgl.
PETILLON 1980; BRUNNER 2002; ROST/SCHILLING 2002).

**h) Schule als institutioneller Rahmen und gesellschaftlicher Kontext**
Unterricht findet in der Regel in einem schulischen Rahmen statt. Die Schule kann
man als eine organisierte Institution auffassen (vgl. KLAFKI 1970, S. 156). Mit dieser
Auffassung wird der Blick einerseits auf die Binnenstruktur der Schule und andererseits auf ihre Außenbeziehungen gelenkt, wobei Binnenstruktur und Außenbeziehungen in einem Wechselverhältnis zueinander stehen. Wir werden im Folgenden auf
einzelne Aspekte aufmerksam machen, die im Zusammenhang unseres Verständnisses
von Schule und Unterricht zu bedenken sind (zur Übersicht vgl. z. B. FEND 1981;
DALIN 1999, S, 35 ff.; BAUMGART 1999). Dazu nennen wir zunächst einige allgemeine
Gesichtspunkte zur Institution „Schule" im gesellschaftlichen Kontext:
–   Die Schule hat in der Gesellschaft einen *bestimmten Zweck bzw. eine bestimmte
    Funktion.* So schreibt beispielsweise FEND (1981) der Schule folgende Funktionen
    zu: Qualifikation der Lernenden für die Übernahme gesellschaftlich relevanter
    Aufgaben, Selektion im Hinblick auf die Vergabe eines bestimmten sozialen Status
    bzw. bestimmter beruflicher und gesellschaftlicher Positionen, Legitimation des
    gesellschaftlich-politischen Systems.
–   Die Schule basiert auf einer Reihe *gesetzlicher bzw. rechtlicher Vorschriften*, die
    von politischen Entscheidungsträgern erlassen werden. Die Vorschriften beziehen
    sich unter anderem auf Eingangsvoraussetzungen für bestimmte Bildungsgänge,
    auf Lehrpläne und Richtlinien, auf Abschlussprüfungen und Durchführungs-
    bestimmungen.
–   Neben den offiziellen Lehrplänen, Richtlinien und Bestimmungen wirken ge-
    sellschaftliche Normen und Vorstellungen im Sinne eines *„heimlichen Lehrplans"*
    auf die Schule ein (vgl. z. B. MEYER 1984, S. 279 ff.). Der heimliche Lehrplan
    reicht von der Festlegung, wer im Unterricht bestimmt, wer wann sprechen
    darf, bis zu dem Problem, dass Schulversagen im Zweifelsfalle nicht als Versagen
    der Institution Schule, sondern als individuelles Leistungsversagen interpretiert
    wird.
–   Bei aller staatlichen Regelung ist Schule durch eine *Eigendynamik* gekennzeichnet
    und zeigt sich nach außen nicht als einheitliches System. Ihre Grundstruktur
    kann als ein lose gekoppeltes System beschrieben werden (‚*loosely coupled system*',

vgl. WEICK 1976; TERHART 1986), in dem Lehrpersonen in einzelnen Klassen vergleichsweise unabhängig voneinander („nebeneinander") agieren. Dies kann zu teilweise deutlich heterogenen Leistungsständen innerhalb gleicher Fächer und Jahrgänge innerhalb einer Schule führen (vgl. z. B. DITTON 1992).

– Der gesellschaftliche Einfluss auf die Schule zeigt sich auch daran, dass die Schule in Abhängigkeit von *bildungspolitischen Vorstellungen und ökonomischer Situation* in einer bestimmten Weise mit Lehr- und Hilfspersonal, mit Gebäuden und Räumen sowie mit Lehr- und Lernmaterialien ausgestattet wird. Insbesondere die Zuweisung von Lehrerstellen und die Ausbildung der Lehrpersonen beeinflussen das unterrichtliche und schulische Geschehen – von den Klassen- bzw. Kursgrößen bis zu den pädagogischen Qualifikationen. Je nach Lage der Dinge wird dadurch die pädagogische Arbeit erleichtert oder erschwert. Hinzu kommt, dass durch solche institutionellen Rahmenbedingungen Selektionsentscheidungen im Hinblick auf individuelle Bildungskarrieren beeinflusst werden können (vgl. GOMOLLA/RADTKE 2002).

– Nicht zuletzt ist Schule auch im Zusammenhang mit der jeweiligen *Lebenssituation* der Jugendlichen zu sehen, die durch den gesellschaftlichen Kontext geprägt ist. Die Loslösung aus familialen Strukturen mit dem Ziel der Identitätsfindung, die Konfrontation mit gesellschaftlich tradierten und alternativen Wertvorstellungen, die Auseinandersetzung mit verschiedenen Lebensformen und kulturellen Sichtweisen, unsichere berufliche und ökologische Lebensperspektiven sowie eine zunehmende Mediatisierung der Lebenswelt sind einige der gesellschaftlich bedingten oder beeinflussten Themen, die für Jugendliche sowohl Entwicklungschancen als auch -gefahren bergen und die Aufgaben von Schule beeinflussen.

Im Detail arbeiten wir diese und weitere Aspekte in unserem Band zur „Gestaltung von Schule" auf (vgl. BLÖMEKE/HERZIG/TULODZIECKI 2007).

## 6.3 Zusammenfassung und Anwendung

In diesem Kapitel haben wir eine Modellvorstellung von Unterricht entfaltet und im Hinblick auf den schulischen Rahmen erweitert. Dabei wurden die folgenden – für den Unterricht relevanten – *Komponenten* benannt und erläutert:

– Lernvoraussetzungen,
– Lernaktivitäten und
– Lernwirkungen auf Seiten der Lernenden,
– Zielvorstellungen,
– Lehrhandlungen und
– Annahmen zum Lernerfolg auf Seiten der Lehrenden,
– Unterrichtsinhalte,
– Erfahrungsformen bzw. Medien und
– Sozialformen als konstitutive Bestandteile von Lernaktivitäten und Lehrhandlungen,

– Klasse bzw. Kurs als soziale Bezugsgruppe,
– Schule als Institution und
– gesellschaftlicher Kontext als Rahmenbedingungen für Unterricht.

Bei der Behandlung dieser Komponenten zeigte sich, dass sie in vielfältiger Weise miteinander verknüpft sind. Demgemäß sind die Unterrichtskomponenten nicht als isolierte Aspekte, sondern als miteinander verbundene *Strukturmomente* des Unterrichts zu verstehen.

Auf der Basis dieser Überlegungen zu den Komponenten von Unterricht und ihren wechselseitigen Beziehungen können Sie nun das von Ihnen eingangs erstellte Mind-Map und Ihre vorläufige Modellvorstellung noch einmal unter folgenden Fragen heranziehen:

(a) Vergleichen Sie die von Ihnen genannten Komponenten von Unterricht mit den im Text beschriebenen konstitutiven Merkmalen. Gestalten Sie mit den – von uns genannten – Hauptaspekten ein überarbeitetes Mind-Map und ordnen Sie Ihre Unterrichtsaspekte zu bzw. ergänzen Sie diese.

(b) Vergleichen Sie Ihre Modellvorstellung von Unterricht mit unserem Modell (s. Darstellung 6.4) und stellen Sie die gemeinsamen und die unterschiedlichen Wechselwirkungen heraus.

(c) Überlegen Sie anschließend, welche Kenntnisse oder Erfahrungen Sie veranlasst haben (könnten), gerade die von Ihnen entwickelten Zusammenhänge hervorzuheben.

### Anmerkungen

1 In der ehemaligen DDR ist eine entsprechende Diskussion um Lernziele nicht zu finden. Unterrichtsziele unterlagen politisch-administrativen Entscheidungen und wurden verbindlich im Lehrplanwerk der DDR festgelegt (vgl. dazu KLINGBERG 1972, S. 59 ff.).

2 Unter Symbolen verstehen wir alle Zeichen, deren Bedeutung auf Konventionen beruht, insbesondere Schriftzeichen.

# 7| Unterrichtsvorbereitung

## 7.1 Einleitende Hinweise und Fragestellungen

Wendet man die Überlegungen aus den bisherigen Abschnitten auf die Unterrichtsvorbereitung an, so kann man zwei mögliche Vorgehensweisen unterscheiden. Erstens lassen sich die verschiedenen Phasen von Lern- und Lehrabläufen als Ausgangspunkt wählen. Dann kann für jede Phase überlegt werden, wie sich die verschiedenen Komponenten von Unterricht – z. B. Lernvoraussetzungen, Ziele, Inhalte, Medien und Sozialformen – darstellen. Eine solche Vorgehensweise bezeichnen wir als *prozessbezogene Unterrichtsvorbereitung*. Zweitens kann man die verschiedenen Komponenten von Unterricht zum Ausgangspunkt für die Überlegungen nehmen und die Unterrichtsvorbereitung danach strukturieren. In diesem Falle werden Überlegungen zu Lernvoraussetzungen, Zielen, Inhalten, Medien, Sozialformen usw. jeweils getrennt aufgeführt. Bei diesem Vorgehen kann man von einer *komponentenbezogenen Unterrichtsvorbereitung* sprechen.

Das erste Verfahren hat – vereinfacht gesagt – den Vorzug, dass die Überlegungen unmittelbarer auf die Durchführung und die entsprechenden Prozesse bezogen sind, allerdings die mögliche Schwierigkeit, dass für jede Phase sofort die gesamte Komplexität bedacht werden muss. Demgegenüber hat das zweite Verfahren den Vorteil, die Komponenten zunächst für sich betrachten zu können, jedoch die Gefahr, dass dies isoliert geschieht und die Überlegungen später nicht mehr angemessen auf den Prozess bezogen werden.

Wir werden im Folgenden zunächst die prozessbezogene Unterrichtsvorbereitung in den Blick nehmen. Diese schließt in besonderer Weise an die bisherigen Überlegungen im Kapitel 5 an.

Sie haben im Kapitel 5 bereits eine erste Ablaufskizze zu einem von Ihnen selbst gewählten Thema oder zu einem der Themen aus Abschnitt 4.1 entworfen. Nehmen Sie sich diese Ablaufskizze bitte noch einmal vor. Überlegen Sie für jede der Phasen – zunächst in vorläufiger Form –, welche Entscheidungen hinsichtlich einzelner Unterrichtskomponenten noch ausdrücklich gefällt werden müssten, z. B. zu Inhalten, Sozialformen, Medien usw.

Für eine differenzierte prozessbezogene Unterrichtsvorbereitung empfiehlt es sich, zwei Fragen nachzugehen:

(1) Welche Schritte sollten bei einer prozessbezogenen Unterrichtsvorbereitung im Einzelnen vollzogen werden?

(2) Wie stellt sich die Vorbereitung an einem konkreten Beispiel dar?

Mit der Bearbeitung dieser beiden Fragen kann das generelle Vorgehen bei einer prozessbezogenen Unterrichtsvorbereitung verdeutlicht werden. Abschließend werden wir noch einige Überlegungen zu einer komponentenbezogenen Unterrichtsvorbereitung anfügen.

## 7.2 Grundlegende Informationen

Zunächst stellen wir die Schritte einer prozessbezogenen Unterrichtsvorbereitung systematisch dar, ehe wir sie an einem Beispiel ausführen.

### 7.2.1 Schritte einer prozessbezogenen Unterrichtsvorbereitung

Langfristige Unterrichtsvorbereitung wird von einem Stoffverteilungsplan für ein ganzes Schuljahr oder mindestens für ein Schulhalbjahr ausgehen. Aus einer solchen Planung ergeben sich Themen für verschiedene Unterrichtsreihen und Unterrichtseinheiten.

In diesem Zusammenhang verstehen wir unter einer Unterrichtsreihe eine Folge von zwei oder mehr Unterrichtseinheiten zu einem bestimmten Themengebiet. Eine Unterrichtseinheit stellt innerhalb einer Unterrichtsreihe eine thematische und didaktische Einheit dar, in der verschiedene Unterrichtsphasen – von der „Aufgabenstellung" bis zur „Weiterführung und Bewertung" – realisiert werden. Eine Unterrichtseinheit sollte keinesfalls als eine zeitliche Einheit von z. B. 45 oder 90 Minuten missverstanden werden (vgl. auch Abschnitt 5.1).

Eine Unterrichtsreihe könnte sich beispielsweise im Politikunterricht auf das Themengebiet „Das Regierungssystem der Bundesrepublik Deutschland" beziehen. Themenschwerpunkte für einzelne Unterrichtseinheiten könnten sein: Parteien und Verbände im Prozess der politischen Weiterbildung, Wahlen und Wahlsysteme, repräsentativ-parlamentarische Demokratie, Kontrolle politischer Machtträger in der Bundesrepublik Deutschland u. Ä. Die Themenschwerpunkte für einzelne Unterrichtseinheiten sollten so gewählt werden, dass jeweils eine sinnvolle Verbindung von exemplarischem und orientierendem Lernen und Lehren möglich wird (vgl. auch Abschnitt 5.2.6).

Für eine geplante Unterrichtseinheit sind demgemäß zunächst die vorgesehene Lerngruppe ins Bewusstsein zu heben sowie der Themenschwerpunkt und seine Einordnung in das jeweilige Themengebiet festzulegen. Danach lässt sich eine prozessbezogene Unterrichtsvorbereitung direkt nach wünschenswerten Unterrichtsphasen gliedern. Es ist sinnvoll, bei den Überlegungen zu den einzelnen Phasen von nachstehenden – den Phasen zugeordneten – Fragen auszugehen. Dabei sollte im Blick bleiben, dass sich die Fragen auf *unterrichtsvorbereitende* Überlegungen beziehen; die damit verbundenen Entscheidungen sollten als vorläufig verstanden werden, sodass für den Prozess der Durchführung eine hinreichende Flexibilität im Sinne der Anpassung an konkrete Interaktionsverläufe gewahrt bleibt:

(1) *Aufgabenstellung*:
– Durch welches Problem, welchen Entscheidungsfall, welche Gestaltungsaufgabe oder welche Beurteilungsaufgabe kann der Unterrichtsinhalt angemessen erschlossen werden?
– In welcher Form soll das Problem, der Entscheidungsfall, die Gestaltungs- oder die Beurteilungsaufgabe präsentiert werden?
– Welche Erfahrungen und spontanen Lösungsvorschläge werden die Lernenden voraussichtlich in den Unterricht einbringen? Sollen die spontanen Vorschläge als Bezugspunkte für spätere Überlegungen – z. B. für weiterführende Überlegungen oder eine abschließende Reflexion – festgehalten werden?
– Wie lassen sich spontane Lösungsvorschläge derart problematisieren, dass den Lernenden die in der Aufgabe liegenden Schwierigkeiten bewusst werden (und damit die Einsicht entsteht, etwas lernen zu müssen, um die Aufgabe lösen zu können)?

(2) *Zielvereinbarung und Bedeutsamkeit*:
– Welche Zielvorstellungen werden die Schülerinnen und Schüler aufgrund der ersten Konfrontation mit der eingeführten Aufgabe möglicherweise selbst entwickeln?
– Wie kann die Zielvorstellung für die Unterrichtseinheit im Sinne der zu erlangenden Kenntnisse, Fähigkeiten und Fertigkeiten – in einer für die Lernenden verständlichen Fassung – formuliert werden?
– Welche Bedeutung werden die Jugendlichen von sich aus den zu erwerbenden Inhalten oder Fertigkeiten beimessen?
– Welche Hinweise zur Bedeutsamkeit sollten – falls notwendig – eingebracht werden? Mit welchen Einwänden ist gegebenenfalls zu rechnen?

(3) *Verständigung über das Vorgehen*:
– Welche Fragen sollen gemeinsam mit den Lernenden zur Erarbeitung von Grundlagen für die Aufgabenlösung im Gespräch zusammengestellt werden?
– Welche Vorgehensweisen sollen mit den Lernenden zur Erarbeitung der Grundlagen abgesprochen werden?
– Wie sollen Fragen und Vorgehensweisen gegebenenfalls festgehalten werden, z. B. an der Tafel oder auf einer Folie?
– Welche inneren Differenzierungen sollen für die Erarbeitung von Grundlagen unter Umständen vorgesehen werden, um der Heterogenität von Lernvoraussetzungen gerecht zu werden?

(4) *Erarbeitung von Grundlagen für die Aufgabenlösung*:
–   Welche Grundlagen müssen für die Aufgabenlösung – als Antwort auf die unter (3) zusammengestellten Fragen – erarbeitet werden?
–   In welcher Form sollen Lern- und/oder Lehrmaterialien zur Verfügung gestellt werden?
–   Welche Sozialformen eignen sich für die Erarbeitung der Grundlagen, z. B. Kleingruppenarbeit mit entsprechenden Materialien oder gezielte Informationen durch ein Schülerreferat in der gesamten Lerngruppe?
–   Nach welchen Kriterien sollen gegebenenfalls Kleingruppen zusammengesetzt werden, z. B. homogene oder heterogene Zusammensetzung nach Interessen oder Leistungsniveau?

(5) *Aufgabenlösung*:
–   Welche Lösungswege bieten sich zur Aufgabenlösung auf der Basis der erarbeiteten Grundlagen an?
–   Welche Sozialform eignet sich für die Ausführung der Lösung, z. B. Kleingruppenarbeit oder Partnerarbeit?
–   Welche Hilfsmittel sollen für die Ausführung der Lösung – falls notwendig und sinnvoll – bereitgestellt werden?
–   Wie sollen die Ergebnisse durch die Schülerinnen und Schüler festgehalten werden, z. B. in Form von Notizen, anhand derer eine Gruppensprecherin oder ein Gruppensprecher später vorträgt, auf einer Folie oder auf einer Vorlage, die später für alle kopiert wird?

(6) *Vergleich und Zusammenfassung*:
–   In welcher Form sollen die Problemlösungen, Entscheidungen, Gestaltungsergebnisse oder Beurteilungen für die gesamte Lerngruppe präsentiert werden?
–   Wer soll die Diskussion leiten, z. B. die jeweiligen Gruppensprecherinnen oder Gruppensprecher oder die Lehrperson?
–   Bietet es sich an, in den Vergleich sowie in die Diskussion Lösungen einzubeziehen, die möglicherweise für die behandelten Probleme, Entscheidungsfälle, Gestaltungs- oder Beurteilungsaufgaben an anderer Stelle bzw. in der Realität entwickelt wurden? Wenn ja, welche und in welcher Darstellungsform?
–   Welche Gesichtspunkte oder Argumente sollen auf jeden Fall in der Diskussion angesprochen werden? Welche Kriterien sollen bei der Beurteilung von Lösungen bedacht werden?
–   Welche Gesichtspunkte soll die Zusammenfassung enthalten? Wie soll sie strukturiert werden?
–   Wer soll die Zusammenfassung erarbeiten: die Schülerinnen und Schüler für sich oder gemeinsam mit der Lehrperson im Gespräch?
–   In welcher Form soll die Zusammenfassung festgehalten werden, z. B. an der Tafel, auf einer Folie oder auf einem zusammenfassenden Arbeitsblatt?

(7) *Anwendung*:
– Welche Probleme, Entscheidungsfälle, Gestaltungs- oder Beurteilungsaufgaben eignen sich für die Anwendung des Gelernten?
– In welcher Form sollen die Anwendungsaufgaben präsentiert werden?
– Welche Sozialform ist für die Bearbeitung der Anwendungsaufgaben geeignet, z. B. Partner- oder Einzelarbeit (auch im Sinne einer Erfolgskontrolle)?
– Wie sollen die Vorstellung der Lösungen und Lösungswege sowie die Rückmeldung erfolgen?

(8) *Weiterführung und Bewertung*:
– Welche weiterführenden Fragen sollen auf jeden Fall – gegebenenfalls auch über die von den Lernenden gewünschten hinaus – bedacht werden?
– Wie soll die Bearbeitung bzw. Behandlung der weiterführenden Fragen organisiert werden? Welche Lern- oder Lehrmaterialien bieten sich an?
– Welche Sozialformen sind für die Bearbeitung weiterführender Fragen geeignet?
– Wie soll eine Bewertung des Gelernten und des Lernweges angeregt und unterrichtlich gestaltet werden?

Unterrichtsvorbereitende Überlegungen dieser Art führen unmittelbar zu einer Orientierung für die Unterrichtsdurchführung. Vor der Unterrichtsdurchführung sollten allerdings noch vier Fragenkomplexe im Sinne einer zusammenfassenden Besinnung bedacht werden:

a) Wird der geplante Unterrichtsablauf den vermuteten Lernvoraussetzungen gerecht? Welche Schwierigkeiten sind gegebenenfalls zu erwarten? Was kann man gegebenenfalls tun, um den Schwierigkeiten zu begegnen?

b) Ist die vermutliche Heterogenität der Voraussetzungen angemessen berücksichtigt? Welche (weiteren) Maßnahmen der inneren Differenzierung sollten – falls notwendig – bedacht werden?

c) Existieren hinreichende Möglichkeiten, die Lernvoraussetzungen und Lernwirkungen einzuschätzen? Sind spezifische Maßnahmen zur Erfassung von Lernvoraussetzungen und/oder Lernwirkungen erforderlich, z. B. Tests oder Lernerfolgskontrollen?

d) Welche Lernaktivitäten könnten gegebenenfalls in häuslicher Arbeit im Sinne von Hausaufgaben ausgeführt werden?

e) Welche Lernwirkungen sind bei dem geplanten Unterrichtsablauf zu erwarten? Werden diese den gegebenen Anforderungen gerecht?

### 7.2.2 Beispiel einer prozessbezogenen Unterrichtsvorbereitung

Das nachstehende Vorbereitungsbeispiel ist für eine Unterrichtseinheit im Rahmen einer Unterrichtsreihe zum Thema „Recht" in einer 10. Klasse im Sozialkunde- oder Politikunterricht geplant. Für die Unterrichtsreihe wird angenommen, dass sie aus vier Unterrichtseinheiten zu den Themen „Zivilrecht", „Strafrecht und Jugendstrafrecht", „Verwaltungsrecht" und „Fragen des Strafvollzugs" besteht.

Im Folgenden wird eine Unterrichtsvorbereitung für eine Einheit zum Thema „Strafrecht und Jugendstrafrecht" in prozessbezogener Form entwickelt. Die Darstellung orientiert sich an den im Abschnitt 7.2.1 entwickelten Fragen.

(1) *Aufgabenstellung*:

Ausgangspunkt für die Unterrichtseinheit soll folgender Entscheidungsfall sein:

In einem Jugendstrafverfahren ist Bernd wegen Körperverletzung angeklagt. Die Tat wurde gegenüber Daniel mit einem lebensgefährlichen Messerstich ausgeführt. Daniel wurde in der Situation von zwei weiteren Jugendlichen, Victor und Klaus, begleitet. Alle drei sind 18 Jahre alt. Mittlerweile ist Daniel zwar außer Lebensgefahr, muss aber lebenslang mit einem Gesundheitsschaden rechnen. Bernd, ein 16-jähriger Schüler, stellt den Tatvorgang folgendermaßen dar: Er sei vor einiger Zeit von drei kräftigen älteren Jugendlichen auf seinem Weg von der Schule angehalten, mit bedrohlichen Gesten umzingelt und darauf aufmerksam gemacht worden, dass er beim nächsten Male an die Gruppe einen Geldbetrag zu zahlen hätte, wenn er weiterhin unbeschadet durch ihr Wohnviertel gelangen möchte. Er habe der Gruppe gesagt, dass er nicht bereit sei zu zahlen und überlege, ob er sie anzeige. Daraufhin hätte Daniel ihn in heftiger Weise in die Magengegend geschlagen und gesagt, er habe ja keine Zeugen und außerdem sei seine Sicherheit vollständig gefährdet, wenn etwas herauskäme; nun solle er zusehen, dass er demnächst den Geldbetrag an die Drei zahle, da er sonst nicht so einfach davonkomme und mit bösen Folgen rechnen müsse. Danach sei er, Bernd, zwar immer vorsichtig gewesen. Dennoch hätten ihn die Drei eines Abends, als er sowieso schon verspätet zu einem Jugendclub geeilt sei, wieder umzingelt und in eine nicht einsehbare Baustellenecke gezerrt. Da er sich weigerte, den Dreien Geld zu geben, habe ihn Daniel zweimal kräftig ins Gesicht geschlagen und mit härteren Schlägen gedroht, falls er nicht sofort zahle. Daraufhin habe er, Bernd, ein Messer, das er in der letzten Zeit zu seinem Schutz mit sich getragen habe, gezückt und gedroht, dass er sich damit verteidigen werde, wenn die Drei ihn nicht gehen ließen. In dieser Situation habe sich Daniel, unterstützt durch Victor und Klaus, auf ihn gestürzt, um ihm das Messer zu entreißen. Da er Daniel und den anderen Beiden körperlich weit unterlegen gewesen sei und nun Schlimmstes befürchtete, habe er in seiner Not zugestoßen, wobei eine Kontrolle des Stichs wegen des massiven Angriffs von Daniel nicht mehr möglich gewesen wäre. Diese Darstellung wird allerdings von Daniel, Victor und Klaus bestritten. Klaus hat im Verhör bei der Polizei zwar zugegeben, dass sie gegenüber Bernd von „Schutzgeld" gesprochen hätten, aber es sei nicht so ernst gemeint gewesen. Sie hätten nur einmal ausprobieren wollen, wie einzelne Jugendliche auf solche Versuche reagieren würden. Außerdem sei die Situation für Bernd gar nicht kritisch gewesen. Zwar habe Daniel zweimal zugeschlagen, aber sie hätten Bernd danach sowieso laufen lassen, er aber habe plötzlich ohne Warnung mit dem Messer auf Daniel eingestochen.

Weitere Zeugen gibt es nicht. Ergänzende Erkundungen haben ergeben, dass Bernd in seiner Umgebung als friedfertiger Junge gilt. Daniel, Victor und Klaus werden in ihrer Umgebung eher als aggressiv eingeschätzt. Allerdings sind keine weiteren Erpressungsfälle oder andere Straftaten von ihnen bekannt.

Diese Fallschilderung sollte von der Lehrperson zunächst erzählend eingeführt werden. Später kann sie dann in schriftlicher Form – für die weitere Bearbeitung – auf einem Arbeitsblatt verteilt werden.

Im Anschluss an die Fallschilderung sollte den Jugendlichen zunächst Gelegenheit gegeben werden, sich spontan zu dem Fall zu äußern. Bei Verständnisfragen ist es wichtig, Klärungen im Sinne des Textes herbeizuführen.

Nach spontanen Äußerungen und gegebenenfalls notwendigen Klärungen kann die Lehrperson zunächst das Verhalten von Bernd ansprechen und die Schülerinnen und Schüler danach fragen, ob sie es richtig finden, dass Bernd zugestochen hat. Als Antworten sind vor allem Argumente auf den Stufen 1 bis 4 der sozial-moralischen Entwicklung zu erwarten, z. B.:

Es war richtig,
–   weil dies eine „gerechte" Bestrafung für Daniel und seine Kumpane ist,
–   weil die Dreier-Bande Bernd bedroht hat und Daniel Bernd sonst zusammengeschlagen hätte,
–   weil man eine solche Erpressung und das Verhalten von Daniel nicht dulden kann und Daniel und seine Kumpane die Schuld haben,
–   weil Bernd in Notwehr gehandelt hat und das Recht hatte, sich zu verteidigen.

Es war falsch,
–   weil Bernd nun der Dumme ist und bestraft wird,
–   weil er besser gezahlt hätte und die Gruppe dann angezeigt hätte und weil es nicht gut war, gleich mit einem Messerstich zu reagieren und Daniel dabei schwer zu verletzen,
–   weil man kein Messer mit sich herumtragen und damit schon gar nicht auf einen Menschen einstechen sollte,
–   weil Bernd damit der Gesundheit eines anderen Menschen schwer geschadet und so eine gesetzlich strafbare Handlung vollzogen hat.

Dabei werden Argumente der Stufe 1 bei einer zehnten Klasse seltener sein als Argumente der Stufen 2 bis 4.

Nach einer ersten Diskussion dieser Art kann die Lehrperson darauf hinweisen, dass der Vorfall nicht nur eine Frage persönlicher Schuld oder Unschuld sei, sondern auch eine Frage des Rechts. Dies bedeutet, dass es nach entsprechenden Ermittlungen und Prüfungen unter Umständen zu einer Gerichtsverhandlung kommt. Damit ist eine Überleitung zu der Frage gegeben, wie eine Jugendrichterin oder ein Jugendrichter in diesem Fall entscheiden sollte, ob sie oder er Bernd verurteilen oder freisprechen oder das Verfahren einstellen sollte. Dazu wird es vermutlich unterschiedliche Meinungen geben, z. B.:

- Bernd sollte verurteilt werden, weil der Gebrauch eines Messers in dieser Situation unangemessen war und zu einer lebensgefährlichen Verletzung geführt hat und ein lebenslanger Gesundheitsschaden droht.
- Bernd sollte freigesprochen werden, weil er aus Notwehr gehandelt hat. Auch auf Grund des Jugendstrafrechts ist eine Verurteilung unangemessen.

Die Lehrperson kann nun die – zu erwartenden – unterschiedlichen Meinungen auf einer Folie festhalten und zum Anlass nehmen, um darauf hinzuweisen, dass eine begründete Stellungnahme schwierig ist und eine weitere Auseinandersetzung mit dem Fall erforderlich macht. Falls notwendig, kann die Lehrperson auch von sich aus spontane Stellungnahmen der Jugendlichen problematisieren und damit auf die Schwierigkeiten einer begründeten Stellungnahme aufmerksam machen.

Vor diesem Hintergrund kann die Aufgabenstellung weiter präzisiert werden. Es soll darum gehen, für eine mögliche Gerichtsverhandlung Stellungnahmen aus verschiedenen Perspektiven zu erarbeiten und diese später in einem Rollenspiel vorzutragen.

(2) *Zielfestlegung und Bedeutsamkeit*:
Nunmehr kann die Lehrperson danach fragen, was man denn wissen muss, um verschiedene Stellungnahmen für ein Rollenspiel im Sinne einer Gerichtsverhandlung vorzubereiten. Möglicherweise verweisen die Schülerinnen und Schüler darauf, dass dafür Kenntnisse zum Ablauf einer Gerichtsverhandlung bzw. zu Strafgerichtsprozessen und zu den Personen, die dort Stellungnahmen abgeben, sowie zum Strafrecht selbst und zum Jugendstrafrecht notwendig sind. Ansonsten verweist die Lehrperson auf diese Notwendigkeit. Im weiteren Gespräch sollte deutlich werden, dass entsprechende Kenntnisse eine begründete Stellungnahmen aus der Perspektive verschiedener – an einem Strafprozess beteiligter – Personen und Instanzen zu dem Eingangsfall ermöglichen und dass die Jugendlichen durch die Auseinandersetzung mit dem Fall die Fähigkeit erwerben, ähnlich gelagerte Fälle hinsichtlich ihrer sozial-moralischen Aspekte abzuwägen und ihre juristischen Konsequenzen einzuschätzen.

Nach einer solchen Zielvereinbarung kann die Lehrperson die Frage aufwerfen, welche Bedeutung entsprechende Kenntnisse und Fähigkeiten für die Jugendlichen haben. Vermutlich verweisen die Jugendlichen darauf, dass nicht auszuschließen sei, dass sie selbst einmal in bedrohliche Situationen geraten und das zu Lernende sowohl für das situative Verhalten als auch für mögliche Konsequenzen wichtig sei.

Die Lehrperson kann entsprechende Überlegungen verstärken oder – falls sie nicht geäußert werden – selbst einbringen. Darüber hinaus sollte sie anmerken, dass am Beispiel der Strafgerichtsbarkeit Prinzipien der Rechtsstaatlichkeit deutlich werden, die für das Verhältnis von Staat und Individuum generell bedeutsam sind.

(3) *Verständigung über das Vorgehen*:
Nachdem die Ziele und ihre Sinnhaftigkeit bewusst geworden sind, sollte die Lehrperson die Schülerinnen und Schüler anregen, darüber nachzudenken, zu welchen

Fragen Informationen benötigt werden, um die verschiedenen Stellungnahmen und das Rollenspiel angemessen vorbereiten und durchführen zu können. Solche Fragen sollten gesammelt und auf einer Folie in strukturierter Form zusammengestellt werden.

Mit den Schülerinnen und Schülern sollten auf jeden Fall folgende – gegebenenfalls aber auch noch weitere – Fragen zusammengestellt werden:

a) Wie läuft ein Strafverfahren und insbesondere die Gerichtsverhandlung ab?
b) Welche Aussagen enthält das Strafrecht zur Körperverletzung und zur eigenen Verteidigung bzw. zur Notwehr?
c) Welche Besonderheiten gelten auf Grund des Jugendstrafrechts?
d) Welche Gesichtspunkte sollten bei dem Fall – gegebenenfalls auch über die juristischen hinaus – noch bedacht werden?

Nachdem solche Fragen zusammengestellt sind, ist zu überlegen, wie die Fragen bearbeitet werden können. Dazu kann folgendes Vorgehen vorgeschlagen bzw. vereinbart werden:

Zu a): Mit der Klasse wird vereinbart, eine öffentliche Gerichtsverhandlung zu besuchen und anschließend die Richterin oder den Richter nach dem Ablauf von Strafgerichtsprozessen zu befragen. Es wird geplant, dass die Schülerinnen und Schüler den Ablauf anschließend in Form eines Ablaufdiagramms im Sinne einer Übersicht darstellen.

Zu b) und c): Nach dem Überblick über Strafprozesse sollen die Lernenden Gelegenheit erhalten, aus dem Strafgesetzbuch (StGB) und aus dem Jugendgerichtsgesetz (JGG) die für den Fall wichtigen Bestimmungen in Kleingruppen herauszusuchen. Dazu sollen entsprechende Gesetzestexte zur Verfügung gestellt werden. Wenn die Arbeit mit Gesetzestexten schon in einer vorherigen Unterrichtseinheit eingeführt worden ist, kann daran angeknüpft werden. Ansonsten müsste eine entsprechende Einführung vorgesehen werden. Es wird geplant, nach der Arbeit an den Gesetzestexten einen zusammenfassenden Gedankenaustausch in der Klasse über die herausgefundenen bedeutsamen Bestimmungen herbeizuführen.

Zu d): Im Hinblick auf die zu erarbeitenden Stellungnahmen und das Rollenspiel soll eine Zusammenstellung weiterer entscheidungsrelevanter Gesichtspunkte in der Klasse bzw. im Kurs erfolgen.

Differenzierungsmöglichkeiten bestehen u. a. darin, bei der Erarbeitung der gesetzlichen Grundlagen unterschiedliche Hilfen, z. B. in Form von Arbeitsblättern, bereitzustellen (vgl. auch die abschließenden Überlegungen weiter unten).

(4) *Erarbeitung von Grundlagen für die Aufgabenlösung*:
Die Lernenden besuchen mit der Lehrperson eine öffentliche Gerichtsverhandlung und befragen anschließend die Richterin oder den Richter nach dem Ablauf von Strafgerichtsprozessen. Sie werden dabei – als eine Grundlage für die weitere Arbeit – Folgendes erfahren (vgl. BECKER 1984, S. 39 ff.):

Den Ausgangspunkt für einen Strafprozess bildet eine Straftat. Sie kann durch eine Anzeige, durch einen Verdacht oder auf sonstige Weise bei der Polizei oder der Staatsanwaltschaft bekannt geworden sein. Die Staatanwaltschaft führt mit Hilfe der Polizei die Ermittlungen durch, wobei möglichst alle be- und entlastenden Tatsachen zusammengetragen werden. Danach entscheidet die Staatsanwaltschaft, ob das Verfahren eingestellt oder Anklage beim zuständigen Gericht erhoben werden soll.

Falls es zu einer Anklage kommt, prüft eine Richterin oder ein Richter in einem Zwischenverfahren, ob die Anklage zu einer Verurteilung führen kann oder nicht. Wird die Möglichkeit einer Verurteilung angenommen, kommt es zur Eröffnung des Hauptverfahrens.

In der mündlichen Hauptverhandlung wird die Anklageschrift verlesen, Zeugen werden vernommen, der Angeklagte kann sich zur Sache äußern, Staatsanwaltschaft und Verteidigung halten ihre Schlussvorträge, der Angeklagte kann abschließend noch einmal Stellung nehmen. Es folgt die Beratung, die mit dem Urteilsspruch und seiner Verkündung endet (Freispruch oder Einstellung des Verfahrens oder Verurteilung und Anordnung von Maßnahmen).

Gegen das Urteil können sowohl der Angeklagte als auch die Staatsanwaltschaft Rechtsmittel einlegen. In diesem Fall kommt es zur Berufungs- oder Revisionsverhandlung. Deren Ergebnis ist ein rechtskräftiges Urteil. Es führt entweder zum Freispruch oder zur Einstellung des Verfahrens oder es beginnt die Vollstreckung.

Die Lernenden fassen diese Schritte eines Strafgerichtsprozesses in Partnerarbeit in Form eines Diagramms zusammen.

Nachdem der Ablauf eines Strafgerichtsprozesses geklärt ist, kann die Lehrperson vorschlagen, die verschiedenen Stellungnahmen und das spätere Rollenspiel auf die Schlussvorträge und die Beratung im Hauptverfahren zu konzentrieren. Dazu sollten fünf Kleingruppen gebildet werden, die später ihre unterschiedlichen Stellungnahmen vorbereiten als

– Schlussvortrag der Staatsanwaltschaft,
– Schlussvortrag der Verteidigung,
– abschließende Stellungnahme des Angeklagten,
– Überlegungen des Richters oder der Richterin und
– Überlegungen zweier Schöffen.

Zunächst geht es jedoch darum, dass alle Kleingruppen die für den Fall relevanten Bestimmungen des Strafgesetzbuches (StGB) und des Jugendgerichtsgesetzes (JGG) herausarbeiten. Dies kann mit Hilfe der entsprechenden Gesetzestexte geschehen, die im Original oder auf Arbeitsblättern – unter Umständen auch im Sinne einer Differenzierung nach Leistungsstand – bereitgestellt werden. Danach sollte auf der Basis einer Vorstellung von Kleingruppenergebnissen in der gesamten Klasse bzw. im gesamten Kurs besprochen werden, welche Bestimmungen für den vorliegenden Fall wichtig sind. (Im Rahmen der Unterrichtsvorbereitung sollte die Lehrperson für sich selbst die wichtigen Bestimmungen aus den Gesetzestexten klären, um gegebenenfalls geeignete Lernhilfen geben zu können. Vgl. dazu StGB 2002; JGG 2003.)

Nachdem die juristischen Grundlagen geklärt sind, kann die Lehrperson noch einmal hervorheben, dass mit dem Jugendgerichtsgesetz die Absicht verbunden ist, die Folgen einer Tat immer auch aus erzieherischer Sicht zu sehen. In diesem Zusammenhang kann die Lehrperson empfehlen, bei der Erarbeitung der Stellungnahmen für das Rollenspiel zu bedenken, welche Regeln für eine – mögliche – Bestrafung gelten sollten. Dazu können im Gespräch mit den Lernenden etwa folgende „Strafregeln" formuliert werden:

Eine Strafe ist dann gerecht,

– wenn sie einem gesetzlichen Strafmaß entspricht und dadurch die öffentliche Sicherheit hergestellt wird,
– wenn dadurch der Schaden gegenüber dem Opfer wieder gutgemacht wird,
– wenn sie zur Einsicht in das Fehlverhalten und zur Läuterung des Täters führt,
– wenn dadurch die Tat gesühnt bzw. gerächt wird,
– wenn sie die Zustimmung der Betroffenen erfährt und den Erwartungen der Gemeinschaft entspricht.

(Die „Strafregeln" sind hier in Anlehnung an die Stufen 1 bis 5 sozial-moralischer Entwicklung – wenn auch in zufälliger Reihenfolge – formuliert. Durch solche „Strafregeln" sollen alle Jugendlichen die Chance erhalten, sich mit einer Sichtweise auseinanderzusetzen, die etwas oberhalb ihres jeweiligen Entwicklungsniveaus liegt und damit entwicklungsstimulierend wirken kann, vgl. Abschnitt 2.2.6).

(5) *Aufgabenlösung*:
Nach dem Gespräch in der Klasse bzw. im Kurs können die fünf Kleingruppen unter Berücksichtigung der erarbeiteten Grundlagen nun Argumente für die Schluss-vorträge (Staatsanwaltschaft oder Verteidigung), die abschließende Stellungnahme (Angeklagter) oder die Überlegungen zur Urteilsfindung (Richter bzw. Richterin oder Schöffen) zusammentragen, diskutieren und dann ihre Hauptargumente als Stellungnahme schriftlich fixieren. Als Unterlagen für die Kleingruppenarbeit können die vorher erarbeiteten relevanten Bestimmungen aus dem Strafgesetzbuch (StGB) und dem Jugendgerichtsgesetz (JGG) dienen.

Für das Rollenspiel benennt jede Kleingruppe gemäß ihrem Gruppenauftrag ein Mitglied für die Rolle der Staatsanwaltschaft, der Verteidigung, des Angeklagten oder der Richterin bzw. des Richters oder zwei Mitglieder für die Rolle der Schöffen. Unter Umständen kann die Benennung auch durch die Lehrperson vorgenommen werden (vgl. auch die abschließenden Überlegungen weiter unten).

(6) *Vergleich und Zusammenfassung*:
Die Schülerinnen und Schüler, die die einzelnen Rollen übernommen haben, können nun die erarbeiteten Stellungnahmen im Rahmen des Rollenspiels präsentieren: Der

„Richter" gibt zunächst dem „Staatsanwalt" das Wort, danach hält der „Verteidiger" seinen Schlussvortrag und der „Staatsanwalt" hat das Recht auf Erwiderung. Jetzt gebührt dem „Angeklagten" das letzte Wort zu seiner Stellungnahme.

Nach den Schlussvorträgen wird die Beratung zwischen dem „Richter" und den beiden „Schöffen" so durchgeführt, dass die anderen Schülerinnen und Schüler die Beratung verfolgen können. Schließlich wird das Urteil verkündet. Die Schülerinnen und Schüler, die keine Rolle ausführen, sollen das Rollenspiel beobachten und sich besonders auf die vorgetragenen Argumente konzentrieren.

Nach dem Rollenspiel kann die Lehrperson einen Vergleich der verschiedenen vorgetragenen Argumente und Positionen sowie eine Diskussion des gefällten Urteils anregen. Bei dem Vergleich und der Diskussion sollten (noch einmal) zwei Fragen bzw. Kriterien bedacht werden:

a) Ist das „Urteil" – unter den angenommenen Randbedingungen – mit den gesetzlichen Bestimmungen vereinbar?

b) Ist das im Rollenspiel gefundene Urteil gerecht?

Nach der Diskussion sollte die Lehrperson mit den Lernenden eine Zusammenfassung erarbeiten. Diese kann durch die Frage eingeleitet werden, welche Gesichtspunkte als wichtige „Wissensbestände" bzw. Einsichten festzuhalten sind. Dabei sollten im Gespräch folgende Gesichtspunkte von den Schülerinnen und Schülern zusammenfassend dargestellt werden:

a) der Ablauf eines Strafprozesses (gemäß dem bereits von den Schülerinnen und Schülern erarbeiteten Diagramm),

b) Grundsätze des Strafrechts nach dem Strafgesetzbuch (StGB),

c) Grundsätze des Jugendstrafrechts nach dem Jugendgerichtsgesetz (JGG),

d) die Notwendigkeit, bei einer bestimmten Straftat auf die entsprechenden Paragrafen im „Besonderen Teil" des StGB zurückzugreifen,

e) die Einsicht, dass Strafprozesse einen Entscheidungsverlauf nach gesetzlichen Regelungen darstellen; diese sollen sicherstellen, dass niemand – gemäß dem Prinzip der Rechtsstaatlichkeit – zu Unrecht bestraft wird, dass letztlich jedoch nur ein Urteil in Übereinstimmung mit gesetzlichen Regelungen zustande kommt und dass das Prinzip der Gerechtigkeit darüber hinaus weitergehende Überlegungen verlangt.

Die zusammenfassenden Überlegungen und Darstellungen werden auf einem Arbeitsblatt festgehalten.

(7) *Anwendung*:

Die Lehrperson kann den Eingangsfall noch einmal aufgreifen und darauf hinweisen, dass nicht nur der lebensgefährliche Messerstich von Bernd, sondern auch das Verhalten von Daniel, Victor und Klaus daraufhin untersucht werden muss, ob hier eine Straftat, z. B. im Sinne der Nötigung bzw. der Erpressung und Körperverletzung, vorliegt. Auf der Basis dieses Gedankens, kann die Lehrperson folgende Situation einführen:

Bernds Eltern haben eine Strafanzeige gegen Daniel, Victor und Klaus wegen Nötigung bzw. Erpressung ihres Sohnes und zusätzlich wegen Körperverletzung gegen Daniel erstattet.

Dazu lassen sich folgende Aufgaben formulieren:

A) Welche Stationen müssen in dem Verfahren durchlaufen werden, ehe es zu einer Gerichtsverhandlung kommt?

B) Wie sollte das Urteil aussehen (Verurteilung oder Freispruch)
   – für Victor und Klaus?
   – für Daniel?

Die Schülerinnen und Schüler sollen bei ihren Überlegungen davon ausgehen,

a) dass der Richter die Aussagen von Bernd als zutreffend betrachtet,

b) dass der Richter aufgrund der Ermittlungen zu dem Schluss gekommen ist, dass auf alle drei das Jugendstrafrecht angewendet wird (gemäss JGG).

Bei einer möglichen Verurteilung ist zu bedenken, dass Erziehungsmaßnahmen, Zuchtmittel oder eine Jugendstrafe verhängt werden können.

Unter Umständen können auch andere Anwendungsaufgaben eingeführt werden (vgl. die abschließenden Überlegungen weiter unten).

Die Bearbeitung der Aufgaben kann wieder in Kleingruppen oder auch in Partneroder Einzelarbeit erfolgen. Die jeweiligen Ergebnisse sollten nach der Bearbeitung in der Klasse bzw. im Kurs vorgestellt und vergleichend diskutiert werden.

(8) *Weiterführung und Bewertung*:

Nach der Diskussion der Anwendungsaufgaben und -ergebnisse fragt die Lehrperson,, welche weiteren Aspekte oder Fragen aus der Sicht der Schülerinnen und Schüler noch behandelt werden sollten. Die eingebrachten Gesichtspunkte können an der Tafel gesammelt und dann hinsichtlich ihrer Bearbeitung besprochen werden. Falls die Frage, welche Handlungsalternativen Bernd in dem Eingangsfall nach dem ersten Erpressungsversuch gehabt hätte bzw. wie man überhaupt auf Gewalt reagieren sollte, weder im bisherigen Verlauf des Unterrichts angesprochen worden ist noch jetzt thematisiert wird, kann die Lehrperson ein Gespräch bzw. eine Diskussion zu dieser Frage anregen.

Abschließend sollte die Lehrperson das Gelernte und den Lernweg mit den Schülerinnen und Schülern in einem Gespräch reflektieren.

*Ergänzende Überlegungen:*

Die obigen unterrichtsvorbereitenden Überlegungen müssten bei einer Umsetzung in einer konkreten Lerngruppe an deren spezifische Lernvoraussetzungen angepasst werden. Unter Umständen zeigen sich bei einer Umsetzung folgende *Schwierigkeiten*, die als typisch für Unterrichtseinheiten der obigen Art angesehen werden können:

–   Es ist nicht auszuschließen, dass sich einzelne Jugendliche der Auseinandersetzung mit dem Fall dadurch zu entziehen versuchen, dass sie auf die unterschiedlichen

Darstellungen der Beteiligten bzw. darauf verweisen, dass man nicht entscheiden kann, ob Bernd schuldig ist oder nicht. In diesem Falle sollte die Lehrperson verdeutlichen, dass unterschiedliche Aussagen und Darstellungen zu Tatbeständen im Alltag eher der Normalfall als die Ausnahme sind und dass deshalb häufig die Notwendigkeit besteht, mit einer gewissen Unsicherheit zu entscheiden. Dennoch wird es für die Jugendlichen nicht leicht sein, mit den gegebenen Unsicherheiten „umzugehen".

– Abgesehen von den Unterschieden in den Aussagen, liegt eine gewisse Schwierigkeit in der Einschätzung der einzelnen Personen (Bernd, Daniel, Victor und Klaus), die in der Fallbeschreibung nur relativ kurz typisiert werden. Falls dazu Fragen auftauchen, sollte die Lehrperson versuchen, die Personen im Sinne der Fallbeschreibung weitergehend zu charakterisieren. Allerdings sollte die Charakterisierung einzelner Personen so erfolgen, dass die Bewertung des Falls offenbleibt.

– Je nach den Voraussetzungen der Lerngruppe kann die geforderte konzentrierte Gruppenarbeit sowie die Durchführung des relativ komplexen Rollenspiels Schwierigkeiten bereiten. Hier muss die Lehrperson – wie oben bereits angedeutet – entscheiden, inwieweit sie bezogen auf diese Arbeitsformen steuernd eingreift. Bei zu erwartenden Schwierigkeiten kann die Lehrperson die Kleingruppenarbeit durch Arbeitsblätter, z. B. mit geeigneten Auszügen aus den Gesetzestexten, vorstrukturieren und beim Rollenspiel gegebenenfalls die Rolle des Richters oder der Richterin, der Staatsanwaltschaft und der Verteidigung sowie des Angeklagten von vornherein an geeignete Schülerinnen oder geeignete Schüler übertragen, die dann gegebenenfalls auch die Kleingruppenarbeit leiten.

– Eine weitere Schwierigkeit kann darin liegen, dass von den Jugendlichen eine mehrdimensionale Betrachtungsweise gefordert wird. Sie sollen sowohl das allgemeine Strafrecht und das Jugendstrafrecht als auch sozial-moralische Gesichtspunkte des Falls aus verschiedenen Perspektiven betrachten. Unter Umständen bietet es sich auch an, zunächst eine Konzentration auf die juristischen Aspekte vorzunehmen und sozial-moralische Aspekte, z. B. die „Strafregeln", erst in der Phase der „Weiterführung und Bewertung" zu diskutieren.

In der Regel ist hinsichtlich der Lernvoraussetzungen und möglicher Schwierigkeiten mit einer gewissen Heterogenität zu rechnen. Diese kann produktiv aufgenommen werden, um verschiedene Sichtweisen in konstruktiver Weise zur Geltung kommen zu lassen. Zugleich können die angesprochenen steuernden Maßnahmen gezielt eingesetzt werden, um die vermutliche Heterogenität bei der Zusammensetzung der Kleingruppen, bei der Bereitstellung möglicher Arbeitsblätter und der Verteilung der Rollen zu berücksichtigen. Darüber hinaus bieten die oben formulierten „Strafregeln" für die Schülerinnen und Schüler die Möglichkeit, sich auf unterschiedlichem sozial-moralischen Niveau gemäß dem jeweiligen Entwicklungsstand mit der Frage eines „gerechten Urteils" auseinander zu setzen. Allerdings kann es sein, dass männliche

Jugendliche von dem Fall stärker angesprochen werden als weibliche. Insofern ist zu überlegen, ob auf die oben vorgeschlagene Anwendungsaufgabe – wenn sie auch nahe liegt – zugunsten einer Anwendungsaufgabe verzichtet werden sollte, in der eine Auseinandersetzung mit einer Straftat gefordert wird, bei der häufiger weibliche Beteiligungen vorliegen.

Im Hinblick auf *Einschätzungen zu den gegebenen Lernvoraussetzungen und Lernwirkungen* bieten sich im Verlauf des Lehr-Lernprozesses aufgrund der geforderten Beteiligung der Schülerinnen und Schüler in jeder Phase verschiedene Möglichkeiten.

*Lernvoraussetzungen* werden vor allem bei den spontanen Äußerungen zum Fall und zu der möglichen Entscheidung einer Richterin oder eines Richters in der Phase der Aufgabenstellung und bei der Vereinbarung von Zielen, der Reflexion ihrer Bedeutsamkeit und bei den Absprachen über das Vorgehen sowie bei der Zusammenstellung von „Strafregeln" erkennbar.

*Lernwirkungen* zeigen sich vor allem bei der Zusammenstellung der Schritte eines Strafprozesses, bei der Auswertung der Gesetzesgrundlagen, beim Verfassen der Schlussvorträge und Stellungnahmen sowie bei den Überlegungen bezogen auf die jeweiligen Rollen für die Hauptverhandlung, bei ihrer Präsentation und Beratung im Rollenspiel, bei ihrer Diskussion und Zusammenfassung sowie bei der Auseinandersetzung mit den Anwendungsaufgaben, der Präsentation der Ergebnisse und der anschließenden Reflexion.

Ergänzend könnte die Lehrperson eine Klassenarbeit entwerfen, mit der bei den Schülerinnen und Schülern – nachdem sie die skizzierten Anwendungsaufgaben bearbeitet haben – Wissensgrundlagen und die Anwendungsfähigkeit durch eine Stellungnahme zu einem weiteren Fall geprüft werden.

Die oben angesprochene Bearbeitung der Anwendungsaufgaben kann unter Umständen auch als *Hausarbeit* ausgeführt werden.

Bei dem skizzierten Vorgehen kann man bei der Anlage der Unterrichtseinheit insgesamt folgende *Lernwirkungen* annehmen:

Die Jugendlichen werden in der Lage sein,
– den Ablauf von Strafprozessen zu beschreiben,
– Grundsätze des Strafrechts zu benennen,
– Grundgedanken des Jugendstrafrechts wiederzugeben,
– zu bestimmten Straftaten entsprechende Strafrechtsbestimmungen aus den Gesetzestexten zusammenzustellen,
– gesetzliche Bestimmungen auf konkrete Fälle anzuwenden,
– Aspekte der Rechtsstaatlichkeit am Beispiel von Strafgerichtsprozessen und des Strafrechts zu erläutern und
– Probleme, die im Verhältnis von Rechtsprechung und Gerechtigkeit liegen, anzusprechen.

Im Zusammenhang mit diesen Lernwirkungen kann die Unterrichtseinheit aufgrund der geforderten mehrdimensionalen Betrachtungsweise sowie auf Grund der Auseinandersetzung mit Argumenten verschiedener Stufen sozial-moralischen Urteilens zu einer Förderung des intellektuellen und des sozial-moralischen Niveaus führen. Zugleich dürfte Interesse für eine rechtliche und moralische Diskussion von bzw. Auseinandersetzung mit Straftaten geweckt worden sein. Aus dieser Perspektive lässt sich die Unterrichtseinheit nicht nur aus der Sicht des Lehrplans und der inhaltlichen Bedeutsamkeit für die Gegenwart und Zukunft der Jugendlichen, sondern auch als Beitrag zur Förderung eines sachgerechten, selbstbestimmten und kreativen Handelns in sozialer Verantwortung begründen.

### 7.2.3 Schritte einer komponentenbezogenen Unterrichtsvorbereitung

Wie eingangs gesagt, verstehen wir unter einer komponentenbezogenen Unterrichtsvorbereitung ein Vorgehen, bei dem die vorbereitenden Überlegungen nach einzelnen Unterrichtskomponenten gegliedert sind, z. B. nach Lernvoraussetzungen, Inhalten, Zielen, Lernaktivitäten und Lehrhandlungen, Erfahrungsformen bzw. Medien und Sozialformen. Eine Unterrichtsvorbereitung dieser Art wird u.a. in der Lehrerausbildung praktiziert, gelegentlich ist sie auch im Rahmen von Lehrerfortbildungsmaßnahmen angebracht. Sie kann trotz ihrer Schwächen (vgl. Abschnitt 7.1) aufgrund der Möglichkeit, einzelne Kompetenzen zunächst für sich zu betrachten, sinnvoll sein.

Im Folgenden fassen wir – mit besonderem Bezug auf das sechste Kapitel dieses Bandes – Schritte und Fragen für eine komponentenbezogene Unterrichtsvorbereitung zusammen. Ein Beispiel ist im Anhang zu diesem Band ausgeführt.

(1) *Einordnung des Themas*:
Die folgenden Überlegungen gehen von der Situation aus, dass eine Aufteilung des jeweiligen Themengebietes in Themenschwerpunkte für einzelne Unterrichtseinheiten vorgenommen wurde und nunmehr die Vorbereitung einer bestimmten Unterrichtseinheit mit Bezug auf eine bestimmte Klasse oder einen bestimmten Kurs ansteht (vgl. dazu die Eingangsüberlegungen zu 7.2.1).

(2) *Lernvoraussetzungen*:
Überlegungen zu den Lernvoraussetzungen können u.a. durch folgende Fragen angeregt werden:
- Welche themenbezogenen Kenntnisse, Fähigkeiten oder Fertigkeiten können die Lernenden bereits in den Unterricht einbringen? Welche Voraussetzungen dürften für die meisten Lernenden gelten? Mit welcher Spannbreite ist zu rechnen?
- Werden die voraussichtlich notwendigen Arbeitstechniken und Arbeitsformen beherrscht oder noch nicht beherrscht?
- Welche Spannbreite des intellektuellen Niveaus dürfte bei den Lernenden gegeben sein? Welches Niveau ist hauptsächlich zu erwarten?
- Mit welcher Spannbreite der sozialen bzw. moralischen Orientierung ist bei den Lernenden zu rechnen? Welche Orientierung dürfte vorherrschen?

– Mit welchen Bedürfnissen kommen die Lernenden in den Unterricht? Worauf sollte in besonderer Weise Rücksicht genommen werden?

An dieser Stelle soll noch besonders darauf hingewiesen werden, dass die Überlegungen zu der *sozialen bzw. moralischen Orientierung* nicht nur wichtig sind, wenn im Unterricht Konfliktfälle von sozialer bzw. moralischer Relevanz behandelt werden (wie in dem Beispiel unter 7.2.2). Überlegungen zur sozialen bzw. moralischen Orientierung haben auch Konsequenzen für die Möglichkeit, die Bedeutsamkeit des jeweiligen Themas einsichtig zu machen. Die Bedeutsamkeit eines Themas kann sich für die Lernenden auf den verschiedenen Stufen in unterschiedlicher Weise erschließen:

– Wird beispielsweise bei den Lernenden die zweite Stufe der sozial-moralischen Entwicklung vorausgesetzt, ist es wichtig, dass für sie der konkrete Nutzen der zu lernenden Inhalte erkennbar wird.

– Auf der dritten Stufe ist es sinnvoll, dass durch die Lehrperson ausdrücklich die Einschätzung vermittelt wird, dass es wichtig ist, sich mit dem Thema auseinanderzusetzen, und dass sie dies auch von den Jugendlichen erwartet.

– Auf der vierten Stufe kann ein Verständnis dafür vorausgesetzt werden, Inhalte aus gesellschaftlich vorgegebenen und legitimierten Richtlinien und Lehrplänen zu behandeln.

Da die Bedeutsamkeit allen Schülerinnen und Schülern bewusst werden sollte, liegt es in der Regel nahe, ein Thema jeweils im Zusammenhang eines Beispiels zu erarbeiten, dessen Nützlichkeit für jeden (auch schon auf der zweiten Stufe) nachvollziehbar ist. Dafür gelten zugleich die Überlegungen zur Bedeutsamkeit von Aufgaben bzw. Zielen, wie sie im Abschnitt 4.2.1 erläutert wurden.

(3) *Inhalte*:

Der jeweilige Unterrichtsinhalt sollte in lernprozessorientierter Weise aufbereitet werden. Dazu können folgende Fragen dienen:

– Wie lässt sich der Unterrichtsinhalt charakterisieren? Werden im Mittelpunkt des Lernprozesses vor allem Konventionen, Normen, Verfahren, wissenschaftliche Gesetzesaussagen, Systeme, Entscheidungs-, Gestaltungs- und/oder Beurteilungsaspekte stehen?

– Welche Problemstellungen, Entscheidungsfälle, Gestaltungs- oder Beurteilungsaufgaben eignen sich für die exemplarische Erschließung des Inhalts?

– An welchen Beispielen lässt sich die Bedeutsamkeit des zu vermittelnden Inhalts für die gegenwärtige und zukünftige Lebenssituation der Jugendlichen aufzeigen?

– Welche Detailfragen bieten sich für die Erarbeitung von Grundlagen als Voraussetzung zur Aufgabenlösung an?

– Welche Vorgehensweisen sind zur Beantwortung der Detailfragen geeignet?

– Wie lassen sich die für die Aufgabenlösung notwendigen inhaltlichen Grundlagen kurz darstellen?

- Welches Vorgehen ist zur Lösung der Eingangsaufgabe auf der Basis der Grundlagen sinnvoll? Wie soll die Lösung aussehen?
- Welche Gesichtspunkte können zum Vergleich und/oder zur Bewertung von Aufgabenlösungen herangezogen werden?
- Welche Gesichtspunkte soll die Zusammenfassung enthalten?
- Welche Aufgaben eignen sich als Anwendungsaufgaben?
- Wie sieht die Lösung der Anwendungsaufgaben aus?
- Welche weiterführenden Informationen sollen vermittelt werden?

(4) *Zielvorstellungen*:
Bezüglich der Zielvorstellungen ist zunächst zu fragen:
- Welche themenbezogenen Kenntnisse, Fähigkeiten oder Fertigkeiten sollen am Ende der Unterrichtseinheit vorhanden sein?
- Welche Arbeitsformen bzw. Arbeitstechniken sollen vermittelt bzw. weiterentwickelt werden?

Darüber hinaus sollte die Förderung der intellektuellen und der sozialen bzw. moralischen Entwicklung – ausgehend vom jeweils vorhandenen Niveau – eine generelle Zielvorstellung sein. Dies gilt auch für die Befriedigung unterrichtsrelevanter Bedürfnisse der Lernenden.
Bezüglich der Begründung der Ziele ist insbesondere zu fragen:
- Werden mit den Zielen vorhandene Richtlinien und Lehrpläne in angemessener Weise berücksichtigt?
- Sind die Ziele im Hinblick auf die allgemeine Leitidee eines sachgerechten, selbstbestimmten und kreativen Handelns in sozialer Verantwortung gerechtfertigt?
- Lässt sich mit den Lernenden eine Verständigung über die Ziele – auf der Basis ihrer Bedeutsamkeit für Gegenwart oder Zukunft – erreichen? Wie kann eine Verständigung herbeigeführt werden?

(5) *Lernaktivitäten und Lehrhandlungen*:
Hier liegen folgende Fragen nahe:
- Welche Lernaktivitäten sind in welcher Reihenfolge – im Hinblick auf themenbezogene und allgemeine Zielvorstellungen – wünschenswert?
- Welche Lehrhandlungen sind geeignet, wünschenswerte Lernaktivitäten anzuregen oder zu unterstützen?

Als Leitlinie für die Beantwortung dieser Fragen können die im Abschnitt 5.3 zusammengefassten Unterrichtsphasen und Unterrichtsschritte dienen. Die themenspezifische Ausformung sollte mit Rückgriff auf die inhaltlichen Überlegungen zu (3) erfolgen.
Zur Vergewisserung kann nach entsprechenden Überlegungen noch einmal zusammenfassend gefragt werden, ob die geplanten Lehrhandlungen und die gewünschten

Lernaktivitäten angemessene Anregungen zur Förderung der intellektuellen und der sozialen bzw. moralischen Entwicklung bieten. Außerdem sollten – um die üblicherweise heterogenen Lernvoraussetzungen zu berücksichtigen – Möglichkeiten der inneren Differenzierung bedacht werden.

(6) *Erfahrungsformen bzw. Medien, Sozialformen und Organisation*:
Bezüglich dieser Aspekte ist im Rahmen der Unterrichtsvorbereitung zu fragen:
– Welche Erfahrungsformen bzw. Medien eignen sich für die Darstellung der Inhalte in den einzelnen Unterrichtsphasen – unter Berücksichtigung der Formen bisheriger Erfahrungen zum Thema sowie heterogener Voraussetzungen?
– Welche Lern- oder Lehrmaterialien sollten entwickelt bzw. bereitgestellt werden?
– Welche Sozialformen sind für die einzelnen Unterrichtsphasen bzw. Unterrichtsschritte angemessen? Durch welche Sozialformen kann gegebenenfalls eine innere Differenzierung unterstützt werden?
– Welche organisatorischen Maßnahmen müssen bedacht werden, damit der Unterricht in geeigneter Form ablaufen kann?

(7) *Hausarbeit und Lernerfolgskontrolle:*
– Welche Lernaktivitäten sollen gegebenenfalls in häuslicher Arbeit ausgeführt werden?
– An welcher Stelle sind gegebenenfalls ausdrückliche Lernerfolgskontrollen bzw. Klassenarbeiten sinnvoll?

(8) *Handlungslinie:*
Die obigen Überlegungen sollen in eine Handlungslinie im Sinne eines möglichen Unterrichtsablaufs einfließen. In der Handlungslinie lassen sich die einzelnen Unterrichtsphasen und Unterrichtsschritte mit entsprechenden Lehrhandlungen und Lernaktivitäten zusammenfassend beschreiben. Bei den Lehrhandlungen sollten auch Eventualfälle oder Alternativen bedacht werden. Die vier – im vierten Kapitel dargestellten – Unterrichtsabläufe entsprechen jeweils einer solchen Handlungslinie.
In diesem Zusammenhang sei noch einmal betont, dass eine Handlungslinie immer nur als Handlungsorientierung, keinesfalls jedoch als Handlungsfestlegung zu verstehen ist.
Ein Beispiel für eine komponentenbezogene Unterrichtsvorbereitung ist im Anhang zu finden.

## 7.3 Zusammenfassung und Anwendung

Für die Unterrichtsvorbereitung sind zunächst das vorgesehene Thema und seine Einordnung in das jeweilige Themengebiet festzulegen sowie die Lerngruppe ins Bewusstsein zu heben. Dann kann eine prozessbezogene oder eine komponenten-bezogene Unterrichtsvorbereitung erfolgen.

Bei einer *prozessbezogenen Unterrichtsvorbereitung* sollen für die einzelnen Phasen des Unterrichts – von der „Aufgabenstellung" bis zur „Weiterführung und Bewer-tung" – folgende Aspekte bedacht werden: Inhalte, anregende oder unterstützende Lehrhandlungen, erwartete bzw. erwünschte Lernaktivitäten unter Beachtung von Lernvoraussetzungen, geeignete Erfahrungsformen, notwendige Materialien und mediale Formen von Lehrer- oder Schülerbeiträgen sowie geeignete Sozialformen.

Die *komponentenbezogene Unterrichtsvorbereitung* ist dadurch gekennzeichnet, dass die vorbereitenden Überlegungen nach einzelnen Komponenten des Unterrichts gegliedert werden: Lernvoraussetzungen, Inhalte, Zielvorstellungen, Lernaktivitäten und Lehrhandlungen, Erfahrungsformen bzw. Medien und Sozialformen sowie Hausarbeit und Lernerfolgskontrolle. Anschließend ist der Unterrichtsablauf in Form einer Handlungslinie zu beschreiben.

Die Unterrichtsvorbereitung abschließend, sollte zusammenfassend reflektiert werden, ob die Lernvoraussetzungen der Schülerinnen und Schüler angemessen berücksichtigt sind, wo Schwierigkeiten auftreten könnten, welche Hilfen bei Schwie-rigkeiten sinnvoll sind, ob heterogene Voraussetzungen im Sinne von möglichen Differenzierungsmaßnahmen hinreichend bedacht sind, ob genügend Möglichkeiten bestehen, Lernvoraussetzungen und Lernwirkungen zu erfassen, ob diagnostische Maßnahmen notwendig sind, welche Lernwirkungen man erwarten kann und ob die erwarteten Lernwirkungen den Anforderungen gerecht werden.

Insgesamt sollte – auch bei einer noch so differenzierten Unterrichtsvorbereitung – im Bewusstsein bleiben, dass Unterricht ein *komplexes Interaktionsgeschehen* darstellt. Damit ist zugleich ausgesagt, dass Unterrichtsentwürfe nicht alles unterrichtliche Handeln bzw. Verhalten vorweg beschreiben können und sollen. Sie stellen nur die rational geplanten, im weitesten Sinne theoretisch – und gegebenenfalls emprisch – begründeten Handlungsabsichten für das unterrichtliche Geschehen dar (vgl. auch Kap. 10). Das gesamte situative Verhalten der jeweiligen Lehrperson, das für den unterrichtlichen Interaktionsprozess bedeutsam ist, wird damit keineswegs erfasst. Weiterhin werden im Unterrichtskonzept zwar Vermutungen über das Verhalten der Lernenden formuliert, das konkrete Verhalten wird damit jedoch nicht vorweg-genommen, ob es nun durch explizite Handlungsabsichten oder durch eingespielte Regeln zustande kommt. Mit diesen Überlegungen wird zugleich ein Grund für das *mögliche Scheitern* von Unterrichtsentwürfen im praktischen Vollzug deutlich: die rational geplanten und begründeten Handlungsabsichten einer Lehrperson können mit eigenem ungeplanten und regelgeleiteten Verhalten sowie mit dem Handeln bzw. Verhalten der Lernenden in Konflikt geraten. Insofern kann man den Stellenwert eines Unterrichtsentwurfs auch so beschreiben: Ein gut durchdachter Unterrichtsentwurf ist zwar eine notwendige, nicht jedoch eine hinreichende Bedingung für erfolgreichen Unterricht. Über den Erfolg des Unterrichts entscheidet letztlich die konkret im Unterricht ablaufende *Interaktion.* Allerdings besteht die Chance, Mechanismen, die möglicherweise den Erfolg eines Unterrichts verhindern, zu reflektieren und gegebenenfalls zu vermeiden oder abzubauen (vgl. dazu auch das folgende Kapitel).

Auf der Basis der allgemeinen Fragen für eine prozessbezogene Unterrichtsvorbereitung (Abschnitt 7.2.1) und ihrer Verdeutlichung an einem Beispiel (Abschnitt 7.2.2) können Sie sich nun Ihre Ablaufskizze sowie gegebenenfalls ergänzende Notizen zu dem von Ihnen gewählten Thema oder zu einem der Themen aus Abschnitt 4.1 noch einmal vornehmen.

Gehen Sie bitte so vor:

a) Prüfen Sie, ob Sie die einzelnen Schritte bzw. Fragen bereits hinreichend bearbeitet haben und wo gegebenenfalls Ergänzungen notwendig sind.

b) Stellen Sie eine komplette Skizze Ihrer Unterrichtsvorbereitung – gemäß dem Beispiel – zusammen.

Diskutieren Sie – wenn es möglich ist – Ihre unterrichtsvorbereitenden Überlegungen in einer Lerngruppe. Falls die Gelegenheit besteht, sollten Sie Ihre Unterrichtseinheit in einer Klasse durchführen. Machen Sie sich gegebenenfalls Notizen zu Ihren Erfahrungen bei einer möglichen Durchführung.

# 8| Beschreibung, Analyse und Bewertung von Unterricht

## 8.1 Einleitende Hinweise und Fragestellungen

Die bisherigen Überlegungen zu einem Unterrichtsmodell sowie zu lern- und entwicklungsfördernden Aufgabenstellungen und Unterrichtsabläufen lassen sich nicht nur für die Unterrichtsvorbereitung heranziehen, wie es im Kapitel 7 geschehen ist, sondern auch für die Unterrichtsbeschreibung, -analyse und -bewertung. Beschreibungen, Analysen und Bewertungen von Unterricht werden vor allem im Zusammenhang von Unterrichtsbeobachtungen im Rahmen der schulpraktischen Studien, des Referendariats oder der schulischen Praxis gefordert. Unterrichtsbeschreibungen, -analysen und -bewertungen können sich auf miterlebten Unterricht oder auf unterrichtliche Skizzen, Unterrichtstranskripte oder Videoaufzeichnungen beziehen.

Für die folgenden Überlegungen ist es wünschenswert, dass Sie zunächst eine Unterrichtsbeobachtung durchführen. Sie können dazu z. B. eine Unterrichtseinheit in einer Schule auswählen, in der Sie die Möglichkeit haben zu hospitieren. Sie können sich aber auch auf eine schriftlich und/oder per Video dokumentierte Unterrichtsstunde oder Unterrichtseinheit beziehen.
Machen Sie sich zu der ausgewählten Unterrichtsstunde oder Unterrichtseinheit bitte Notizen, um den Unterrichtsablauf festzuhalten.
Nehmen Sie auf der Basis bisheriger Überlegungen zur Unterrichtsgestaltung und Unterrichtsplanung eine erste Einschätzung vor.

Für eine differenzierte und systematische Unterrichtsbeschreibung, Unterrichtsanalyse und Unterrichtsbewertung ist es sinnvoll, folgenden Fragen nachzugehen:
(1) Welche Aspekte bzw. Gesichtspunkte von Unterricht sollen durch die *Beschreibung* von Unterricht erfasst werden?
(2) Welche Aspekte bzw. Gesichtspunkte sind für eine *Analyse* des Unterrichts wichtig?

(3) Welche Kriterien können für eine *Bewertung* von Unterricht herangezogen werden?

Die Bearbeitung dieser Fragen ermöglicht eine angemessene Erfassung, Einordnung und Einschätzung von Unterricht.

## 8.2 Grundlegende Informationen

Die Beschreibung von Unterricht bezieht sich auf Fragen, die auf unmittelbar Beobachtbares zielen. Die Unterrichtsanalyse ist demgegenüber mit Fragen verbunden, die auf nicht direkt beobachtbare Unterrichtskomponenten gerichtet sind. Davon zu unterscheiden sind Fragen, mit denen eine Bewertung des Unterrichts angestrebt wird. Eine entsprechende Unterteilung findet sich in den folgenden Überlegungen, wobei wir von dem Fall ausgehen, dass ein externer Unterrichtsbeobachter ein bestimmtes Unterrichtsgeschehen verfolgt, ohne vorher in das Konzept der unterrichtenden Lehrperson eingeführt worden zu sein. Diese Situation kann sich z. B. bei Unterrichtshospitationen im Rahmen der Lehrerausbildung ergeben.

Bei der Zusammenstellung von Beschreibungs- und Analysegesichtspunkten gehen wir zunächst von der im Kapitel 6 dargestellten Modellvorstellung von Unterricht aus. Allerdings ergänzen wir die dortigen Überlegungen durch einzelne Gesichtspunkte, die in anderen Kapiteln zur Sprache kamen sowie durch weitere Überlegungen zu unterrichtlichen Fragen, die für eine weitergehende Analyse wichtig sind.

Die Fragen bzw. Überlegungen beziehen wir auf das Beispiel einer Unterrichtsstunde, die im Rahmen einer Videostudie dokumentiert wurde. Die Videostudie steht im Kontext des Forschungsvorhabens „The Third International Mathematics and Science Study (TIMSS)" und ist als CD-ROM beim Bundesministerium für Bildung und Forschung verfügbar (vgl. KLIEME/ KNOLL/ SCHÜMER o.J.; BUNDESMINISTERIUM FÜR BILDUNG UND FORSCHUNG 2001).

### 8.2.1 Unterrichtsbeschreibung

Legt man für die Beobachtung und Analyse des Unterrichts die im sechsten Kapitel entwickelte Modellvorstellung zugrunde, so lassen sich zunächst – bezogen auf institutionelle Rahmenbedingungen des Unterrichts – folgende Aspekte festhalten:

- Schulform und Jahrgangsstufe,
- Unterrichtsfach und Thema,
- Größe und Zusammensetzung der Klasse,
- Lehrperson (Berufserfahrung, Geschlecht),
- zur Verfügung stehende Zeit,
- räumliche Gegebenheiten.

In dem Beispiel aus dem Forschungsvorhaben TIMSS handelt es sich um Unterricht in der 8. Klasse einer Realschule. Die per Video dokumentierte Unterrichtsstunde bezieht sich auf den Mathematikunterricht und steht im Rahmen des Themas „Volumen- und Massenberechnungen".

In der Unterrichtsstunde geht es darum, für unterschiedliche Quader die Länge, die Breite, die Höhe, das Volumen, die Oberfläche, die Masse oder die Dichte zu berechnen.

Die Klasse umfasst (soweit aus der Aufzeichnung zu erschließen) 10 Schülerinnen und 14 Schüler und wird von einer berufserfahrenen Lehrerin unterrichtet.

Die Aufzeichnung enthält verschiedene Ausschnitte aus einer Unterrichtsstunde von 45 Minuten. Stühle und Tische sind in dem Klassenraum frontal ausgerichtet. In drei Reihen sind je vier Zweiertische nebeneinander angeordnet. In der Klasse befindet sich eine Tafel sowie ein Tageslichtprojektor mit einer Projektionsfläche links neben der Tafel (aus Schülersicht).

Damit sind die Rahmenbedingungen beschrieben. Im Kontext solcher Bedingungen kann die Aufmerksamkeit zunächst auf direkt erfassbare Aspekte zweier Unterrichtskomponenten gerichtet werden:
– Lehrhandlungen der Lehrperson,
– Lernaktivitäten der Lernenden.

Daneben können noch Aktivitäten der Lehrperson und der Lernenden beobachtet werden, die nicht auf den Lehr-Lernprozess als solchen gerichtet sind, z. B. Klassenbuch führen sowie Störungen und Reaktionen darauf.

Im Zusammenhang mit den durchgeführten Lehrhandlungen und Lernaktivitäten lassen sich zugleich festhalten:
– die Inhalte der Interaktion zwischen Lehrperson und Lernenden,
– die Erfahrungsformen bzw. Medien,
– die praktizierten Sozialformen.

In unserem Beispiel kann man auf der Basis der Videoaufzeichnung und ergänzender Informationen (auf der betreffenden CD-ROM) folgende Lehrhandlungen und Lernaktivitäten beobachten:

(a) Eine Schülerin, die am Vortag bestimmt wurde, trägt ihre Lösungen zu den Hausaufgaben mit Hilfe einer von ihr vorbereiteten Folie vor.

(b) Die Lösungen der Schülerin werden – mit einer Moderation durch die Lehrerin – von den Schülerinnen und Schülern bestätigt oder modifiziert.

(c) Die Lehrerin fragt nach den Lernzielen, die im Zusammenhang der Unterrichtsreihe schon erreicht worden sein sollten. Einzelne Schülerinnen und Schüler nennen die Ziele. Danach werden die Formeln für die Oberfläche, das Volumen und die Masse eines Quaders wiederholt. Jeweils im Anschluss an richtige Antworten von Schülerinnen und Schülern werden die entsprechenden Formeln auf einer Folie, die aufgrund von Zusammenfassungen in vorherigen Stunden erstellt wurde, schrittweise aufgedeckt.

(d) Die Lehrerin führt den neuen Lehrinhalt der laufenden Unterrichtsstunde mit einer Aufgabe auf einer Folie ein: Ein Eisenblech, rho = 7,8 g/cm$^3$, von 0,5 m Länge und 20 cm Breite hat eine Masse von 3,900 kg. Berechne die Höhe (Dicke) des Blechs.

(e) Eine Schülerin liest die Aufgabe vor. Zwei Schüler nennen spontan den richtigen Lösungsansatz (Teilen der Masse durch Dichte, Länge und Breite). Die Lehrerin würdigt den Lösungsansatz, geht zunächst aber nicht weiter darauf ein, sondern verweist auf den – bei anderen Aufgaben offenbar schon eingeübten – „Dreierschritt: Gegeben, Gesucht, Rechenweg". Sie fragt, wer sich die Lösung an der Tafel zutraut.

(f) Ein Schüler begibt sich an die Tafel und beginnt gemäß dem Dreierschritt vorzugehen. Dabei wird er von der Lehrerin kontrolliert und unterstützt und – falls er doch nicht weiterkommt – abgelöst. Insgesamt bearbeiten drei Schüler die Lösung der Aufgabe an der Tafel. Beim Lösungsvorgang werden die zu wählenden Maßeinheiten – weil bei ihnen Schwierigkeiten auftauchen – mit den anderen Schülerinnen und Schülern diskutiert.

(g) Die Lehrerin fragt, was bisher „gemacht" und was „gelernt" wurde. Nach einzelnen Beiträgen fasst eine Schülerin zusammen: „Wir können die Länge, Breite oder Höhe eines Quaders berechnen, wenn wir die Masse und rho haben". Die Lehrerin hält in verallgemeinernder Form auf einer Folie fest „Wir können die Massenformel umstellen".

(h) Die Lehrerin verweist darauf, dass die Schülerinnen und Schüler nun selbst kontrollieren können, ob sie das Lehrziel erreicht haben. Dazu hat sie drei verschiedene Stapel mit Arbeitsblättern vorbereitet, die Aufgaben mit unterschiedlichen Schwierigkeitsgraden enthalten: einen Stapel für die so genannte Powergruppe, einen für die Mittelgruppe und einen für die Grundgruppe. Die Schülerinnen und Schüler können selbst wählen, zu welcher Gruppe sie gehören möchten. Vor der Wahl der Aufgaben erläutert die Lehrerin noch einmal, wie man bezüglich der Maßeinheiten vorgehen sollte. Danach wählen die Schülerinnen und Schüler eines der Arbeitsblätter.

(i) Die Schülerinnen und Schüler bearbeiten ihr Arbeitsblatt jeweils in Einzelarbeit. Die Lehrerin hilft bei Schwierigkeiten.

(j) Die Lehrerin verweist darauf, dass heute zwei schwierige „Sachen" besprochen wurden. Danach stellt sie Hausaufgaben aus dem Mathematikbuch.

Mit dieser Ablaufskizze sind wichtige Lehrhandlungen und Lernaktivitäten beschrieben. Auf dieser Basis kann nun eine weitergehende Analyse erfolgen.

### 8.2.2 Unterrichtsanalyse

Aus unterrichtlichen Abläufen bzw. Interaktionen können in der Regel folgende Gesichtspunkte zwar nicht unmittelbar beobachtet, jedoch zum Teil mittelbar analytisch erschlossen werden:

(1) Lernvoraussetzungen der Lernenden,
(2) Zielvorstellungen der Lehrperson,
(3) Gliederungsabsichten der Lehrperson für den Lehr-Lernablauf,
(4) Lernwirkungen,

(5) Grundauffassung zum Lehren und Lernen auf Seiten der Lehrperson,
(6) Beziehungsgefüge innerhalb der Lerngruppe sowie zwischen Lehrperson und Lerngruppe,
(7) Einflüsse des sozialen, ökonomischen und kulturellen Milieus auf den Unterricht.

Diese Gesichtspunkte stellen sich in Bezug auf das Mathematikbeispiel wie folgt dar.

*Lernvoraussetzungen:*
Die meisten Schülerinnen und Schüler der beobachteten Klasse bringen als *Voraussetzung* die Kenntnis der Formeln für die Oberfläche, für das Volumen und für die Masse eines Quaders mit sowie die Fähigkeit, entsprechende Berechnungen durchzuführen. Bei einigen Schülerinnen und Schülern sind jedoch Unklarheiten im Umgang mit den Einheiten für Masse, Länge und Volumen (g, kg, dm, cm, $dm^3$, $cm^3$) bei entsprechenden Berechnungen festzustellen.
Die Schülerinnen und Schüler sind offenbar an bestimmte Routinen gewöhnt, z. B. Vorstellung von Lösungen zu Hausarbeitsaufgaben auf einer Folie am Beginn einer Unterrichtsstunde, wiederholende und rückblickende Benennung von Lehrzielen, Lösung von neu eingeführten Aufgaben an der Tafel mit Unterstützung der Lehrperson.

*Zielvorstellungen:*
Die Lehrerin verfolgt die *Zielvorstellung*, dass die Schülerinnen und Schüler lernen, die bereits bekannte Massenformel nach jeweils gesuchten Größen umzustellen und diese zu berechnen. Darüber hinaus soll der Dreierschritt „Gegeben, Gesucht, Rechenweg" weiter gefestigt werden.

*Gliederungsabsichten:*
In dem *Lehr-Lernablauf* ist eine klare Struktur bzw. *Gliederung* erkennbar: Besprechen der Hausaufgaben, Wiederholung von Lehrzielen und bereits gelernten Inhalten, Einführen einer neuen Aufgabe, Erarbeiten einer Lösung, Zusammenfassung, Üben und Anwenden, Stellen von Hausaufgaben.

*Lernwirkungen:*
Hinsichtlich der *Lernwirkungen* ist zu vermuten, dass die meisten Schülerinnen und Schüler – nachdem die Hausaufgaben ausgeführt und in der folgenden Stunde besprochen sein werden – in der Lage sind, die Massenformel nach einzelnen Variablen umzustellen und gesuchte Größen zu berechnen. Inwieweit alle dazu in der Lage sind, lässt sich ohne Testdurchführung nicht feststellen.

*Grundauffassung zum Lernen:*
Die Lehrperson vertritt offenbar eine *Grundauffassung zum Lernen*, die sich folgendermaßen charakterisieren lässt: Wirksames Lernen erfordert eine klare Vorstrukturierung und Steuerung durch die Lehrperson. Dabei ist folgendes Vorgehen wichtig:

Aufgabenstellung, angeleitete Lösungsdemonstration, Zusammenfassung, Übung bzw. Anwendung, rückblickendes Bewusstmachen des Gelernten. Innerhalb der einzelnen Schritte eines solchen Prozesses sollen die Schülerinnen und Schüler zur Selbsttätigkeit angeregt und dabei unterstützt werden.

*Beziehungsgefüge innerhalb der Lerngruppe sowie zwischen Lehrperson und Lerngruppe:* Die frontale Anordnung der Zweiertische und der Ablauf lassen darauf schließen, dass die Lernenden vor allem durch Präsentationen und Gespräche im Klassenverband mit einem Wechsel zur Einzelarbeit in Übungs- und Anwendungsphasen lernen. Im Verhältnis zur Lehrperson und untereinander sind die Interaktionen vor allem durch eine sachorientierte Auseinandersetzung mit klar definierten Aufgaben unter genereller Steuerung durch die Lehrperson gekennzeichnet.

*Einflüsse des Milieus auf den Unterricht:*
Die Schülerinnen und Schüler scheinen – soweit dies auf der Basis von Sprache, Kleidung und Verhalten erkennbar ist – aus der sozialen Mittelschicht zu stammen. Sie sind offenbar bereit, sich den schulischen Anforderungen – hier repräsentiert durch Steuerung der Abläufe durch die Lehrerin – anzupassen.

### 8.2.3 Unterrichtsbewertung
Eine Bewertung von Unterricht kann – auf der Grundlage der Unterrichtsbeschreibung und Unterrichtsanalyse – nach internen oder nach externen Kriterien erfolgen. Interne Kriterien beziehen sich auf die innere Stimmigkeit des Unterrichts, z. B. auf die Angemessenheit von Zielvorstellungen und unterrichtlichen Handlungen. Externe Kriterien ergeben sich aus übergreifenden Leitideen für Unterricht.
Eine Bewertung nach *internen Kriterien* kann z. B. von folgenden Fragen ausgehen:
(1) Waren die einzelnen Lehrhandlungen geeignet, um wünschenswerte Lernaktivitäten auf Seiten der Lernenden anzuregen oder zu unterstützen?
(2) Waren die Lernaktivitäten geeignet, Lernwirkungen im Sinne der Zielvorstellungen zu erzeugen?
(3) Waren die Zielvorstellungen im Aspekt der gegebenen Lernvoraussetzungen angemessen? Wurden unterschiedliche Lernvoraussetzungen in angemessener Form berücksichtigt?
(4) Waren die Inhalte bzw. Aufgaben zur Anregung der Lernprozesse geeignet?
(5) Haben die gewählten Erfahrungsformen bzw. Medien die Lehrhandlungen und Lernaktivitäten in angemessener Weise gefördert?
(6) Waren die gewählten Sozialformen eher förderlich oder eher hinderlich für das Lernen?
(7) War das Beziehungsgefüge zwischen den Beteiligten eher förderlich oder eher hinderlich für die Lernprozesse?
(8) Haben bestimmte institutionelle oder gesellschaftliche Bedingungen das Erreichen der Ziele gegebenenfalls begünstigt oder behindert?

Im Hinblick auf unser Beispiel könnten solche Bewertungen folgendermaßen aussehen.

*Lehrhandlungen – Lernaktivitäten:*
Die Lehrhandlungen waren im Ansatz geeignet, wünschenswerte Lernaktivitäten – mindestens bei den mitarbeitenden Schülerinnen und Schülern – auszulösen und zu unterstützen. Unklar bleibt allerdings, inwieweit die nicht mitarbeitenden Schülerinnen und Schüler die einzelnen gedanklichen Schritte mitvollzogen haben. Insbesondere die angeleitete Demonstration eines Lösungsweges durch einen Schüler an der Tafel lässt die Frage aufkommen, ob dadurch eine hinreichende Aktivierung aller Schülerinnen und Schüler erreicht wurde. Immerhin wurden jedoch durch die anschließende Einzel- und Hausarbeit alle Schülerinnen und Schüler angeregt, sich mit Übungs- bzw. Anwendungsaufgaben auseinanderzusetzen.

*Lernaktivitäten – Zielvorstellungen:*
Die Lernaktivitäten waren – soweit sie im Sinne der Lehrperson von den Schülerinnen und Schülern vollzogen wurden – auf die Zielvorstellungen ausgerichtet.

*Zielvorstellungen – Lernvoraussetzungen:*
Die Zielvorstellungen gingen von den angenommenen Lernvoraussetzungen aus und lagen nur einen kleinen Schritt über diesen (Umstellung bereits bekannter Formeln).
Unterschiedliche Lernvoraussetzungen wurden durch Aufgaben unterschiedlichen Schwierigkeitsgrades in der Übungs- bzw. Anwendungsphase berücksichtigt. Es bleibt allerdings die Frage, ob die eigene Zuweisung der Schülerinnen und Schüler zu den drei Schwierigkeitsgraden in angemessener Weise erfolgt ist. Hier sind eher Zweifel angebracht.
Des Weiteren hatte die Lehrerin Gelegenheit, leistungsstärkere Schülerinnen und Schüler zu bitten, ihren Lösungsweg für die neu eingeführte Aufgabe an der Tafel zu demonstrieren. Dadurch können leistungsstärkere Lernende besonders gefördert werden.

*Inhalte und Aufgaben – Erfahrungsformen bzw. Medien – Sozialformen:*
Die Inhalte und Aufgaben entsprachen der Art, wie geometrische Themen in der Regel im Unterricht und in Schulbüchern behandelt werden. Sie repräsentieren allerdings nur „innergeometrische Einkleidungen" für die zu lernenden Sachverhalte. Wünschenswert wäre es gewesen, den Inhalt über eine komplexe Aufgabe einzuführen und so auch Bezüge zur Lebenswelt der Jugendlichen herzustellen.
Die Inhalte wurden in sprachlicher bzw. symbolischer Form eingebracht und behandelt. Die Verwendung von Tafel, Tageslichtschreiber und Arbeitsblättern war auf dieser Grundlage angemessen.
Hinsichtlich der Sozialformen stellt sich die Frage, ob es nicht besser gewesen wäre, den Lösungsweg für die neu eingeführte Aufgabe in Kleingruppen oder in

Partnerarbeit erarbeiten zu lassen (anstatt im Klassenverband) und anschließend die erarbeiteten Lösungswege in der Klasse zu diskutieren. Außerdem hätte in der Übungs- bzw. Anwendungsphase die Partnerarbeit gewählt werden können (anstelle der Einzelarbeit).

*Beziehungsgefüge und Lernprozess:*
Die sachorientierte Interaktion war für den Lernprozess insgesamt förderlich. Allerdings wäre es wünschenswert, die Interaktion zwischen den Schülerinnen und Schülern weitergehend zu fördern.

*Institutionelle oder gesellschaftliche Bedingungen und Lernprozess:*
Die möglichen Milieueinflüsse – Bereitschaft zur Anpassung an schulische Anforderungen – dürften für den Lernprozess eher förderlich gewesen sein. Allerdings verhinderten institutionelle Erwartungen an die Lehrerrolle – starke Steuerung des Gesamtablaufs – möglicherweise eine eigenständigere Auseinandersetzung der Lernenden mit dem Inhalt. Außerdem ist der feste zeitliche Rahmen (45 Minuten) hinderlich für ein eigenständigeres problemorientiertes oder entdeckendes Lernen.
Außer diesen Aspekten, die auf eine interne Bewertung von Unterricht und Lehrerverhalten zielen, kann Unterricht auch nach externen Kriterien bewertet werden. Für eine Bewertung nach *externen Kriterien* lassen sich unter anderem folgende Fragen formulieren:
(1) Wie sind die Zielvorstellungen und Lernwirkungen zu bewerten im Hinblick auf ein sachgerechtes, selbstbestimmtes und kreatives Handeln in sozialer Verantwortung?
(2) Sind die Lehrhandlungen und Lernaktivitäten geeignet gewesen, die intellektuelle und soziale bzw. moralische Entwicklung zu fördern?
(3) Entspricht die Grundauffassung vom Lernen auf Seiten der Lehrperson bewährten lehr-lerntheoretischen Konzepten?
Bezieht man diese Fragen noch einmal auf unser Mathematikbeispiel, so lässt sich Folgendes feststellen.

*Sachgerechtes, selbstbestimmtes, kreatives und sozialverantwortliches Handeln:*
Die Unterrichtsstunde zielt auf den Erwerb mathematischer Verfahren zur Berechnung von geometrischen Größen sowie von Massen. Insofern gibt es Affinitäten zu einem sachgerechten Handeln bei entsprechenden Problemstellungen. Allerdings ist das Vorgehen vor allem an Routinen orientiert. Es bleibt die Frage, ob jeweils ein angemessenes Verständnis erreicht wird.
Die Unterrichtsabläufe zielen auf Selbsttätigkeit in den einzelnen Phasen, während der Gesamtablauf stark von der Lehrperson gesteuert wird. Insofern gibt es nur leichte Bezüge zu einem selbstbestimmten Handeln (in einem festgesetzten Rahmen). Kreatives Handeln und soziales Handeln werden nur in peripherer Weise angesprochen.

*Förderung der intellektuellen und sozialen bzw. moralischen Entwicklung:*
Die intellektuelle Entwicklung ist insofern tangiert, als der Umgang mit mehreren Variablen und somit eine gewisse Komplexität gefordert ist. Sozial-moralische Entwicklungsprozesse werden nicht angeregt.

*Grundauffassung vom Lernen:*
Die Grundauffassung vom Lernen entspricht am ehesten einer kognitionstheoretischen Grundposition. Empirisch gesehen sind durch das strukturierte Vorgehen und durch den Wechsel von instruktionaler Steuerung und Selbsttätigkeit sowie durch das aufgabenorientierte Vorgehen mit der Demonstration von Lösungswegen und anschließenden Übungen bzw. Anwendungen bei den Jugendlichen Lernerfolge im Sinne der Aneignung von Formeln und ihrer Umstellung – auch bei Schülerinnen und Schülern mit schwächeren Lernvoraussetzungen – zu erwarten. Allerdings bewegt sich der Lernerfolg vermutlich nur auf der Ebene der Routinisierung. Situierung, kooperatives und entdeckendes Lernen im Sinne konstruktivistischer Ansätze fehlen weitgehend. Insofern besteht die Gefahr der Ausbildung von „trägem Wissen". Affektiv-motivationale Aspekte des Lernens werden kaum beachtet.
Die bisherigen Bewertungen nach internen und externen Kriterien können selbstverständlich weiter ausdifferenziert werden.
Beispielsweise bietet es sich an, die Bewertung nach *internen* Kriterien im Hinblick auf das Interaktionsverhalten der Lehrperson zu erweitern (vgl. BÖNSCH 1998, S. 202 ff.; WIATER 1993, S. 266 ff.). Dabei lassen sich drei Ebenen der Interaktion unterscheiden: nicht-verbale Verhaltensweisen, nicht-verbale Aspekte des Verbalverhaltens, Verbalverhalten.
Hinsichtlich der *nicht-verbalen Verhaltensweise* ergeben sich z. B. folgende Fragen:
–   Hat die Lehrperson beim Klassenunterricht die gesamte Lerngruppe *im Blick*, so dass sich alle wahrgenommen fühlen (oder ist der Blick eher abschweifend oder nur auf Einzelne konzentriert)?
–   Sind die *Mimik und Gestik* angemessen (oder zu bewegt oder zu unbewegt)?
–   Ist die *Bewegung im Raum* eher ruhig und angemessen (oder eher hektisch und unangemessen)?
–   Ist die *Distanz* zu den Lernenden angemessen (oder manchmal zu groß oder zu gering)?
Bezogen auf die *nicht-verbalen Aspekte des Verbalverhaltens* kann man z. B. fragen:
–   Ist die *Lautstärke* angemessen (oder eher zu laut oder zu leise)?
–   Wird die *Artikulation* beachtet (klare oder manchmal unklare Artikulation)?
–   Werden Möglichkeiten der *Betonung* genutzt (oder nicht genutzt)?
–   Ist die *Sprachgeschwindigkeit* angemessen (oder zu schnell oder zu langsam)?
Im Hinblick auf das *Verbalverhalten* sind unter anderem folgende Fragen wichtig:
–   Sind die *Lehrerbeiträge*
    stets einfach und verständlich (oder manchmal kompliziert und unverständlich)?

stets gut gegliedert (oder manchmal unstrukturiert)?

stets prägnant (oder manchmal zu weitschweifig)?

anregend, interessant, abwechslungsreich und personenbezogen (oder ohne Stimulanz)?

– Ist das *Frageverhalten* der Lehrperson

präzise und klar (oder manchmal unklar)?

jeweils an alle gerichtet, um möglichst viele zum Mitdenken anzuregen (oder häufig nur auf Einzelne bezogen)?

zum eigenen Nachdenken anregend (oder nur auf die Reproduktion ausgerichtet)?

verschiedene Antwortmöglichkeiten eröffnend (oder nur auf eine spezifische Antwort zielend)?

variantenreich (oder einseitig)?

– Ist das *Rückmeldeverhalten* der Lehrperson

durch eine starke Orientierung an Beiträgen gekennzeichnet, die ins eigene Konzept passen, oder

durch die Bereitschaft charakterisiert, auf unterschiedliche Beiträge in lernförderlicher Weise einzugehen?

– Gelingt es der Lehrperson auf *Störungen und Konflikte* in eher kommunikationsfördernder Weise einzugehen oder reagiert sie eher in kommunikationshinderlicher Weise?

All diese Verhaltensweisen sind in besonderer Weise wichtig, um die Aufmerksamkeit der Schülerinnen und Schüler in angemessener Art zu lenken, das Nachdenken anzuregen und eine insgesamt lernförderliche und kommunikationsförderliche Atmosphäre in der Klasse zu schaffen.

Auch im Bereich der Bewertung von Unterricht nach *externen Kriterien* sind Differenzierungen und Erweiterungen möglich.

Insbesondere kann der in diesem Buch vertretene handlungs- und entwicklungsorientierte Ansatz als Orientierungspunkt für Unterrichtsbewertungen herangezogen werden. In diesem Falle liegen die folgenden bewertenden Fragen nahe:

(1) Wurde eine für die Schülerinnen und Schüler bedeutsame Aufgabenstellung eingeführt oder entwickelt? Konnten die Schülerinnen und Schüler eigene Erfahrungen und Lösungsvorschläge einbringen? Haben sie die in der Aufgabenstellung liegenden Schwierigkeiten erfahren können?

(2) Wurden die Schülerinnen und Schüler an der Zielfestlegung beteiligt? Wurde ihnen die Bedeutsamkeit des zu Lernenden bewusst?

(3) Konnten die Schülerinnen und Schüler eigenständig Fragen entwickeln, die für die Erarbeitung von Grundlagen zur Aufgabenlösung wichtig waren? Waren sie an Absprachen zum Vorgehen in angemessener Weise beteiligt?

(4) Haben die Schülerinnen und Schüler Grundlagen für die Aufgabenlösung in eigenständiger Form – gegebenenfalls mit geeigneten Lernhilfen – erarbeitet und zusammengestellt?

(5) Konnten die Schülerinnen und Schüler Lösungswege und Lösungen für die Eingangsaufgabe in selbstständiger Form entwickeln und ihre Ergebnisse für die Präsentation aufbereiten?

(6) Wurde ein Vergleich verschiedener Lösungswege und Lösungen durchgeführt? Wurde mit den Schülerinnen und Schülern eine geeignete Zusammenfassung erarbeitet?

(7) Wurden Anwendungsaufgaben gestellt und bearbeitet, die eine Übertragung des Gelernten auf neue Fälle ermöglichte? Wurden zu den Ergebnissen angemessene Rückmeldungen gegeben?

(8) Hatten die Schülerinnen und Schüler Gelegenheit, sie interessierende weiterführende Fragen einzubringen und zu bearbeiten? Wurden die Lernergebnisse und der Lernweg reflektiert?

Betrachtet man das Mathematikbeispiel abschließend noch einmal zusammenfassend unter solchen Fragestellungen, werden neben einzelnen Bezügen zum handlungs- und entwicklungsorientierten Ansatz auch Desiderata des unterrichtlichen Konzepts deutlich: Erfahrungsbezüge zur außerschulischen Lebenswelt wurden nicht hergestellt, die Bedeutung der Aufgabe für Gegenwart oder Zukunft wurde nicht thematisiert bzw. war kaum gegeben, die Schülerinnen und Schüler waren an der Zielfestlegung und an der Planung des Vorgehens nicht beteiligt. Die Erarbeitung von Grundlagen und die Entwicklung der Lösung erfolgten zum Teil zwar selbsttätig, aber kaum selbstständig, eigene Fragestellungen (die über „innermathematische" Klärungen hinausgingen) wurden nicht eingebracht. So muss unter anderem in Frage gestellt werden, ob anwendungsfähiges Wissen entsteht und ob grundlegende Kompetenzen für ein selbstständiges Lernen erworben werden.

Mit solchen Hinweisen wird – wie schon bei vorhergehenden Überlegungen – zugleich deutlich, in welche Richtungen der beobachtete Unterricht weiterentwickelt werden könnte bzw. welche Alternativen bedacht werden sollten.

Bei der obigen Einschätzung ist allerdings zu beachten, dass nur eine einzelne Unterrichtsstunde beobachtet wurde. Die Beobachtung der gesamten Unterrichtsreihe hätte unter Umständen dazu geführt, dass einzelne Kritikpunkte relativiert oder verstärkt worden wären.

## 8.3 Zusammenfassung und Anwendung

Ausgehend von der Modellvorstellung von Unterricht im sechsten Kapitel und den weiteren Überlegungen zur Unterrichtsgestaltung lassen sich verschiedene Gesichtspunkte und Kriterien bestimmen für

– die Unterrichtsbeschreibung,
– die Unterrichtsanalyse und
– die Unterrichtsbewertung.

Die *Unterrichtsbeschreibung* sollte vor allem enthalten:
- Rahmenbedingungen: Schulform und Jahrgangsstufe, Unterrichtsfach und Thema, Größe und Zusammensetzung der Klasse, Merkmale der Lehrperson, zeitlicher Rahmen, räumliche Gegebenheiten,
- Unterrichtsablauf im Wechselspiel von Lehrhandlungen und Lernaktivitäten einschließlich ihrer jeweiligen inhaltlichen, erfahrungsformbezogenen bzw. medialen und sozialformbezogenen Komponenten,
- weitere Aktivitäten von Lehrperson und/oder Lernenden.

Die *Unterrichtsanalyse* sollte zu einer analytischen Erfassung folgender Aspekte führen: Lernvoraussetzungen, Zielvorstellungen, Gliederungsabsichten der Lehrperson, Lernwirkungen, Grundauffassung zum Lernen, Beziehungsgefüge in der Klasse, Einflüsse des Milieus auf den Unterricht.

Die *Unterrichtsbewertung* kann von internen und/oder externen Kriterien ausgehen.

*Interne Kriterien* können sein: Eignung der Lehrhandlungen zur Anregung der angestrebten Lernaktivitäten, Eignung der Lernaktivitäten zur Erreichung der Ziele, Angemessenheit der Ziele im Verhältnis zu den Lernvoraussetzungen, Angemessenheit der Inhalte und der Erfahrungsformen bzw. Medien sowie der Sozialformen für die Lehrhandlungen und Lernaktivitäten, Einfluss des Beziehungsgefüges sowie von institutionellen oder gesellschaftlichen Bedingungen auf die Lernprozesse, Bedeutung des Interaktionsverhaltens für die Lernprozesse.

Als *externe Kriterien* lassen sich nennen:
- Übereinstimmung mit der Leitidee eines sachgerechten, selbstbestimmten, kreativen und sozialverantwortlichen Handelns,
- Förderung der intellektuellen sowie der sozial-moralischen Entwicklung,
- Übereinstimmung der Grundauffassung zum Lernen mit empirisch bewährten lehr-lerntheoretischen Ansätzen,
- Übereinstimmung mit Merkmalen handlungs- und entwicklungsorientierter Lehr-Lernprozesse.

Solche Gesichtspunkte ermöglichen eine differenzierte und systematische Erfassung und Einschätzung von Unterricht sowie die Entwicklung von bedenkenswerten Alternativen.

Für Lehrübungen von Studierenden können bei der Unterrichtsbeobachtung jeweils bestimmte Akzente gesetzt werden. Dafür eignen sich unter anderem Detailbeobachtungen zu unterrichtlichen Phasen und Abläufen sowie zu Interaktionen.

Auf der Basis der obigen Zusammenstellung von Gesichtspunkten und Fragen können Sie nun eine differenzierte Unterrichtsbeschreibung, Unterrichtsanalyse und Unterrichtsbewertung für den eingangs beobachteten oder einen weiteren Unterricht vornehmen.

# Empirische Unterrichtsforschung und didaktische Ansätze

# 9| Ergebnisse empirischer Unterrichtsforschung

## 9.1 Einleitende Hinweise und Fragestellungen

In den vorhergehenden Kapiteln haben wir wichtige Theorien und Konzepte zum Lehren und Lernen sowie unseren handlungs- und entwicklungsorientierten Ansatz vorgestellt. Auch wenn wir nicht in jedem Einzelfall darauf hingewiesen haben, bezieht unser Ansatz empirische Untersuchungen ein; im Vordergrund der Darstellung stand jedoch die theoretische Stringenz unserer Aussagen. Im Folgenden gehen wir ausführlich der Frage nach, welche empirischen Erkenntnisse zum Unterricht vorliegen. Solche Ergebnisse sind prinzipiell zeitgebunden, weil empirische Untersuchungen immer nur in konkreten historischen und gesellschaftlichen Situationen durchgeführt werden können und insofern spätere Untersuchungen zu anderen Ergebnissen führen können. Wir werden allerdings vor allem Ergebnisse darstellen, die in der empirischen Forschung schon längere Zeit Bestand haben und die mehrfach bei unterschiedlichen Versuchsgruppen festgestellt werden konnten. Durch die explizite Thematisierung empirischer Ergebnisse soll gleichzeitig das konkrete Handeln der am unterrichtlichen Interaktionsprozess beteiligten Akteure – der Lehrenden und der Lernenden – stärker in den Blick genommen werden. Die bisherige Darstellung unseres Unterrichtsmodells und des Unterrichtsablaufs waren ja vorwiegend konzeptionell angelegt.

In der öffentlichen Diskussion wird häufig darüber gestritten, wie Schule und Unterricht sein sollten. Dabei treten manchmal Vorstellungen zu Tage, die durch die nationalen und internationalen Untersuchungen zur Schulleistung nicht gestützt werden, z. B. dass eine Verkleinerung der Klassengrößen auf jeden Fall zu einer größeren Lernwirksamkeit von Unterricht führen würde.

Die in diesem Kapitel zusammengestellten Ergebnisse der Lehr-Lernforschung erlauben eine Antwort auf die Frage, was aus empirischer Sicht als „guter" Unterricht bezeichnet werden kann. Kriterium dafür ist in empirischen Untersuchungen im Regelfall die kognitive Leistung der Schülerinnen und Schüler in den jeweils eingesetzten Tests. Wir weisen jedoch darauf hin, dass die Qualität von Unterricht auch durch andere Kriterien bestimmt werden könnte, z. B. durch die Motivation und Fähigkeit, sich mit einem Inhalt auch in Zukunft selbstständig auseinanderzusetzen.

Darüber hinaus ist wichtig, dass die Schulleistung zwar von der Qualität von Unterricht abhängt, dass diese aber auch durch gesellschaftliche Rahmenbedingungen beeinflusst wird. Darauf wird in einem eigenen Band zur Gestaltung der Schule als Institution eingegangen (vgl. BLÖMEKE/HERZIG/TULODZIECKI 2007).

Notieren Sie bitte einführend in Stichworten, was Ihnen spontan zu folgenden Fragen einfällt: Was ist guter Unterricht? Was zeichnet Ihrer Meinung nach gute Lehrerinnen und Lehrer aus?
Bewerten Sie anschließend bitte die Aussagen in der nachstehenden Tabelle 9.1, die wichtige Merkmale von Lehrenden, Lernenden und Unterricht aufnehmen, hinsichtlich ihrer Richtigkeit. Auf diese Weise können Sie sich Ihre Vorannahmen bewusst machen und sie später auf ihre Angemessenheit hin überprüfen. Notieren Sie sich gegebenenfalls Einschränkungen Ihrer Antwort oder Probleme, die Sie mit der Entscheidung hatten.

Um einschätzen zu können, inwieweit Ihre Antworten angemessen sind, ist es sinnvoll, sich mit empirischen Untersuchungen vertraut zu machen, die entsprechende Fragen untersuchen. Vorab ist darauf hinzuweisen, dass unterschiedliche Einschätzungen der Aussagen in der Tabelle 9.1 auch auf Unterschiede im Begriffsverständnis zurückgehen können. Beispielhaft soll dies am mehrfach verwendeten Begriff der „Leistung" deutlich gemacht werden. Kriterium für die Leistung von Schülerinnen und Schülern ist in allen großen empirischen Studien der letzten Jahre ihr *fachlicher* Lernerfolg. Damit gerät aus dem Blick, dass es keineswegs – wie oben bereits angedeutet – eine allgemein akzeptierte Norm gibt, an der die Qualität von Unterricht gemessen werden kann (vgl. auch EINSIEDLER 2002). Angesichts der verschiedenen Anforderungen an Lehrerinnen und Lehrer ist die Konzentration auf den fachlichen Lernerfolg durchaus strittig. Sollen sie vorrangig fachliches Wissen und Können fördern, sodass der entsprechende Lernerfolg zum Maßstab genommen werden kann? Oder gehört nicht auch Erziehen zum Aufgabenspektrum von Lehrpersonen? Und wie lässt sich hier ein Lernerfolg bestimmen? Ist nicht vielleicht sogar das Klima, das zwischen Lehrperson und Schülern herrscht, wichtiger als der fachliche Lernerfolg? Im Bewusstsein der normativen Differenzen und Probleme erfolgt in diesem Kapitel dennoch eine gewisse Fokussierung auf den fachlichen Lernerfolg als Kriterium für guten Unterricht – nicht zuletzt weil sich dieses Kriterium in den empirischen Studien der letzten Jahre (z. B. IGLU, MARKUS, PISA und TIMSS) niedergeschlagen hat. Fragen der Erziehung bleiben ausdrücklich ausgeblendet, ohne dass damit ihre Bedeutung in Frage gestellt werden soll.

Tabelle 9.1: Aussagen zu Merkmalen von Lehrenden, Lernenden und Unterricht

| | Aussage | eher richtig | eher falsch |
|---|---|---|---|
| 1 | Es ist günstig, wenn die Fehler von Schülerinnen und Schülern im Unterricht von der Lehrperson möglichst schnell korrigiert und nicht weiter diskutiert werden, damit sie sich gar nicht erst einprägen können. | | |
| 2 | Zeigt eine Lehrperson eine besondere Begeisterung für das Unterrichtsthema, wirkt sich das positiv auf die Leistung der Schülerinnen und Schüler aus. | | |
| 3 | Ein hohes Maß an Gruppenarbeit ist leistungsförderlich. | | |
| 4 | Schwache Schülerinnen und Schüler sind in der Schule eher unterfordert als überfordert. | | |
| 5 | Lehrpersonen kennen die leistungsbezogenen Stärken und Schwächen ihrer einzelnen Schülerinnen und Schüler sehr genau. | | |
| 6 | Die Intelligenz eines Schülers bzw. einer Schülerin ist einer der wichtigsten Faktoren für seinen bzw. ihren Schulerfolg | | |
| 7 | Intelligenz lässt sich nicht beeinflussen, da sie allein erblich bedingt ist. | | |
| 8 | Neben der Intelligenz stellt die Lernmotivation einen besonders bedeutsamen Faktor dar, von dem Erfolg bzw. Misserfolg in der Schule abhängt. | | |
| 9 | Täglich drei oder vier Stunden fernzusehen, wirkt sich negativ auf schulische Leistungen aus. | | |
| 10 | Eine Orientierung am mittleren Leistungsniveau einer Klasse fördert alle Schülerinnen und Schüler am besten. | | |

## 9.2 Grundlegende Informationen

Für mathematisch-naturwissenschaftliche Kompetenzen haben die TIMSS- und PISA-Studien nachdrücklich aufgezeigt, dass die deutschen Schülerinnen und Schüler der Sekundarstufen im internationalen Vergleich nicht den erwarteten Leistungsstand erreichen, sondern nur in einem breiten Mittelfeld liegen (vgl. BAUMERT u. a. 1997; BAUMERT/BOS/WATERMANN 1998; PRENZEL U.A. 2007). Die TIMSS-Videotape Classroom Study über den Mathematikunterricht in der Jahrgangsstufe 8 lässt die begründete Hypothese zu, dass eine zentrale Ursache für die defizitäre Leistung des deutschen Unterrichts – gemessen an der Testleistung der Schülerinnen und Schüler – in der weitgehenden Ausrichtung des Lehrhandelns auf das fragend-entwickelnde Unterrichtsgespräch mit dem Ziel der Erarbeitung eines bestimmten Lösungswegs und einer bestimmten Lösung liegt (vgl. STIGLER u. a. 1999; STIGLER/HIEBERT 1997). Dass entsprechende Lehrhandlungen negative Auswirkungen auf Lerngeschehen und Lernergebnisse haben, kann bereits seit langem als hinreichend belegt angesehen werden (vgl. BAUERSFELD 1982; VOIGT 1984). Dennoch verweisen empirische Studien auf eine weite Verbreitung des fragend-entwickelnden Unterrichtsgesprächs „über alle Schulformen und Fächer hinweg" (HAGE 1985, S. 147; vgl. auch V. BORRIES 1998; WRAGGE-LANGE 1983).

So einfach der bestehende Unterricht kritisiert werden kann, so schwierig ist aus empirischer Sicht eine konstruktive Antwort auf die Frage nach „gutem" Unterricht und „guten" Lehrerinnen und Lehrern. Zusammengefasst und sehr abstrakt kann man allerdings festhalten, dass sich gute Lehrerinnen und Lehrer dadurch auszeichnen, dass sie über ein breites Repertoire an Lehr-Lernkonzepten verfügen, die sie – angepasst an unterrichtliche Ziele und an die jeweilige Unterrichtssituation – einsetzen können. Die Betonung, dass die Adaption an die vorhandenen Verhältnisse sehr wichtig ist, bedeutet auch, dass die folgenden Aussagen immer in Abhängigkeit von je spezifischen Lehrzielen und Schülervoraussetzungen gesehen werden müssen. Im Zusammenhang dieser Grundeinsicht lassen sich aus empirischen Untersuchungen verschiedene Hinweise zu der Frage gewinnen, was gute Lehrerinnen und Lehrer auszeichnet.

In einer ersten Annäherung können zwei globale Unterrichtskonzepte unterschieden werden: das der traditionell-direkten Instruktion und das des selbstgesteuerten Lernens. Im ersten Fall plant und steuert die Lehrperson das unterrichtliche Geschehen. Welche Themen in welchen Schritten behandelt werden, ergibt sich aus der Struktur der zugrunde liegenden akademischen Disziplin. Dominant ist ein Unterricht im Klassenverband mit einem systematischen, von der Lehrperson gelenkten und kleinschrittigen Frage-Antwort-Verfahren (s. das Fallbeispiel „Herr Schilling" in Kapitel 1). Grundlage ist ein Lernbegriff, der sich an frühen kognitionstheoretischen Ansätzen orientiert. Im zweiten Fall stellt die Lehrperson ein Problem vor, das von den Schülerinnen und Schülern in Gruppenarbeit möglichst selbstständig gelöst wird. Das Problem ist komplex und entstammt einer realen Alltagssituation (s. das Beispiel „Frau Becker" in Kapitel 1). Hier lässt sich der Lernbegriff als orientiert an späten kognitionstheoretischen bzw. zum Teil an konstruktivistischen Ansätzen kennzeichnen. Damit gute Lernerfolge erzielt werden, müssen in beiden Fällen ganz bestimmte Voraussetzungen gegeben sein.

Das Unterrichtskonzept der traditionell-direkten Instruktion dominiert den Schulunterricht seit Anfang des 20. Jahrhunderts ohne größere Variationen. Die Aktivität liegt auf der Seite der Lehrperson, die konsistent über alle Fächer und Klassen zwei Drittel bis drei Viertel der Zeit spricht, d. h. darbietet, fragt, erklärt, anleitet o. Ä. Individuelle Unterschiede innerhalb einer Klasse können kaum Berücksichtigung finden, da eine Orientierung am mittleren Niveau erfolgt, so dass effektives Lernen nur bei entsprechenden Schülerinnen und Schülern stattfindet, während Leistungsstarke unterfordert und Leistungsschwache überfordert sind. Gleichzeitig besteht die Gefahr, nur Schulwissen („träges Wissen") zu produzieren, das im Alltag nicht angewendet werden kann.

Damit aus einem Unterricht, der im Ansatz dem Konzept der direkten Instruktion folgt, wirkungsvoller Unterricht mit insgesamt guten Lerneffekten werden kann, müssen unter anderem folgende Voraussetzungen und Modifikationen gegeben sein (vgl. GRELL 2002): Die Lehrperson nimmt zum einen ihre Aufgabe der Motivierung ernst. Zum anderen werden in wesentlichen Unterrichtsphasen differenzierte Lernangebote nach Leistungsfähigkeit gemacht, um die Unterschiede in einer Klasse zu berücksichtigen. Eine Integration von kooperativen Arbeitsphasen kann den Austausch über fachliche Inhalte fördern, wobei die inhaltlichen Aussagen von den Schülerinnen und Schülern selbst formuliert werden sollten und so besser mit dem vorhandenen Wissen vernetzt werden können. Und schließlich gilt es, mit fortschreitender Dauer einer Unterrichtseinheit die Lehrersteuerung immer mehr zurückzunehmen, so dass die Schülerinnen und Schüler selbstständig Lernerfahrungen machen können.

Im Unterrichtskonzept des selbstgesteuerten Lernens regen Lehrpersonen nur an, beraten und unterstützen, während die aktive Position auf Seiten der Lernenden liegt. Aber auch dieses Konzept ist kein „Selbstläufer". Wenn aufgrund der eigenen Anstrengung der Schülerinnen und Schüler die Unterrichtsinhalte mit subjektiver Bedeutsamkeit versehen und mit dem Vorwissen verknüpft werden sollen, so dass effektives Lernen möglich wird, müssen die Lernenden über hinreichendes Vorwissen verfügen, um sich gegebenenfalls fehlende Kenntnisse überhaupt selbstständig aneignen zu können. Sonst besteht aufgrund der deutlichen instruktionalen Zurückhaltung immer die Gefahr der Überforderung. Für die Lehrperson stellt sich damit die Aufgabe, die unterrichtlichen Anforderungen so zu wählen, dass sie zwar noch nicht mit vorhandenen Kenntnissen, Fertigkeiten und Fähigkeiten bewältigt werden können, dass der Abstand zum vorhandenen Vorwissen aber auch nicht so groß ist, dass den Lernenden eine Bewältigung unmöglich wird. Während des Lernprozesses geht es angesichts der immer bestehenden Heterogenität in den Lernvoraussetzungen darum, gegebenenfalls auch Materialien bereit zu stellen, mit deren Hilfe Defizite überwunden werden können. In diesem Konzept bleibt das Problem, dass der Erwerb systematischen Wissens unter Umständen schwierig ist.

Die beiden Konzepte der traditionell-direkten Instruktion und des selbstgesteuerten Lernens stellen typisiert zwei globale Unterrichtskonzepte dar. Im Unterrichtsalltag und in der didaktischen Diskussion werden sie zum einen durch Mischformen und zum andern durch Konzepte ergänzt, die auf einem anderen Verständnis von Lehren und Lernen, z. B. im behavioristischen Sinn, beruhen. Das von uns in diesem Band vorgelegte Konzept eines handlungs- und entwicklungsorientierten Unterrichts kann den Mischformen zugeordnet werden, weil es flexibel auf die jeweiligen unterrichtlichen Erfordernisse ausgerichtet werden kann, wobei allerdings Elemente des selbstgesteuerten Lernens gegenüber der traditionell-direkten Instruktion dominieren.

Geht man der Frage, was guten Unterricht auszeichnet, differenzierter als nur auf der Ebene globaler Unterrichtskonzepte nach, kommen die Lehrperson, die Schülerinnen und Schüler, die Unterrichtsmethodik sowie das Unterrichtsklima als vier wesentliche Elemente von Unterricht in den Blick, die in jeder Situation interagieren. Im Folgenden werden wir die dazu vorliegenden empirischen Erkenntnisse vorstellen und dabei jeweils auch Bezüge zu unserem Konzept des handlungs- und entwicklungsorientierten Unterrichts aufzeigen.

### 9.2.1 Zum Lehrerhandeln

Empirische Studien zum Lehrerhandeln setzten je nach Theorietradition unterschiedliche Akzente. In den 50er und 60er Jahren des 20. Jahrhunderts wurde sehr stark das sogenannte „Persönlichkeitsparadigma" vertreten (vgl. BROMME 1997). Diesem zufolge gelten vor allem personale Eigenschaften einer Lehrperson wie ihre Belastbarkeit, Freundlichkeit oder Geduld als ausschlaggebend für die Unterrichtsqualität. In empirischen Untersuchungen konnten allerdings nur wenig stabile Ergebnisse gefunden werden, weil das konkrete Unterrichtshandeln in diesem Ansatz ausgeblendet blieb. Allerdings lässt sich aus den Ergebnissen als wesentliche Aussage folgern, dass die Persönlichkeit von Lehrerinnen und Lehrern gewissen Mindestbedingungen genügen muss, damit sich dauerhafte berufliche Erfolge einstellen: eine gewisse Kontaktbereitschaft, emotionale Stabilität und psychische Belastbarkeit sowie ein gewisses Maß an Selbstkontrolle (vgl. MAYR 1994). Ein subjektiv hohes Belastungserleben führt nicht nur das Risiko eines vorzeitigen „Ausgebranntseins" (*burn out*) mit sich, sondern es geht auch signifikant mit einer negativen Leistungsentwicklung bei den Schülerinnen und Schülern einher (vgl. HELMKE/HOSENFELD/ SCHRADER 2002, S. 430 ff.). Dass die Belastungs-Perspektive möglicherweise wieder stärker in den Blick kommen muss, zeigt eine Studie von SCHAARSCHMIDT/AROLD/ KIESCHKE (2000), wonach in der Berufsgruppe von Lehrerinnen und Lehrern der Anteil von Personen mit hohem Engagement und Ehrgeiz sowie der Wahrnehmung subjektiver Bedeutsamkeit ihres beruflichen Handelns bei ausgeprägter Distanzierungsfähigkeit, geringer Resignationstendenz gegenüber Misserfolgen und innerer Ausgeglichenheit vergleichsweise gering ist (nur zwischen 11 und 17% je nach Bundesland). Gleichzeitig gibt es relativ viele Personen mit geringem Engagement und Ehrgeiz sowie geringer Wahrnehmung von subjektiver Bedeutsamkeit ihres beruflichen Handelns bei gleichzeitiger eingeschränkter Distanzierungsfähigkeit, hoher Resignationstendenz und fehlender Ausgeglichenheit (28 bis 36%). Hinzu kommt, dass eine zweite Gruppe mit problematischem Belastungserleben – überhöhtes Engagement bei geringer Distanzierungsfähigkeit – unter Lehrerinnen und Lehrern ebenfalls stark vertreten ist (weitere 26 bis 41%; vgl. ebd.). Dabei konnte überraschenderweise keine Altersabhängigkeit festgestellt werden.

In den beiden folgenden Jahrzehnten, d. h. in den 70er und 80er Jahren, wurde stärker das sog. „Prozess-Produkt-Paradigma" vertreten, im Rahmen dessen die konkrete Wirkung von Lehrerhandeln auf Schülerleistungen erhoben wurde (durch systematische Beobachtungen oder Experimente). Wie bei der Forschung im Rahmen des Persönlichkeitsparadigmas sind auch in Bezug auf das Prozess-Produkt-Paradigma methodische Probleme nicht zu übersehen: So handelte es sich einerseits sehr häufig nur um punktuelle Fragestellungen, wie z. B. nach der Wirkung von Lehrerfragen, von Sozialformen oder von Medien, deren Wechselwirkung und gegenseitige Kompensierbarkeit unberücksichtigt blieb. Andererseits wurde häufig die Wechselwirkung mit Schülermerkmalen (z. B. mit ihrem Vorwissen oder ihrer Motivation) nicht hinreichend berücksichtigt, so dass die Einzelkorrelationen eher gering ausfielen. Darüber hinaus wurde eine Operationalisierung der einzelnen Konstrukte unabhängig vom Unterrichtsinhalt versucht, um generalisierbare Aussagen zu finden. Dennoch behalten einige zentrale Erkenntnisse bis heute ihren Wert, weil sie auch in aktuellen empirischen Untersuchungen Bestätigung finden: Hohe Lernzuwächse lassen sich immer dann feststellen, wenn eine Lehrperson abgestimmt auf die unterrichtlichen Erfordernisse das Spektrum an Handlungsmöglichkeiten der direkten Instruktion und zur Förderung selbstgesteuerten Lernens ausnutzt, wenn die zur Verfügung stehende Unterrichtszeit aufgrund klarer Regeln möglichst vollständig für die konzentrierte Beschäftigung der Schülerinnen und Schüler mit dem Fachinhalt verwendet werden kann, wenn anspruchsvolle Aufgaben gestellt werden und diese auf die unterschiedlichen Lernvoraussetzungen in einer Klasse abgestimmt sind, wenn den Schülerinnen und Schülern individuelle Unterstützung zu gute kommt, wenn die Ziele und die Struktur des Unterrichts klar erkennbar sind und konsistent umgesetzt werden und wenn die Grundhaltung der Lehrperson den Schülern gegenüber optimistisch und erkennbar engagiert ist (vgl. WEINERT/HELMKE 1997).

Stellvertretend soll über die Ergebnisse der „Mathematik-Gesamterhebung Rheinland-Pfalz" (MARKUS; vgl. HELMKE/JÄGER 2002) berichtet werden. Diese Vollerhebung in allen acht Klassen des Landes, in der sowohl anwendungs- als auch curriculumorientierte Aufgaben eingesetzt wurden, zielte auf die Identifizierung von „gutem" und „schlechtem" Unterricht, indem Extremgruppen (sehr gute Klassen und sehr schwache Klassen) miteinander verglichen wurden. Im Kern wurden sieben Elemente identifiziert, die als leistungsförderlich gelten können und die zum Teil auch eng miteinander zusammenhängen. Sie werden im Folgenden in der Reihenfolge ihrer Einzelbedeutung angeführt:

1. Der wichtigste Punkt ist eine kognitiv aktivierende Aufgabenkultur. Damit ist gemeint, dass die von den Schülerinnen und Schülern zu lösenden Aufgaben auf den Erwerb von Verständnis und Anwendungsfähigkeit bei komplexen Problemen im Alltag zielen und nicht auf eine Vermittlung von Routinen. Dazu gehört auch, dass von den Schülerinnen und Schülern bewusst alternative Lösungswege erprobt werden sollen und dass ihre Fehler intensiv diskutiert werden. In der Übungsphase erhalten sie anspruchsvolle Aufgaben, die auch die Grenzen des neu Erlernten aufzeigen.

   In dem von uns vorgelegten Konzept des handlungs- und entwicklungsorientierten Unterrichts stellt die hohe Bedeutung komplexer Aufgaben ein Kernstück dar. Im Sinne der empirischen Ergebnisse haben wir Kriterien für Probleme, Entscheidungsfälle, Gestaltungs- und Beurteilungsaufgaben formuliert, damit sie lernförderlich wirken. Für die Anwendungsphase sehen wir das Üben mit weiteren komplexen Aufgaben aus unterschiedlichen Anwendungsbereichen vor, um das erworbene Wissen flexibel zu machen.

2. Lehrpersonen von sehr guten Klassen bemühen sich in überdurchschnittlichem Maß um die Motivierung der Schülerinnen und Schüler, indem sie z. B. die Nützlichkeit eines Unterrichtsthemas im Alltag und im Beruf verdeutlichen und indem sie selbst Begeisterung dafür zeigen. Dieses Verständnis von „Motivierung" ist deutlich von einem anderen Verständnis zu trennen, nach dem durch einen interessanten „Aufhänger" zu Beginn einer Unterrichtsstunde nur die Aufmerksamkeit der Schülerinnen und Schüler gewonnen werden soll. So wichtig solche Rituale auch sind, sie sind nicht hinreichend, um eine konzentrierte Beschäftigung der Schülerinnen und Schüler mit der *Sache* zu erreichen.

   Die Ausrichtung auf die Erfahrungen und die Lebenssituation der Kinder und Jugendlichen sowie die Aufnahme ihrer Bedürfnisse und Interessen sind zwei wichtige Merkmale der von uns betonten komplexen Aufgaben. Die Klärung ihrer Bedeutsamkeit für das alltägliche Handeln gehört explizit zum vorgestellten Unterrichtsablauf.

3. Leistungsförderlich ist eine Schülerorientierung in Form eines hohen Maßes an innerer Leistungsdifferenzierung. Diese beginnt mit einer Diagnose individueller Stärken und Schwächen, führt über die Zuteilung unterschiedlicher Aufgaben nach Leistungsvermögen und mündet in besondere Unterstützung von schwächeren Schülerinnen und Schülern, bis alle ein Basisverständnis erreicht haben.

   Bereits in der ersten Phase der Einführung einer komplexen Aufgabe fragt die Lehrperson unserem Konzept zufolge nach spontanen Vermutungen zur Lösung. Auf diese Weise erhält sie einen ersten Überblick über das Vorwissen, der in der

Phase der Verständigung über das Vorgehen ergänzt wird, indem hier deutlich wird, welche Fragen für die Klasse im Detail noch offen sind. Umfassende Möglichkeiten der inneren Differenzierung bestehen dann in den folgenden Phasen (Erarbeitung von Grundlagen, Anwendung).

4. Eng damit zusammen hängt die besondere Leistungsfähigkeit von Klassen mit viel Kleingruppenarbeit, die die unter 3. angeführten Merkmale erst ermöglicht.
   Für die Erarbeitung von Grundlagen und die Durchführung der Aufgabenlösung empfehlen wir in diesem Sinne, die Chancen der Arbeit in Kleingruppen möglichst häufig zu nutzen.

5. Besonders erfolgreich sind zudem Lehrpersonen, denen eine durchschaubare Strukturierung der Unterrichtsstunden gelingt, indem sie zu Beginn eine ausführliche Vorschau geben, dann zwischendurch immer wieder bedeutsame Punkte hervorheben und am Ende mit Zusammenfassungen des neu Gelernten schließen.
   Solche strukturierenden Elemente sind wegen ihrer Bedeutung in unserem Konzept eigens als Phasen ausgewiesen: Phase der Zielvereinbarung und Phase der Verständigung über das Vorgehen sowie Phase der Zusammenfassung.

6. An sehr gute Klassen werden sehr hohe Leistungserwartungen gerichtet, die gegenüber den Schülerinnen und Schülern deutlich ausgesprochen werden und die mit häufigen schriftlichen Lernerfolgskontrollen sowie umfangreichen Hausaufgaben einhergehen. JÜRGENS (2002) führt zu diesem Punkt ergänzend aus: „Negativ ausgelesene Gruppen [wie z. B. an Hauptschulen oder in den schwächeren Kursen an Gesamtschulen; d. V.] leiden nicht an Überforderung, sondern an Unterforderung durch Präsentation anspruchsloserer Anforderungsniveaus."
   Unsere Empfehlung, den Unterricht als Auseinanderetzung mit komplexen Aufgaben zu konzipieren, ist grundsätzlich mit hohen Leistungserwartungen verbunden.

7. Der letzte Punkt an bedeutenden Einflussfaktoren ist schließlich die Effizienz der Klassenführung. In den sehr guten Klassen bestehen eindeutige Verhaltensregeln und den Lehrpersonen gelingt es, diese durchzusetzen, so dass 45 Minuten lang konzentriert am Unterrichtsthema gearbeitet wird.

Aus den PISA-Studien kann im Übrigen zu Punkt 3 ein Element ergänzt werden, das in der MARKUS-Studie nicht erhoben wurde, dessen Bedeutung vor allem aber bei der Identifizierung so genannter „Risikogruppen" deutlich wird: die Diagnosefähigkeit von Lehrpersonen. Gemäß PISA-Studie haben Lehrpersonen Schülerinnen und Schüler mit einer Lesekompetenz auf der Elementarstufe oder sogar darunter zu 90% *nicht* als schwache Leser erkannt.

Die *Quantität* des Unterrichts (Anzahl der Wochenstunden, Unterrichtsausfall und Anzahl der Vertretungsstunden) sowie die Klassengröße spielen – wenn sie sich in einer gewissen „normalen" Spannbreite bewegen (bei der Klassengröße z. B. zwischen etwa 20 und 30 Schülerinnen und Schülern) – für die *Qualität* des Mathematikunterrichts ebenso wenig eine Rolle wie Alter und Geschlecht der Lehrpersonen (vgl. HELMKE/HOSENFELD/SCHRADER 2002, S. 430 ff.; HOSENFELD u. a. 2002, S. 239 ff.). Allerdings verweist die DESI-Studie zum stark auf Kommunikation angewiesenen Englischunterricht darauf, dass in diesem Fach bei sonst gleichen Schüler-, Lehrer- und Unterrichtsmerkmalen mit kleineren Klassen höhere Leistungen einhergehen (vgl. DESI-Konsortium 2008).

Die dargestellten Erkenntnisse aus der so genannten „Prozess-Produkt-Forschung" gelten im Rahmen des so genannten „Expertenparadigmas" weiter, das seit den 90er Jahren die größte Akzeptanz in der Lehr-Lernforschung findet. Das Expertenparadigma erweitert den Blick auf die kognitiven Strukturen, die dem Handeln von Lehrpersonen zugrunde liegen. Bei Expertise handelt es sich um eine dauerhaft herausragende Leistung einer Person in einem bestimmten Gebiet im Vergleich zu anderen Personen; Kriterien stellen Wissen, Problemlöseerfolg und Präzision der Arbeit dar (vgl. BERLINER 1994). In Bezug auf Lehrpersonen stellt dieses Modell derzeit allerdings nur ein System von Hypothesen dar, weil fast alle zugrunde liegenden Studien qualitativ-interpretativ angelegt sind und auf kleinen Fallzahlen beruhen. Das bedeutet, dass die Verbindung zu Schülerleistungen (als möglichem Kriterium für die Beurteilung der Qualität von Lehrerhandeln) nicht hinreichend aufgeklärt ist. Stattdessen werden in der Regel Extremgruppen-Vergleiche durchgeführt, indem berufserfahrene Lehrpersonen und Anfänger verglichen werden.

Dabei wird an generelle psychologische Theorien der Entwicklung von Können angeknüpft, wonach Stufen der Entwicklung angenommen werden. Für die gegenwärtige Lehrerforschung ist insbesondere das Modell von BERLINER (1994) mit drei Haupt- und zwei Zwischenstufen von Bedeutung. Auf der untersten Stufe von *Novizen* – in Deutschland: vor allem Studierende und Referendare bei ihren ersten Unterrichtsversuchen – sind im Unterrichtsverlauf noch häufig Fehler festzustellen; ihr zentrales Problem ist, dass sie während des Unterrichts keine kognitiven Kapazitäten frei haben, um Situationen analysieren zu können (dies gelingt ihnen erst im Nachhinein – und dann zeigen sie dabei keineswegs schlechtere Leistungen als Lehrpersonen, die bereits höhere Stufen erreicht haben; vgl. BERLINER 2001, S. 475). Regeln sind nur in genereller, d. h. kontextfreier, Bedeutung bekannt. Auf der mittleren Stufe – als *competent level of performance* bezeichnet, die der Zwischenstufe als *advanced beginner* folgt – findet erfahrungsbasiertes Lernen statt, indem die Lehrpersonen Regeln und Situationen miteinander in Beziehung bringen. Sie können nunmehr in Reaktion auf aktuelle Ereignisse während des Unterrichts bewusste Entscheidungen im Hinblick auf Inhalte und Methoden des Unterrichts treffen – durchaus auch abweichend von ihrer Planung. Zudem werden erste Routinen entwickelt. Wenn einzelne Lehrpersonen auch Zeit ihres Berufslebens auf der ersten Stufe verbleiben, erreicht die große Mehrheit doch diese Stufe relativ routinierten Handelns, und zwar nach etwa drei bis vier Jahren Berufserfahrung. Aber: „Competent teachers are still not yet very fast, fluid, or flexible." (BERLINER 1994, S. 6022). Nur ein kleiner Teil der Lehrerinnen und Lehrer erreicht nach dem folgenden *proficient level* schließlich die Stufe eines Experten bzw. einer Expertin. Obwohl Erfahrung allein hierfür nicht ausreicht, stellt diese doch insofern einen bedeutenden Faktor dar, als offensichtlich mindestens fünf Jahre Berufserfahrung nötig sind, um die Expertenstufe zu erreichen. „Experts have an intuitive grasp of the situation and seem to sense in nonanalytic and nondeliberative ways the appropriate response to be made. They show fluid performance." (ebd.)

Für Expertisehandeln spielt nicht die *Menge* des Wissens eine Rolle spielt, sondern seine „mentale Repräsentation, hierarchische Organisation und flexible Zugänglichkeit" (WEINERT/SCHRADER/HELMKE 1990, S. 176). Aufgrund ihrer Berufserfahrung haben Experten für sich das angelernte Regelwissen verändert, indem sie eigene (durchaus komplexe) ‚wenn-dann-Regeln' entwickelt haben. Das Wissen besitzt zudem für den einzelnen Expertenlehrer eine kohärente Struktur (die nicht mit der wissenschaftlichen Struktur übereinstimmen muss) und ist unterrichts*situations*spezifisch organisiert, nicht im Hinblick auf einen einzelnen Schüler. BROMME (1992, S. 149) führt zu diesem Aspekt aus: „Der Lehrer hat demnach ein Bild von einer bestimmten Unterrichtssituation, in der z. B. das Üben von Bruchrechnung stattfindet."

Expertinnen und Experten zeichnen sich gegenüber Novizen (Lehrpersonen ohne spezifische Erfahrung) durch eine schnellere Wahrnehmung von Informationen und eine fehlerfreiere Erinnerung aus. Ursache dafür ist, dass Erstere ein höheres Vorwissens aufweisen sowie eine bessere Organisationsleistung bei der Speicherung und dem Abrufen der Informationen, z. B. durch Zusammenfassen von Informationseinheiten zu einer größeren neuen Einheit (*chunking*) und schnelle Verlagerung ins Langzeitgedächtnis, und ein umfassenderes Repertoir an fallbasierten Vorstellungen zum Unterrichtsablauf (*scripts*), das bei bestimmten unterrichtlichen Konstellationen fast automatisch abgerufen wird (vgl. BERLINER 2001, GRUBER 1998). Diese Unterschiede haben zur Folge, dass Novizen Unterrichtssituationen so wahrnehmen, dass sie die Schülerinnen und Schüler *einzeln* sehen und die Situation im selben Moment lediglich *beschreiben* können. Experten sehen dagegen *die ganze Klasse* auf einmal und nehmen unmittelbar Interpretationen vor. Sie verfolgen auch elaboriertere Ziele, die sie je nach Situation in unterschiedlicher Form anstreben. Um einen Lehrer als Experten bezeichnen zu können ist entscheidend, dass mit Hilfe des gespeicherten Wissens „während des Unterrichts unter extremem Handlungsdruck vom Lehrer mentale Situationsmodelle gebildet werden können, die es ihm oder ihr gestatten, aus der Vielzahl der Informationen im Klassenzimmer die relevanten auszuwählen und zu verarbeiten, Entscheidungen verschiedenster Art zu treffen, Probleme zu erkennen, zu lösen und auf diese Weise pädagogisch sensibel, aber auch erfolgreich zu handeln" (WEINERT 1996, S. 149).

### 9.2.2 Zum Schülerhandeln

Nach diesen Ausführungen zum Handeln der Lehrperson als Bedingungsfaktor von gelingendem Unterricht soll nun ein Blickwechsel hin zu den Lernvoraussetzungen von Schülerinnen und Schülern stattfinden. Unter Lernvoraussetzungen werden alle Merkmale gefasst, die Lernende aufgrund ihrer Vorerfahrungen und ihres Entwicklungsstandes in den Unterricht einbringen und die für seinen Ablauf von Bedeutung sind (vgl. Kapitel 6, insbesondere Darstellung 6.4). Dabei sind zwei Ebenen zu unterscheiden: individuelle und sozialstrukturelle Merkmale der Lernenden, die ineinander greifen, indem sie sich wechselseitig stützen, aber auch gegeneinander wirken können. Im Folgenden stehen die individuellen Merkmale im Mittelpunkt (sozialstrukturelle Merkmale behandeln wir in dem bereits angesprochenen Band zur Gestaltung von Schule, vgl. BLÖMEKE/HERZIG/TULODZIECKI 2007).

Im Detail lässt sich die messbare Bedeutung von individuellen Lernvoraussetzungen für Schulerfolg in kognitive, motivationale, sozial-moralische und emotionale Bedingungen differenzieren (zur inhaltlichen Beschreibung und theoretischen Bedeutung in unserem Unterrichtsmodell vgl. im Einzelnen Kap. 6.2).

*Kognitive Bedingungen* umfassen bereichsübergreifende intellektuelle Fähigkeiten sowie bereichsspezifisches Vorwissen und Lernstrategien der Schülerinnen und Schüler.

Die intellektuellen Fähigkeiten spiegeln wider, in welchem Maße die Lernenden prinzipiell – also bereichsunabhängig – in der Lage sind, Situationen wahrzunehmen und zu verarbeiten sowie komplexere Gedankengänge (Analysen, Verknüpfungen etc.) durchzuführen. In der Psychologie wird dies häufig als „Intelligenz" bezeichnet, ohne dass bisher eine eindeutige theoretische Bestimmung dieses Konstrukts erfolgt ist, das einen gewissen Zusammenhang zu dem von uns verwendeten Konstrukt der kognitiven Komplexität aufweist (vgl. SCHRODER/DRIVER/STREUFERT 1975, S. 25). Bereichsübergreifende intellektuelle Fähigkeiten stellen das Ausgangspotenzial für Lernen dar, ohne zwangsläufig immer realisiert werden zu können. Auf diese Problematik verweisen insbesondere die Beispiele so genannter *underachiever*, die unerwartet schlechte Schulleistungen im Vergleich zu ihren kognitiven Fähigkeiten zeigen. Daneben gibt es aber auch so genannte *overachiever*, die deutlich mehr erreichen, als von ihnen aufgrund ihrer Intelligenz zu erwarten gewesen wäre. Solche Diskrepanzen hängen einerseits mit der Motivation der Schülerinnen und Schüler und andererseits mit ihrem bereichsspezifischen Vorwissen zusammen (s.u.). Für den Grad an Intelligenz ist – neben erblich bedingter Anlage – besonders die vorschulische Förderung entscheidend. Gemessen wird Intelligenz mit Hilfe von kognitiven Tests, die unter anderem die Fähigkeit zum abstrakten Denken bzw. zum Problemlösen prüfen. Dass der Schulerfolg von der Intelligenz abhängt, ist empirisch gut abgesichert: Studien zeigen durchweg eine vergleichsweise hohe Korrelation (vgl. GAGE/BERLINER 1996, S. 59). Ursache für die hohe Korrelation ist, dass Schülerinnen und Schüler mit höherer Intelligenz ihr Vorwissen schneller abrufen können und dass dieses besser vernetzt ist, als es bei Lernenden mit niedrigerer Intelligenz der Fall ist. Die Korrelation steigt im Übrigen noch, wenn der Schulerfolg nicht anhand von Noten, sondern mit Hilfe von Leistungstests ermittelt wird, weil deren Ergebnisse unabhängiger von Merkmalen sind, die bewusst oder unbewusst die Notengebung der Lehrpersonen beeinflussen (z. B. Verhalten oder ethnische Herkunft eines Lernenden).

Ein weiterer wichtiger Faktor im Bereich der kognitiven Bedingungen von Lernen ist das bereichsspezifische Vorwissen. Da schulische Aufgaben häufig erst gelöst werden können, wenn die bereichsunabhängigen intellektuellen Fähigkeiten mit bereichsspezifischem Vorwissen zusammengeführt werden, ist dieses Vorwissen von hoher Relevanz für den Schulerfolg. Hinzu tritt noch der Grad der Beherrschung von Lernstrategien, bei denen es sich um mental repräsentierte Schemata zur Steuerung des eigenen Lernverhaltens handelt (vgl. WILD 2000). Sie lassen sich in Informationsstrategien (Aneignung von Informationen durch z. B. Elaborieren und Wiederholen), Kontrollstrategien (z. B. Planen und Überwachen des Lernprozesses) sowie Stützstrategien (z. B. Zeit- und Arbeitsplatzmanagement) unterteilen.

*Motivationale Bedingungen* als zweite Kategorie der individuellen Bedingungen von Lernen umfassen die Lernmotivation im engeren Sinn und die Einschätzung der eigenen Fähigkeiten. Neben der Intelligenz stellt die Lernmotivation einen besonders bedeutsamen Einzelfaktor dar, von dem der Lernerfolg bzw. -misserfolg abhängt (vgl. WILD/HOFER/PEKRUN 2001). Die Bedeutung der Lernmotivation wird von Lehrpersonen häufig unterschätzt. Im internationalen Vergleich ist die Lernmotivation der Schülerinnen und Schüler in den meisten Ländern deutlich höher als in Deutschland. In den skandinavischen Ländern beispielsweise geht eine Mehrheit gern zur Schule und Lernen genießt eine hohe Anerkennung. Die Wirkung der Lernmotivation ist allerdings eine eher indirekte als unmittelbare, indem sie bestimmt, wie viel Zeit mit dem Lernen bzw. mit einer Aufgabe verbracht wird (vgl. ATKINSON 1964).

Lernmotivation kann genauer definiert werden als Bereitschaft, sich intensiv mit einem Lerngegenstand auseinander zu setzen. Sie beruht auf einer Wechselwirkung von Bedürfnislage, inhaltlichem Interesse und Situation (bzw. im Fall des Unterrichts der Aufgabe; vgl. im Einzelnen hierzu Kapitel 3). Hohe Motivation führt insbesondere dazu, dass auch bei Misserfolg eine längere Ausdauer gezeigt wird, einmal angefangene Dinge – z. B. die Erarbeitung von Grundlagen, um eine Aufgabe lösen zu können – zu Ende zu führen.

Motivation ist ein Faktor, der sich im Rahmen des Unterrichtsprozesses gut beeinflussen lässt, und zwar vor allem dadurch, dass durch eine entsprechende Gestaltung der Aufgaben Bedürfnisse der Schülerinnen und Schüler angesprochen werden. Die Motivation kann auch gefördert werden, indem den Schülerinnen und Schülern präzise dargelegt wird, warum bestimmte Aufgaben gelöst werden sollen und welches Ziel damit verbunden ist. Darüber hinaus spielt das Feedback durch die Lehrperson eine wichtige Rolle: Informatives und differenziertes Lob sowie Tests zur Information für die Schülerinnen und Schüler (statt zur Leistungsbeurteilung) erhöhen ihre Motivation. Vor diesem Hintergrund ist es wichtig, Lernenden frühzeitig und häufig Erfolge zu ermöglichen und die Unterrichtsbeteiligung positiv zu verstärken. Schließlich können Aufmerksamkeit und Motivation dadurch geweckt werden, dass Überraschendes in den Unterricht eingebracht wird.

Das inhaltliche *Interesse* – definiert als positive Beziehung zwischen einem Lernenden und einem Inhalt (vgl. KRAPP 1998; s. auch Abschnitt 3.2.3) – lässt sich dagegen weniger gut beeinflussen, da es sich um eine vergleichsweise stabile Orientierung handelt. Interesse ist also zunächst einmal entweder vorhanden oder nicht vorhanden. Langfristig (über mehrere Schuljahre hinweg) gesehen hat Schule allerdings die Chance, Interesse über Motivation im oben genannten Sinne zu entwickeln. Für Schulfächer wie Mathematik, Physik oder Fremdsprachen ist das Interesse der bedeutsamste Einzelfaktor im Hinblick auf Lernerfolg oder -misserfolg. Verallgemeinernd kann man festhalten, dass das Interesse von Lernenden zu Beginn der Schul- bzw. der Studienzeit sehr hoch ist, während es danach sowohl während der Schulzeit als auch während der Studienzeit kontinuierlich abnimmt (vgl. KRAPP 2001).

Neben die Lernmotivation tritt mit gleich hoher Korrelation zum Lernerfolg die Einschätzung der eigenen Fähigkeiten (Attribution), vor allem wenn diese bereichsspezifisch ausgeprägt sind und es sich um ältere Schülerinnen und Schüler handelt. Es lassen sich zwei Pole in der Attributionsstruktur von Lernenden ausmachen (vgl. WEINER 1986): Motivierend und selbsterhaltend ist es, wenn Erfolg als intern bedingt angesehen (z. B. bedingt durch eigene hohe Fähigkeiten oder eigene intensive Anstrengung) und wenn Misserfolg äußeren Faktoren zugeschrieben wird (z. B. dem Zufall oder einem unangemessen hohen Schwierigkeitsgrad). Destruktiv und mit Misserfolgserwartung verbunden (und damit demotivierend) ist es, wenn Erfolg äußeren Bedingungen (Zufall, nur geringe Schwierigkeit einer Aufgabe) zugeschrieben und Misserfolg als intern bedingt (nur geringe eigene Fähigkeiten) angesehen wird. Das Zustandekommen dieser unterschiedlichen Attributionsstrukturen hat viel mit dem Lehrer-Feedback auf Schülerantworten und der Unterrichtskultur zu tun – ob diese beispielsweise eher auf Konkurrenz ausgerichtet ist oder auf individualisierte und kooperative Lernformen, in denen alle Schülerinnen und Schüler nach ihren Fähigkeiten Erfolge erzielen können.

Abschließend soll an dieser Stelle nur noch auf die Bedeutung der *emotionalen Bedingungen* für den Lernerfolg hingewiesen werden (auf sozial-moralische Bedingungen des Lernens wird an anderer Stelle ausführlich eingegangen, vgl. Kap. 6). Schülerinnen und Schüler können einer Lernsituation mit positiven oder negativen Gefühlen gegenübertreten und diese können sich eher aktivierend oder eher deaktivierend auswirken. Eine eher aktivierende Wirkung haben z. B. das positive Gefühl der Vorfreude und – unter Umständen – das negative Gefühl der Angst; eine eher deaktivierende Wirkung haben dagegen Resignation und Zufriedenheit. Leistungsförderlich sind vor allem positiv-aktivierende Emotionen (also z. B. Vorfreude), da sie zu höherer Aufmerksamkeit und zur Wahl von günstigeren Lernstrategien führen.

Für ihr Zustandekommen sind häufig die familiären Verhältnisse der Schülerinnen und Schüler entscheidend: Ein inkonsistentes, wenig responsives und autoritäres Elternverhalten führt beispielsweise häufig zu negativ-deaktivierenden Emotionen (vgl. Wild/Hofer/Pekrun 2001, S. 214 ff.).

Hinsichtlich des Zusammenspiels der genannten individuellen Bedingungen von Schulerfolg lässt sich feststellen: Ungünstige Voraussetzungen in einem Bereich (z. B. intellektuelle Fähigkeiten) können bis zu einem gewissen Grad durch besonders günstige Voraussetzungen in einem anderen Bereich (z. B. Motivation) kompensiert werden. Die Möglichkeit der gegenseitigen Kompensation gilt allerdings nicht unbegrenzt. Für Höchstleistungen sind optimale Bedingungen in kognitiver, motivationaler und emotionaler Hinsicht wichtig.

Außer diesen unmittelbar unterrichtsbezogenen Merkmalen wurde in empirischen Studien auch versucht, den Einfluss einiger außerschulischer Variablen auf die Schulleistung zu klären. Im Bereich der individuellen Faktoren gilt dies unter anderem für den Umfang des privaten Medienkonsums von Schülerinnen und Schülern, dem in der öffentlichen Diskussion häufig eine prominente Stellung zukommt. Der MARKUS-Untersuchung zufolge lassen sich negative Konsequenzen für die Schulleistung allerdings erst nachweisen, wenn dieser über fünf (!) Stunden täglich liegt (vgl. Helmke u. a. 2002, S. 110f.). Damit kann die kurzschlüssige Annahme, das Fernsehen sei unmittelbar für schlechte Schulleistungen verantwortlich, bis auf Weiteres als widerlegt gelten.

### 9.2.3 Zur Unterrichtsmethodik

In Ergänzung zu den Merkmalen auf Lehrer- und Schülerseite soll im Folgenden auf Aspekte des unterrichtlichen Vorgehens bei der Auseinandersetzung mit Fachinhalten eingegangen werden. Dabei wird der Fokus auf den Umgang mit Heterogenität, die Aufgabenqualität und das Lernen mit (neuen) Medien gelegt.

Im internationalen Vergleich ist die Leistungsdiskrepanz zwischen sehr guten und sehr schwachen Schülerinnen und Schülern in Deutschland außerordentlich groß, wobei nur eine kleine Gruppe sehr leistungsstarker Schülerinnen und Schüler vorhanden ist. In den Ländern mit Spitzenleistungen im PISA-Vergleich sind die Leistungsunterschiede dagegen deutlich geringer und gleichzeitig ist die Gruppe der Leistungsstarken deutlich größer. Das deutet auf eine bessere Ausnutzung von Leistungspotenzialen hin. Auch innerhalb von Deutschland sind in allen Bundesländern die großen Leistungsunterschiede auffallend, was auf eine schlechte Förderung schwacher Schülerinnen und Schüler hindeutet. Der Bundesländer-Vergleich bringt zudem zu Tage, dass es folgenden positiven Zusammenhang zwischen dem Anteil an Gymnasialschülerinnen und Gymnasialschülern und der Qualität der Leistungsspitze gibt: Je größer der Anteil an Schülerinnen und Schüler in einem Bundesland ist, der ein Gymnasium besucht, um so stärker sind die oberen fünf Prozent. Ein entsprechender Zusammenhang lässt sich für den unteren Leistungsbereich finden:

Je größer der Anteil an Hauptschülerinnen und -schülern, umso schwächer sind die unteren fünf Prozent. Berücksichtigt man nun die Tatsache, dass kein Land ein so hochselektives Schulsystem besitzt wie die Bundesrepublik Deutschland, wird deutlich, dass es sich bei den deutschen Ergebnissen offenbar nicht um ein Problem zu geringer Selektivität, sondern um ein Problem des Umgangs mit der immer verbleibenden Heterogenität handelt (vgl. BAUMERT u. a. 2002, S. 231). Das Streben nach Homogenität in einer Klasse – z. B. durch Rücküberweisungen in andere Schulformen und durch Klassenwiederholungen – ist für Lehrpersonen in Deutschland aufgrund des gegliederten Schulsystems offensichtlich die dominierende Handlungsmaxime, so dass in methodischer Hinsicht ein nur geringes Maß an innerer Differenzierung verfolgt wird.

Die TIMSS-Videostudie ließ erstmals einen vertieften vergleichenden Blick in die Unterrichtskulturen von drei Ländern – Deutschland, Japan und die USA – zu. Diese unterscheiden sich in der durchschnittlichen Leistungsfähigkeit der Schülerinnen und Schüler. Während Japan zu den Ländern mit den international besten TIMSS-Ergebnissen gehört, liegen die USA und Deutschland im Mittelfeld. Die Auswertung der Videos macht deutlich, dass Lehrerinnen und Lehrer in Deutschland und Japan unterschiedlich vorgehen. Im japanischen Unterricht zeigte sich eine starke Orientierung an Anwendungsmöglichkeiten im Alltag und in anderen Fachgebieten sowie an der Förderung von Verständnis durch Erproben unterschiedlicher Lösungswege statt an der Routinisierung von Fertigkeiten. Dagegen stellte sich das unterrichtliche Vorgehen in Deutschland als sehr kleinschrittig und auf Routinisierung ausgerichtet dar, orientiert an der Fachsystematik und auf *eine* Lösung zielend. Die Ergebnisse der PISA-Studie belegen auf eine andere Weise ähnliche Erkenntnisse: Deutsche Schülerinnen und Schüler bewegen sich eher auf einem Routineniveau, besondere Probleme haben sie dagegen beim Reflektieren und Bewerten – Anforderungen also, die ein vertieftes Verständnis verlangen. Daher sei an dieser Stelle noch einmal auf die Bedeutung verwiesen, die der Auseinandersetzung mit komplexen einführenden Aufgaben und der selbsttätigen Erarbeitung von Grundlagen, dem eigenständigen Entwerfen von Lösungswegen und ihrer Reflexion zukommt, wie wir sie in unserem didaktischen Ansatz vorschlagen.

Eine umfassende empirische Forschung liegt auch zum Lehren und Lernen mit technischen Medien, insbesondere mit neuen Medien vor (vgl. im Einzelnen BLÖMEKE 2003). Beim Einsatz von Medien im Unterricht ist zu berücksichtigen, dass ein Medium nur *ein* Element eines komplexen Lernarrangements ist, in dem zahlreiche Faktoren von Bedeutung sind. Aus den Ergebnissen der empirischen Forschung lässt sich vor allem folgern, dass Lehrziel, Medientyp, Persönlichkeitsmerkmale der Schülerinnen und Schüler sowie instruktionale Unterstützung entweder durch die Lehrerinnen und Lehrer oder das Medium im Hinblick auf die Lernwirksamkeit von Unterricht ein eng miteinander verwobenes Gefüge darstellen. Im Folgenden werden die Faktoren einzeln in den Blick genommen und auf den Einsatz *neuer* Medien fokussiert.

Blickt man zunächst auf die *Lehrziele*, deren Erreichen durch den Einsatz eines Mediums unterstützt werden soll, so haben sich für das Wiederholen und Üben vor allem Übungsprogramme als effektiv erwiesen (vgl. im Folgenden GRUBER u. a. 1992; DILLON/GABBARD 1998). Für den Wissenserwerb in klar strukturierten Themengebieten und die Überprüfung von Lernerfolgen sind vor allem tutorielle Programme erfolgversprechend. Zur Unterstützung explorativer und entdeckender Prozesse besitzen dagegen Simulationsprogramme ein hohes Potenzial. Der Erwerb von Expertenwissen in schlecht strukturierten Themengebieten wird am effektivsten mit Datenbanken und Hypermedia-Arbeitsumgebungen unterstützt. Die dargelegten Erkenntnisse lassen häufig – wenn auch nicht immer – den Umkehrschluss zu, dass der Einsatz eines spezifischen neuen Mediums für einen anderen als den genannten Zweck wenig effektiv ist. Mit Hypermedia-Arbeitsumgebungen oder Simulationen Faktenwissen erwerben zu wollen, führt beispielsweise nur zu geringer Lernwirksamkeit (vgl. DILLON/GABBARD 1998 und in Bezug auf Studierende STARK u. a. 1995). Neben den Lehrzielen beeinflussen *Persönlichkeitsmerkmale* der Lernenden die Lernwirksamkeit (Aptitude-Treatment-Interaction). Merkmale, deren Einfluss empirisch untersucht wurde, sind vor allem affektiv-motivationale Komponenten sowie das Vorwissen von Schülerinnen und Schülern in Form von themenspezifischen Kenntnissen und medienspezifischen Fertigkeiten.

Beim Lernen mit Hypertexten hat sich gezeigt, dass der Motivation eine hohe Bedeutung für den Lernerfolg zukommt (vgl. VOLLMEYER/RHEINBERG 1998; AUFENANGER 1999). Eine noch so gut gestaltete Anwendung führt nur zu geringen Lernerfolgen, wenn es nicht gelingt, Schülerinnen und Schüler intrinsisch zu motivieren (s. zum Begriff der Motivation und seiner Differenzierung nach Art der situational angeregten Bedürfnisse Kapitel 2 des vorliegenden Bandes). Liegt nur eine extrinsische Motivation vor, hat sich eher ein sequentieller Aufbau einer Lerneinheit bewährt. Gelingt es aber, jedem Einzelnen die Relevanz des anstehenden Lernprozesses bewusst zu machen, so dass er bzw. sie neugierig auf die Inhalte ist, kann der Einsatz von Hypermedia-Arbeitsumgebungen und Simulationen gute Lernerfolge mit sich bringen.

Die Lernwirksamkeit eines Mediums hängt darüber hinaus von den darauf bezogenen Einstellungen der Schülerinnen und Schüler ab. Lernerfolge resultieren unter anderem aus der Anstrengung, etwas verstehen zu wollen (SALOMON: *invested mental effort*). Es hat sich gezeigt, dass die Bereitschaft sich anzustrengen, bei einem vermeintlich schwierigeren Medium wie einem schriftlichen Text deutlich höher ist als bei einem vermeintlich leichteren wie einem Film.

Das themen- und medienspezifische Vorwissen ist ein weiterer wichtiger Faktor, der die Lernwirksamkeit beeinflusst. Beim ungelenkten Lernen mit Hypertexten zeigen fast alle Untersuchungen, dass Schülerinnen und Schüler mit hohem Vorwissen in stärkerem Maße profitieren als schwächere Schülerinnen und Schüler (vgl. MÖLLER/MÜLLER-KALTHOFF 2000; HAACK 2002; TERGAN 2002). Die Ursache dafür liegt unter anderem in einem unterschiedlichen Umgang mit den präsentierten Texten: Hohe Vorkenntnisse bringen eine aktive Aufnahme der Inhalte eines Hypertexts mit sich. Schülerinnen und Schüler mit hohen Vorkenntnissen lesen Hypertexte selektiv unter der Perspektive, was für sie wichtig sein könnte. Sie nehmen Verknüpfungen zu ihrem schon vorhandenen Vorwissen vor, indem sie Beurteilungen der gelesenen Inhalte durchführen und indem sie weiterführende Schlussfolgerungen ziehen. Bei niedrigen Vorkenntnissen ist das primäre – wenig effektive – Bemühen dagegen darauf gerichtet, die Argumentationsabfolge des Hypertextes zu verstehen. Dabei verlieren Lernende leicht die Orientierung (*lost in hyperspace*), weil sie häufig nicht mehr wissen, wo sie sich genau befinden und wohin sie weiter gehen sollen. Kognitive Überlastung kann die Folge sein, was unter Umständen dazu führt, dass Informationen nur noch in unreflektierter Weise gesammelt werden. Dies zeigt sich unter anderem in einem zu hohem Tempo beim Durchgehen des Hypertextes, in unsystematischem Vorgehen oder in einer „Flucht ins Detail", bei der die Zusammenhänge aus dem Blick geraten.

Insgesamt gilt für das Lernen mit neuen Medien (wie für den personalen Unterricht, siehe oben), dass jede Form von Strukturierungshilfe – sei sie auf die Anordnung von Texten und Bildern, auf das Vermeiden von kognitiver Überlastung oder auf die Steuerung des Lernprozesses bezogen – in erster Linie Schülerinnen und Schülern mit geringen Lernvoraussetzungen zu Gute kommt. Für diese Gruppe gilt, dass sich erst mit instruktionalen Hilfen, die auf die spezifischen Schwierigkeiten ausgerichtet sind, die Chancen der neuen Medien ausschöpfen und ihre Probleme vermeiden lassen (vgl. LEUTNER 1992; FISCHER/MANDL 2000). Besonders hilfreich sind Informationen, die auf die spezifischen Fragen abgestimmt sind und genau zu dem Zeitpunkt gegeben werden, an dem sie benötigt werden, anstatt sie nur vorab als Leitfaden oder im Nachhinein als Rückmeldung einzuführen. Um dem Orientierungsverlust entgegenzusteuern, sind darüber hinaus klar strukturierte Navigations- und Orientierungshilfen wichtig.

Neben themenspezifischen Lernvoraussetzungen werden schließlich beim Lernen mit neuen Medien medienspezifische Voraussetzungen wirksam. Es hat sich gezeigt, dass eine einfache Addition mehrerer Darstellungsformen, z. B. Diagramme und schriftliche Texte, nicht automatisch zu besseren Lernerfolgen führt. Erst wenn sichergestellt ist, dass die Schülerinnen und Schüler die Fähigkeit zu ihrer Decodierung besitzen, sind bessere Lernerfolge zu erwarten (vgl. SALOMON 1979; WEIDENMANN 1994; GREENLEAF 1996).

Zusammenfassend lässt sich in Bezug auf Befunde zum Lehren und Lernen mit (vor allem neuen) Medien festhalten, dass es viele Faktoren gibt, die ihre Lernwirksamkeit im Unterrichtsalltag beeinflussen. Daraus lässt sich zunächst die Konsequenz ziehen, dass eine einfache Aussage in der Form „Das Medium X bewirkt, dass die Schülerinnen und Schüler den Gegenstand Y besser erlernen" nicht möglich ist, sondern dass Wechselwirkungen mit den Faktoren Lehrziel, instruktionale Unterstützung,

Vorwissen in Form von themenspezifischen Kenntnissen und medienspezifischen Fertigkeiten sowie Interesse und Einstellung Berücksichtigung finden müssen. Zugleich bedeutet die festgestellte Komplexität, dass die Auswahl und der Einsatz von Medien im Unterricht sorgfältiger Abstimmungen mit den eigenen Lehrzielen, mit den Merkmalen der Schülerinnen und Schüler und mit der geplanten Gestaltung des Lehr-Lernprozesses bedürfen und dass darüber hinaus eine angemessene Unterstützung der Schülerinnen und Schüler während der Arbeit mit dem Medium notwendig ist.

### 9.2.4 Zum Unterrichtsklima

Unterrichtswirkungen können in Form von fachspezifischem Lernerfolg, erworbenen Kompetenzen oder auch Einstellungen und Werthaltungen bestimmt werden. Darüber hinaus lässt sich aber auch die subjektive Wahrnehmung der Lernenden von Ereignissen, Merkmalen oder Zuständen ihrer Lernumwelt („Unterrichtsklima") als bedeutsames Kriterium für die Qualität von Unterricht ansehen (vgl. EDER 2002). Unterscheiden lassen sich in diesem Zusammenhang die Ebenen Schule, Klasse und Unterricht. Förderliche Faktoren im Einzelnen sind

„– ein durch Wertschätzung, Unterstützung, Fürsorglichkeit und Gerechtigkeit geprägter kooperativer Umgang der Lehrer/innen mit den Schüler/innen,
– ein von Vermittlungsqualität, Abwechslung, Offenheit, Mitwirkungs- und Selbsttätigkeitsmöglichkeiten geprägter Unterricht,
– eine durch Regelklarheit, Aufgabenorientierung und Disziplin geprägte Klassenführung,
– positive soziale Beziehungen untereinander,
– kooperative, aktive, eigenständige und partizipative Arbeit der Schüler/innen an den Lernaufgaben" (ebd., S. 217 f.).

Zusammenhänge der einzelnen Klimadimensionen bestehen unter anderem mit Schulstufe und Schultyp, mit der Zusammensetzung einer Klasse, mit ihrer Ausstattung sowie mit den Unterrichtspraktiken einer Lehrperson. Im Folgenden werden Ergebnisse von Untersuchungen zu einzelnen ausgewählten Aspekten dargestellt.

Die Qualität der sozialen Interaktionen zwischen Lehrperson und Schülern ist im Wesentlichen durch das *Vertrauen* zwischen diesen bestimmt (vgl. SCHWEER 1997a, b). Dieses Vertrauen kann durch die zentralen Konzepte der Vertrauenstendenz, d. h. „die grundsätzliche Überzeugung einer Person, vertrauensvolle Beziehungen in ihrem Umfeld aufbauen zu können" (SCHWEER 1997a, S. 5), und der individuell impliziten Vertrauenstheorien, d. h. „die Gesamtheit der individuellen normativen Erwartungen an das Verhalten anderer Personen im Hinblick auf die Förderung eines positiven Vertrauensverhältnisses zueinander" (ebd., S. 6), charakterisiert werden. Vertrauen baut sich dort auf, wo das wahrgenommene Verhalten einer Lehrperson mit der impliziten Vertrauenstheorie eines Lernenden kompatibel ist. Die Vertrauensbildung im Rahmen der Lehrer-Schüler-Interaktion wird durch vier Faktoren beeinflusst: ihre asymmetrische Beziehungsstruktur, die relative Beziehungsdauer, die Möglichkeit zur offenen Kommunikation und die mangelnde Freiwilligkeit pädagogischer Beziehungen. In einer empirischen Studie konnte SCHWEER (1997b, S. 146) zeigen, dass die folgenden Merkmale zentrale vertrauensfördernden Merkmale von Lehrerverhalten darstellen:

–   die persönliche Zuwendung einer Lehrperson (Interesse für das persönliche Wohl der Schülerinnen und Schüler, Bemühung um ein persönliches Verhältnis zu diesen, Bereitschaft, auch über private Probleme zu reden),
–   die fachliche Kompetenz (Ansprechbarkeit der Lehrperson bei fachlichen Problemen, gerechte Bewertung von Schülerleistungen, Verständnis und Ermutigung zur freien Meinungsäußerung),
–   Respekt (keine Ausnutzung von Schwächen, Einhalten von Versprechen, kein arrogantes Verhalten, kein Bloßstellen von Schülerinnen und Schülern),
–   Zugänglichkeit (Interesse für die Belange der Schüler und Schülerinnen, Zeit, offene Gespräche mit Lernenden) und
–   Aufrichtigkeit (Eingestehen von Unwissen, Interesse am Lernerfolg der Schülerinnen und Schüler, Aufrichtigkeit und Ehrlichkeit).

Allerdings sind diese Merkmale nicht gleichermaßen bedeutsam für die Vertrauensentwicklung, sondern können individuell sehr unterschiedlich gewichtet sein. Vertrauen zwischen Lehrperson und Lernenden führt auch dazu, dass die Schülerinnen und Schüler von der jeweiligen Lehrperson weiterhin unterrichtet werden möchten, dass sie stärker das Gefühl haben, an der Unterrichtsgestaltung beteiligt zu sein, und dass sie mehr Interesse zeigen, sich im Unterricht zu engagieren. Neben der höheren Unterrichtszufriedenheit schätzen Schülerinnen und Schüler, die der Lehrperson in hohem Maße vertrauen, auch ihren Lernerfolg höher ein (vgl. ebd., S. 148).

Die Einschätzungen der Wirkungen des Unterrichtsklimas auf die *fachliche* Leistung der Schülerinnen und Schüler sind unterschiedlich. Während EDER (2002) davon ausgeht, dass das Klima zunehmend als ein umfassender Prädiktor schulischer Entwicklung gesehen werden muss, finden sich in einer Untersuchung von GRUEHN (2000) keine Hinweise auf einen Einfluss des Klimas auf die Leistungsentwicklung.

## 9.3 Zusammenfassung und Anwendung

In diesem Kapitel wurden wichtige empirische Erkenntnisse, die zum Unterricht vorliegen, zusammengefasst. Insbesondere wurden Merkmale von Unterrichtsqualität – gemessen am fachlichen Lernerfolg der Schülerinnen und Schüler – herausgearbeitet. Lässt man die gesellschaftlichen Rahmenbedingungen zunächst außer Acht, wird deutlich, dass es trotz aller Komplexität einzelne Merkmale gibt, die für eine hohe Unterrichtsqualität stehen: anspruchsvolle Aufgaben zur Themeneinführung, innere Differenzierung, Motivierung der Schülerinnen und Schüler, durchschaubare Strukturierung des Unterrichts, hohe Leistungserwartungen und effiziente Klassenführung.

In Bezug auf Persönlichkeitseigenschaften von Lehrpersonen ist es wichtig, dass sie über emotionale Stabilität, psychische Belastbarkeit, Kontaktbereitschaft und Selbstkontrolle verfügen. Auf Schülerseite werden fachliche Leistungen durch generelle kognitive Fähigkeiten, durch bereichsspezifisches Vorwissen, durch vorhandene Lernstrategien, durch die Lernmotivation und die Einschätzung eigener Fähigkeiten bestimmt.

Mit einem Einsatz neuer Medien sind ebenfalls Chancen verbunden. Die angesprochenen Probleme machen aber auch deutlich, dass in der unterrichtlichen Realität diese Standards nur zum Teil erreicht werden. Die Lehrerausbildung und die Lehrerfortbildung stehen damit deutlich in der Pflicht. Sie müssen es erreichen, eine angemessene Diagnosefähigkeit, einen intelligenten Umgang mit Heterogenität und eine schüleraktivierende Lernkultur (unter anderem durch angemessene Aufgabenstellungen) auszubilden. Wie wichtig dies ist, zeigt sich unter anderm daran, dass die soziale Selektion an den Gesamtschulen in Deutschland keineswegs geringer ist als in den übrigen Schulformen. Strukturelle Reformen helfen also allein ohne innere Veränderungen nicht. Allerdings muss auch darauf hingewiesen werden, dass die Schule kein „Reparaturbetrieb" für familiäre und gesellschaftliche Defizite sein kann. So können z. B. Defizite in der vorschulischen Leseförderung – kein gemeinsames Betrachten von Bilderbüchern zu Hause, kein Schaffen von Sprachbewusstsein durch bewusstes Artikulieren und keine ausgeprägten Lesegewohnheiten der Eltern o. Ä. – durch die Schule nur noch schwer ausgeglichen werden.

Schauen Sie sich vor diesem Hintergrund bitte noch einmal Ihre Notizen zu den anfänglichen Überlegungen zu gutem Unterricht bzw. zu guten Lehrpersonen an und überprüfen Sie Ihre Einschätzung der zehn angeführten Aussagen zur Unterrichtsqualität: In welchen Punkten haben Ihre Überlegungen dem gegenwärtigen Forschungsstand entsprochen? In welchen Punkten stellen Sie Abweichungen zum Forschungsstand fest? In welcher Weise müssten gegebenenfalls einzelne Ihrer ursprünglichen Annahmen revidiert werden?

# 10| Unterricht im Kontext didaktischer Ansätze

## 10.1 Einleitende Hinweise und Fragestellungen

Im Verlaufe unserer bisherigen Überlegungen haben wir verschiedene Aspekte von Lehr- und Lernprozessen diskutiert: von grundlegenden Fragen des Lernens und Handelns über Ziel- und Inhaltsaspekte von Unterricht bis hin zu Fragen der Planung, Durchführung und Bewertung von Lehr-Lernprozessen. Damit haben Sie Grundzüge eines Ansatzes kennen gelernt, den wir als handlungs- und entwicklungsorientiert bezeichnen. Wie dieser Ansatz in der Didaktik insgesamt zu verorten ist, haben wir bisher allerdings nicht explizit thematisiert. Wissenschaftstheoretisch werden Überlegungen, wie wir sie in diesem Band angestellt haben, in den Rahmen *didaktischer Modelle* bzw. *didaktischer Theorien* eingeordnet. Bei der Entwicklung unserer Modellvorstellung von Unterricht (vgl. Kap. 6) haben wir schon darauf hingewiesen, dass Modellvorstellungen letztlich eine – an bestimmten wissenschaftlichen Kriterien orientierte – spezifische Sichtweise auf einen Gegenstandsbereich darstellen und damit keinen Alleinvertretungsanspruch erheben. So ist auch innerhalb der Erziehungswissenschaft eine Fülle von didaktischen Modellen zu finden, die unterschiedliche Sichtweisen auf Lehren und Lernen, auf die Bestimmung von Unterrichtsinhalten oder auf die Frage nach dem Ablauf von Unterrichtsprozessen repräsentieren. Dies ist auf der einen Seite nicht verwunderlich, wenn man bedenkt, dass es sich bei Bildungs- und Erziehungsprozessen nicht um streng deterministische, berechenbare Vorgänge handelt, wie sie – mindestens teilweise – in den Naturwissenschaften anzutreffen sind, sondern um norm- und wertbezogene Prozesse, die sich auf Subjekte bzw. Individuen beziehen. Auf der anderen Seite entsteht so die Frage, welchen Stellenwert und welche Funktion solche Ansätze haben und ob bestimmte Ansätze als mehr oder weniger angemessen bezeichnet werden können.

Um die Auseinandersetzung mit solchen Fragen anzuregen, finden Sie im Folgenden ein Unterrichtsbeispiel aus dem Informatikunterricht in der Sekundarstufe II, in dem es um die Auseinandersetzung mit dem Datenschutz geht.

Den Schülerinnen und Schülern wird zunächst der authentische Fall „Mark Abene" als Dilemma narrativ, anschließend auf einem Arbeitsblatt präsentiert (vgl. HERZIG 2003):

> Am 28. November 1989 macht die Gruppe „Masters of deception" (MoD) das erste Mal öffentlich Schlagzeilen. Die amerikanische Fernsehgesellschaft WNET, Channel 13, unterhält ein Bildungsnetz, mit dem sie Hunderte von Schulen bedient. Als sich Bibliothekare und Lehrer an diesem Tag ins Netz einwählen, erscheint die Botschaft „Happy Thanksgiving you turkeys, from all of us at MoD". Neben diesem Einbruch in das Computernetz von WNET unternimmt Mark Abene, Mitglied der Gruppe MoD, zahlreiche andere Spaziergänge in fremden Rechnern und installiert dort *back door*-Programme, die es ihm erlauben, ständig erneut auf Daten in den Computern zuzugreifen. Er überwindet eine Reihe von Sicherheitsroutinen und erhält Einblick in Daten von Firmen, wie z. B. der Bank of America oder von großen Telefongesellschaften. Die einzusehenden Daten beziehen sich sowohl auf personenbezogene Daten als auch auf Firmeninterna, wie Abrechnungen o. Ä.

> In der Folge dieser Aktivitäten wird der 20-jährige Mark Abene angeklagt unter dem Vorwurf, in fremde Computer eingebrochen zu sein, um sein Ansehen in Hackerkreisen zu steigern, um Hacker-Rivalen einzuschüchtern, um Telefondienste, Auskunftsdienste und Kreditleistungen in Anspruch zu nehmen, ohne dafür zu bezahlen und um Passwörter, Zugangskennungen und andere wertvolle Informationen zu erhalten in der Absicht, sie an Andere zu verkaufen.

> Um eine möglichst niedrige Strafe zu erhalten, bekennt sich Mark Abene schuldig, beteuert aber, keine Firma oder Privatperson bei seinen Computereinbrüchen geschädigt zu haben. Er habe vor allem auf Sicherheitslücken aufmerksam machen wollen. Dennoch wird vom Gericht eine Gefängnisstrafe verhängt.

Die Lehrperson kommentiert den Fall als eine Situation, die sich in sehr ähnlicher Weise auch in Deutschland hätte ereignen können. Sie regt die Lernenden zunächst zu spontanen Einschätzungen zu dem Fall an. Dabei werden sich vermutlich – neben grundsätzlichen Anmerkungen zur Angemessenheit der Bestrafung – verschiedene Beurteilungen zeigen, die zum einen auf eher rechtliche Aspekte im Sinne des Datenschutzes verweisen, zum anderen auf eher moralische Aspekte. Gegebenenfalls werden einzelne Schülerinnen und Schüler auch darauf hinweisen, dass es zu einer Verurteilung gar nicht hätte kommen müssen.

Die unterschiedlichen spontanen Äußerungen werden zum Anlass genommen, für den Fall Mark Abene eine Beurteilung zu erarbeiten. Dabei sollen rechtliche Aspekte (nach bundesdeutschem Recht), moralische Aspekte und mögliche Handlungsalternativen in den Blick genommen sowie unterschiedliche Perspektiven und Interessen (z. B. von Staat, Privatpersonen und Firmen) berücksichtigt werden. Die Bedeutsamkeit des Themas wird noch einmal durch den Verweis auf aktuelle Fälle aus dem Bereich des Datenschutzes ins Bewusstsein gehoben. Als Verbraucher können auch die Jugendlichen bereits potentiell von entsprechenden Aktivitäten betroffen sein.

Hinsichtlich des Vorgehens verständigen sich die Beteiligten darauf, zunächst rechtliche Grundlagen zu erarbeiten und anschließend nach der moralischen Bewertung des Falles zu fragen. Als Quellen sollen dazu das Bundesdatenschutzgesetz und authentisches Material zum Fall Abene (Interviewauszüge) hinzugezogen werden. Zentrale Fragestellungen sollen sein:

– Wie ist der Fall auf der Basis des Bundesdatenschutzgesetzes (BDSG) zu beurteilen?
– Wie ist der Fall in Bezug auf moralische Vorstellungen einzuschätzen?
– Welche Konsequenzen ergeben sich aus diesen Überlegungen, welche alternativen Verhaltensweisen wären denkbar gewesen?

Die Lernenden verabreden mit der Lehrperson, dass sie – nach der Erarbeitung von Informationen aus dem BDSG und der Bearbeitung von Interviewauszügen – Stellungnahmen zum Fall Abene formulieren, die anschließend im Plenum vorgestellt und vergleichend diskutiert werden sollen.

Demgemäß setzen sich die Schülerinnen und Schüler zunächst in Kleingruppen mit dem Bundesdatenschutzgesetz auseinander und erarbeiten Informationen zu den Aspekten Zweck, Geltungsbereich, Gegenstand und Grundsätze des Gesetzes. Die Lernenden sollten dabei

– die Bedeutsamkeit des Gesetzes als Schutz grundgesetzlicher Persönlichkeitsrechte und damit die Reichweite maschineller Verarbeitung von Daten und ihrer potenziellen Auswirkungen für das Individuum einschätzen lernen,
– Beispiele personenbezogener Daten sowie die Prozesse der Erhebung, Verarbeitung, Nutzung und Anonymisierung kennen lernen und
– die prinzipiellen Leitideen des Gesetzes nennen können, insbesondere den Grundsatz der informationellen Selbstbestimmung.

Die Überlegungen zum Datenschutzgesetz sollen darüber hinaus deutlich werden lassen, dass das Gesetz im Spannungsfeld des grundsätzlichen Selbstbestimmungsrecht von Betroffenen und möglichen staatlichen oder privaten geschäftlichen Interessen (z. B. Verwaltungsaufgaben, Wahrung der öffentlichen Sicherheit und Ordnung, Erfüllung von Geschäftszwecken) steht.

In einem Zwischenschritt präsentieren die Gruppen ihre Ergebnisse. Dabei sollte sich Folgendes herauskristallisieren: Wird der Fall „Mark Abene" auf der Basis des BDSG beurteilt, ist zunächst festzustellen, dass das Eindringen in fremde Computernetze nicht gerechtfertigt ist, weil das schutzwürdige Interesse der Betroffenen an der Geheimhaltung ihrer Daten verletzt ist und eine unbefugte Nutzung bzw. Beschaffung von Daten vorliegt. Allerdings müssen die jeweils betroffenen Firmen ihrerseits entsprechende Sicherheitsvorkehrungen getroffen haben, um einer möglichen Mitschuld zu entgehen.

Eine erste Bewertung dieser rechtlichen Grundlagen sollte darin münden, die „moralische Qualität" des Gesetzes zu thematisieren. Dabei sollte deutlich werden, dass die Einhaltung der Gesetze eine wichtige und notwendige Verpflichtung eines jeden

Mitglieds der sozialen Gemeinschaft darstellt, deren Bestehen anders nicht oder nur sehr eingeschränkt gewährleistet werden kann. Allerdings führt die enge Orientierung an gesetzlichen Grundlagen schnell zu der Frage, welche weiteren (moralischen) Aspekte für die Beurteilung des Falles relevant sein könnten.

Dazu bearbeiten die Schüler Texte von Interviews mit Mark Abene, die weitere Informationen über seine Beweggründe und moralischen Auffassungen enthalten. Die Texte werden in den jeweiligen Gruppen unter folgenden Fragestellungen bearbeitet:

– Welche Motive lassen sich für das Verhalten von Mark erkennen?
– Welche Rechtfertigungen für das Verhalten werden angeführt?

Auf der Basis der erarbeiteten Informationen formulieren die Schülerinnen und Schüler nun eine beurteilende Stellungnahme zum Fall „Abene" und tragen diese anschließend durch eine Sprecherin oder einen Sprecher im Plenum vor.

Dabei sollten die Schülerinnen und Schüler

– die Bedeutsamkeit von Gesetzen in ihrer Funktion als Regulativ in Sozialgemeinschaften erkennen und verstehen,
– anhand des Fallbeispiels Situationen erkennen, die auf die Grenzen, unter Umständen auf die Fragwürdigkeit von Gesetzen hindeuten,
– Argumente für moralisch gerechtfertigtes Handeln verstehen und ansatzweise selbst formulieren können und (damit)
– Unterschiede zwischen rechtmäßigem und gerechtem Handeln erkennen.

In den Stellungnahmen sollten zum einen die Ergebnisse aus der Analyse des BDSG enthalten sein, zum anderen aber auch – kontextbezogen – Motive und Einschätzungen unmittelbar oder mittelbar Beteiligter berücksichtigt werden.

Das Fallbeispiel wirft die grundsätzliche Frage auf, wie in Situationen verfahren werden kann, in denen auf Zustände hingewiesen werden soll, die als nicht gerechtfertigt empfunden werden. Abschließend sollten die Lernenden daher mögliche alternative Vorgehensweisen – ausgehend vom Fallbeispiel – entwickeln. Dazu bietet es sich an, nach weiteren Fällen zu recherchieren, in denen Sicherheitslücken in datenverarbeitenden Anlagen entdeckt wurden, und den Weg ihrer Veröffentlichung zu verfolgen. In letzter Zeit sind insbesondere im Bereich des Homebanking, der Geldautomaten und der Funknetze solche Fälle bekannt geworden. Entsprechende Internetrecherchen können die Lernenden auf die Möglichkeit aufmerksam machen, unter anwaltlicher Begleitung Tests anzukündigen, im Beisein der betroffenen Firmen durchzuführen und dadurch Sicherheitsmängel aufzudecken. Dabei kann auch noch einmal deutlich werden, dass nach dem BDSG das Aufdecken der Mängel erst dann strafrechtlich relevant ist, wenn dazu besondere Sicherheiten zu überwinden sind. In vielen Fällen ist dies nicht einmal notwendig, z. B. bei Funknetzen, zu denen man sich vergleichsweise einfach Zugang verschaffen kann, weil sie nur unzureichend gesichert sind.

Überlegen und notieren Sie bitte, welche didaktischen Prinzipien oder Leitideen Sie in dem Unterrichtsbeispiel erkennen.

Um die Frage nach didaktischen Leitideen und Prinzipien sowie nach dem Stellenwert didaktischer Modelle und der Bedeutung unterschiedlicher Zugänge zu Fragen von Lehren, Lernen und Unterricht klären zu können, bietet es sich an, zunächst folgenden Fragen nachzugehen:
(1) Was sind Gegenstand und Aufgabe der Didaktik?
(2) Welche didaktischen Ansätze lassen sich unterscheiden und welche Schwerpunkte setzen sie jeweils?
Die Beantwortung dieser Fragen kann helfen, didaktische Leitideen und Prinzipien erkennen und unterscheiden zu können, verschiedene Ansätze mit ihren jeweiligen Schwerpunktsetzungen einschätzen zu lernen sowie – in einem nächsten Schritt – einen angemessenen Erwartungshorizont im Hinblick auf die Leistungen didaktischer Modelle zu entwickeln und ihre Bedeutung für die eigene Unterrichtstätigkeit zu erkennen (vgl. dazu auch die „Abschließende Reflexion").
Im Rahmen des vorliegenden Bandes beziehen wir uns auf allgemeine Didaktiken. Die Diskussion um Fachdidaktiken und das Verhältnis dieser zur Allgemeinen Didaktik würde den Rahmen dieses Bandes sprengen (vgl. zu solchen Fragen z. B. HEYMANN 1996; PLÖGER 1999). Die Beschränkung auf allgemeine Didaktiken ist aber keineswegs als Wertung der Fachdidaktiken zu verstehen, sondern eine – im Rahmen einer Einführung in die Allgemeine Didaktik – sinnvolle und notwendige Fokussierung. Die Planung, Durchführung und Analyse von Unterricht ist immer auch eine Planung, Durchführung und Analyse fachspezifischer Lehr- und Lernprozesse, die eine begründete Auswahl bildender Inhalte, eine Auseinandersetzung mit fachspezifischen Sachstrukturen sowie mit Zugangs- und Erschließungsweisen, die Reflexion curricularer Anforderungen, die Berücksichtigung fachbezogener Schülervorstellungen usw. einschließt.

## 10.2 Grundlegende Informationen

Im Folgenden werden zunächst der Begriff der Didaktik geklärt und die Aufgaben der Didaktik näher bestimmt. Dann skizzieren wir verschiedene didaktische Ansätze und werten sie vor dem Hintergrund der bisherigen Überlegungen aus.

### 10.2.1 Ursprünge und Aufgaben der Didaktik
Die Ursprünge didaktischen Denkens lassen sich bis in die Antike zurückverfolgen. So bieten bereits PLATONS Schriften Einsichten in das pädagogische und didaktische Denken der Sophisten – beispielsweise zur Frage, was gelehrt werden soll und worin die Ziele des Unterrichts bestehen, sowie zu Fragen des Lehrplans oder zum

Bildungswert einzelner Disziplinen bzw. Künste (vgl. MARTIAL 1996, S. 38 ff.). Von einer Didaktik im Sinne einer weitergehenden Reflexion von Unterrichtsfragen kann allerdings erst mit Beginn des 17. Jahrhunderts gesprochen werden, als auch der Begriff der Didaktik erstmals von Wolfgang RATKE (1571-1635) verwendet wird. RATKE bezeichnet sich selbst als „didacticus", versteht sich als Reformer im Bereich des Unterrichtswesens und beschäftigt sich in seinen Arbeiten neben der Zielfrage von Unterricht auch mit methodischen und organisatorischen Aspekten und zielt damit auf Unterricht in seiner gesamten Breite. In seiner 1632 veröffentlichten Didaktik unterscheidet er eine allgemeine „Lehrartlehre" von weiteren speziellen didaktischen Teildisziplinen: von einer Ordnungslehre, einer Verstehenslehre, einer Behaltenslehre, einer Sprachlehre, einer Lehrlehre, einer Erkenntnis- und einer Werkzeuglehre (vgl. RATKE 1970, S. 303 ff.).

Ein ebenfalls umfassendes didaktisches Werk legt Johann Amos COMENIUS 1657 mit seiner „didactica magna" vor. Diesem Werk liegt ein Didaktikverständnis im Sinne einer „Lehrkunst" zugrunde, bei der – im Gegensatz zur Auffassung von Lehre im Mittelalter – davon ausgegangen wird, dass es nicht ausreicht, die zu lehrenden Wissenschaften zu beherrschen. Nach COMENIUS strebt der Mensch danach, aller Dinge kundig zu werden („gelehrte Bildung"), die Dinge und sich selbst zu beherrschen („Tugend") und sich selbst und alles auf Gott als den Ursprung aller Dinge zurückzuführen („Frömmigkeit") (vgl. 1992, S. 31 ff.). Lernprozesse dienen der Realisierung dieser Ziele. So beschreibt COMENIUS didaktische Prinzipien zur Sicherheit, Leichtigkeit, Dauerhaftigkeit oder Schnelligkeit des Lernens. Darüber hinaus finden sich in der „Großen Didaktik" Handlungsanweisungen zur Durchführung und zur Organisation von Unterricht sowie Hinweise zu bereichsspezifischen Methoden in den Wissenschaften, den Künsten, den Sprachen oder der Sittenlehre und Vorschläge zu den Lehrinhalten (vgl. ebd., S. 84 ff.).

Während sich COMENIUS in seinen didaktischen Überlegungen stärker am Lernen orientiert, ist die Didaktik HERBARTs (1776-1841) deutlich durch den Erziehungsbegriff geprägt. HERBART sieht die Erziehung zur Tugend als das oberste Ziel und geht der Frage nach, wie eine solche Erziehung möglich sei. Neben der „Regierung" der Kinder (erste Stufe der Erziehung, die sich auf die Autorität und die Zuwendung des Erziehers gründet) und der „Zucht" (Beeinflussung von Verhalten und innerer Haltung auf der Basis von Einsicht) stellt der Unterricht eine weitere Erziehungsform dar. Entsprechend charakterisiert HERBART die Lehre vom Unterricht (Didaktik) nicht als eigenständige Disziplin, sondern als einen Bestandteil allgemeiner Pädagogik. HERBART beschreibt den Lernprozess als eine Abfolge von Phasen bzw. Stufen, die er aus seinen Überlegungen zum Erkenntniserwerb ableitet. Sie werden von ZILLER auf den Unterricht übertragen und als Analyse (Zielangabe, Aktivierung des Gedankenkreises), Synthese (Darbietung des neuen Stoffes durch Vortrag, Erzählung oder Gespräch), Assoziation (Verknüpfung der neuen mit den alten Vorstellungen), System (Formulierung der allgemein gewonnenen Erkenntnis als Regel oder Gesetz) und Methode (Anwendung des neu Gelernten) bezeichnet (vgl. ZILLER 1884, S. 259 ff.). Diese erste Form eines didaktischen Artikulationsschemas wird später von REIN in einer vereinfachten Terminologie (Vorbereitung, Darbietung, Verknüpfung, Zusammenführung, Anwendung) übernommen (vgl. 1907, S. 109). Neben der Frage des Ablaufs von Lernprozessen kommen bei HERBART die Unterrichtsgegenstände in den Blick, deren Auswahl, Anordnung und Behandlung nach HERBART von der Didaktik zu klären sind. Die Unterrichtsgegenstände sind das Moment, worüber Erziehende und Zöglinge im Unterricht in Verbindung treten[1].

Eine stärker auf Bildung ausgerichtet Auffassung von Didaktik vertritt Otto WILLMANN (1839-1920), der streng zwischen der Didaktik als der Lehre vom Bildungserwerb durch Unterricht und der Pädagogik als Erziehung im engeren Sinne unterscheidet und beide Disziplinen als nebengeordnet verstanden wissen möchte. In diesem Sinne umfasst die Didaktik eine Theorie der Inhalte, der Ziel- und Methodenfragen des Unterrichts, eine Lehrplantheorie sowie eine Theorie des Bildungswesens, die WILLMANN neben der Schule auf die Kirche, auf Berufsverbände und auf die Lehrerbildung ausweitet (vgl. WILLMANN 1967). Unter Berufung auf z. B. RATKE fordert WILLMANN die Überwindung des (HERBARTschen) Individualismus durch eine Betonung der sozialen Seite von Bildung.

Dieser kurze Überblick über didaktische Auffassungen bis zum Beginn des 20. Jahrhunderts zeigt, dass Didaktik sich mit Fragen von Lehren und Lernen, mit Zielen, Inhalten, Methoden und Ablauf von Unterricht sowie mit der Gestaltung von Lehrplänen beschäftigt. Dabei kann noch einmal sowohl hinsichtlich allgemeiner und spezifischer Formen einer Didaktik als auch hinsichtlich schulischer und außerschulischer Lehr-Lernprozesse differenziert werden. Die Frage, was Didaktik letztlich „ist", kann nur definitorisch geklärt werden. Die Vielzahl von solchen Definitionen deckt im Gesamt die o.g. Aspekte ab, häufig finden sich jedoch individuelle Schwerpunktsetzungen und Eingrenzungen (vgl. PETERSSEN 1996, S. 16 ff.). Wir folgen hier einem weiten Verständnis von Didaktik, wie es etwa bei DOLCH zu finden ist, der Didaktik als „die Wissenschaft und Lehre vom Lernen und Lehren überhaupt [kennzeichnet]. Sie befasst sich mit dem Lernen in allen Formen und dem Lehren aller Art auf allen Stufen ohne Besonderung auf den Lehrinhalt" (1965, S. 45). Mit Bezug auf Unterricht kann auch – im Sinne HEIMANNs – von Didaktik als Theorie und Lehre von allen den Unterricht bestimmenden Faktoren in ihrer Wechselbeziehung gesprochen werden (vgl. 1962).

Im Folgenden skizzieren wir unterschiedliche didaktische Modelle und setzen sie zu unseren bisherigen Überlegungen in Beziehung. Die dargestellten und diskutierten allgemeindidaktischen Ansätze stellen eine Auswahl dar, die zum einen begrenzt und dadurch zum anderen immer auch mit Schwerpunktsetzungen verbunden ist. Entscheidungsleitend für unsere Auswahl waren die Fragen nach der Bedeutung des jeweiligen Ansatzes für unsere handlungs- und entwicklungsorientierte Didaktik, das Bemühen, sowohl „klassische" Ansätze als auch Entwicklungen der jüngeren Zeit zu berücksichtigen, sowie das Bestreben, die „didaktische Situation" in der ehemaligen DDR einzubeziehen.

### 10.2.2 Unterricht aus der Sicht bildungstheoretischer Ansätze

Bildungstheoretische Ansätze sind dadurch gekennzeichnet, dass der Begriff der Bildung als zentraler Bezugspunkt für unterrichtliche Überlegungen gilt. Dies ist in besonderer Weise in den Arbeiten von KLAFKI der Fall. KLAFKI hat seinen Ansatz Ende der fünfziger und Anfang der sechziger Jahre auf der Basis der geisteswissenschaftlichen Lehrplantheorie von WENIGER (1952) formuliert und ist einer der wenigen deutschsprachigen Didaktiker, die auch internationalen Einfluss gewonnen haben. Vor dem Hintergrund seiner bildungstheoretischen Überlegungen besteht für KLAFKI die Aufgabe von Unterricht darin, eine bildende Begegnung der Kinder mit geeigneten Inhalten zu ermöglichen. In diesem Sinne soll die Unterrichtsvorbereitung „eine oder mehrere Möglichkeiten zu fruchtbarer Begegnung bestimmter Kinder mit bestimmten Bildungsinhalten entwerfen" (1963, S. 127).

Bildungsinhalte für den Unterricht sieht KLAFKI durch Lehrpläne als vorgegeben an. Im Rahmen der Unterrichtsvorbereitung geht es zunächst darum, in die vorgegebenen Bildungsinhalte einzudringen: „Der Praktiker muss die in den Lehrplaninhalten verborgene pädagogische Vorentscheidung der Lehrplangestalter gleichsam noch einmal nachvollziehen" (S. 128). Dieses „Eindringen in den Bildungsinhalt" darf nicht als Sachanalyse im fachwissenschaftlichen Sinne missverstanden werden. Vielmehr ist es wichtig, bei der Auseinandersetzung mit dem Inhalt zum einen die Perspektive eines mündigen und mitverantwortlichen Mitglieds der Gesellschaft, zum anderen die Perspektive der Schülerinnen und Schüler mit ihren jeweiligen Interessen und Bildungsmöglichkeiten in den Blick zu nehmen und beide Perspektiven zu berücksichtigen (vgl. S. 129 f.).

Aus KLAFKIs Sicht kommt es bei der Vorbereitung des Unterrichts darauf an, den Bildungsgehalt des jeweiligen Bildungsinhalts aus der Perspektive des zukünftig selbstverantwortlichen Mitglieds der Gesellschaft und aus der Perspektive des noch heranwachsenden jungen Menschen zu bestimmen. Diese Aufgabe ist bei der von KLAFKI so genannten didaktischen Analyse als „Kern der Unterrichtsvorbereitung" zu leisten (vgl. S. 126 ff.). Allerdings ist es im Sinne einer didaktischen Analyse nicht hinreichend, den – vorgegebenen – Lehrplaninhalt auszudifferenzieren, um die Frage nach dem Bildungsgehalt zu klären. Um diesen zu erschließen, gibt KLAFKI fünf Teil- bzw. Grundfragen mit weiteren Unterfragen an (vgl. 1963, S. 135 ff.):

(1) *Frage nach der exemplarischen Bedeutung des Themas:* „Welchen größeren bzw. welchen allgemeinen Sinn- oder Sachzusammenhang vertritt oder erschließt dieser Inhalt? Welches Urphänomen oder Grundprinzip, welches Gesetz, Kriterium, Problem, welche Methode, Technik oder Haltung lässt sich in der Auseinandersetzung mit ihm ‚exemplarisch' erfassen?"

(2) *Frage nach der Gegenwartsbedeutung für die Lernenden:* „Welche Bedeutung hat der betreffende Inhalt bzw. die an diesem Thema zu gewinnende Erfahrung, Erkenntnis, Fähigkeit oder Fertigkeit bereits im geistigen Leben der Kinder meiner Klasse, welche Bedeutung sollte er – vom pädagogischen Gesichtspunkt aus gesehen – darin haben?"

(3) *Frage nach der Zukunftsbedeutung für die Lernenden:* „Worin liegt die Bedeutung des Themas für die Zukunft der Kinder?"

(4) *Frage nach der Struktur des Inhalts:* „Welches ist die Struktur des (durch die Fragen 1, 2 und 3 in die spezifisch pädagogische Sicht gerückten) Inhaltes? – Im Detail: Welches sind die einzelnen Momente des Inhalts als Sinnzusammenhang und in welchem Zusammenhang stehen die Momente? Hat der Inhalt Sinn- oder Bedeutungsschichten? Was könnte den Zugang zum Inhalt erschweren? Was sollte als Mindestwissen gelten?

(5) *Frage nach der Zugänglichkeit bzw. Darstellbarkeit:* „Welches sind die besonderen Fälle, Phänomene, Situationen, Versuche, Personen, Ereignisse, Formelemente, in oder an denen die Struktur des jeweiligen Inhalts den Kindern dieser Bildungsstufe, dieser Klasse interessant, fragwürdig, zugänglich, begreiflich, ‚anschaulich' werden kann?"

Eine didaktische Analyse anhand dieser Leitfragen stellt nach Klafki einen ersten und bedeutenden Schritt der Unterrichtsvorbereitung dar. Diesem ersten Vorbereitungsschritt ordnet er einen zweiten Vorbereitungsschritt nach: die methodische Planung. Diese soll sich auf vier Fragenkreise beziehen (vgl. S. 143):

– die Gliederung des Unterrichts in einzelne Abschnitte, Phasen oder Stufen,
– die Wahl der Unterrichts-, Arbeits-, Spiel-, Übungs- und Wiederholungsformen,
– den Einsatz von Lehr- und Arbeitsmitteln,
– die Sicherung der organisatorischen Voraussetzungen des Unterrichts.

Diese vier Fragenkreise werden von Klafki (1963) jedoch nicht weiter erörtert.

Klafki hat seinen Bildungsbegriff, der für ihn den zentralen Ausgangspunkt für unterrichtliche Überlegungen darstellt, aus einer Kritik überkommener Bildungstheorien entwickelt. Dabei unterscheidet er zwei Grundpositionen (vgl. 1963, S. 27).

Die erste – objektbezogene – Position geht davon aus, dass Bildung durch die Verfügung über bestimmte Inhalte gekennzeichnet ist. Der gebildete Mensch lässt sich dadurch charakterisieren, dass er wichtige Inhalte beherrscht, welche die Kultur, in der er lebt, bestimmen. Die Inhalte können dabei der Kunst, der Religion, der Wissenschaft oder anderen Kulturbereichen entstammen, sie können eher als „objektive" oder eher als „klassische" Inhalte verstanden werden. Bei allen möglichen Ausdifferenzierungen gilt jedoch, dass Bildung sich in der Verfügung über materiale Wissensbestände äußert. Deshalb bezeichnet Klafki entsprechende Ansätze auch als *materiale* Bildungstheorien (vgl. 1963, S. 27 ff.).

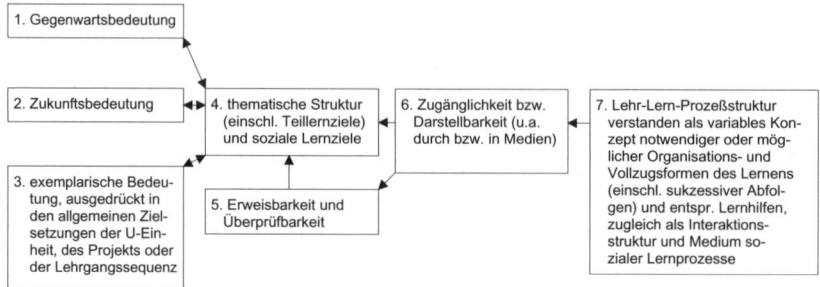

**Darstellung 10.1:** Perspektivenschema zur Unterrichtsplanung nach KLAFKI (1985, S. 215)

Unter der zweiten – subjektbezogenen – Position werden die so genannten *formalen* Bildungstheorien zusammengefasst. Bei ihnen wird das Wesen der Bildung nicht in der Verfügung über einen Kanon vorgegebener Inhalte gesehen, sondern in bestimmten Fähigkeiten des Individuums. Diese können als körperliche, seelische und geistige Kräfte im Sinne der funktionalen Bildung oder als Beherrschung von Denkweisen, Gefühlskategorien und Wertmaßstäben im Sinne der methodischen Bildung aufgefasst werden (vgl. 1963, S. 32 ff.).

Auf der Basis der Kritik der materialen Bildungstheorien einerseits und der formalen Bildungstheorien andererseits kommt KLAFKI – in gewisser Weise als Synthese – zu seinem Begriff der *kategorialen Bildung*: „Bildung ist Erschlossensein einer dinglichen und geistigen Wirklichkeit für einen Menschen – das ist der objektive oder materiale Aspekt; aber das heißt zugleich: Erschlossensein dieses Menschen für seine Wirklichkeit – das ist der subjektive oder formale Aspekt zugleich im ‚funktionalen‘ wie im ‚methodischen‘ Sinne" (S. 43).

Vor dem Hintergrund dieses Bildungsbegriffs lässt sich die Aufgabe der didaktischen Analyse jetzt auch folgendermaßen beschreiben: Die didaktische Analyse soll der Lehrperson helfen, den jeweiligen Bildungsinhalt so aufzuarbeiten, dass im Unterricht zum einen wichtige Sachverhalte für die Lernenden erschlossen werden (im Sinne materialer Bildung) und dass zum anderen bei den Lernenden die Bereitschaft und Fähigkeit entsteht, sich auch andere als die behandelten Fälle so zu erschließen, dass sie angemessen handeln können (im Sinne formaler Bildung).

Der bildungstheoretische Ansatz von KLAFKI hat neben Zustimmung auch vielseitige Kritik erfahren. Die Kritik bezieht sich z. B. darauf, dass der Bildungsbegriff nur formal, nicht jedoch inhaltlich festgelegt sei, dass dem Bildungsbegriff im Vergleich zum Lernen ein zu hoher Stellenwert zugemessen werde, dass der Ansatz methodische Fragen des Unterrichts nicht genügend berücksichtige, dass zwar die historische Bedingtheit des Bildungsbegriffs erkannt sei, die ideologische jedoch zu wenig Beachtung finde, dass eine empirische Prüfung der Wirksamkeit exemplarischen Vorgehens fehle, dass der Ansatz zu sehr die Lehrerperspektive betone u. Ä. (vgl. z. B. BLANKERTZ 1977).

Es ist hier nicht der Ort, diese Kritik zu diskutieren, zumal KLAFKI einen Teil der Einwände in seinen „Neuen Studien zur Bildungstheorie und Didaktik" aufgenommen und im Sinne einer kritisch-konstruktiven Didaktik aufgearbeitet hat (vgl. 1985, S. 194 ff.). Demgemäß sollen hier nur einzelne Aspekte zur Weiterentwicklung der bildungstheoretischen zu einer kritisch-konstruktiven Didaktik angesprochen werden.

Die kritisch-konstruktive Didaktik ist insbesondere dadurch gekennzeichnet, dass die gesellschaftlichen Dimensionen der Didaktik ausdrücklich thematisiert, Selbstbestimmungs-, Mitbestimmungs- und Solidaritätsfähigkeit zu Zielen erklärt, Lehren und Lernen als Interaktionsprozesse verstanden und entdeckendes sowie sinnhaft-verstehendes Lernen anhand exemplarischer Themen gefordert werden (vgl. S. 199 f.). Diese Auswahl unterrichtsrelevanter Inhalte soll vor dem Hintergrund epochaltypischer Schlüsselprobleme erfolgen, zu denen KLAFKI beispielsweise die Friedensfrage, die Umweltproblematik, gesellschaftlich produzierte Ungleichheit oder die neuen Informations- und Kommunikationstechnologien zählt (vgl. 1995a, S. 12). Darüber hinaus wird die frühere didaktische Analyse zu einem „Perspektivenschema zur Unterrichtsplanung" weiterentwickelt. Das „Perspektivenschema" enthält jetzt sieben Fragen, und zwar die Fragen nach der Gegenwartsbedeutung, nach der Zukunftsbedeutung, nach der exemplarischen Bedeutung des Themas, nach der thematischen Struktur, nach der Erweisbarkeit und Überprüfbarkeit, nach der Zugänglichkeit bzw. Darstellbarkeit und nach der Lehr-Lern-Prozessstruktur (vgl. Darstellung 10.1).

Für die Entwicklung des von uns vertretenen handlungs- und entwicklungsorientierten Ansatzes waren vor allem die folgenden Überlegungen des bildungstheoretischen Ansatzes von KLAFKI bedeutsam:

(1) Unterricht soll eine bildende Begegnung der Lernenden mit bestimmten, für die jeweilige geschichtliche und gesellschaftliche Situation wichtigen Inhalten ermöglichen.

(2) Von einer Begegnung mit einem Unterrichtsinhalt sind nur dann bildende Wirkungen zu erwarten, wenn der Inhalt für die Gegenwart und Zukunft der Kinder und Jugendlichen bedeutsam ist.

(3) Eine bildende Wirkung setzt voraus, dass der Inhalt der jeweiligen Bildungs- bzw. Entwicklungsstufe der Kinder und Jugendlichen angemessen ist und als exemplarisch für weitere Lebenssituationen gelten kann.

(4) Unterrichtsvorbereitung soll darauf gerichtet sein, Möglichkeiten einer bildenden Begegnung der Lernenden mit bestimmten Inhalten zu entwerfen. Sie kann die bildende Begegnung jedoch nicht vorwegnehmen und muss schon deshalb als offener Entwurf aufgefasst werden.

### 10.2.3 Unterricht aus der Sicht lerntheoretischer Ansätze

Lehr-lerntheoretische Ansätze – in dem von uns bevorzugten Begriffsverständnis – sind dadurch gekennzeichnet, dass unterrichtliche Handlungen vor allem aus der Perspektive des Lernvorgangs betrachtet werden. Der damit verbundene Grundgedanke, dass sich das Lehren nach den Lernmöglichkeiten richten müsse, ist schon in frühen Arbeiten zur Didaktik zu finden (vgl. z. B. COMENIUS 1657). Von lehr-lerntheoretischen Ansätzen soll hier allerdings nur gesprochen werden, wenn die unterrichtlichen Überlegungen von differenzierten pädagogisch-psychologischen Analysen zum Lernvorgang ausgehen. In diesem Sinne kann man z. B. die Arbeiten von ROTH (1963), GAGNÉ (1969), AUSUBEL (1974), BRUNER (1974) und AEBLI (1983) als lehr-lerntheoretische Konzepte bezeichnen (vgl. auch STRAKA/MACKE 2002). Nicht zu den lehr-lerntheoretischen Ansätzen (im engeren Sinne) zählen wir – entgegen häufigem Sprachgebrauch – das Konzept von HEIMANN (1962) und SCHULZ (1965), da ihm differenzierte Analysen zum Lernvorgang fehlen. Dieses Konzept ist u.E. besser durch den Begriff „unterrichtsanalytischer Ansatz" gekennzeichnet und wird im nächsten Abschnitt unter dieser Bezeichnung behandelt. Im Folgenden werden wir das Konzept von ROTH als exemplarisch für einen lehr-lerntheoretischen Ansatz herausgreifen, zumal ROTH die deutschsprachige Didaktik-Diskussion in besonderer Weise beeinflusst hat.

ROTH (1963) geht bei seinen Überlegungen von einem – im Vergleich zu verhaltenspsychologischen Konzepten – weiten Lernbegriff aus: „Pädagogisch gesehen bedeutet Lernen die Verbesserung oder den Neuerwerb von Verhaltens- und Leistungsformen und ihren Inhalten. Lernen meint aber meist noch mehr, nämlich die Änderung bzw. Verbesserung der diesen Verhaltens- und Leistungsformen vorausgehenden und sie bestimmenden seelischen Funktionen des Wahrnehmens und Denkens, des Fühlens und Wertens, des Strebens und Wollens, also eine Veränderung der inneren Fähigkeiten und Kräfte, aber auch der durch diese Fähigkeiten und Kräfte aufgebauten inneren Wissens-, Gesinnungs- und Interessenbestände des Menschen" (S. 188).

Im Hinblick auf den Lernprozess spricht ROTH vom Übergang von einer *Ausgangslage* zu einer *Endlage*. Die Aufgabe der Lerntheorie sieht er entsprechend darin, Antworten auf die Frage zu geben, wie die Ausgangslage beschaffen ist, in welcher der Lernprozess initiiert wird, welche Lernschritte zur Endlage führen und wie die Endlage beschaffen sein muss, sodass von einem pädagogisch befriedigenden Abschluss eines Lernprozesses gesprochen werden kann (vgl. S. 188; S. 208).

Zur Differenzierung *verschiedener Arten des Lernens* nimmt ROTH (1963) systematische Unterscheidungen vor, und zwar

– nach der Entfaltung der Lernfähigkeit,
– nach dem Lerngegenstand bzw. Lernziel,
– nach dem Grad der Bewusstheit,
– nach den Lernverfahren bzw. dem Schwerpunkt im Lernprozess sowie
– nach dem Grad der Einsicht (vgl. S. 198 ff.).

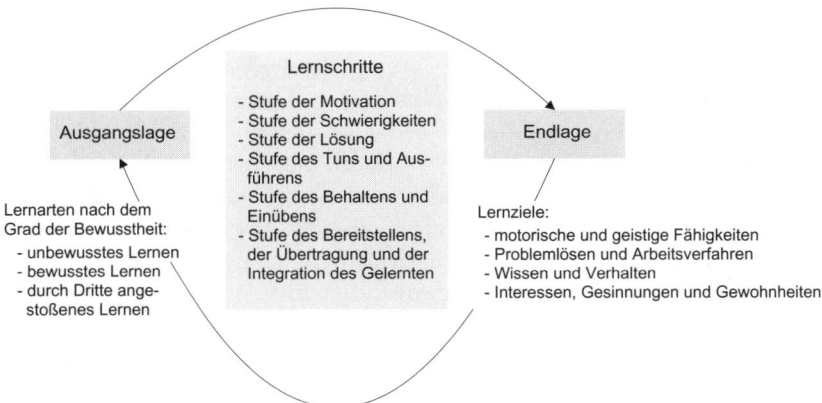

**Darstellung 10.2:** Lernprozess und Lernschritte in Anlehnung an ROTH

Diese Unterscheidungen sind das Resultat eines vorrangig phänomenologischen Zugangs zum Lernen, sie sind nicht das Ergebnis systematischer empirischer Untersuchungen, wenngleich empirische Ergebnisse Eingang in die Überlegungen gefunden haben.

Bei den Lerngegenständen bzw. Lernzielen, die die o. g. Endlage eines Lernprozesses kennzeichnen (vgl. Darstellung 10.2), unterscheidet ROTH (1963) im Sinne seines Lernbegriffs

– motorische und geistige Fertigkeiten,

– Problemlösen und Arbeitsverfahren,

– Wissen und Verhalten,

– Interessen, Gesinnungen und Gewohnheiten (vgl. S. 200 f.).

Von besonderer Bedeutung ist für ROTH die Unterscheidung der Lernarten nach dem *Grad der Bewusstheit*. In diese Kategorie fallen drei Arten des Lernens. Eine erste Art bezeichnet er als unbeabsichtigtes, unbewusstes bzw. als indirektes Lernen: ein Lernen, das sich als Nebeneffekt von Handlungen einstellt. Beispielsweise lernt ein Kind, das sich einen Ball zurückholt, der beim Spiel über den Zaun des Nachbarn gefallen ist, wie man dabei vorgehen kann – sei es nun durch Überklettern des Zauns oder durch die Bitte an den Nachbarn, den Ball zurückzugeben (vgl. S. 213 ff.).

Eine zweite Art des Lernens ist das bewusste bzw. direkte Lernen. Dieses Lernen ist gegeben, wenn ein Kind von sich aus z. B. das Radfahren, das Schwimmen oder das Tennisspielen lernen möchte (vgl. S. 216).

Bei der dritten Art wird das Lernen von einer Lehrperson angestoßen. Dies entspricht in der Regel der schulischen Realität, in der die Lehrperson versucht, die Schülerinnen und Schüler zum Lernen der Unterrichtsinhalte zu motivieren (vgl. S. 217).

Diese drei Unterscheidungen kennzeichnen jeweils eine spezifische Ausgangslage beim Lernen (vgl. Darstellung 10.2).

ROTH (1963) sieht die Aufgabe einer pädagogisch ausgerichteten Lernpsychologie darin, „die steuerungsfähigen Gelenkpunkte beim Lernprozess zu entdecken, sie den Lehrenden aufzuweisen und ihnen verfügbar zu machen" (S. 179). Um dies zu leisten, analysiert er die Lernschritte bei verschiedenen Lernarten, d. h. den Übergang von der Ausgangs- zur Endlage. In einer Zusammenschau der Analysen beschreibt er sechs Lernschritte, die er auch als Stufen bezeichnet. Die folgende Auflistung gibt die Stufen mit der von ROTH gegebenen Charakterisierung für die – im Rahmen der Differenzierung nach dem Grad der Bewusstheit – dritte Lernart wieder: für das von einer Lehrperson angestoßene Lernen, das für die Schule typisch ist:

(1) Stufe der Motivation: „Ein Lernprozess wird angestoßen. Eine Aufgabe wird gestellt. Ein Lernmotiv wird erweckt" (S. 223).

(2) Stufe der Schwierigkeiten: „Der Lehrer entdeckt die Schwierigkeiten der Aufgabe für den Schüler bzw. die kurzschlüssige oder leichtfertige Lösung des Schülers" (S. 224).

(3) Stufe der Lösung: „Der Lehrer zeigt den Lösungsweg oder lässt ihn finden" (S. 224).

(4) Stufe des Tuns und Ausführens: „Der Lehrer lässt die neue Leistungsform durchführen und ausgestalten" (S. 225).

(5) Stufe des Behaltens und Einübens: „Der Lehrer sucht die neue Verhaltens- oder Leistungsform durch Variation der Anwendungsbeispiele einzuprägen und einzuüben. Automatisierung des Gelernten" (S. 225).

(6) Stufe des Bereitstellens, der Übertragung und der Integration des Gelernten: „Der Lehrer ist erst zufrieden, wenn das Gelernte als neue Einsicht, Verhaltens- oder Leistungsform mit der Persönlichkeit verwachsen ist und jederzeit zum freien Gebrauch im Leben zur Verfügung steht. Die Übertragung des Gelernten von der Schulsituation auf die Lebenssituation wird direkt zu lehren versucht" (S. 226).

Ein solcher Stufenablauf darf nach ROTH allerdings nicht als streng gesetzhafte Abfolge von Lernschritten missverstanden werden. Es handelt sich vielmehr um ein offenes Orientierungsschema, bei dem es Vorausgriffe und Rückgriffe, Abweichungen und unterschiedliche Akzentsetzungen geben kann (vgl. ebd., S. 226). Ist der Lernprozess – z. B. durch den Erwerb einer neuen Verhaltensform – abgeschlossen, so kann dies sofort wieder zur Ausgangslage von neuem Lernen werden (vgl. S. 188).

Bei ROTH finden sich neben den oben skizzierten lehr-lerntheoretischen Erwägungen auch Überlegungen zur Unterrichtsvorbereitung generell. In einer frühen Arbeit hat er die „Kunst der rechten Vorbereitung" in fünf Vorbereitungsschritten beschrieben. Diese Vorbereitungsschritte sind (hier zitiert nach dem Abdruck des Aufsatzes 1963, S. 119 ff.):

– die sachliche bzw. stoffliche Besinnung, bei der es um die Erfassung des wahren Wesens, des sachlichen Gehalts, des existenziell Wichtigen, des Inhalts durch die

persönliche Begegnung der Lehrperson mit den originalen Quellen geht,
- die pädagogische Besinnung, die den pädagogischen Gehalt des zu vermittelnden Kulturgutes als interessenweckende und gesinnungsbildende Kraft eines Inhaltes, d. h. das eigentliche Bildsame des Unterrichtsgegenstandes, aufdecken soll,
- die psychologische Besinnung, bei der es darauf ankommt, den Unterrichtsgegenstand aus der Perspektive des Kindes oder des Jugendlichen, d. h. von dessen Interessenkreis aus, zu erfassen,
- die methodische Besinnung, die vor allem auf das Herausfinden natürlicher Anknüpfungspunkte zwischen Unterrichtsgegenstand und kindlichen bzw. jugendlichen Interessen und Bedürfnissen gerichtet ist und damit die Verbindung der Betrachtungsweisen vom Gegenstand und vom Lernenden aus leisten soll,
- die verfahrensbezogene Besinnung, wobei es um die Kunst geht, eine „lebendige Verfahrensweise" vorzubereiten, die in dem Ausbau der Ablaufstufen liegt: „zu lebendigen pädagogischen Situationen, die aus sich selbst heraus ein Erkenntnisgefälle zum Gegenstand hin erzeugen" (S. 128).

Diese kurzen Hinweise zeigen, dass die Überlegungen von ROTH zur Unterrichtsvorbereitung viele Parallelen zu der später von KLAFKI ausformulierten didaktischen Analyse enthalten, wenn sich Akzente und Reihenfolge der einzelnen Vorbereitungsschritte auch unterscheiden.

Über die Entwicklung des Stufenschemas hinaus hat ROTH für jede Lernstufe verschiedene Lernhilfen – auf der Basis von Untersuchungsergebnissen der empirischen Lernforschung – zusammengestellt. Dabei diskutiert er
- Lernhilfen zur Motivierung des Lernens, z. B. an Bedürfnisse und Interessen anknüpfen, Handeln fördern, Ursprungssituationen aufzeigen und originale Begegnungen ermöglichen, Erfolgserlebnisse vermitteln, Wettbewerb und Zusammenarbeit anregen, Lob und Tadel überlegt verwenden,
- Lernhilfen zum Überwinden von Schwierigkeiten, z. B. eine Aufgabe in angemessener Weise erleichtern oder erschweren, individuelles Lerntempo zulassen, Überforderung und Ungeduld vermeiden, Lernen am wirklichen Objekt ermöglichen,
- Lernhilfen beim Finden der Lösung, z. B. Abwarten können, Probieren zulassen, Mut zu eigenen Einfällen stärken, Strukturieren anregen, Wechsel zwischen Einzelarbeit und Gruppengespräch sowie zwischen Selbstfinden und Übernehmen arrangieren,
- Lernhilfen beim Tun und Ausführen, z. B. von der Einsicht zum Tun und vom Tun zur Einsicht sowie zum Können führen,
- Lernhilfen zum Behalten und Einüben, z. B. aktive und soziale Übungsformen verwenden, Strukturieren und Überprüfen,
- Lernhilfen für das Bereitstellen, die Übertragung und die Integration des Gelernten, z. B. Übertragungen bewusst vollziehen lassen, Verknüpfungen mit bereits Gelerntem herstellen, allgemeine Prinzipien und Einstellungen ausbilden.

Neben vielen Vorzügen kann man aus heutiger Sicht auch einzelne Schwächen an dem Ansatz von ROTH feststellen. Beispielsweise lässt sich kritisieren, dass das Stufenmuster – trotz seines Anspruchs, ein allgemeines Lernschema darzustellen – vor allem einem problemorientierten Vorgehen verhaftet bleibt. Andere Perspektiven, wie etwa die Auseinandersetzung mit Entscheidungs- oder Gestaltungsaufgaben werden nicht entwickelt. Zudem bleiben die problemorientierten Beispiele häufig auf naturwissenschaftliche oder mathematische Bereiche beschränkt, sozialwissenschaftliche oder künstlerische Fragestellungen werden nicht angesprochen. Des Weiteren kann man darauf aufmerksam machen, dass zwar viele Hinweise zu Lernhilfen gegeben werden, diese jedoch für die konkrete Unterrichtsvorbereitung zum Teil zu unspezifisch bleiben. Darüber hinaus lässt sich einwenden, dass – trotz der differenzierten Überlegungen zum Lernprozess – die Perspektive der Lehrperson dominiert und die Interaktionen zwischen Lehrenden und Lernenden bzw. die notwendigen Verständigungsprozesse zu wenig Beachtung finden. Schließlich kann man die Auffassung vertreten, dass die gesellschaftliche und ideologiebildende Funktion des Lernens unberücksichtigt bleibt und ausdrücklich bewertende Phasen im Lernprozess fehlen.

Dennoch hat ROTH auf wichtige Grundgedanken aufmerksam gemacht, die auch für die Entwicklung unseres Ansatzes bedeutsam waren:

(1) Die Aufgabe von Lehrpersonen besteht vor allem darin, Lernhilfen zu geben, die bei den Lernenden geeignete Lernprozesse anregen und unterstützen. Die Lernhilfen sollen sich dabei am Erkenntnis-, Denk- und Lernvorgang der Lernenden orientieren.

(2) Der Lernprozess sollte mit Lernaufgaben beginnen, die hinreichend komplex sind, so dass den Lernenden die Schwierigkeit und damit auch die Notwendigkeit, etwas lernen zu müssen, wenn man die Aufgabe lösen will, bewusst wird.

(3) Die Lernaufgaben sollen an Interessen der Lernenden anknüpfen und geeignet sein, einen Spannungsbogen aufzubauen, der von der Stufe der Motivation über die Stufe der Schwierigkeiten bis zur Stufe der Lösung und zur Stufe des Tuns und Ausführens reicht.

(4) Der Lernprozess ist mit der Lösung einer Aufgabe noch nicht abgeschlossen. Es geht im Lernprozess darüber hinaus um das Behalten und Einüben, um das Bereitstellen, die Übertragung und die Integration des Gelernten.

### 10.2.4 Unterricht aus der Sicht unterrichtsanalytischer Ansätze

Unterrichtsanalytische Ansätze sind mit dem Anspruch verknüpft, relevante Strukturelemente des Unterrichts sowie ihre Beziehungen zu erfassen und theoretisch zu durchdringen. Eine besonders bedeutsame unterrichtsanalytische Konzeption der Didaktik ist 1962 von HEIMANN formuliert und 1965 von SCHULZ überarbeitet und ergänzt worden. Anlass für die Entwicklung war die Einführung eines praktischen Halbjahres (Didaktikums) im Rahmen des Lehramtsstudiums an der Pädagogischen

Hochschule Berlin. Mit der Veröffentlichung von 1962 ging es HEIMANN um eine theoretische Grundlegung dieses Didaktikums. Von der theoretischen Grundlegung erhofft er, „dass sie mindestens für drei immer wiederkehrende konkrete Ausbildungsanlässe eine theoretische Basis entwickelt:

1. für die unterrichtliche Analyse in den häufigen Hospitations-Situationen,
2. für die Planung von Unterrichtsvorhaben, die von Studenten durchzuführen sind,
3. für unterrichtliche Experimente, die zur Verifikation oder Falsifikation umstrittener didaktischer Hypothesen gelegentlich unternommen werden" (1962, S. 407).

Eine Grundlegung, die diese Erwartungen erfüllt, ist nach HEIMANNs Auffassung nicht auf der Basis des Bildungsbegriffs zu leisten, da dieser ideologisch aufgeladen sei und „im Verlauf seiner Geschichte eine nicht mehr zu beseitigende Unschärfe und Vieldeutigkeit erlangt" habe (S. 410). Dem Bildungsbegriff misst er demgemäß keinen zentralen, sondern nur einen abhängigen Stellenwert zu. Eine praxisrelevante theoretische Grundlegung erwartet HEIMANN eher von einer lerntheoretisch orientierten Didaktik, wobei er sich unter anderem auf ROTH bezieht (vgl. ebd., S. 411).

Für das Unterrichts- und Theorieverständnis von HEIMANN ist entscheidend, dass er „Unterrichts-, Lehr-, Lern- und ‚Bildungs'-Vorgänge als sehr dynamische Interaktionsprozesse von strenger gegenseitiger Bezogenheit, betonter Singularität und Augenblicks-Gebundenheit betrachtet, die trotzdem einer bestimmten Strukturgesetzlichkeit gehorchen und deshalb auch manipulierbar sind" (1962, S. 412). Die HEIMANNsche Theoriebildung zielt demgemäß nicht auf eine statische Theorie, sondern auf theoretische Prozesse. In diesem Sinne soll die zukünftige Lehrperson in der Ausbildung lernen:

„1. Strukturen zu erkennen;
2. Probleme zu exponieren;
3. Tatsachen, Normen und Organisations-Formen zu beurteilen;
4. Entscheidungen vorzubereiten" (1962, S. 413).

Um diese Ziele zu erreichen, schlägt HEIMANN zwei Reflexionsstufen vor:
– die Strukturanalyse und
– die Faktorenanalyse.

Die Faktorenanalyse wird von SCHULZ (1965) später als Bedingungsprüfung bezeichnet, um begriffliche Überschneidungen mit dem statistischen Verfahren der Faktorenanalyse zu vermeiden (vgl. S. 37).

Die *Strukturanalyse* richtet sich nach HEIMANN darauf, im Unterrichtsgeschehen sechs formal konstante, inhaltlich jedoch variable „Elementar-Strukturen" aufzuweisen:
– die Intentionalität,
– die Inhaltlichkeit,
– die Methoden-Organisation,
– die Medienabhängigkeit,

- die anthropologische und
- die sozial-kulturelle Determination (vgl. 1962, S. 416).

Da für den Unterricht zu entscheiden ist, „welche Absichten an welchen Inhalten unter Verwendung welcher Methoden und Medien verwirklicht werden sollen (Planung) oder verwirklicht worden sind (Unterrichtsanalyse)", werden die ersten vier „Elementar-Strukturen" als *Entscheidungsfelder* bezeichnet (ebd., S. 416). Anthropologische und sozial-kulturelle Determinanten erfährt die Lehrperson dagegen als Bedingungen unterrichtlichen Handelns, weshalb HEIMANN sie *Bedingungsfelder* nennt.

Im Folgenden werden die einzelnen „Elementar-Strukturen" auf der Basis der Arbeiten von HEIMANN (1962) und SCHULZ (1965) kurz skizziert (vgl. Darstellung 10.3):

(1) Intentionalität: HEIMANN begreift Unterricht als absichtsvolles Geschehen. Der Begriff der Intentionalität umfasst dabei sowohl konkrete Zwecksetzungen des Unterrichts als auch seine allgemeine Sinngebung (1962, S. 416). Die Intentionen können unterschiedlichen Dimensionen mit verschiedenen Qualitätsstufen zugeordnet werden. SCHULZ (1965) nennt die kognitive Dimension (Kenntnis, Erkenntnis, Überzeugung), die pragmatische Dimension (Fähigkeit, Fertigkeit, Gewohnheit) und die emotionale Dimension (Anmutung, Erlebnis, Gesinnung) (vgl. S. 27).

(2) Inhaltlichkeit: Diese „Elementar-Struktur" umfasst für HEIMANN die Bildungsgüter. Sie präsentieren sich als Wissenschaften, z. B. Physik und Mathematik, als Techniken, z. B. Lesen, Schreiben und Rechnen, sowie als Pragmata, z. B. Sportübungen und Blumenpflege (vgl. S. 418). SCHULZ (1965) bezeichnet die Inhaltlichkeit als Thematik und orientiert sich bei seinen entsprechenden Überlegungen an den inhaltsstrukturellen Ausführungen zur didaktischen Analyse von KLAFKI. In Verbindung mit den Intentionen des Unterrichts führt die Thematik nach SCHULZ zu den Unterrichtszielen (vgl. 1965, S. 29).

(3) Methoden-Organisation: SCHULZ (1965) spricht hier von Methodik und unterscheidet unter diesem Strukturmoment folgende Verfahrensweisen:

- Methodenkonzeptionen als Gesamtentwürfe für den Unterrichtsverlauf, z. B. das ganzheitlich-analytische und das elementenhaft-synthetische Verfahren, das Projektverfahren und fachgruppenspezifische Vorgehensweisen,
- Artikulationsschemata zur Strukturierung des Unterrichtsprozesses nach vermuteten Lernphasen, z. B. Lernschritte bzw. Unterrichtsstufen nach ROTH (1963),
- Sozialformen als soziale Organisationsformen des Lernens, z. B. Frontalunterricht, Kreissituation, Teilgruppen- und Einzelarbeit,
- Aktionsformen als die Weisen, in denen die Lehrperson agiert, z. B. Vortrag als direkte Aktionsform und Schülerexperiment als indirekte Aktionsform,
- Urteilsformen, in denen das wertende Verhältnis zum Ausdruck kommt, in dem die Lehrperson zu den Lernenden steht, z. B. Lob oder Tadel, Zustimmung oder Ablehnung.

(4) Medienabhängigkeit: SCHULZ (1965) nennt dieses Strukturmoment Medienwahl und führt folgende Unterscheidungen ein:
 – polyvalente Medien, mit denen mehrere Intentionen verfolgt werden können, und monovalente Medien, die nur auf eine Intention gerichtet sind,
 – Abbildungen (z. B. Fotos und Filme), Muster (z. B. Gesteine und Pflanzen), Symbole (z. B. modellhafte und schematische Darstellungen) sowie Gestaltungsmittel (z. B. Werkzeuge und Materialien),
 – Lehrmittel zur Unterstützung von Lehrtätigkeiten und Lernmittel zum Gebrauch durch die Schülerinnen und Schüler (vgl. S. 34 ff.).
(5) Anthropologische Determinanten: SCHULZ (1965) bezeichnet sie als anthropogene Voraussetzungen und versteht darunter alle Persönlichkeitsmerkmale, die Lehrende und Lernende in den Unterricht einbringen und die diesen beeinflussen (vgl. S. 36).
(6) Sozial-kulturelle Determinanten: Darunter werden von SCHULZ (1965) alle sozialkulturellen Voraussetzungen zusammengefasst, die für den Unterricht relevant sind, z. B. Klassenzusammensetzung, Schulform, Schulordnung, Lehrplan, Ausstattung der Schule und andere gesellschaftliche Bedingungen der Schulgestaltung.

Wenn die Strukturmomente im Rahmen der Strukturanalyse erfasst sind, geht es in einer zweiten Reflexionsstufe – wie bereits angedeutet – um die *Bedingungsprüfung*.

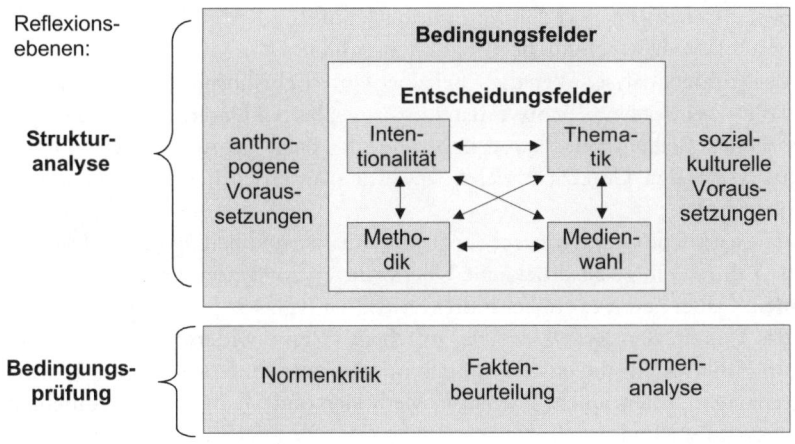

**Darstellung 10.3:** Strukturanalyse und Bedingungsprüfung im unterrichtsanalytischen Modell in Anlehnung an HEIMANN (1962) und SCHULZ (1965)

Diese soll sich auf drei Aspekte beziehen, und zwar auf
- Normen, z. B. unterrichtliche Zielsetzungen,
- Fakten, z. B. entwicklungsbezogene Voraussetzungen der Lernenden,
- didaktische Formen, z. B. die gewählte oder geplante Unterrichtsform, etwa die Gruppenarbeit (vgl. HEIMANN 1962, S. 423).

Gemäß diesen drei Faktorengruppen unterscheidet SCHULZ (1965)
- die Normenkritik,
- die Faktenbeurteilung und
- die Formenanalyse (S. 39 ff.; vgl. Darstellung 10.3).

Bei der Normenkritik geht es darum, die offenen Normen, z. B. Lehrplanvorgaben, und die verdeckten Normen, z. B. Verhaltenserwartungen an die Schülerinnen und Schüler, festzustellen und im Hinblick auf die dahinter stehenden Interessen und Ideologien bzw. Rechtfertigungen zu prüfen. Auf dieser Basis soll dann ein reflektiertes Handeln erfolgen.

Eine verdeckte Norm kann z. B. die Regel darstellen, dass die zu behandelnden Themen von der Lehrperson vorgegeben werden und die Jugendlichen sich damit auseinander zu setzen haben. Eine normenkritische Betrachtung könnte von der Frage ausgehen, ob die Schülerinnen und Schüler im Sinne einer weiter gehenden Mitbestimmung an der Auswahl der Inhalte beteiligt werden sollten.

Das Ziel der Faktenbeurteilung ist es zunächst, sich die Annahmen über Fakten bewusst zu machen, die das unterrichtliche Geschehen beeinflussen, z. B. Annahmen zu den Kenntnissen, Fähigkeiten und Fertigkeiten der Lernenden. Diese vermuteten Lernvoraussetzungen sind dann im Hinblick auf ihre Richtigkeit für die konkrete unterrichtliche bzw. schulische Situation zu prüfen.

Bei der Formenanalyse sollen die – bei einer Unterrichtshospitation – beobachteten oder die – bei der Unterrichtsvorbereitung – geplanten Unterrichtsformen in ihrer historischen Bedingtheit erkannt und unter der Frage geprüft werden, ob sie den aktuell verfolgten Unterrichtszielen sowie den unterrichtlichen Voraussetzungen adäquat sind.

Das HEIMANNsche Grundkonzept der Strukturanalyse und Bedingungsprüfung ist von SCHULZ durch einige ausdrückliche Überlegungen zur Unterrichtsplanung ergänzt worden. Dabei nennt er zunächst drei Prinzipien (vgl. 1965, S. 44 ff.):
- das Prinzip der *Interdependenz*, mit dem er eine widerspruchsfreie Planung im Hinblick auf die einzelnen Strukturmomente fordert, so dass z. B. Voraussetzungen, Intentionen, Thematik, Methoden und Medien sinnvoll aufeinander abgestimmt sind,
- das Prinzip der *Variabilität*, das von der Einsicht ausgeht, dass Unterricht sich nicht vollständig vorausplanen lässt und sich erst unter der Mitsteuerung der Schülerinnen und Schüler verwirklicht, so dass alternative Möglichkeiten bedacht werden sollten,

– das Prinzip der *Kontrollierbarkeit*, mit dem die Lehrperson ihre Planung in Beziehung zu der konkreten Durchführung und zu den erreichten Ergebnissen setzen soll, so dass die eigene Auffassung für Korrekturen und Verbesserungen des unterrichtlichen Geschehens offen bleibt.

Vor diesem Hintergrund unterscheidet SCHULZ drei Ebenen der Planung (vgl. S. 46 f.):

(1) Die Strukturplanung von zusammenhängenden Unterrichtseinheiten – über die zeitliche Einzelstunde hinaus – soll Planungsüberlegungen zu allen Strukturmomenten in der folgenden Reihenfolge ausweisen: anthropogene Voraussetzungen, sozial-kulturelle Voraussetzungen, Intentionen, Themenfolge, methodische Schwerpunkte, bevorzugte Medien.

(2) Bei der Strukturplanung für die einzelne Stunde sollen vor dem Hintergrund der Gesamtplanung spezifische, auf die Stunde bezogene Hinweise zu den unmittelbaren Voraussetzungen, der Intention, dem Thema, den methodischen Schwerpunkten, den bevorzugten Medien und der beabsichtigten Weiterführung des Unterrichts gegeben werden.

(3) Für die Verlaufsplanung soll der Ablauf schrittweise in drei Spalten beschrieben werden: zunächst das erwartete Schülerverhalten, dann das geplante Lehrerverhalten und schließlich der didaktische Kommentar.

Der unterrichtsanalytische Ansatz von HEIMANN und SCHULZ hat einen sehr großen Einfluss auf die deutschsprachige didaktische Diskussion gehabt (vgl. z. B. BLANKERTZ 1977). Dabei ist er auch in verschiedener Hinsicht kritisiert worden. Die Kritik bezieht sich unter anderem darauf, dass der Ansatz mit seinem Postulat, die unterrichtsrelevanten Faktoren wertfrei zu beschreiben, für beliebige Zielsetzungen missbraucht werden könne und dass dadurch gerade das eintrete, was der Ansatz zu vermeiden suche: die Ideologieanfälligkeit. Darüber hinaus wird kritisiert, dass der Ansatz zu sehr die Perspektive der Lehrperson betone. Die Lernenden würden über die anthropogenen und sozial-kulturellen Voraussetzungen zwar beachtet, eigenständige Überlegungen zu Lernprozessen seien jedoch kaum vorhanden und die Lernenden seien als Betroffene von der Planung ausgeschlossen. Außerdem liege das Schwergewicht des Ansatzes auf der Frage der Unterrichtsanalyse, die Unterrichtsplanung lasse sich nicht einfach als „Umkehrung" der Analyse verstehen und werde deshalb bei dem Ansatz vernachlässigt. Im Übrigen werde der planenden Lehrperson zwar gesagt, welche allgemeinen Strukturmomente sie bei der Planung berücksichtigen solle, bei der Konkretisierung für den realen Unterricht werde sie jedoch alleingelassen.

SCHULZ (1981) hat mit seinen didaktischen Arbeiten in Hamburg einen Teil dieser Kritikpunkte bei der Weiterentwicklung des ursprünglichen „Berliner Modells" zum so genannten „Hamburger Modell" berücksichtigt. Das „Hamburger Modell" ist vor allem dadurch gekennzeichnet, dass das Postulat der Wertfreiheit aufgegeben wird und ein klares Bekenntnis zum Ziel der Emanzipation erfolgt: „Emanzipation

steht in diesem Zusammenhang für die Befreiung von unkontrollierter Herrschaft von Menschen über Menschen; konkret auf die Schule bezogen: Ablösung der Abhängigkeit von dieser ökonomisch-politisch-kulturellen Sozialisationsagentur zu kompetenter, selbstbestimmter, solidarischer Lebensführung" (S. 23). Darüber hinaus stellt SCHULZ die Planung von Unterricht konsequent in den Mittelpunkt der Betrachtung und versucht aufzuzeigen, wie alle Betroffenen, d.h. Lehrer, Eltern und Lernende, an der Unterrichtsplanung beteiligt werden können. Der Planungsprozess wird dabei in drei Phasen aufgeteilt:
– die Perspektivplanung des Unterrichts als Planung für einen längeren Zeitraum, z. B. für ein halbes oder ein ganzes Schuljahr (vgl. S. 28 ff.),
– die Umrissplanung einer Unterrichtseinheit, wobei unter einer Unterrichtseinheit eine Sinneinheit (keine bloße Zeiteinheit) des Unterrichts verstanden wird (vgl. S. 74 ff.),
– die Prozessplanung des Unterrichts, bei der die – während der Umrissplanung überlegten – Ziele und Möglichkeiten des Handelns in einzelne Lehr-Lernziele und ihnen zugeordnete Lernhilfen und Lernkontrollen sowie Planungsvarianten transformiert werden, und die Planungskorrektur, die laufend erfolgt und Planungsentscheidungen in Frage stellt, wenn neue Gesichtspunkte auftauchen (S. 161 ff.).

Bei seiner Weiterentwicklung des Berliner Modells hat SCHULZ unter anderem Anregungen verarbeitet, die der so genannten kritisch-kommunikativen Didaktik entnommen sind. Dieser Ansatz soll im nächsten Abschnitt kurz dargestellt werden. Zuvor möchten wir jedoch drei Überlegungen festhalten, die dem ursprünglichen unterrichtsanalytischen Ansatz von HEIMANN und SCHULZ entstammen und die für die Entwicklung unserer Vorstellungen zu einem handlungsorientierten Unterricht wichtig waren:
(1) Für den Unterricht und die Unterrichtsplanung sind neben den bildungsbezogenen inhaltlichen Überlegungen und den lernprozessbezogenen methodischen Überlegungen weitere Überlegungen von großer Bedeutung, z. B. zu den sozial-kulturellen Bedingungen und zu den Medien.
(2) Bei der Unterrichtsvorbereitung muss die Wechselwirkung aller Strukturmomente beachtet und in einen angemessenen Zusammenhang gebracht werden. Dies gilt sowohl für die einzelnen Entscheidungen untereinander als auch für die Entscheidungen im Verhältnis zu den Bedingungen.
(3) Unterrichtsvorbereitende Überlegungen sollten durch eine Reflexion im Sinne der Normenkritik, der Faktenbeurteilung und der Formenanalyse begleitet werden.

### 10.2.5 Unterricht aus der Sicht kritisch-kommunikativer Ansätze
In kritisch-kommunikativen Ansätzen werden unterrichtliche Überlegungen auf der Basis einer Kritik bestehender Schul- und Gesellschaftsverhältnisse sowie unter der

Leitidee kommunikativen Handelns entfaltet. Ein solcher Ansatz ist von SCHÄFER/ SCHALLER (1976) mit besonderem Rückgriff auf die kritische Theorie der Frankfurter Schule (vgl. z. B. HABERMAS 1973) und auf die Kommunikationstheorie (vgl. WATZLAWICK/BEAVIN/JACKSON 1969) entwickelt worden. Eine Interpretation und Weiterentwicklung im Hinblick auf unterrichtliche Analysen und Planungen hat vor allem WINKEL (1983) geleistet.

HABERMAS (1973) geht bei seinen Analysen wissenschaftlicher Theorien davon aus, dass sich diese hinsichtlich ihres „erkenntnisleitenden Interesses" charakterisieren lassen, d. h. hinsichtlich der grundlegenden Absichten, die mit dem Streben nach Erkenntnissen in dem jeweiligen Wirklichkeitsbereich verbunden sind. In diesem Sinne unterscheidet er ein technisches, ein praktisches und ein emanzipatorisches Erkenntnisinteresse. Während das technische Erkenntnisinteresse auf Orientierungen für zweckrationales Vorgehen und das praktische Erkenntnisinteresse auf Verständigung der Handelnden im Rahmen eines tradierten Selbstverständnisses zielt, geht es beim emanzipatorischen Erkenntnisinteresse um das Durchschauen und die Aufhebung ungerechtfertigter Herrschaft (vgl. 1973, S. 393 ff.).

Aus der Sicht eines emanzipatorischen Erkenntnisinteresses sind sowohl bildungstheoretische und lehr-lerntheoretische als auch unterrichtsanalytische Ansätze zu kritisieren, weil sie sich der Wirklichkeit und den mit ihr verbundenen gesellschaftlichen Bedingungen letztlich anpassen (vgl. SCHÄFER 1976b, S. 145 ff.). Sie ermöglichen nur eine Verbesserung bzw. Optimierung unterrichtlichen Handelns im Rahmen vorhandener Strukturen. Ein emanzipatorisches Erkenntnisinteresse erfordert demgegenüber die kritische Analyse vorhandener individueller bzw. gesellschaftlicher Lebensbedingungen im Hinblick auf ungerechtfertigte Herrschaftsstrukturen sowie das Aufzeigen und Entwickeln von Möglichkeiten zum Abbau derselben. Bezogen auf Unterricht und Schule nimmt die kritisch-kommunikative Didaktik dieses Erkenntnisinteresse für sich in Anspruch.

Ein emanzipatorisches Erkenntnisinteresse der Didaktik bedeutet, dass auch die unterrichtlichen Prozesse selbst unter die Leitidee der Emanzipation (als Ziel und Prozess) zu stellen sind. Emanzipation erfordert auf Seiten aller Beteiligten, d. h. sowohl auf Seiten der Lehrpersonen als auch auf Seiten der Lernenden: „kommunikative Kompetenz". Im Sinne von HABERMAS (1971) bedeutet „kommunikative Kompetenz" die Befähigung zu „kommunikativem Handeln". Ein solches ist dadurch gekennzeichnet, dass das konkrete Handeln jederzeit in einem Diskurs auf die ihm zugrunde liegenden Normen hin untersucht und eine Zustimmung aller Beteiligten zu den Normen sichergestellt werden könnte. Der Diskurs wird dabei als ideale, d. h. herrschaftsfreie Sprechsituation gleichberechtigter Partner aufgefasst (vgl. S. 114 ff.).

Vor dem Hintergrund dieser Überlegungen ist die Möglichkeit von gleichberechtigten Diskursen eine wichtige Bedingung für kommunikatives Handeln. Diese Bedingung ist in Schule und Unterricht allerdings in der Regel nicht gegeben. SCHÄFER

(1976a) kennzeichnet die schulische Situation vielmehr als einseitige Beeinflussung der Lernenden durch die Lehrperson (vgl. S. 190). Um die damit gegebene Kommunikationsstruktur durchschaubar zu machen und zu überwinden, greift er besonders auf zwei der fünf „Axiome" der kommunikationstheoretischen Überlegungen von WATZLAWIK/BEAVIN/JACKSON (1969) zurück:

– „Jede Kommunikation hat einen Inhalts- und Beziehungsaspekt, derart, dass Letzterer den Ersteren bestimmt und daher eine Metakommunikation ist" (S. 53).
– „Zwischenmenschliche Kommunikationsabläufe sind entweder symmetrisch oder komplementär, je nachdem, ob die Beziehung zwischen den Partnern auf Gleichheit oder Unterschiedlichkeit beruht" (S. 70).

Das zuerst genannte „Axiom" führt dazu, dass die Beziehung zwischen Lernenden und Lehrperson in besonderer Weise in das Zentrum der kritisch-kommunikativen Didaktik rückt. Als Konsequenz aus dem obigen zweiten „Axiom" ergibt sich die Forderung nach einer möglichst symmetrischen, d.h. einer gleichberechtigten Kommunikation zwischen Lernenden und Lehrenden. Diese kann im schulischen Rahmen allerdings nicht vorausgesetzt werden, sondern ist als Ziel und Prozess anzustreben. So sollen schließlich Diskurse im Sinne kommunikativen Handelns möglich werden (vgl. SCHÄFER 1976a, S. 207).

Auf der Basis der Arbeit von SCHÄFER/SCHALLER (1976) erläutert WINKEL (1983) den Wortbestandteil „kritisch" im Begriff der kritisch-kommunikativen Didaktik folgendermaßen: „Kritisch ist diese Didaktik insofern, als sie vorhandene Wirklichkeiten, die Ist-Werte unserer Gesellschaft ..., eben nicht unkritisch akzeptiert, sondern – soweit dies Schule überhaupt kann – permanent zu verbessern trachtet, in Sollens-Werte zu überführen sucht. Erziehung, Schule, Unterricht ... entzünden sich an den Defekten der momentanen Wirklichkeit unter dem Horizont einer zukünftigen Möglichkeit. Und diese lautet für unsere Verhältnisse: Demokratisierung und Humanisierung" (S. 79 f.).

Der zweite Wortbestandteil „kommunikativ" bezieht sich nach WINKEL zunächst darauf, dass Unterricht stets ein kommunikativer Prozess ist, wird darüber hinaus jedoch gewählt, „weil Lehren und Lernen kommunikativer werden sollen, d. h. schülerorientierter, kooperativer, transparenter, mit- und selbstbestimmender, störungsärmer usw." (S. 80).

Auf der Basis dieser Grundposition geht es WINKEL zunächst um eine systematische Analyse unterrichtlicher Strukturen. Eine solche umfasst die Beachtung der Vermittlung, der Inhalte, der Beziehungen und der Störungen und wird von ihm folgendermaßen charakterisiert: „Quasi mit Hilfe eines Scheinwerferkegels betrachten wir ... die unterrichtlichen Prozesse mal unter dem Aspekt ihrer Vermittlungen, Inhalte, Beziehungen und der Störfaktizität, d. h. auch wenn vor die Lichtquelle mal diese oder jene der vier verschiedenen Glasscheiben gelegt wird, sind die drei anderen Strukturen zwar abgeblendet, aber durchaus vorhanden und folglich wirksam" (1983, S. 85). Die vier genannten Aspekte werden dann von WINKEL weiter ausdifferenziert:

(1) Der *Vermittlungsaspekt* umfasst die Lerngriffe und Lernakte, die Medien, die Unterrichtsmethoden, die Unterrichtsgliederung und die Unterrichtsorganisation. Die Darbietung einer Aufgabenstellung oder das Einbringen einer Impulsfrage stellen Beispiele von Lerngriffen dar, Stellungnahmen der Schüler oder die Bearbeitung eines Textes fallen unter die Lernakte. Hinsichtlich der Unterrichtsmethoden unterscheidet WINKEL 17 Formen je nach dem, auf wie viele Pole – Schüler, Gegenstand, Mitschüler, Lehrer, Teamlehrer – sich eine Methode bezieht. Beispiele sind Einzelarbeit, Klassenarbeit, Hausarbeit (zweipolige Methoden), Gruppenarbeit, Partnerarbeit, Rollenspiel, Lernspiel (dreipolige Methoden), Lehrer-/Schülerdarbietung, entwickelndes Lehrgespräch, Experiment (vierpolige Methode) oder Team Teaching (fünfpolige Methode).

In Bezug auf die Unterrichtsgliederung wird zwischen stufigen und kommunikativen Modellen unterschieden, die Unterrichtsorganisation bezieht sich auf „innere und äußere Umstände" (S. 86).

(2) Beim *Inhaltsaspekt* geht es zunächst um drei Lehrplanebenen: die idealen, die offiziellen und die geheimen Curriculumstrategien, sodann um drei Stufen der Sacherfahrung.

Ein ideales Curriculum könnte z. B. dadurch gekennzeichnet sein, dass sich die Schülerinnen und Schüler mit selbstgewählten Themen und selbstbestimmten Methoden in kritischer Weise auseinander setzen. Beim offiziellen Curriculum sind die Themen durch den Lehrplan vorgegeben, ohne dass eine kritische Auseinandersetzung mit der Vorgabe gefordert wird. Als geheimes Curriculum werden die unausgesprochenen Normen des Schullebens bezeichnet, z. B. die Regel, dass die Lehrperson in unterrichtlichen Interaktionen dominiert und der Lernprozess einem zeitlichen Schema unterworfen ist, z. B. dem 45-Minuten-Schema, das einer vertieften Auseinandersetzung mit einem Lerngegenstand zuwiderlaufen kann. Als Stufen der Sacherfahrung nennt Winkel die Bezugnahme, die Erschließung und die Integration.

(3) Bei den *Beziehungsstrukturen* werden unterschieden: Elemente der sozialen Interaktion, z. B. personale Stellungnahmen oder Anweisungen; Richtungen, z. B. schüler- oder lehrergerichtete Interaktionen; Formen, z. B. ungebundene, einseitig dirigierte oder kommunikative.

(4) Unter dem Begriff der „*Störfaktizität*"werden angesprochen: Störungsarten, Störungsfestlegungen, Störungsrichtungen, Störungsfolgen und Störungsursachen (vgl. 1983, S. 86 f.).

Mit dem Aspekt der Störfaktizität trägt WINKEL der Grundannahme der kritisch-kommunikativen Didaktik Rechnung, dass Unterricht häufig durch vielfältige Arten von Störungen gekennzeichnet ist. Solche Störungen können disziplinarischer Art sein, Provokationen, Lernverweigerungen, neurotisch bedingte Störungen oder solche aus dem Außenbereich des Unterrichts, z. B. vom Schulhof. Die Störung kann vom Lehrer, vom Schüler oder vom Lehr-Lernprozess ausgehen (Störungsfestlegung). Die Richtung einer Störung kennzeichnet WINKEL z. B. als personal (etwa auf den Schüler oder auf den Lehrer gerichtet) oder als objektiv (etwa wenn im Unterricht ein technischer Defekt auftritt). Die Folgen einer Störung können eine Stockung, eine Unterbrechung oder eine Blockade des unterrichtlichen Verlaufs sein, ebenso kann es zu Verstimmungen und organischen oder psycho-sozialen Verletzungen kommen. Die Ursache einer Störung kann z. B. im psychisch-sozialen oder im unterrichtlichen Kontext gesucht werden (vgl. WINKEL 1976, S. 18 ff.).

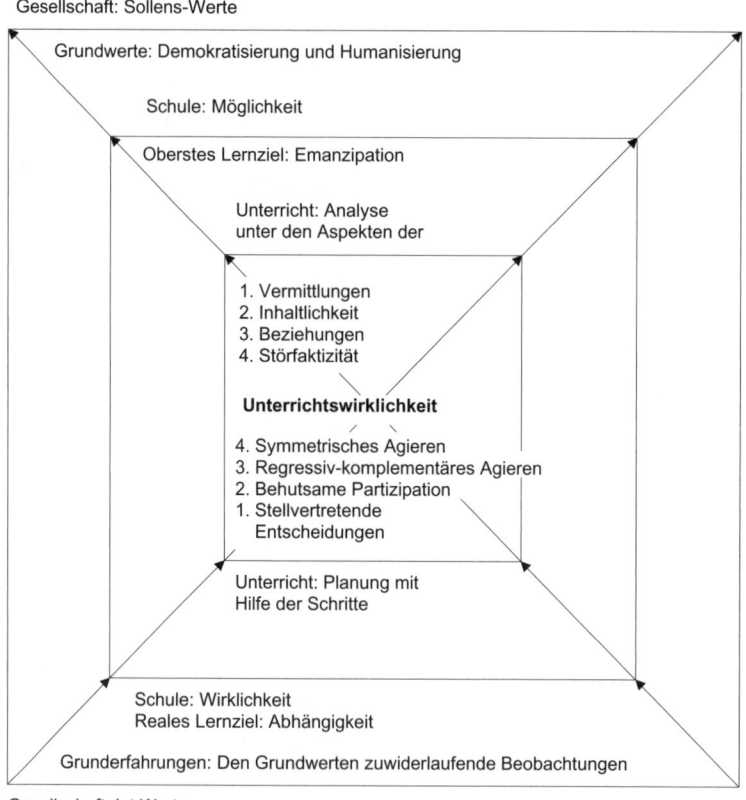

**Darstellung 10.4:** Analyse- und Planungskonzept der kritisch-kommunikativen Didaktik (WINKEL 1983, S. 84)

Nach WINKEL soll aus Analysen unter den vier genannten Aspekten die weitere Planung erwachsen, und diese soll ihrerseits wieder in Analysen einmünden, sodass eine ständige Verschränkung von Analyse und Planung mit dem Ziel der Veränderung gesellschaftlicher Ist-Werte in Richtung Demokratisierung und Humanisierung stattfindet (vgl. 1983, S. 91). Schritte auf diesem Weg reichen von stellvertretenden Entscheidungen bis hin zu symmetrischem Agieren: „Unsere Planungsschritte sind von der kritischen Analyse eben nicht zu trennen und dürfen Schüler, Lehrer und Eltern nicht überfordern. Je kleiner, ungeübter, uneinsichtiger usw. die Mitagierenden, desto eher sind stellvertretende Entscheidungen und behutsame Partizipationen (Teilhaben) notwendig. Sie reichen über das regressiv-komplementäre Agieren, also die Zurücknahme autoritärer Verhaltensweisen, bis hin zu den Versuchen, so viel und so oft wie möglich symmetrisches (gleichwertiges) Handeln in Schule und Erziehung herzustellen" (S. 83; vgl. Darstellung 10.4). Allerdings macht WINKEL darauf aufmerksam, dass sich die kritisch-kommunikative Didaktik lange Zeit gescheut hat, Unterrichtsentwürfe vorzulegen, da sich die geforderte Offenheit des Prozesses gegen jede Rubrizierung sträube (vgl. S. 89). Vor dem Hintergrund einer solchen Relativierung bezeichnet er die folgenden fünf Hinweise als wichtig für die Gestaltung von Unterrichtsentwürfen (vgl. S. 89 f.):

(1) Ein unterrichtlicher Schritt lässt sich dreifach unterteilen: Arrangement, z. B. Verständigung zur Bearbeitung einer Aufgabe in der Gruppenarbeit, Vermittlungshilfe, z. B. Beratung durch die Lehrperson, Lösungssituation, z. B. Lösung der Aufgabe durch die Schülerinnen und Schüler.

(2) Jede Unterrichtsstunde soll als Glied in einer Kette von Lehr- und Lernprozessen betrachtet werden, wobei die einzelnen Schritte flexibel und mit möglichen Alternativen geplant werden sollen.

(3) Ziele sollen hinsichtlich ihres allgemeinen, ihres fachübergreifenden und fachspezifischen Gehalts bedacht und formuliert werden.

(4) Bei den einzelnen Lösungssituationen soll bewusst bleiben, dass es geschlossene Ziele (Aufgaben mit eindeutiger Lösung), halb offene Ziele (Aufgaben mit absehbaren kontroversen Stellungnahmen) und offene Ziele (Aufgaben mit nichtfestzulegendem Ausgang) gibt.

(5) Planung und Analyse des Unterrichts sollen ineinander übergehen, wobei die Analyse realisierten Unterrichts zu verbesserten Planungen und diese zu kritischeren Analysen auf höherer Ebene führen sollen.

Die kritisch-kommunikative Didaktik hat neben neuen Aspekten, durch welche die didaktische Diskussion in der Bundesrepublik Deutschland angeregt wurde und wichtige Impulse erhielt, auch einige Schwächen. So kann an ihr unter anderem bemängelt werden, dass sie sich stärker durch die Kritik an den vorhandenen didaktischen Konzepten auszeichne als durch eigene – weiterführende – Lösungen, dass sie zum Teil zu formal und zu allgemein bleibe, um eine wirkliche Hilfe für Lehrpersonen und Lernende zu sein, dass ihre sprachliche Fassung die Vermittlung ihrer Grundideen und Konsequenzen erschwere, dass die zugrunde liegenden Begriffe, z. B. Emanzipation und Kommunikation, zu unspezifisch gefasst seien, dass ihre Leitideen zu hohe – und damit unerreichbare – Ansprüche an die Praxis stellten. Auch bezogen auf diese Kritik ist hier nicht der Ort, die Punkte im Einzelnen zu diskutieren. Im Rahmen dieses Bandes möchten wir vielmehr die Überlegungen aus der kritisch-kommunikativen Didaktik festhalten, die auch für unseren handlungs- und entwicklungsorientierten Ansatz eine wichtige Rolle spielen:

(1) Unterricht soll die vorhandenen individuellen bzw. gesellschaftlichen Bedingungen menschlichen Handelns nicht als vorgegeben in unkritischer Weise akzeptieren, sondern kritisch prüfen, inwieweit sie einer Emanzipation, Demokratisierung und Humanisierung entgegenstehen. Auf dieser Basis soll eine permanente Verbesserung angestrebt werden. Um diese Ziele zu erreichen, muss bei den Schülerinnen und Schülern die Befähigung zu Kritik, Selbst- und Mitbestimmung ausgebildet werden.

(2) Unterricht ist ein Prozess, der auf kommunikative Kompetenz zielen und als kommunikatives Handeln gestaltet werden sollte. Dies setzt voraus, dass Lernende im Lehr-Lernprozess so weit wie möglich als gleichberechtigte Partner anerkannt und Entwicklungen in Richtung auf herrschaftsfreie Sprechsituationen gefördert werden.

(3) Unterricht ist als kommunikativer Prozess – wie alle kommunikativen Prozesse – grundsätzlich anfällig für Störungen. Solche Störungen sollten nicht verdrängt, sondern im Bewusstsein der Tatsache aufgearbeitet werden, dass jede Kommunikation einen Beziehungsaspekt hat, der den Inhaltsaspekt bestimmt. Anders ausgedrückt: Ohne Bearbeitung von Störungen, die im Beziehungsaspekt begründet sind, ist eine angemessene, inhaltsbezogene Kommunikation nicht möglich. Deshalb sollte der – bisher in didaktischen Konzepten vernachlässigte – Beziehungsaspekt unterrichtlicher Kommunikation besondere Beachtung finden.

### 10.2.6 Unterricht aus der Sicht projektorientierter Ansätze

Projektorientierte Ansätze lassen sich dadurch kennzeichnen, dass Schülerinnen und Schüler bestimmte Produkte, Verfahren oder Situationen planen und realisieren. Ein solches Vorgehen hat eine lange Tradition. KNOLL (1991) sieht die Ursprünge bereits am Anfang des 18. Jahrhunderts. Schon zu dieser Zeit waren die Studierenden der Akadémie Royale d´Architecture in Frankreich gehalten, „projets" (Pläne) für verschiedene Bauwerke zu entwerfen, z. B. für einen Pavillon oder ein Schloss. Später wurde auch bei den sich entwickelnden technischen Studiengängen an konkreten Entwürfen, Plänen oder Vorhaben gearbeitet, um Erfahrungen für spätere berufliche Tätigkeiten zu ermöglichen. Insofern überrascht es auch nicht, dass der Gründer des Massachusetts Institute of Technology, ROGERS, den Projektbegriff Mitte des 19. Jahrhunderts in die amerikanische Pädagogik einführte (vgl. GUDJONS 1992, S. 61).

Einen besonderen Stellenwert erhielt der Projektunterricht in der handwerklichen Ausbildung um die Jahrhundertwende. RICHARDS, zur damaligen Zeit Direktor der Abteilung für Werkerziehung im Teachers College der Columbia University, löste sich von der üblichen Werkstattpraxis, die durch festgelegte Arbeitsanweisung und deren strikte Befolgung durch die Schüler gekennzeichnet war. Er forderte demgegenüber, die Schüler sollten sich selbstständig mit Arbeitsaufgaben auseinander setzen, eigene Pläne für die Ausführung entwickeln und sie dann realisieren. In diesem Sinne verwandte er den Begriff des Projekts für die selbstständige Planung und Ausführung eines Werkes im Rahmen einer Arbeitsaufgabe (vgl. BOSSING 1967, S. 115).

Eine Erweiterung erfuhr der Projektbegriff vor allem durch KILPATRICK. Er verlagerte den Akzent vom werkorientierten Arbeiten auf absichtsvolles und zweckgerichtetes Handeln, löste den Projektbegriff damit aus der Bindung an ein gegenständliches Produkt und öffnete ihn für die Verwendung im Zusammenhang mit sozialen Aktivitäten: Als Projekt galt „jedes von einer Absicht geleitete Sammeln von Erfahrungen, jedes zweckgerichtete Handeln, bei dem die beherrschende Absicht als innerer Antrieb (1.) das Ziel der Handlung bestimmt, (2.) ihren Ablauf ordnet und (3.) ihren Motiven Kraft verleiht" (KILPATRICK 1921, S. 283, zit. nach BOSSING 1967, S. 119).

KILPATRICK steht mit seinen Überlegungen im Kontext der philosophischen Strömung des (amerikanischen) Pragmatismus. Dieser philosophische Ansatz ist durch die Arbeiten von DEWEY, insbesondere durch sein Werk „Demokratie und Erziehung" (1916), für die Pädagogik bedeutsam geworden. Nach DEWEY ist Demokratie – in Verbundenheit mit dem Gedanken der allgemeinen Menschenrechte – mehr als eine Regierungsform: „Sie ist in erster Linie eine Form des Zusammenlebens, der gemeinsamen und miteinander geteilten Erfahrung" (DEWEY 1916, S. 109). Damit erhält der Begriff der Erfahrung einen wichtigen Stellenwert. Das Wesen der Erfahrung kann nach DEWEY „nur verstanden werden, wenn man beachtet, dass dieser Begriff ein passives und ein aktives Element umschließt, die in besonderer Weise miteinander verbunden sind" (ebd., S. 140). Erfahrung geschieht vor allem, wenn der Mensch handelt (aktives Element) und die Folgen des Handelns aufnimmt (passives Element). Lernen durch Erfahrung heißt, „das, was wir den Dingen tun, und das, was wir von ihnen erleiden, nach rückwärts und vorwärts miteinander in Verbindung bringen" (S. 141). In diesem Sinne ist „Erziehung in erster Linie eine Sache des Handelns und Erleidens" (S. 141). Gleichzeitig bildet die im Handeln gemachte Erfahrung die Grundlage für das Erkennen: „Der Maßstab für den Wert einer Erfahrung liegt in der größeren oder geringeren Erkenntnis der Beziehungen und Zusammenhänge, zu der sie uns führt" (S. 141).

Legt man dieses Verständnis von Demokratie, Erfahrung, Lernen und Handeln dem Projektunterricht zugrunde, so kann dieser als eine Arbeitsform beschrieben werden, bei der Kinder und Jugendliche im Handeln Erfahrungen machen sollen, die sowohl für das Individuum im Sinne des Erkenntnisfortschritts als auch für die soziale Gemeinschaft im Sinne demokratischen Zusammenlebens bedeutsam sind.

Auf der Grundlage dieser historischen Überlegungen zum Projektunterricht und weiterer Arbeiten (z. B. von FREY 1982) beschreibt GUDJONS (1992) verschiedene Projektschritte, denen er jeweils bestimmte Merkmale zuordnet. Im Folgenden sollen diese Schritte und Merkmale in aller Kürze angesprochen werden. Insgesamt gelten die Schritte und Merkmale sowohl für kleinere Projekte, z. B. den Entwurf eines Textes für einen Kaufvertrag, als auch für mittlere Projekte, z. B. die Planung und Realisierung eines Hörmagazins, und für größere Projekte, z. B. die Neugestaltung eines Schulhofes.

Als ersten Projektschritt nennt GUDJONS: „Eine für den Erwerb von Erfahrungen geeignete, problemhaltige Sachlage auswählen." Dieser Projektschritt ist mit den folgenden Merkmalen verknüpft (1992, S. 68 ff.):

(1) Situationsbezug: Hiermit ist gemeint, dass die Sachlage, die den Ausgangspunkt für das Projekt bildet, aus dem „wirklichen Leben" stammen soll. Dies bedeutet gleichzeitig, dass ein Projekt sich in der Regel nicht auf eine einzelne Fachdisziplin eingrenzen lässt, sondern unterschiedliche fachwissenschaftliche Aspekte integriert. Für die Lehrperson gilt es bei der Auswahl einer Aufgabe oder Problemstellung zu prüfen, ob der Situationsbezug „für den Erwerb von Erfahrungen geeignet ist, ob er also von den bisherigen Erfahrungen der Schüler nicht zu weit weg ist, anderseits aber auch so neuartig ist, dass er eine echte Herausforderung bedeutet" (1992, S. 68).

(2) Orientierung an den Interessen der Beteiligten: Mit diesem Merkmal wird darauf verwiesen, dass das Projekt für die Beteiligten, d. h. sowohl für Schülerinnen und Schüler als auch für die Lehrperson, als bedeutsam erfahren werden soll. Da Interessen gegebenenfalls nicht „auf einen Schlag" bereits vorhanden oder nicht bewusst sind, kann es auch Aufgabe des Projektbeginns sein, entsprechende Interessen – z. B. durch erste Handlungserfahrungen, durch Filme, Besichtigungen usw. – zu wecken. Die Interessen gilt es auch im weiteren Projektverlauf zu berücksichtigen, da sich diese durchaus im Verlauf der Zeit ändern können.

(3) Gesellschaftliche Praxisrelevanz: Dieses Merkmal trägt dem Anspruch Rechnung, dass Projekte nicht nur individuellen Interessen entsprechen, sondern auch für das Zusammenleben förderlich sein sollen. Projektunterricht ist damit nicht beliebig, sondern hat einen „Ernstcharakter", insofern versucht wird, eine als mangelhaft erkannte Situation in ihren Defiziten aufzuklären, daraus Handlungsperspektiven zu entwickeln und in konkrete Handlungsvorschläge umzusetzen.

Der zweite Projektschritt lautet nach GUDJONS: „Gemeinsam einen Plan zur Problemlösung entwickeln." Mit diesem Projektschritt sind die folgenden Merkmale verbunden (vgl. 1992, S. 71 ff.):

(4) Zielgerichtete Projektplanung: Durch dieses Merkmal wird betont, dass die Projektarbeit auf einer gemeinsamen Planung aller Beteiligten – mit Blick auf das vereinbarte Ziel – beruhen soll. Dazu zählen die Verständigung über die Abfolge von Arbeitsschritten und über die einzelnen Tätigkeiten, die Zeitplanung, die

Festlegung von Endprodukten sowie die Auswertung des Projektunterrichts. Trotz sorgfältiger Planung ist allerdings zu berücksichtigen, dass durch neue Informationen, veränderte Interessen oder durch Organisationsprobleme nicht alle Situationen planbar sind.

(5) Selbstorganisation und Selbstverantwortung: Mit diesem Merkmal wird ins Bewusstsein gehoben, dass die Schülerinnen und Schüler das jeweilige Projekt verantwortlich mitplanen und mitgestalten sollen. Die Lehrperson trägt die Verantwortung für die Selbstorganisation der Lernenden. MESSNER spricht vergleichend davon, keine Einbahnstraße anzulegen, „durch welche die von den Schülern zu durchlaufenden Lernwege und die von ihnen zu bewältigenden Lernhürden genau festgelegt werden", sondern eine didaktische Landkarte zu entwickeln, die – je nach Schüleraktionen – viele Wege offen hält (1978, S. 148, zit. n. GUDJONS 1992, S. 72 f.).

Der dritte Projektschritt heißt nach GUDJONS: „Sich mit dem Problem handlungsorientiert auseinander setzen". Er ist durch folgende Merkmale gekennzeichnet (vgl. 1992, S. 73 ff.):

(6) Einbeziehen vieler Sinne: Dieses Merkmal enthält die Empfehlung, ein Projekt so anzulegen, dass nicht nur die üblichen Lernaktivitäten, z. B. Lesen, Schreiben, Rechnen und Gespräch, stattfinden, sondern unterschiedliche Handlungsformen unter Einbezug vieler Sinne realisiert werden, z. B. Erkundungen in der Realität, Dokumentation mit unterschiedlichen Medien, handwerkliche Arbeiten.

(7) Soziales Lernen: Mit diesem Merkmal verbindet sich der Gedanke, dass die Projektarbeit so gestaltet werden soll, dass Kooperation und Kommunikation mit gegenseitiger Rücksichtnahme erforderlich werden. Kommunikation und Interaktion werden durch die Bezogenheit aller auf eine Sache gefördert und gefordert. Projektunterricht stellt ein soziales Lernfeld „mit allen Konflikten, Enttäuschungen und Rückschlägen" dar, das aber gleichzeitig „die Einübung jener demokratischen Tugenden, die in jedem Lernzielkatalog gefordert [werden], ermöglicht" (S. 74).

Den vierten Projektschritt kennzeichnet GUDJONS als: „Die erarbeitete Problemlösung an der Wirklichkeit überprüfen". Dieser Schritt umfasst zunächst die folgenden Merkmale (vgl. 1992, S. 75 ff.):

(8) Produktorientierung: Dieses Merkmal besagt, dass Projektunterricht auf Ergebnisse zielen sollte, die einen Gebrauchs- und Mitteilungswert haben. Wesentlich für den Projektunterricht ist, dass diese Ergebnisse anderen zur Kenntnisnahme, zur Kritik und zur Beurteilung zugänglich gemacht werden. Hinsichtlich der Typen von Produkten können unterschieden werden:
    –   Aktions- und Kooperationsprodukte (z. B. Podiumsdiskussion oder Mitarbeit in einer außerschulischen Arbeitsgruppe),
    –   Vorführungs- und Veranstaltungsprodukte,
    –   Dokumentationsprodukte (z. B. ein Buch oder eine Broschüre),

- Ausstellungsprodukte und
- Gestaltungsprodukte (z. B. eine Schulhofgestaltung).

(9) Interdisziplinarität: Hiermit wird betont, dass Projektarbeit Fächergrenzen überschreiten soll. Dies liegt – wie bereits angedeutet – in der Natur der ausgewählten Problemstellung bzw. des Projektthemas mit seinen lebensweltlichen Bezügen, dessen Bearbeitung sich in der Regel nicht auf eine Fachdisziplin eingrenzen lässt. Die interdisziplinäre Arbeit soll wechselseitige Fachbezüge für die Lernenden transparent werden lassen.

Bei aller Wertschätzung, die der Projektunterricht erfahren hat und noch immer erfährt, sind einige kritische Aspekte anzumerken (vgl. auch GUDJONS 1992, S. 77 ff.). So lässt sich einwenden, dass die Fokussierung auf die Auseinandersetzung mit einem Problem und die Ausrichtung des Projektprozesses auf ein Handlungsprodukt zu einer Vernachlässigung der Zielperspektive im Hinblick auf den individuellen Lernprozess führen kann. Letztlich ist auch die Problemlösung mit der Perspektive des Erwerbs von Wissen, Fähigkeiten und Fertigkeiten verbunden. Diese Perspektive sollte explizit gemacht und durch die Festlegung auch fachbezogener Lernziele entsprechend ins Bewusstsein gehoben werden.

Projektunterricht ist grundsätzlich mit der Gefahr verbunden, dass die im Projekt erworbenen Erkenntnisse isoliert und bruchstückhaft bleiben. Daher ist es von besonderer Bedeutung, das Gelernte durch systematische Einordnungen und Weiterführungen zu ergänzen und zu erweitern. Im Hinblick auf die Akzeptanz von Projektunterricht muss mindestens darauf hingewiesen werden, dass Schülerinnen und Schüler eine möglichst hohe formale Abschlussqualifikation durch gezielte Lehrgänge unter Umständen höher bewerten als die Chance, selbstbestimmt Erfahrungen zu machen.

Der Projektbegriff hat in der Vergangenheit eine zum Teil inflationäre Verwendung erfahren, was zu seiner „Verwässerung" geführt hat, da nicht jede unterrichtliche Aktivität, die sich von alltäglich praktizierten Formen unterscheidet, auch als Projektunterricht bezeichnet werden kann. Diese vergleichsweise unreflektierte Bezeichnung einzelner Projektaspekte als Projektunterricht macht auf die Schwierigkeit aufmerksam, dass im schulischen Alltag unter Umständen bestimmte Projektmerkmale nicht zum Tragen kommen (können). Für diesen Fall erscheint die Bezeichnung projektorientierter Unterricht (statt Projektunterricht) angemessener (vgl. FRÖHLICH 1982). Darüber hinaus wird deutlich, dass der Projektunterricht – insbesondere in der Form der Projektwoche – der Gefahr unterliegt, weniger als besondere und begründete Form des handelnden Lernens gesehen und durchgeführt zu werden, sondern eher als „nette Spielwiese außerhalb pädagogisch ernstzunehmender Arbeit zu betrachten und ihn als isolierte Variable irgendwo am Rande des Schullebens einzuordnen" (DUNCKER 1993, S. 66). Dies verweist auf die Notwendigkeit einer Verankerung des Projektunterrichts in und mit anderen Lehr- und Lernformen. Es bedeutet auch, die Frage der Leistungsbewertung für den Projektunterricht zu klären.

Im Folgenden halten wir die grundsätzlichen Überlegungen fest, die sich aus projektorientierten Ansätzen ergeben und die auch für unsere Überlegungen zum handlungs- und entwicklungsorientierten Unterricht bedeutsam sind:

(1) Unterricht sollte auf die Lebenssituation von Kindern und Jugendlichen bezogen sein, ihre Interessen berücksichtigen und gesellschaftliche Relevanz besitzen.

(2) Die Lernenden sollten an der Planung und Gestaltung des Unterrichts beteiligt werden. Sie sollen sich dadurch ihrer Mitverantwortung für Lehr-Lernprozesse bewusst werden und diese wahrnehmen.

(3) Unterricht sollte Aktivitäten ermöglichen, die verschiedene Sinne ansprechen und soziales Lernen fördern.

(4) Unterricht sollte auf verwertbare Ergebnisse zielen, fächerüberschreitende Perspektiven einschließen und sich seiner Grenzen bewusst sein.

### 10.2.7 Unterricht aus der Sicht dialektisch orientierter Ansätze

Als einer der wichtigsten – auch in der alten Bundesrepublik bekannten – Vertreter einer dialektisch orientierten Didaktik gilt KLINGBERG, der seine Vorstellungen über Unterricht und die Aufgaben einer Allgemeinen Didaktik in den frühen 60er und 70er Jahren in der ehemaligen DDR entwickelte. KLINGBERG stellt seine Didaktik unter die ideologischen Prämissen einer sozialistischen Gesellschaftstheorie sowie in den Kontext einer sozialistischen Allgemeinbildung und Erziehung, die durch drei wesentliche Merkmale gekennzeichnet ist (vgl. 1972, S. 66 ff.):

– Bildung ist Bildung für alle und im Grundsatz prinzipiell gleiche Bildung, die jede Differenzierung in mehr oder weniger wissenschaftliche Bildung für mehr oder weniger Begabte ausschließt.

– Bildung ist universal, d.h. eine allseitige harmonische Bildung der Persönlichkeit. Sie ist zum einen angelegt auf die *„Aneignung der objektiven Welt in ihrer Totalität* (ihrer wissenschaftlichen, politisch-weltanschaulichen, ethischen, technischen und kulturellen Grundlagen), zum anderen auf die *Entwicklung aller ‚Seiten' der menschlichen Persönlichkeit*, ihrer intellektuellen, sittlichen, physischen und ästhetischen Kräfte" (S. 67).

– Bildung ist wissenschaftliche Grundlagenbildung, „die auf die Erkenntnis der fundamentalen gesetzmäßigen Zusammenhänge der objektiven Realität abzielt und Voraussetzung für jede weiterführende Bildung ist" (S. 71).

Das Hauptfeld der Erziehung und Bildung stellt nach KLINGBERG der (schulische) Unterricht dar. Der pädagogische Prozess läuft dort in organisierter und planmäßiger Weise ab. KLINGBERG charakterisiert ihn in allgemeiner Form durch sieben Merkmale (vgl. S. 24 ff.):

1. Unterricht ist geprägt durch den gesellschaftlichen Charakter, d.h. den Klassencharakter der Arbeiterklasse. Rechtliche und ideologische Rahmenbedingungen stellen das Programm der SED, die Verfassung der DDR und das einheitliche sozialistische Bildungssystem dar.

2. Unterricht ist mit produktiver Arbeit verbunden. Sie zeigt sich insbesondere im polytechnischen Unterricht, z. B. in Form des Unterrichtstages in der Produktion, in Form der wissenschaftlich-praktischen Arbeit oder in Form von Exkursionen und Praktika.

3. Hohe wissenschaftliche Bildung und sozialistische Erziehung bilden eine Einheit im Unterricht. Die Wissenschaftlichkeit des Unterrichts[2] zeigt sich im wissenschaftlichen Lehrstoff, in der wissenschaftlich begründeten Unterrichtsführung und in der Vermittlung wissenschaftlichen Arbeitens.

4. Unterricht stellt eine Einheit von Schüler- und Lehrertätigkeit dar und ist eine gemeinsame zielgerichtete und bewusste Tätigkeit. In diesem Sinne ist Unterricht immer auch Selbstbildung und Selbsterziehung, wobei der Lehrperson eine führende Rolle zukommt.

5. Unterricht vollzieht sich planmäßig und systematisch, d.h. in altersgestuften Jahresklassen, auf der Basis eines verbindlichen Lehrplans und in Unterrichtsstunden als der Grundform der Unterrichtsorganisation.

6. Einheitlichkeit und Differenzierung stehen in einem spezifischen Verhältnis zueinander. Einheitlichkeit wird durch die allgemeinen und verbindlichen Lehrpläne und Stundentafeln sowie durch gemeinsame Bewertungsnormen sichergestellt, Differenzierungen bestehen in äußerer Hinsicht – z. B. durch Schularten, durch Arbeitsgemeinschaften oder Wahlunterricht – und in innerer Hinsicht – z. B. durch differenzierende Aufgaben, individuelle Hausaufgaben oder Gruppenunterricht.

7. Unterricht unterliegt bestimmten erziehungstheoretischen, didaktischen, methodischen oder erkenntnistheoretischen Gesetzmäßigkeiten.

Diese allgemeinen Hinweise zum Unterricht lassen schon erkennen, worin der dialektische Charakter des Ansatzes besteht. Dialektik bezeichnet grundsätzlich eine Form des Widerspruchs, den KLINGBERG allerdings nicht als eine unaufhebbare Antinomie versteht, sondern als einen fruchtbaren Widerspruch mit Entwicklungsfunktion. Unterricht weist dialektische Komponenten in Form von Lehren und Lernen, von Bildung und Erziehung und von Führung und Selbsttätigkeit auf. Die Führungsrolle der Lehrperson ist mit dem Wesen des Unterrichts verbunden, der durch die Aspekte Planung, Systematik, wissenschaftlich begründete Stoffauswahl, Ansporn, Korrektur, Kontrolle und Bewertung charakterisiert wird (vgl. S. 260). Die Selbsttätigkeit der Schülerinnen und Schüler ist zum einen eine politisch-ideologische Kategorie, zum anderen bezieht sie sich in didaktischer Hinsicht auf die Erziehung zur Selbstständigkeit durch Selbsttätigkeit und auf die Position der Lernenden als Subjekte des Unterrichts.

Die deutliche Betonung der Rolle des Schülers als Subjekt im Lernprozess kommt auch in der Auffassung von Unterricht als gemeinsamer Tätigkeit von Lehrenden und Lernenden zum Ausdruck, die Unterricht gestalten, im und über Unterricht entscheiden und diesen beurteilen (vgl. 1990, S. 70): „Von ‚Subjektposition der Lernenden' sprechen heißt, sie ernst zu nehmen in ihrer Subjektivität, in ihrer Einmaligkeit" (S. 72). Entsprechend dieser gemeinsamen Beteiligung am Unterricht spricht KLINGBERG nicht allein den Lehrenden eine didaktische Kompetenz zu, sondern auch den Lernenden. Mitentscheidung, Mitgestaltung und Mitverantwortung werden somit zur didaktischen Zielkategorie.

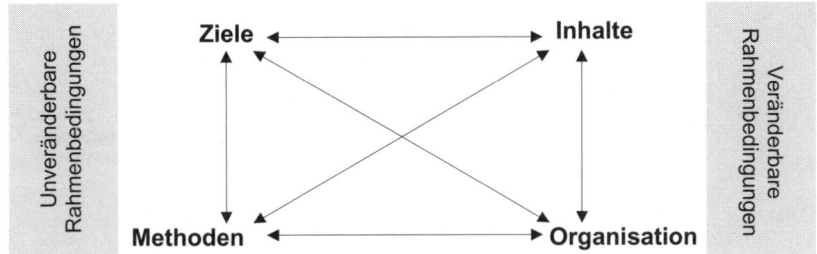

**Darstellung10.5:** Prozesskomponenten des Unterrichts im dialektisch orientierten Modell

Der dialektische Charakter zeigt sich auch in der Beziehung zwischen dem Schüler und dem Bildungsgut. KLINGBERG hält die aktive Auseinandersetzung mit dem Inhalt für ein wesentliches Kriterium erfolgreichen Unterrichts. Diese Auseinandersetzung verläuft allerdings nicht glatt, sondern stellt einen dialektischen Prozess dar: „Dieser Widerspruch zwischen einer erreichten Position des Wissens, Könnens und Verhaltens und einer Aufgabenstellung, die über diese Position hinausgeht, kann zu einer bewegenden Kraft des Unterrichts werden" (1972, S. 23; vgl. auch S. 136 ff.; WOITULJEWITSCH 1952).

Im Hinblick auf Unterrichtsmodelle argumentiert KLINGBERG gegen die starren Auffassungen aus der „bürgerlichen Didaktik" (wie z. B. das sog. Didaktische Dreieck), weil diese die Prozesshaftigkeit von Unterricht nicht hinreichend betonen. Unterricht als Prozess betrachtet er „als ein zieldeterminiertes, gegliedertes (strukturiertes) pädagogisches Geschehen, das sich – unter der Führung des Lehrers – aus seiner inneren Logik heraus dynamisch entwickelt, in einer gesetzmäßig verlaufenden Folge von einer jeweils klar fixierten Ausgangsposition über Teil- und Zwischenziele zu einem (primär vom Lehrplan) bestimmten Ergebnis gelangt" (S. 135).

Zusammenfassend lässt sich Unterricht nach KLINGBERG als ein Gefüge von Prozesskomponenten verstehen, die in wechselseitiger Beziehung zueinander stehen. Diese Komponenten sind die Ziele, die Inhalte, die Methoden und die Organisation (vgl. S. 100; 117). Die prozesshafte Wechselwirkung zwischen ihnen wird von Bedingungen beeinflusst, die die Lehrperson als unveränderbar vorfindet, und solchen, die sie selbst verändern bzw. schaffen kann (vgl. Darstellung 10.5; wie nahe diese Überlegungen der westdeutschen Diskussion waren bzw. sind, zeigt ein Vergleich mit dem Strukturmodell im unterrichtsanalytischen Ansatz). Die vorfindbaren Bedingungen sind beispielsweise der sozialistisch-humanistische Bildungsauftrag, das Schulsystem, die Unterrichtsmittel oder gesellschaftliche Gruppenvertretungen an der Schule. In gewissem Umfang veränderbar sind hingegen das Leistungsniveau in den Klassen, die Einstellungen der Schülerinnen und Schüler, das Schüler-Lehrer-Verhältnis oder Ordnung und Disziplin (vgl. S. 288).

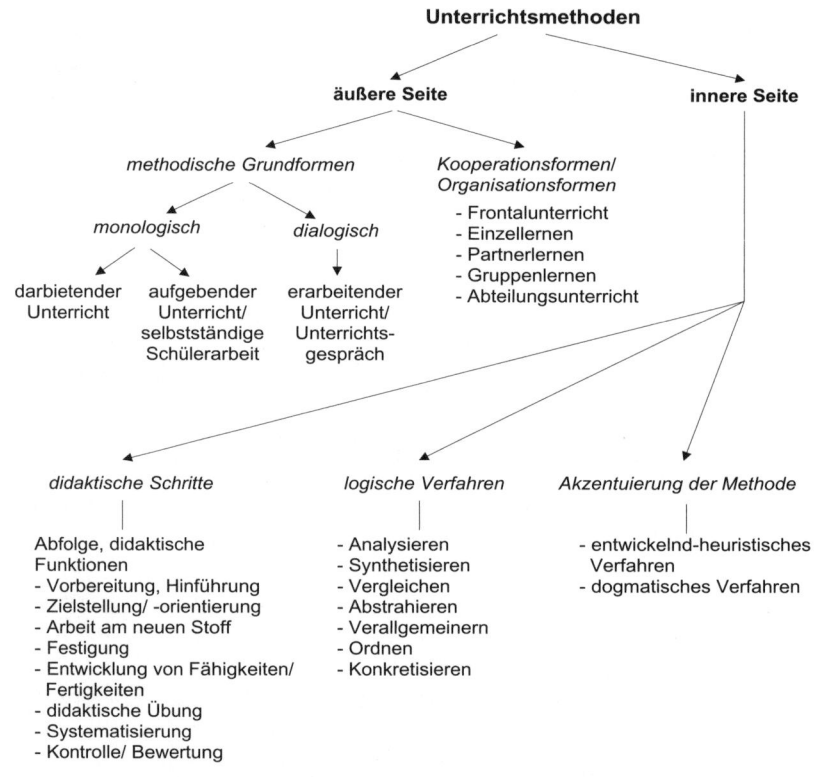

**Darstellung 10.6:** Innere und äußere Seite der Unterrichtsmethode (vgl. KLINGBERG 1972, S. 299 f.)

Besondere Aufmerksamkeit widmet KLINGBERG der Komponente der Unterrichtsmethoden, zu denen er eine allgemeine Methodenlehre entwirft. Dort unterscheidet er unter anderem eine äußere von einer inneren Seite der Unterrichtsmethode. Die äußere Seite kennzeichnet die unmittelbar erschließbaren methodischen Grundformen des Unterrichts, z. B. die Umsetzung von darbietendem Unterricht, selbstständiger Schülerarbeit oder erarbeitendem Unterricht. Die innere Seite ist das, was nicht unmittelbar erschlossen werden kann und sich auf den Gang der Methode bzw. des Unterrichts bezieht, z. B. ein bestimmtes logisches Verfahren (Induktion – Deduktion, Analyse – Synthese) oder die Abfolge didaktischer Funktionen bzw. Schritte (vgl. Darstellung 10.6).

Für die Unterrichtsvorbereitung formuliert KLINGBERG methodische Einzelfragen (vgl. S. 313 ff.):

–  Welches Teilthema der Stunde oder der Stoffeinheit eignet sich für die selbstständige Schülerarbeit?
–  Welche Arbeitsmittel müssen bereitgestellt werden?
–  Wie erfolgen die Aufgabenstellung und Aufgabenverteilung?
–  Welche Schwierigkeiten werden im Verlauf der Arbeit aller Voraussicht nach auftreten, und welcher Art muss die Hilfe sein, die den Schülern gegeben wird?
–  Wie erfolgen die Auswertung und die weitere Verarbeitung der gefundenen Ergebnisse?

Die Aufgabe der Lehrperson sieht KLINGBERG darin, die einzelnen Planungsfragen zu durchdenken und entsprechende Entscheidungen zu treffen. Die methodische Planung des Unterrichts ist zunächst einmal auf einzelne Sequenzen beschränkt und bestimmt nicht automatisch die Struktur der gesamten Unterrichtseinheit (bzw. Unterrichtsstunde). Den didaktischen Rhythmus des Unterrichtsprozesses charakterisiert KLINGBERG als das Wechselspiel von Neuvermittlung und Konsolidierung, sein didaktischer Gang insgesamt wird „von der Abfolge *didaktischer Funktionen* des Unterrichts bestimmt" (S. 235):

–  Vorbereitung und Hinführung (auf einen neuen Unterrichtsgegenstand bzw. zu ihm hin)
–  didaktische Zielstellung und Zielorientierung
–  Arbeit am neuen Stoff[3]
–  Festigung des Wissens
–  Entwicklung von Fähigkeiten und Fertigkeiten (didaktische Übung)
–  Systematisierung des Wissens und Könnens
–  didaktische Anwendung
–  Kontrolle und Bewertung der Unterrichtsergebnisse[4]

Die didaktischen Funktionen, ihre Ausdifferenzierung und ihre wechselseitige Bezogenheit sind in Darstellung 10.7 abgebildet.

Die didaktischen Funktionen sind nicht misszuverstehen als Artikulationsschema von Unterricht. Sie stellen zunächst einmal verschiedene Unterrichtsschritte dar, die mit logischen Verfahren (s. o.) und bestimmten Präsentationsformen (z. B. vortragend, zeigend, vormachend usw.) verbunden sind. Entsprechend sieht KLINGBERG die didaktischen Schritte nicht als starres Schema von unterrichtlichen Abläufen, wenngleich „es – grob gesehen – eine gesetzmäßige Abfolge solcher didaktischer Schritte wie Hinführung (Vorbereitung), Vermittlung des Neuen, Festigung, Anwendung, Überprüfung und Bewertung [gibt]" (S. 237). Die unterrichtliche Situation sei aber letztlich so individuell, dass es keine didaktisch-methodischen Muster gebe, die in jedem Fall zum Ziel führen. „In gewisser Weise handelt es sich – und das macht die Schwierigkeit, aber auch den Reiz der Arbeit des Lehrers aus – in jeder Unterrichtstunde um eine ‚einmalige Situation', um Prozesse, die sich über weite Strecken dem Algorithmus entziehen und über die heuristische Regel ‚gesteuert' werden müssen" (S. 163).

Ein bedeutsames Dokument der Planung und der unmittelbaren Vorbereitung des Unterrichts durch den Lehrer stellt für KLINGBERG das Lehrplanwerk dar (vgl. S. 60). Verbindlich vorgegeben sind darin die Ziele und die zu erreichenden Ergebnisse, der Lehrstoff, allgemeine Aussagen zur Führung des Unterrichtsprozesses, die Anzahl der Unterrichtsstunden für die Stoffeinheit und bestimmte Tätigkeiten der Schülerinnen und Schüler. Der individuellen Entscheidung der Lehrperson obliegt die genaue Aufteilung des Stoffes auf die zur Verfügung stehenden Stunden, die didaktische Gliederung und die methodisch-organisatorische Strukturierung der Unterrichtsstunden (vgl. S. 61).

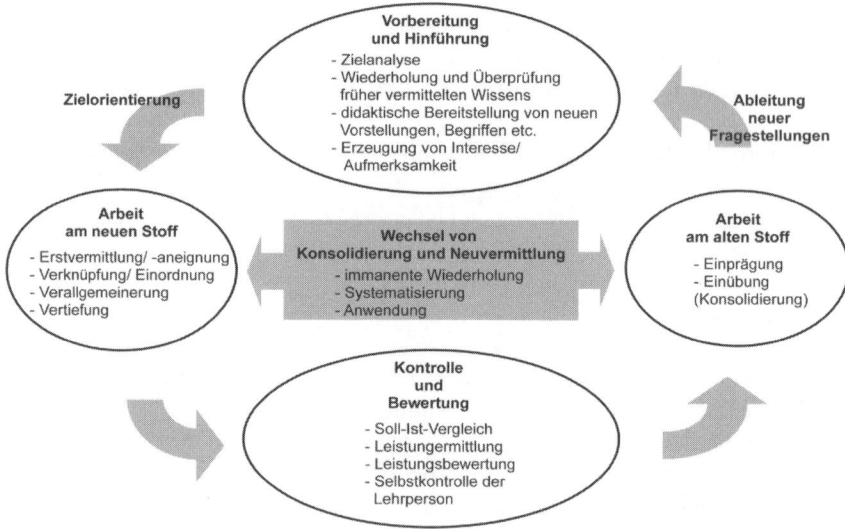

**Darstellung 10.7:** Didaktische Funktionen im Unterrichtsprozess (vgl. KLINGBERG 1972, S. 245)

KLINGBERG versteht die Allgemeine Didaktik als eine Unterrichtstheorie, die von den Besonderheiten der einzelnen Unterrichtsfächer abstrahiert und die speziellen Erscheinungen und Gesetzmäßigkeiten des Lehrens und Lernens in den verschiedenen Unterrichtsdisziplinen und -formen verallgemeinert (vgl. S. 38). Die wesentlichen Aufgaben der Didaktik als Theorie sieht er in der Erforschung eben dieser allgemeinen Gesetzmäßigkeiten und in ihrer Systematisierung. Darüber hinaus erwarte der Lehrende aber „eine sichere Anleitung, eine Hilfe für seine Unterrichtstätigkeit. Die Didaktik soll also zur Beherrschung der Lehr*kunst* beitragen – insofern ist sie *Unterrichtslehre*" (S. 43). Und nicht zuletzt seien Fragen des Lehrplans und der Aufgaben des Unterrichts in der sozialistischen Schule wichtige Gebiete der Didaktik. Dieser handlungsbezogene Beitrag der Didaktik wird in den Reflexionen über das Theorie-Praxis-Verhältnis von KLINGBERG folgendermaßen beschrieben: „Didaktik ... soll die Bewusstheit des didaktischen Handelns fördern und steigern und das Wissen darum, dass Unterricht aus der Beliebigkeit des Subjektiven herauszuführen ist in die Verbindlichkeit des Objektiven, Gesetzmäßigen. Didaktik soll ... den Freiheitsraum der Akteure des Unterrichts erweitern" (1990, S. 160). Theorie und Praxis folgen nach KLINGBERG zwei unterschiedlichen Logiken, die in dialektischer Weise miteinander verbunden sind. Im Hinblick auf die Lehrpersonen gilt es daher – im Sinne einer Kompetenzerweiterung – „eine Theoriesensibilisierung zu erreichen, die ein eigenständiges kreatives Weitertreiben der individuellen Theorie-Praxis-Beziehung stimuliert" (1990, S. 164). Dazu zählt auch die „schöpferische" Tätigkeit der Lehrperson, z. B. in der Anwendung heuristischer Regeln, die dem Charakter des Unterrichtsprozesses insofern nahe kommen, als sie eine grobe Orientierung über den methodischen Gang geben, andererseits aber noch hinreichend Spielraum für die Anpassung des methodischen Vorgehens an die konkrete unterrichtliche Situation lassen (vgl. 1972, S. 162).

KLINGBERG hat mit seiner Didaktik ein umfassendes und differenziertes Werk vorgelegt, das auch für die didaktische Diskussion in Westdeutschland viele Anregungen und Impulse geliefert hat, dennoch aber in einigen Punkten kritisiert werden kann. So ist grundsätzlich die gesellschaftstheoretische Rahmung der Bildungstheorie bzw. der Didaktik kritisch zu sehen, d.h. die Bindung der Wissenschaft an die marxistisch-leninistische Weltanschauung. Dies betrifft auch die starke und einseitige Betonung des – ebenfalls ideologisch geprägten – Arbeitsbegriffs als Mittel zur universalen Bildung einer Persönlichkeit, deren Bestimmung als sozialistisch tätiges Mitglied der Gesellschaft prädeterminiert ist. Darüber hinaus klammert der dialektische Ansatz die Ziel- und Inhaltsfrage weitgehend aus, da inhaltliche und zum Teil auch methodische Entscheidungen politisch getroffen werden. Nicht zuletzt kann kritisiert werden, dass zwischen dem Anspruch einer universalen sozialistischen Allgemeinbildung und deren Wirklichkeit nicht unerhebliche Unterschiede bestehen – dies hat KLINGBERG nach der Wende auch selbst eingestanden (vgl. JANK/MEYER 2002, S. 244). So werden beispielsweise die Zielvorstellung des selbsttätigen und selbstständigen Lernenden, der Mitverantwortung am Unterrichtsgeschehen trägt, und die im Unterricht avisierten allseitigen Entwicklungsprozesse schon dadurch konterkariert, dass Entscheidungs- und Entwicklungsrichtungen gerade nicht zur Disposition stehen.

Trotz dieser kritischen Punkte hat KLINGBERG auf verschiedene Aspekte hingewiesen, die auch im Kontext eines handlungs- und entwicklungsorientierten Unterrichts von Bedeutung sind:

(1) Unterricht sollte als eine gemeinsame Tätigkeit von Lehrenden und Lernenden verstanden werden, d.h. Lernende sollten Möglichkeiten erhalten, an unterrichtsrelevanten Entscheidungen teilzunehmen, sich an Zieldiskussionen zu beteiligen, den Lernprozess mitzugestalten und Unterricht insgesamt mitzuverantworten.

(2) Unterricht sollte Möglichkeiten bieten, den Erwerb neuer Kenntnisse, Fähigkeiten und Fertigkeiten in geeigneter Weise an den jeweiligen Kenntnis-, Wissens- und Erfahrungsstand anzubinden.

(3) Unterricht bedarf einer Abstimmung mit gesellschaftlich relevanten (von uns allerdings grundsätzlich als veränderbar angesehenen) Vorstellungen über Bildungsziele und -inhalte und soll dem Zusammenhang zwischen Zielvorstellungen, Inhalten und Methoden Rechnung tragen.

### 10.2.8 Unterricht aus der Sicht konstruktivistischer Ansätze

Bei der Darstellung verschiedener lerntheoretischer Auffassungen im Kapitel 1 haben wir den Konstruktivismus als einen der momentan häufig diskutierten und zitierten Ansätze beschrieben und bereits auf erste didaktische Konsequenzen hingewiesen, etwa wenn es um den Erwerb von flexiblem Wissen oder von Anwendungsfähigkeit geht. Zudem haben wir deutlich gemacht, dass eine konstruktivistische Lerntheorie auch Auswirkungen auf das Verhältnis von Lehrenden und Lernenden dergestalt hat, dass die Lehrperson stärker zu einem Lernbegleiter oder Moderator wird. Diese Überlegungen nehmen wir im Folgenden auf und beschreiben umfassende (didaktische) Konsequenzen unter dem Blickwinkel einer konstruktivistischen Didaktik. Konstruktivistisch orientierter Unterricht kann allerdings nicht auf eine einheitliche konstruktivistische Didaktik als korrespondierende Theorie bezogen werden. Dies hängt damit zusammen, dass schon auf der Basis der Lerntheorie nicht von einem einheitlichen Konstruktivismus als Theoriegebäude gesprochen werden kann. Wir beziehen uns in unseren Darstellungen auf den Ansatz von REICH (1996, 2002), der uns in didaktischer Hinsicht als einer der momentan am weitesten ausgearbeiteten und begründeten Ansätze erscheint (zur Übersicht über weitere Ansätze vgl. z. B. JANK/MEYER 2002, S. 286 ff.).

REICH versteht Konstruktivismus als kulturelle Variante, in der – entsprechend den erkenntnisphilosophischen Grundannahmen – die vielfältigen Weltauslegungen konstruierte „Wahrheiten" darstellen, die uns teilweise wie Tatsachen erscheinen, letztlich aber auf Verständigungsleistungen einer Gemeinschaft basieren und als solche kulturelle Anschlussfähigkeit sichern. Die Frage nach der Wahrheit, nach dem Zugang zu einer hinter der sinnlichen Wahrnehmung als objektiv unterstellten Welt wird konstruktivistisch zugunsten der Frage nach der Passung bzw. Angemessenheit (Viabilität) einer Lösung aufgegeben, und „nur das, was für uns anschlussfähig ist, was wir mit unseren Handlungen und unseren Voraussetzungen koordinieren können, was in bestimmte Imaginationen, in ein Begehren, Wünschen, Erhoffen, dann aber auch in lebensweltbezogene Praktiken, Routinen und Institutionen übersetzt werden kann, werden wir als hinreichend viabel für uns erleben" (REICH 2002, S. 7). Die konstruktivistische Didaktik[5] ist nicht zuletzt ob der Relativität von „Wahrheit" und der nur auf Zeit angelegten Verständigung über gemeinsam erlebte Wirklichkeit eine Beziehungsdidaktik, in der es ein Primat der Beziehungen vor den Inhalten gibt[6]: „In der Kultur bestimmen Beziehungen als Kontext jegliches Inhaltslernen. Insofern gibt es einen Primat der Beziehungen vor den Inhalten. Es sind stets beziehungsmäßige Kontexte zu schaffen, die das Lernen erleichtern, nicht jedoch solche, die es erschweren" (S. 11).

Als erkenntniskritische Perspektiven der konstruktivistischen Didaktik nennt REICH neben der Konstruktivität – d.h. der Grundannahme, dass Lehrende und Lernende Konstrukteure ihres eigenen Weltbildes sind – die Methodizität und die Praktizität. In methodischer Hinsicht wendet sich die konstruktivistische Didaktik gegen wissenschaftliche Universalismen und tritt für einen reflexiven und experimentell orientierten Ansatz ein, in dem verschiedene methodische Ansätze situationsbezogen auf ihre Viabilität hin geprüft werden. Unterrichtlich bedeutet dies vor allem den Verzicht auf Unterrichtsrezepte (vgl. S. 125). Die Praktizität verweist auf die Praxis als den Ort, an dem Konstruktionen auf ihre Viabilität hin geprüft werden.

Die konstruktivistische Erkenntnisphilosophie geht davon aus, dass Wissen und Erkenntnis durch die handelnde Auseinandersetzung des Individuums mit der Umwelt entstehen. Der Mensch als informationell geschlossenes System kann Wissen nicht durch direkte Instruktion in einer gewünschten Form erwerben, sondern der Wissenserwerb – bzw. der Aufbau, die Veränderung oder Ausdifferenzierung kognitiver Strukturen – kann durch die Umwelt angestoßen werden, verläuft dann aber in Abhängigkeit von den inneren Strukturen des Individuums (Strukturdeterminiertheit). Entsprechend legt REICH seiner Didaktik ein Bildungsverständnis zugrunde, das nicht mehr von einem festen Wissenskanon ausgeht, den es anzueignen und über den es zu verfügen gilt: „Wir müssen Abschied nehmen, den einen und letzten Bildungskanon aufzustellen" (S. 51). Vielmehr stellt Bildung einen Prozess der eigenständigen und vertiefenden Auseinandersetzung mit Wissen, mit diskursiven Praktiken und der Reflexion über den Mangel (an Wissen) dar, der gerade im Kontext heutiger Informationsvielfalt und -fülle bedeutsam ist. Konnte früher durch Bildung Information noch kanalisiert und gegebenenfalls „abgewehrt" werden, ist dies heute nicht mehr möglich: „Jede Information scheint wichtig und könnte nur durch eine rigide Bildung abgewehrt oder kanalisiert werden. Zugleich aber weiß der Gebildete, dass solche Abwehr und Kanalisierung vor allem die Bildung als eigenständige Suche nach neuen Lösungen und erweiterten Sichtweisen verhindert" (S. 47). Diese Ambivalenz von Bildung führt dann häufig zur Umstellung von Bildung auf Wissen. Nichtsdestotrotz bleibt für die kulturellen Verständigungsleistungen ein Mindestmaß an Bildung notwendig, über das sich die Gemeinschaft aber immer wieder dialogisch verständigen muss. Eine solche Bildung ist aber nicht nur Inhalt und Wissen, sondern „immer auch Beziehung, die primär das Verständigen prägt und dessen Kontext und Deutungsrahmen umfasst" (S. 49).

REICH geht davon aus, dass Inhalte und Beziehungen in einer Relation zueinander stehen, weil die Wirksamkeit inhaltlichen Lernens erst dann gesteigert wird, wenn Inhalte auch auf der Basis emotionaler Übereinstimmungen zwischen Lehrenden und Lernenden „vermittelt" werden. Im Vergleich zu anderen Didaktiken sieht sich die konstruktivistische Didaktik dem Aufbau lernförderlicher Beziehungen grundsätzlich verpflichtet, nicht nur der Berücksichtigung von Beziehungsstörungen (vgl. S. 52). Für die Didaktik bedeutet dies

– eine stärkere Betonung des Miteinanders von Lehrenden und Lernenden sowie eine wechselseitige Reflexion von Inhalten und Beziehungen,
– die umfassende Entwicklung einer dialogischen und kommunikativen Praxis sowie
– das Eingehen auf heterogene Lerngruppen mit unterschiedlichen Interessen, Erwartungen und Ansprüchen (vgl. S. 54 f.).

**Tabelle 10.1:** Didaktisches Reflexionsfenster (vgl. REICH 2002, S. 145, 54)

| | | Erkenntniskritische Prinzipien | | |
|---|---|---|---|---|
| | | **Handlung** (Konstruktivität) | **Methoden** (Methodizität) | **Ergebnis** (Praktizität) |
| Didaktisches Handeln | **Konstruieren** | Erfinden | Begründen | Gestalten |
| | **Rekonstruieren** | Entdecken | Verallgemeinern | Erfahren |
| | **Dekonstruieren** | Enttarnen | Zweifeln | Kritisieren |

Wir haben angedeutet, dass die konstruktivistische Didaktik mit der Betonung des Wissenserwerbs als individuelle Konstruktionsleistung eine starke Subjektorientierung verfolgt. Damit gewinnt der Lernende zunehmende Verantwortung für seinen Lernprozess, er ist gleichsam selbst ein Didaktiker: „Je mehr die Lernerrolle auf Selbsttätigkeit, Selbstbestimmungsanteile, Steigerung der Selbstverantwortung und des Selbstvertrauens, Zunahme des Selbstwerts hin angelegt ist, desto mehr didaktisiert der Lerner sein eigenes Lernen" (S. 210). Darüber hinaus wird in der konstruktivistischen Auffassung vom Lernen dem Kontext des Lernprozesses eine besondere Bedeutung zugemessen. Die Frage nach solchen Kontexten, in denen besonders leicht, effektiv und umfassend gelernt werden kann, bezeichnet REICH als die Frage nach Handlungskontexten, „in die wir Lerner stellen, um Lernerfolge zu erzielen" (S. 69).

Die Grundaufgaben einer konstruktivistischen Didaktik lassen sich auch mit den Begriffen der Konstruktion, der Rekonstruktion und der Dekonstruktion beschreiben. Das Grundmotto der konstruktiven Perspektive lautet „Wir sind die Erfinder unserer Wirklichkeit" (S. 141). Es betont die Bedeutung der erfahrungsbezogenen, explorativen und ideell wie materiell konstruktiven Erschließung von Inhalten und Beziehungen. Die rekonstruktive Perspektive lässt sich in die Formel „Wir sind die Entdecker unserer Wirklichkeit" (S. 142) fassen. Dies bedeutet in der Regel weniger die Entdeckung des bisher noch nicht Bekannten, sondern das Nach-Entdecken bereits bekannter Erfindungen. Bei der Dekonstruktion unter dem Motto „Es könnte auch noch anders sein! Wir sind die Enttarner unserer Wirklichkeit!" (S. 143) geht es darum, Beobachtungen in Zweifel zu ziehen, nach Auslassungen zu fragen, Ergänzungen einzubringen oder den Blickwinkel zu verschieben (vgl. S. 143).

Aus der Verbindung der erkenntniskritischen Perspektiven (s. o.) und der Ebenen didaktischen Handelns entwirft REICH eine Reflexionstafel zur didaktischen Handlungsorientierung (vgl. Tabelle 10.1). Die einzelnen Felder geben didaktische Handlungsformen wieder, die als Lehr- wie auch als Lernaktivitäten interpretiert werden können. Für die Lehrenden liegt der Wert einer solchen Tafel darin, „zum Nachdenken anzuregen und ein möglichst breites Herangehen an das didaktische Handeln zu ermöglichen. Erkenntniskritische Perspektiven erst verleihen der didaktischen Reflexion den Tiefgang, führen aus oberflächlichen Annahmen heraus" (S. 150). Diese Reflexionen stehen unter der generellen Zielvorstellung der Selbstbestimmung, der Selbsttätigkeit und des Selbstwertes der Lernenden.

Die bisherigen Ausführungen zur konstruktivistischen Didaktik lassen nur implizite Hinweise auf die Planung von Lehr- und Lernprozessen erkennen. REICH hat hierzu ein Planungsnetzwerk als Orientierungshilfe entworfen, das nachfolgend skizziert wird.

Im Sinne einer Ausgangsposition bzw. als Rahmenbedingung im Hinblick auf die Planung von Lehr- und Lernprozessen auf der Basis einer konstruktivistischen Didaktik ist festzuhalten, dass die Auswahl der Lerninhalte im Dialog zwischen Lehrenden und Lernenden geschieht. Eine äußere Vorgabe von Lehrplänen ist aus konstruktivistischer Sicht abzulehnen, weil sie praxisfern erstellt werden, häufig bei der Einführung schon veraltet sind und aufgrund der mangelnden Beteiligung der Lehrpersonen an der Entwicklung auch nicht effektiv umgesetzt werden können (vgl. S. 201). Als weitere Überlegung ist vorauszuschicken, dass die Rolle der Lehrperson eine Doppelrolle ist. Zum einen sind die Lehrenden die „mehrwissenden Experten", zum anderen sind sie „lernerorientierte Moderatoren der Wissens- und Handlungskonstruktion" (S. 205). Daraus ergibt sich die didaktisch bedeutsame (Planungs-)Frage, an welchen Stellen des Lehr- bzw. Lernprozesses welche Rolle einzunehmen ist.

Die Unterrichtsplanung selber differenziert REICH in eine Handlungsplanung, eine Verständigungsplanung über Voraussetzungen und eine Beobachtungsplanung (vgl. S. 213). Diese Differenzierung beruht auf der Unterscheidung von Rollen im didaktischen Prozess, die Lehrende und Lernende einnehmen können (s. o.). Als Akteur ist die Lehrperson diejenige Person, die eine Planung vorbereitet und in die Tat umsetzt. Als Teilnehmer sind die Lehrpersonen an direkt oder indirekt normierenden Rahmenbedingungen der Planung beteiligt, indem sie z. B. bestimmten Vorgaben folgen oder sich über Bedingungen der Teilnahme verständigen. Als Beobachter nehmen die Lehrenden wahr, welche Handlungen – unter anderem von ihnen selbst – vorbereitet und durchgeführt werden, welche Kommunikationen sich entwickeln usw. Diese Planungsebenen sind zunächst noch keine Planungsanleitung, sondern verstehen sich als Planungsnetzwerk, das deutlich macht, dass auch innerhalb der Planung zwischen verschiedenen Rollen gewechselt wird bzw. werden soll. Hinsichtlich konkreter Planungsschritte hält REICH „wesentliche Handlungsstufen" fest, die „sich untereinander zirkulär bedingen und kein Anfang und kein Ende markieren" (S. 214):

–   Vorbereiten: ein Lehrender oder Lernender bereitet etwas vor, d.h. erstellt einen Plan, stellt Material zusammen, sammelt Vorschläge usw.
–   Informieren: die gesamte Lerngruppe wird – z. B. nach der Vorbereitung, nach einer Durchführung oder einer Präsentation – über etwas informiert, um weitere Handlungen festzulegen.
–   Durchführen: Lehrende und/oder Lernende handeln, d.h. es wird etwas erarbeitet, erfunden, gelöst, modifiziert usw.
–   Präsentieren: Lernende präsentieren das, was vorbereitet, durchgeführt oder evaluiert (s. u.) worden ist. Eine Präsentation schließt in der Regel eine didaktische Einheit ab, indem „ein Resultat, ein Ergebnis, ein Werk, ein Stück, ein Spiel usw. gezeigt und gemeinschaftlich betrachtet und reflektiert wird" (S. 214).
–   Evaluieren: Lehrende und Lernende werten die vorher genannten Stufen aus und sichern damit eine hinreichende Rückmeldung an alle Beteiligten.

Diese Arbeitsstufen geben keine zwingende Planungsfolge vor, sondern stellen Beschreibungen von Handlungsaktivitäten dar, die in der Reihenfolge variieren können.

Den Methoden widmet REICH in seinem Ansatz besondere Aufmerksamkeit. Sie stellen für ihn keine additive Sammlung dar, sondern eine Methodenlandschaft. Unterrichtsmethoden sind aus konstruktivistischer Sicht immer auf Lehrende und Lernende bezogen. Die reflektierte Auswahl einzelner Methoden folgt drei leitenden Prinzipien – der Methodenkompetenz, der Methodenvielfalt und der Methodeninterdependenz (vgl. Tabelle 10.2). Im Hinblick auf das Prinzip der Methodenkompetenz soll geklärt werden, welche Lernmethode für welche Inhalte und welche Beziehungen passt und inwieweit sie einen adäquaten Zugang zum Inhalt und zu den Beziehungen ermöglicht.

Hinsichtlich der Methodenvielfalt geht es darum zu fragen, inwieweit sich Lernmethoden in ihrer Vielfalt einsetzen lassen, so dass die Lernenden unterschiedliche

Zugänge zu den Inhalten finden, Perspektiven wechseln und erweitern oder vielfältige Strategien aneignen können.

Das dritte methodische Prinzip richtet sich auf die Frage, inwieweit die Lern-methoden sich gegenseitig beeinflussen, wie sie zusammenwirken und welchen Wechselwirkungen sie unterliegen. Darüber hinaus geht es um die Frage, inwieweit die Lernmethoden selber zum Aufbau eines Lernhabitus, d.h. zur Entwicklung der eigenen Methodenkompetenz beitragen.

In einem Methodenpool unterscheidet REICH konstruktive und systemische Metho-den. Die konstruktiven lassen sich noch einmal unterscheiden (vgl. S. 272 f.) in

– klassische Methoden (z. B. Vortrag, Präsentation, fragend-entwickelnde Methode, Einzel- Partner- und Gruppenarbeit),
– handlungsorientierte Methoden (z. B. Projektarbeit, Rollenspiel, Fallstudien, anchored instruction[7], Stationenlernen oder Biografiearbeit),
– Techniken (z. B. Blitzlicht, Brainstorming, Erzählung, Experiment, Fantasiereise, Metaplan, Mindmapping oder Wochenplan),
– Werkstattarbeit (z. B. Computerwerkstatt, Zukunftswerkstatt),
– Demokratie im Kleinen (z. B. Klassenrat, Mitbestimmung, systemische Benotung oder Schülerselbstverwaltung),
– Lernarrangements (z. B. Lerninseln, Lernbüros, Juniorfirma oder Beratungsstand) und
– Öffentlichkeitsarbeit (z. B. Internetpräsentation, Klassen- und Schülerzeitung oder Aufführungen).

Unter die systemischen Methoden fallen diejenigen Methoden, die der konstruk-tivistisch-didaktischen Grundannahme Rechnung tragen, dass die menschlichen Beziehungen, die Interaktionen in Lehr- und Lernprozessen für den Sinn und den Erfolg dieser Prozesse von entscheidender Bedeutung sind. Zu den entsprechenden Methoden zählen z. B.

– das *reframing* (die Veränderung eines Deutungsrahmens für eine Situation, z. B. das halb leere oder halb volle Glas),
– die Skulpturenbildung (die Visualisierung eines Systems, indem Systembeteiligte – etwa Familienmitglieder beim System Familie – in ihren Beziehungen zuein-ander im Raum aufgestellt werden und über die damit verbundenen Gefühle reflektieren),
– das zirkuläre Fragen (Fragemethode zum Aufbrechen zirkulärer Kommunikati-onsmuster, indem Beteiligte zum Perspektivwechsel angeregt werden),
– das *feed-back* (offene Form der Rückmeldung an Personen oder Gruppen),
– *reflecting teams* (Gruppen, die über Reflexionsprozesse helfen, z. B. die Qualität von feed-back und von Lehr- und Lernprozessen zu verbessern) oder
– das Psychodrama (Möglichkeit, über ein szenisches Spiel Problemlösungen für soziale und emotionale Konflikte zu erarbeiten).[8]

**Tabelle 10.2:** Methodische Prinzipien (REICH 2002, S. 247)

| | Lernmethodische Perspektive | Didaktisches Handlungsziel |
|---|---|---|
| **1. Prinzip der Methoden-kompetenz** | Konstruktives Lernen inhalts- und beziehungsbezogen in handlungsorientierter, partizipativer und viabler Weise für Lerner und mit Lernern entwicklen | Kompetent (bei Inhalten, Beziehungen) passende Lernmethoden auswählen |
| **2. Prinzip der Methoden-vielfalt** | Methodenmonismus vermeiden und vielfältige Beobachter-, Teilnehmer- und Handlungsvollzüge erschließen | Lernmethoden in ihrer Vielfalt einsetzen |
| **3. Prinzip der Methoden-interdependenz** | Methoden in wechselseitiger Bereicherung einsetzen und nach situativen Erfordernissen variieren, mischen und kontrastieren | Situativ Lernmethoden kombinieren |

Bei der Auswahl von Methoden für die Unterrichtsgestaltung gilt es, sich von den genannten Prinzipien leiten zu lassen, die Methoden oder Medien aus dem Pool auszuwählen und sie zu mischen, zu variieren und zu kontrastieren und dabei die Lernenden möglichst partizipieren zu lassen.

Die konstruktivistische Didaktik kann in mehrfacher Hinsicht kritisch gesehen werden (vgl. TERHART 1999, S. 640 ff.). In erkenntnistheoretischer Hinsicht wird zwischen Entdecken und Erfinden bzw. Konstruktion und Rekonstruktion unterschieden. Dies ist im radikalen Sinne nicht angemessen, weil Entdecken immer Erfinden ist, wenn man unterstellt, dass der Zugang zur Welt als Entdeckung des Vorhandenen nicht möglich ist. In der Interpretation der gemäßigten Sichtweise handelt es sich dabei aber nicht um ein neues Erkenntnisprinzip – so TERHART –, sondern um eine doppelte Determiniertheit von Objekt und Subjekt, von Sachanspruch und Beobachterperspektive, in der menschliche Wahrnehmung und Erkenntnis grundsätzlich stehen (vgl. S. 641). Würde das Entdecken-Lassen zum durchgängigen didaktischen Prinzip erhoben, entstünde gleichzeitig das Problem, dass die gesellschaftlich relevanten Wissensbestände gar nicht von jedem Individuum in angemessener Zeit erworben – sprich: konstruiert – werden könnten. Aus schultheoretischer Sicht problematisch erweist es sich, wenn Lernprozesse auf Begegnungen reduziert würden und eine Auseinandersetzung mit Sachansprüchen nicht mehr möglich würde: „Schule als alle ergreifende Zwangsinstitution ist letztlich nur noch durch das zu legitimieren, was und wie man dort lernt und anderswo vielleicht überhaupt nicht oder nur (noch) schlechter lernen würde. *Die Sache der Schule ist die Sache*" (S. 642).

Eine gemäßigt-konstruktivistische Didaktik sieht im situierten Lernen eine Möglichkeit, der Entstehung trägen Wissens entgegenzuwirken. Wenngleich dies als

Zielvorstellung prinzipiell wünschenswert ist, so besteht doch die Gefahr, durch eine konsequente Verfolgung dieses Prinzips ein solches Ziel nicht oder nur teilweise zu erreichen: Die erfolgreiche Übertragung situativ erworbenen Wissens, so kann kritisiert werden, ist nur dann wahrscheinlich, wenn die neue Situation strukturell ähnlich ist. Zur handelnden Bewältigung möglichst vieler Lebenssituationen sei daher eine Verbindung von situativem Lernen und systematischem Wissenserwerb in bestimmten fachspezifischen Domänen notwendig.

Ein weiterer Kritikpunkt bezieht sich auf die Frage der Feststellung und Beurteilung von Lernleistungen bzw. – noch grundlegender – die Frage nach der Lernleistung als solcher. Zu diesen Fragen hat die konstruktivistische Didaktik bisher nur ansatzweise Lösungen diskutiert.

Im Hinblick auf die konstruktivistische Unterrichtspraxis stellt sich die Frage, ob es sich dabei um Ergebnisse eines neuen Lern-Paradigmas handelt oder doch eher um neue Begründungen z. B. bekannter reformpädagogischer Methoden.

In unserer handlungs- und entwicklungsorientierten Auffassung von Unterricht lassen sich mit Blick auf konstruktivistische Ansätze folgende Parallelen finden:

(1) Unterricht sollte den Lernenden Möglichkeiten eröffnen, individuelle Vorstellungen, Sinn- und Bedeutungskonstruktionen in den Lehr-Lernprozess einzubringen und sich mit eigenen und den Konstruktionen Anderer in vergleichender Weise auseinander zu setzen.

(2) Unterricht sollte ermöglichen, individuelle Vorstellungen zu bestimmten Wirklichkeitsbereichen mit neuen Erfahrungen zu kontrastieren und auf ihre „Viabilität" hin zu prüfen.

(3) Unterricht sollte Möglichkeiten bieten, Lerngegenstände aus unterschiedlichen Perspektiven mit unterschiedlichen Methoden zu erschließen und in ihrer jeweiligen Vorläufigkeit und Situationsgebundenheit zu erschließen.

(4) Unterricht sollte in seiner Planung und Durchführung als ein reflexiver Prozess aufgefasst werden, der zu einer variantenreichen und situationsangemessenen Gestaltung und Auswertung von Lehr- und Lernprozessen führt und damit auch auf eine ständige Qualitätsverbesserung ausgerichtet ist.

## 10.3 Zusammenfassung und Anwendung

Wir haben in diesem Kapitel zunächst einen kurzen Überblick über die Ursprünge und die Entwicklung des didaktischen Denkens, der Didaktik als wissenschaftlicher Disziplin oder der Didaktik als Teildisziplin der Pädagogik gegeben. Dabei zeigt sich, dass der Didaktikbegriff keinem einheitlichen Verständnis folgt und wir haben – im Sinne einer Arbeitsdefinition – Didaktik als die Wissenschaft vom Lehren und Lernen bzw. – mit Bezug auf Unterricht – als Theorie und Lehre vom Unterricht und allen ihn beeinflussenden und konstituierenden Faktoren gekennzeichnet.

Ab Mitte der 50er Jahre haben sich in Westdeutschland und in der ehemaligen DDR didaktische Ansätze entwickelt, die Unterricht aus verschiedenen Perspektiven reflektiert und die unterschiedliche Schwerpunktsetzungen und spezifische Profile entwickelt haben.

Die Darstellung dieser Ansätze diente zum einen dazu, wichtige Entwicklungen und Impulsgebungen in der didaktischen Diskussion nachzuzeichnen und gleichzeitig deutlich zu machen, welche Bedeutung diese Ansätze für unsere in diesem Band vertretene handlungs- und entwicklungsorientierte Didaktik haben.

Die bildungstheoretische Didaktik betont die Bedeutung, die im Unterricht einer bildenden Auseinandersetzung der Kinder und Jugendlichen mit geeigneten Inhalten zukommt. Die Aufgabe der Lehrperson besteht diesem Ansatz zufolge vorrangig darin, über eine didaktische Analyse den Bildungsgehalt eines Bildungsinhaltes zu bestimmen. Ziel eines Unterrichts auf dieser Basis ist zum einen, dass wichtige Sachverhalte für die Lernenden erschlossen werden, und zum anderen, dass die Fähigkeit und Bereitschaft entsteht, sich auch andere Sachverhalte selbst zu erschließen, um angemessen handlungsfähig zu werden.

Aus der Sicht lerntheoretischer didaktischer Ansätze geht es im Unterricht insbesondere darum, solche Lernprozesse bei den Kindern und Jugendlichen anzuregen und zu unterstützen, die an ihre Interessen anknüpfen, komplexe Lernaufgaben als Ausgangspunkt haben und mit dem Erkennen der daran liegenden Schwierigkeiten die Motivation zur Auseinandersetzung mit – auf die Aufgabenlösung bezogenen – Inhalten schaffen. Die Ergebnisse der Auseinandersetzung mit bestimmten Sachverhalten soll in die bisherigen Erfahrungen, Fähigkeiten und Fertigkeiten integriert und so verankert werden, dass sie auch für zukünftige Problemlösungen verfügbar sind.

Die theoretische Durchdringung von Unterricht in Bezug auf seine Strukturelemente und deren wechselseitige Beziehungen steht im Fokus unterrichtsanalytischer didaktischer Ansätze. Neben inhaltlichen und lernprozessbezogenen Aspekten weisen sie auf weitere Bedingungs- und Entscheidungsfaktoren von bzw. im Unterricht hin, z.B. die anthropogenen und die sozial-kulturellen Voraussetzungen und die Medien. Darüber hinaus wird die Bedeutung einer kritisch reflektierenden Bewertung von Normen, Fakten und Formen im Unterricht ins Bewusstsein gehoben.

Didaktische Ansätze, die Unterricht unter dem Blickwinkel von Interaktion und Kommunikation analysieren, machen darauf aufmerksam, dass Lehr- und Lernprozesse als kommunikatives Handeln möglichst in Richtung herrschaftsfreier Sprechsituationen gestaltet werden sollten. Besondere Berücksichtigung erfahren dabei auch Unterrichtsstörungen, ohne deren Bearbeitung – so die Annahme – eine angemessene inhaltsbezogene Kommunikation nicht möglich sei. In normativer Hinsicht zielt Unterricht in diesen Ansätzen auf Emanzipation, Demokratisierung und Humanisierung auf der Basis der individuellen Fähigkeit zur Kritik, zur Selbst- und Mitbestimmung.

Mit der Ausrichtung auf die Planung und Realisierung von Produkten, Verfahren oder Situationen machen projektorientierte didaktische Ansätze darauf aufmerksam, dass Unterricht von komplexen Anforderungen ausgehen sollte, die den Interessen von Kindern und Jugendlichen entsprechen, in deren Lebenswelt verankert sind sowie gesellschaftliche Relevanz besitzen und zu einem verwertbaren Ergebnis führen. Mit der Durchführung von Projekten zielt Unterricht darauf, Schülerinnen und Schüler an der Planung und Gestaltung von Unterricht aktiv zu beteiligen, Möglichkeiten der Übernahme von Verantwortung für die Lehr- und Lernprozesse zu schaffen und Lernprozesse unter Einbeziehung verschiedener Sinne und sozialer Aktivitäten anzuregen. In inhaltlicher Hinsicht wird insbesondere auf die Bedeutung einer Überschreitung von Fachgrenzen hingewiesen.

Unter dem ideologischen Einfluss eines marxistisch-leninistischen Weltbildes weist ein dialektisch orientierter didaktischer Ansatz – entwickelt in der ehemaligen DDR – darauf hin, dass Unterricht im Spannungsfeld von Lehren und Lernen, von Bildung und Erziehung und von Selbsttätigkeit und Führung steht. Diese Antinomien gilt es im Unterricht aufzulösen und als Entwicklungspotenziale zu nutzen. Auch die Auseinandersetzung mit Inhalten wird als dialektischer Prozess gesehen, in dessen Verlauf der erreichte Wissens- und Könnensstand und die Konfrontation mit anspruchsvollen Aufgabenstellungen als herausfordernder Widerspruch zur bewegenden Kraft im Unterricht werden können. Der Lehrperson kommt bei einem solchen Verständnis von Unterricht unter der genannten gesellschaftlichen Prägung die Aufgabe der didaktischen Gliederung und der methodisch-organisatorischen Strukturierung zu. Die Auswahl der Inhalte ist das Ergebnis politischer, nicht didaktischer Entscheidungen. Insgesamt weist auch dieser Ansatz auf die Bedeutung einer Verschränkung von Zielen, Methoden, Inhalten und Organisationsformen hin, die im Rahmen von veränderbaren und von unveränderbaren Bedingungen stehen.

Aus der Perspektive konstruktivistisch orientierter Ansätze geht es vor allem darum, dem Lernen als individueller Konstruktion von Wissen und als sozialem Austausch auf der Basis gemeinsam geteilter Bedeutungszuschreibungen Rechnung zu tragen. Dies bedeutet, dass Unterricht Möglichkeiten eröffnen sollte, individuelle Vorstellungen, Sinn- und Bedeutungskonstruktionen zu bestimmten Wirklichkeitsbereichen zu entwickeln und mit anderen Vorstellungen zu kontrastieren, um ihre Viabilität, d.h. ihre Angemessenheit und Passung, zu prüfen.

Sie haben sich zu Beginn dieses Kapitels mit einem Unterrichtsbeispiel unter dem Aspekt didaktischer Leitideen und Prinzipien auseinander gesetzt. Überdenken Sie nun bitte Ihre Aufzeichnungen vor dem Hintergrund der Ausführungen zu den einzelnen didaktischen Ansätzen, die wir in den grundlegenden Informationen charakterisiert haben: Welche didaktischen Prinzipien oder Leitideen stimmen mit den von Ihnen in dem Beispiel erkannten überein? Welche weiteren didaktischen Prinzipien oder Leitideen entnehmen Sie den grundlegenden Informationen?

Welche dieser didaktischen Prinzipien oder Leitideen weisen zusätzliche Bezüge zu dem Beispiel auf? Überlegen Sie bitte auch noch einmal rückblickend, wie die einzelnen Prinzipien und Leitideen in den jeweiligen didaktischen Konzepten entwickelt und begründet werden.

**Anmerkungen**

1   PETERßEN vermutet, dass dies wohl der Ausgangspunkt des berühmten didaktischen Dreiecks ist (vgl. 1996, S. 65).

2   Die weltanschauliche und methodische Grundlage dieser Wissenschaftlichkeit bilden die marxistisch-leninistische Weltanschauung, insbesondere der dialektische und der historische Materialismus (vgl. KLINGBERG 1972, S. 26).
3   KLINGBERG verwendet die Termini Inhalt und Stoff bzw. Lehrstoff synonym.
4   Hier ist zum Teil die Planungs- bzw. Vorbereitungsebene, zum Teil aber auch die Ebene der Durchführung angesprochen.
5   Wenn wir im Folgenden von der konstruktivistischen Didaktik sprechen, so beziehen wir uns dabei auf den Ansatz von REICH.
6   Vgl. dazu die Ausführungen in der kritisch-kommunikativen Didaktik und der ‚Gegen'-position der vorwiegend inhaltsorientierten bildungstheoretischen Didaktik.
7   Vgl. zu anchored instruction Abschn. 1.2.3.
8   Eine Übersicht und Erläuterung von Methoden findet sich unter der Internetadresse: http://www.methodenpool.uni-koeln/uebersicht.html, 08/2009

# Abschließende Reflexion: Zum Stellenwert didaktischer Ansätze

Die Charakterisierung von allgemeindidaktischen Ansätzen im Kapitel 10 hat zum einen gezeigt, dass eine Didaktik Aussagen zu unterschiedlichen Inhaltsbereichen enthält, z. B. zum zugrunde liegenden Menschenbild, zur Bildungsauffassung, zum Lernen oder zu inhaltlichen und methodischen Aspekten von Unterricht. Zum anderen ist deutlich geworden, dass ein didaktisches Modell oder ein didaktischer Ansatz keine unmittelbare Anleitung zum unterrichtlichen Handeln darstellt. Die Aussagen in solchen Modellen beziehen sich zum großen Teil auf grundsätzliche Zusammenhänge, allgemeine Begriffe und stellen damit keine spezifischen Einzelfälle dar, so wie sie im Alltag von Lehrpersonen jeweils vorliegen. Damit entsteht die Frage, welchen Stellenwert didaktische Konzepte im Hinblick auf das unterrichtliche Handeln überhaupt besitzen – oder allgemeiner formuliert: welcher Zusammenhang zwischen Theorie und Praxis besteht. Diese Frage werden wir im Folgenden als abschließende Reflexion in den Blick nehmen.

## Modelle und Theorien in der Didaktik

Um angemessene Erwartungen und Ansprüche an didaktische Ansätze entwickeln zu können, ist es zunächst wichtig, sich darüber zu vergewissern, welchen Ansprüchen solche didaktischen Ansätze genügen bzw. wie sie wissenschaftstheoretisch einzuordnen sind. Diese Frage drängt sich geradezu auf, wenn man den Sprachgebrauch in der einschlägigen Literatur verfolgt. Dort ist unter anderem von didaktischen Modellen, von didaktischen Theorien, von Modellen didaktischer Theorien oder auch „nur" schlicht von Didaktiken die Rede. Insbesondere der Modell- und der Theoriebegriff werden je nach Kontext zum Teil mit unterschiedlichen Bedeutungen versehen, zum Teil aber auch als Synonyme verwendet. So findet sich beispielsweise bei JANK/MEYER eine wechselseitige Bezugnahme bzw. Substitution im Rahmen einer Definition: „Ein allgemeindidaktisches Modell ist ein erziehungswissenschaftliches Theoriegebäude zur Analyse und Modellierung didaktischen Handelns in schulischen und nichtschulischen Handlungszusammenhängen" (2002, S. 35).

Den Versuch, den Modellbegriff in einheitlicher Weise zu bestimmen, so dass er für alle Anwendungskontexte als universaler Begriff gilt, hat STACHOWIAK unternommen. Er nennt drei charakteristische Merkmale von Modellen (1973, S. 131 ff.):

– Abbildungsmerkmal: Modelle sind dadurch gekennzeichnet, dass sie Abbildungen von etwas sind, d. h. Repräsentation von Originalen, die der Symbolwelt, der Vorstellungswelt oder auch der physischen Welt angehören.

– Verkürzungsmerkmal: Da Modelle in der Regel nicht alle Aspekte eines Originals erfassen können, sind sie mit bestimmten Verkürzungen verbunden. Für den Zweck des Modells als irrelevant angesehene Aspekte werden nicht berücksichtigt.

– Pragmatisches Merkmal: Dieses Merkmal trägt dem Umstand Rechnung, dass Modelle zweckgebunden sind und von jemandem für eben diesen Zweck geschaffen wurden.

BREZINKA (1984) hat den Anspruch der Allgemeingültigkeit dieses Modellbegriffs angezweifelt und bemerkt, dass beispielsweise durch das Kriterium der Abbildung (meist nur gedachte) Idealbilder oder Vorbilder ausgeschlossen werden (vgl. S. 837 f.). Diese Kritik macht deutlich, dass es sinnvoll und zweckmäßig ist, den Modellbegriff einzuschränken und für die Erziehungswissenschaft bzw. für die Pädagogik eine gemeinsame Sprach- und Bedeutungsebene zu schaffen. BREZINKA unternimmt diesen Versuch und unterscheidet allein in der Pädagogik mindestens 15 unterschiedliche Begriffsverwendungen vom Modell als Lehrmittel oder als Kategorie über das Modell als Vorbild und Paradigma bis hin zum Modell als Theorie. In der Auswertung seiner Analyse kommt BREZINKA zu dem Schluss, dass insbesondere alle Bedeutungen, in denen Modelle mit Theorien gleichgesetzt werden, nicht sinnvoll sind, da sie letztlich nur das Vokabular verdoppeln (vgl. S. 853). BREZINKA plädiert für die Festlegung auf eine Bedeutung, die durch keinen Ausdruck besser erreicht werden könne als durch den Modellbegriff. In diesem Sinne kennzeichnet er ein Modell als Modell von etwas – also Nachbildung von etwas bereits Vorhandenem –, nicht als Modell für etwas – also Plan oder Entwurf für etwas noch nicht Vorhandenes. Die Modellvorstellung von Unterricht, die wir im Abschnitt 6.2.2 entwickelt haben, zählt nach dem Begriffsverständnis von BREZINKA zu den so genannten Symbolmodellen, die „abstrakte Symbole [verwenden], um entweder Teile eines Objekts oder Beziehungen zwischen Phänomenen darzustellen. Sie sehen also anders aus als das Original ... Symbolmodelle dienen vor allem auch dazu, Sachverhalte zu verdeutlichen, die selbst unanschaulich sind" (S. 840). Wir wollen uns im Folgenden diesem Begriffsverständnis anschließen und ein Modell als eine solche Form der Nachbildung eines Gegenstands oder Gegenstandsbereiches bezeichnen, die mit dem Original in relevanten Aspekten Ähnlichkeiten aufweist. Im Kontext der Didaktik werden solche Modelle in der Regel symbolisch codiert (als schriftlicher Text und/oder als Schaubild, Grafik usw.).

BREZINKA hat – wie oben angesprochen – darauf hingewiesen, dass eine synonyme Verwendung von Modell und Theorie nicht sinnvoll sei. Als semantische Differenz arbeitet er heraus, dass an eine wissenschaftliche Theorie – über ein Modell hinausgehend – der Anspruch gestellt wird, dass sie aus einem konsistenten (also widerspruchsfreien) Aussagensystem besteht, das Erkenntnisse über einen Sachbereich oder auch Hypothesen über Zusammenhänge und Beziehungen zwischen Elementen eines Gegenstandsbereichs enthält. Diese Zusammenhänge sind begründender Natur, d. h. die Aussagen sind inhaltlich wechselseitig aufeinander bezogen, stützen sich gegenseitig und sind mindestens teilweise auf ihren Wahrheitsgehalt, auf ihre Wahrscheinlichkeit oder auf ihre Bewährung überprüft worden. Für die nicht geprüften Aussagen gilt, dass sie aber grundsätzlich an der Erfahrung überprüfbar sind[1].

Theorien lassen sich als sprachliche Gebilde durch die Art der verwendeten Sätze charakterisieren. Eine solche sprachliche Analyse kann Auskunft darüber geben, woran bestimmte Aussagen als Aussagen mit theoretischem Anspruch erkannt werden können. Eine didaktische Theorie, deren zentraler Gegenstand der Unterricht ist, kann nach dem bisher Gesagten als ein konsistentes System von Aussagen über Unterricht verstanden werden, wobei die Aussagen entweder auf ihre Bewährung bzw. ihre Wahrscheinlichkeit empirisch geprüft sind oder grundsätzlich an der „Realität" überprüfbar sind. Da sich allerdings auch darüber streiten lässt, welche Theorie angemessen ist und welche nicht, wird sprachlich eine weitere Ebene unterschieden, auf der Aussagen über Theorien angesiedelt werden. Tabelle R.1 zeigt die verschiedenen Ebenen anhand eines Beispiels.

**Tabelle R.1:** Formen wissenschaftlicher Aussagen

| Theorieebene | Sprachebene | Beispielsatz |
| --- | --- | --- |
| Metatheorie (Theorie über Theorie über Praxis) | Metasprache | Eine didaktische Theorie sollte widerspruchsfreie Sätze und empirisch geprüfte Aussagen über die unterrichtliche Interaktion zwischen Lehrenden und Lernenden enthalten. Solche Aussagen können über empirisch-quantitative und empirisch-qualitative Verfahren gewonnen werden. |
| Theorie (über Praxis) | Metasprache | Unterricht ist eine Form sozialer Interaktion zwischen Lehrenden und Lernenden in einem institutionalisierten Kontext, z.B. in der Schule |
| Praxis | Objektsprache | Die Lehrperson fordert die Schülerinnen und Schüler auf, die Aufgaben auf dem Arbeitsblatt mit der Nachbarin oder dem Nachbarn zu lösen. |

Die Aussagen auf den Ebenen der Praxis und der Theorie sowie der Metatheorie lassen sich auch als objektsprachliche und metasprachliche Sätze charakterisieren bzw. als der Objekttheorie und der Metatheorie zugehörig (vgl. KÖNIG 1975, S. 26). In objektsprachlichen Sätzen wird über nicht-sprachliche Gegenstände gesprochen, in metasprachlichen über sprachliche Gegenstände, d. h. über Wörter und Sätze einer Objektsprache. Mit Bezug auf die im Kapitel 6 getroffenen Unterscheidungen lassen sich die Satzarten auch noch einmal in deskriptive und in normative differenzieren. Mit anderen Worten: „Die Metatheorie der Didaktik stellt fest, was didaktische Theorien leisten können und sollen bzw. wie sie beschaffen sein können und sollen; die Theorie der Didaktik stellt fest, was die didaktische Praxis leisten kann und soll bzw. wie sie beschaffen sein kann und sein sollte" (PETERSSEN 1996, S. 58). Den Unterschied zwischen rein empirisch-deskriptiven und normativen Aussagen hält BREZINKA in der Differenzierung von wissenschaftlicher und praktischer Theorie fest. Die wissenschaftlichen Theorien – denen BREZINKA die Erziehungswissenschaft zurechnet – dienen dem Erkenntnisgewinn. In ihnen „können auch Wertungen beschrieben werden, aber das bedeutet nicht, dass sie deswegen selbst wertend oder normgebend sind ... Eine [wissenschaftliche, d.V.] Theorie enthält keine Forderung an irgend jemanden, sein Verhalten zu ändern. Sie wird in deskriptiver, sachlicher, rationaler oder kognitiver Sprache vertreten" (1984, S. 25). Eine praktische Theorie hingegen lässt sich als ein *„normativ-deskriptiv gemischtes Satzsystem* kennzeichnen, *das bestimmte Gruppen von Erziehern in einer bestimmten kulturell-gesellschaftlichen Lage über ihre erzieherischen Aufgaben sowie über Mittel zu deren Durchführung informieren und sie zum erzieherischen Handeln im Sinne der geltenden Weltanschauung und Moral inspirieren soll*" (ebd., S. 243).

Bei der Darstellung unterschiedlicher didaktischer Ansätze in diesem Kapitel haben wir keine wissenschaftstheoretische Einordnung vorgenommen und haben daher von „Ansätzen" und nicht von Theorien und Modellen gesprochen, wenngleich wir an einzelnen Stellen auf diese Terminologien zurückgreifen, weil sie im Original verwendet werden. Die bisherigen Überlegungen haben gezeigt, dass eine einheitliche und damit unmissverständliche Sprachregelung in der didaktischen Diskussion nicht unterstellt werden kann, so dass wir grundsätzlich die etwas neutralere Formulierung „Ansätze" vorziehen. Dies bedeutet allerdings nicht, dass den jeweiligen Ansätzen damit automatisch der Status einer Theorie abgesprochen sei – im Gegenteil: Die einzelnen Ansätze sind in der Regel durch Aussagen auf theoretischem Niveau (nach unserem Theorieverständnis) gekennzeichnet. Dies zeigt sich nicht zuletzt daran, dass sie – zum Teil implizit, zum Teil explizit – das Verhältnis von Theorie und Praxis thematisieren, das wir im Folgenden in den Blick nehmen.

Empirisch lässt sich zeigen, dass didaktische Ansätze gerade von Studierenden als zum Teil wenig praxisrelevant empfunden werden, weil sie keine unmittelbaren Umsetzungen bzw. Anleitungen für das unterrichtliche Handeln bieten (vgl. z. B. BOHNSACK 2000, S. 56 f.; NÖLLE 2000). Dies ist unseres Erachtens weniger ein

Zeichen dafür, dass didaktische Ansätze keinen Beitrag zur unterrichtlichen Praxis leisten, sondern dafür, dass die spezifische Form dieses Beitrags nicht hinreichend bewusst ist – und dass sich daraus mitunter auch unangemessene Erwartungen an didaktische Ansätze herausbilden. Bevor wir versuchen, das Verhältnis von Theorie und Praxis und damit den Stellenwert der didaktischen Ansätze im Hinblick auf Unterricht zu klären, skizzieren wir zunächst, welche Aussagen zu diesem Problemkreis in den einzelnen Ansätzen selbst zu finden sind.

## Zum Verhältnis von Theorie und Praxis in didaktischen Ansätzen

Im Rahmen seines bildungstheoretischen Ansatzes (vgl. Abschnitt 10.2.2) sieht KLAFKI die Leistung der didaktischen Analyse bzw. seiner theoretischen Überlegungen zur Unterrichtsplanung im Hinblick auf die Unterrichtspraxis insbesondere darin, Entscheidungen zu rationalisieren und im Sinne eines Problematisierungsrasters Dimensionen und generelle Kriterien des Unterrichts bzw. der Unterrichtsplanung ins Bewusstsein zu heben. Die didaktische Analyse bzw. das Perspektivenschema geben also keine Anleitung für konkrete unterrichtliche Entscheidungen, sondern stellen eine Voraussetzung für flexibles unterrichtliches Handeln dar: *„Unterrichtsplanung im hier vertretenen Sinn kann nie mehr als ein offener Entwurf* sein, der den Lehrer zu reflektierter Organisation, Anregung, Unterstützung und Bewertung von Lernprozessen und Interaktionsprozessen … befähigen soll" (1985, S. 25).

ROTH hat seine Überlegungen zum Lernprozess generell und zur Anregung und Unterstützung von Lernprozessen unter anderem auf der Basis empirischer Befunde formuliert (vgl. Abschnitt 10.2.3). Ergebnisse empirischer Forschung sieht er als einen wichtigen Bestandteil der Didaktik, wenngleich „Unterricht und Erziehung … immer auf eine pädagogische Theorie angewiesen sein [werden], die über die Empirie hinausgeht" (1963, S. 181). Praxis und theoretische sowie empirische Forschung sind nach ROTH wechselseitig aufeinander angewiesen. Für die Unterrichtsvorbereitung bedeutet dies, dass eine – lerntheoretisch – begründete Planung zwar keine unmittelbaren Handlungsanweisungen gibt, aber „… auf einen Plan verzichten, hieße einen Forscher spielen, der ohne die nötigen Sicherungen in einen fremden Erdteil vorstößt. Unbeirrbar einem festen Plan folgen wollen, hieße die Wendigkeit vermissen lassen, die gerade unvorherzusehende Lagen erfordern. Es kommt also auf die Elastizität und Beweglichkeit des Plans an" (S. 126).

HEIMANN hat der bildungstheoretisch orientierten Didaktik „Stratosphärendenken" vorgeworfen und damit darauf hingewiesen, dass diese für didaktische Entscheidungen des Schulalltags folgenlos bleibe (vgl. 1976, S. 146). Eine konkrete Unterrichtssituation kann – so HEIMANN – keine Entsprechung in einem didaktischen Modell finden, dafür sind solche Situationen zu vielfältig. Entsprechend muss eine Theorie prozessbezogen sein und das Verhalten des Didaktikers experimentell (vgl. S. 149).

Mit dem Begriff der Reflexion macht HEIMANN deutlich, dass die eigentliche Leistung der Theorie in der Interpretation von didaktischen (Unterrichts-)Situationen liegt. Theoriewissen soll dazu befähigen, „in ganz konkreten Fällen das jeweils erforderliche *theoretische Äquivalent* bilden und Entscheidungen in einem mittleren Maß *wissenschaftlicher Begründetheit* treffen zu können" (1976, S. 151). Eine didaktische Ausbildung sollte – so HEIMANN – dem Prozess der Theoriebildung (dem „Theoretisieren") gewidmet sein, nicht dem Inhalt von Theorien. Einem möglichen Einwand, durch zu viel Theorie die (angehenden) Lehrenden eher zu verunsichern und Flexibilität zu verhindern, begegnet HEIMANN in zweierlei Hinsicht: Zum einen sei der verunsichernde Effekt der Allgemeinen Didaktik angesichts der Selbstsicherheit vieler Lehrender, die sich auf die Sachlogik ihrer Fächer berufen, eher günstig. Zum anderen solle derjenige, der seine unterrichtliche Spontaneität verliert, die Schuld nicht auf die Theorie abschieben: „Verwissenschaftlichung des unterrichtlichen Handelns setzt ein sehr *vitales Engagement* voraus, das eigentlich durch keine Reflexion zerstört, wohl aber in ein kontrolliertes Engagement verwandelt werden kann" (S. 167). SCHULZ sieht engagierte Praxis und didaktische Theorie in einem noch engeren wechselseitigen Verhältnis: „In den letzten zehn Jahren habe ich dazugelernt, dass die Trennung zwischen engagierter Praxis und distanzierender Theorie so, wie ich einmal glaubte, nicht ohne Gefahr für ein nicht mehr genügend reflektiertes Handeln und eine nicht mehr genügend handlungsorientierte Theoriebildung durchzuhalten ist" (SCHULZ 1985, S. 44).

Mit unserem Hinweis auf die „Zurückhaltung" der kritisch-kommunikativen Didaktik (vgl. Abschnitt 10.2.5) bei der Vorlage von Unterrichtsentwürfen haben wir schon angedeutet, dass die Funktion der didaktischen Theorie in erster Linie als eine orientierende und rationalisierende verstanden wird. WINKEL kennzeichnet die Didaktik als Theorie des schulischen Lehrens und Lernens im Sinn einer systematischen, nachprüfbaren und helfenden Analyse und Planung unterrichtlicher Lehr- und Lernprozesse. Sie hilft, vor der Beliebigkeit zu bewahren, die dann entstünde, wenn Lehren und Lernen nicht „didaktisiert" würden: „Vor der Beliebigkeit aber bewahrt nur die Theorie, d. h. die begründete Rechtfertigung, die systematische Überlegung, die überzeugende Anordnung. Um also überhaupt Verständlichkeit herzustellen, müssen Lehren und Lernen geplant, analysiert – eben didaktisiert werden" (1983, S. 79). An anderer Stelle betont WINKEL die Praxis erhellende und erleichternde Funktion der Didaktik: „Und solange wir als Didaktiker vermittels kritischer Analysen von Unterricht … Beziehungen, Strukturen, Baugesetze und Abhängigkeiten den angehenden Lehrern *nicht* deutlich machen, sehe ich keinen Grund, warum sich auch nur ein Lehrer nach seinem 2. Examen mit uns … beschäftigen soll; ich sehe aber auch keine Chance, unter Umgehung dieser didaktischen Aufgaben Unterricht endlich spannender, freudvoller, störungsfreier und humaner zu gestalten" (1976, S. 18).

Nimmt man das Theorie-Praxis-Verhältnis aus der Perspektive des Pragmatismus – als theoretische Bezugsgröße des Projektunterrichts bzw. projektorientierter didaktischer Ansätze (vgl. Abschnitt 10.2.6) – in den Blick, lässt sich eine Kontinuität von Theorie und Praxis feststellen, in der die Theorie ein Handlungsmoment darstellt und in Plänen instrumentalisiert wird. Diese Pläne dienen letztlich der Entwicklung von Erfahrungen der Lernenden. Nach der Auffassung des Pragmatismus bzw. des damit verbundenen Instrumentalismus steht eine von der Theorie getrennte Praxis in der Gefahr, in Konfusion, Routine oder Irrelevanz zu verflachen (vgl. SCHREIER 1986, S. 70). Aus der kontinuierlichen Veränderung der Erziehungspraxis folgt die Notwendigkeit einer Legitimation durch pädagogische Theorien (vgl. ebd., S. 71). Dazu formuliert DEWEY: „Eine Philosophie der Erziehung muss, wie jede Theorie, in Worten formuliert werden. Aber insofern, als ihre Bedeutung übers Verbale hinausgeht, stellt sie einen Plan für das Erziehungshandeln dar". Und mit Blick auf die Erfahrung: „Wenn Erfahrung nicht so begriffen wird, dass ein Plan resultiert, der Entscheidungen über die Inhalte, über Unterrichtsmethode und -stil und über die Materialien und die soziale Organisation der Schule bestimmt, dann bleibt sie ganz in den Lüften" (1938, S. 17, zit. nach SCHREIER 1986, S. 71 f.). Die Erfahrung wird von DEWEY mit dem Begriff der Kontinuität charakterisiert, worunter er versteht, dass jede Erfahrung ebenso von den vorausgegangenen Erfahrungen beeinflusst ist, wie sie auch die Qualität der nachfolgenden Erfahrungen modifiziert.

SCHREIER bezeichnet dieses Theorieverständnis als eine Sublimation der Praxis, „was nun keineswegs einfach ein Subsumptions-Verhältnis bedeutet, sondern eine ,Ausgipfelung' innerhalb eines Kontinuums, die etwas gänzlich Neues mit sich bringt, wie der menschliche Geist selbst innerhalb der Lebensformen entwicklungsgeschichtlich eine Aufgipfelung von etwas darstellt, das in den Lebewesen überall angelegt erscheint, und nun doch etwas gänzlich Neues – i. S. eines Qualitätssprunges – in die Welt gebracht hat" (1986, S. 72).

In seinem dialektisch orientierten Ansatz (vgl. Abschnitt 10.2.7) spricht KLINGBERG von Methode und Theorie. Die Methode kennzeichnet er als planmäßiges, systematisches Vorgehen zur Erreichung bestimmter Ziele. Sie trägt normativen Charakter und wird in Sollenssätzen formuliert, die dem Lehrer angeben, was in einer bestimmten Situation zu tun ist, um ein bestimmtes Resultat zu erreichen (vgl. 1972, S. 274 f.). Damit unterscheidet sie sich grundlegend von der Theorie: „Während die Theorie – die die Theorie bildenden Begriffe, Urteile, Hypothesen, Axiome usw. – *Aussagecharakter* hat (ihre Funktion besteht darin, die Wirklichkeit adäquat abzubilden), haben Methode und Regel *Aufforderungscharakter* und primär die Funktion, das zielgerichtete *Handeln* der Menschen zu leiten" (S. 275). Theorie und Methode stehen in einem Verhältnis dergestalt, dass die Methode immer auf einer Theorie beruht. Die Funktion der praktischen Anleitung von unterrichtlichem Handeln darf allerdings nicht so verstanden werden, dass es sich hierbei um direkte Anweisungen für beliebige Situationen handelt. Es handelt sich nach KLINGBERG vielmehr um Lehralgorithmen (mit einem Algorithmusverständnis im Sinne einer systematischen Folge von Regeln) für spezifische typische didaktische Situationen. Er verweist aber gleichzeitig darauf, dass das Hauptfeld der Unterrichtsarbeit in der schöpferischen Tätigkeit liege, die auf heuristische Regeln zurückgreifen müsse und dem Lehrer einen verhältnismäßig großen Spielraum für die Anpassung des methodischen Vorgehens an die didaktische Situation lasse (vgl. S. 162).

In seinem konstruktivistisch orientierten Ansatz (vgl. Abschnitt 10.2.8) geht REICH davon aus, dass konstruktivistische Didaktik praxisorientiert ist – allerdings nicht im Sinne einer Rezeptlehre für den Unterricht, sondern als kritische Reflexion auf Lehr- und Lernprozesse. Der Ansatz ist auch aus einer Kritik an den „traditionellen" Didaktiken heraus formuliert, die im Wesentlichen als praxisfern und inhaltsorientiert charakterisiert werden und in denen die kommunikative Seite von Unterricht sowie lerntheoretische Gesichtspunkte zu wenig Berücksichtigung finden (vgl. 2002, S. 15, 32, 36). Die rationalistische Dominanz der Modelle und die Überschätzung im Hinblick auf ihre Umsetzbarkeit sind nach REICH auch für die Frustration vieler Lehrender und eine gewisse Theoriefeindlichkeit verantwortlich (vgl. S. 20). Grundsätzlich kommt der Didaktik nach REICH die Aufgabe zu, Bedingungen und Möglichkeiten praktischen Handelns in der Vermittlung von Inhalten und Beziehungen umfassend zu reflektieren (vgl. S. 17). Im Vergleich zu traditionellen Didaktiken versteht sich konstruktivistische Didaktik auch nicht als Modell, sondern als „großes Experiment in der Gesellschaft ..., das uns neue Wege des erfolgreichen Lehrens und Lernens in vielen einzelnen ... Situationen weisen wird. Es käme dann aber auch darauf an, dass Lehrende erfolgreiche und erfolglose Strategien viel stärker theoretisch reflektieren" (S. 116 f.). Die häufig vorzufindende rezepthafte oder bloß methodische Einstellung der Didaktik wertet REICH als kurzsichtig und abgekoppelt von einem „breiteren, experimentell durchgeführten, reflektierten und darin dokumentierten Lehr- und Lernhandeln" (S. 117). Didaktik wird als offenes Denken bezeichnet, das alle konstruktiven Elemente im didaktischen Prozess an die Lehrenden und Lernenden zurück gibt und nicht als statisches Modell vorab beschreibt. Didaktik als Wissenschaft hat viable Lernkonzepte theoretisch zu entwickeln, praktisch zu realisieren und zu evaluieren (vgl. S. 126 f.).

Diese kurze Übersicht über Aussagen zum Theorie-Praxis-Verhältnis in verschiedenen didaktischen Ansätzen zeigt, dass die „Umsetzung" theoretischer Überlegungen in unterrichtliche Praxis als eine eigenständige Aufgabe für Lehrerinnen und Lehrer angesehen wird und dass die didaktischen Ansätze nicht den Anspruch haben, unmittelbare Handlungsanweisungen für die Gestaltung von Unterricht zur Verfügung zu stellen. Wie der Übergang von der didaktischen Theorie zur didaktischen Praxis grundsätzlich verstanden werden kann und wie wir ihn im Rahmen unserer Einführung in die Didaktik verstehen, skizzieren wir nun abschließend. Unter didaktischer Praxis verstehen wir dabei die Planung, Durchführung und Auswertung von Unterricht. Dies bedeutet, dass wir nicht allein die gedankliche Planung von Handlungen oder deren gedankliche Reflexion zur didaktischen Praxis zählen, sondern auch die konkrete Umsetzung bzw. Durchführung von Lehrhandlungen. Wir tun dies bewusst, weil wir davon ausgehen, dass die Durchführung von Lehrhandlungen nicht eine einfache Umsetzung von (didaktischen) Planungen und Entwürfen ist, sondern dass auch in der konkreten unterrichtlichen Situation didaktische Überlegungen von der Lehrperson durchgeführt und entsprechend didaktische Entscheidungen getroffen werden.

## Das Theorie-Praxis-Verhältnis vor dem Hintergrund didaktischer Reflexion

Zum Verhältnis von Theorie und Praxis bzw. von wissenschaftlichem, theoretischem Wissen und unterrichtlichem Handeln können systematisch im Wesentlichen drei Vorstellungen unterschieden werden. In einem Transfermodell wird angenommen, dass wissenschaftliches Wissen (Theoriewissen, Disziplinwissen) im Sinne eines einfachen Transfers von der Theorie auf Praxissituationen angewendet werden kann (vgl. Darstellung R.1). Handlungsdefizite in der Praxis lassen sich nach dieser Auffassung durch die instrumentelle Anwendung theoretischen Wissens verringern. Ein solche Vorstellung erscheint uns allerdings zu vereinfachend bzw. nicht tragfähig, weil sie nicht nur die Komplexität realer pädagogischer Situationen (im Vergleich zum in der Regel hohen Allgemeinheitsgrad wissenschaftlicher Theorien) verkennt, sondern auch den strukturellen Unterschied zwischen Handlungs- und Disziplinwissen, wonach eine simple Übertragung der Theorie auf die Praxis nicht angemessen ist (vgl. zur Kritik auch DRERUP 1989, S. 146 ff.). Auf ein solches Transfermodell scheinen sich aber gerade auch Studierende zu beziehen, wenn sie – in Erwartung von Handlungsanleitungen und Lösungsstrategien – die geringe Praxisrelevanz des Theoriewissens in der Erziehungswissenschaft oder in der Fachdidaktik beklagen.

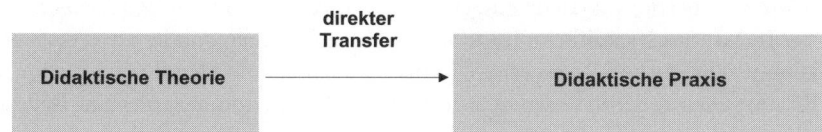

**Darstellung R.1:** Zum Verhältnis von didaktischer Theorie und Praxis: Transfer

In einem zweiten Modell wird angenommen, dass Disziplin- und Handlungswissen strukturell verschieden sind. Den Wissensarten wird zunächst eine grundsätzlich andere Funktion zugeschrieben. Wissenschaftswissen dient der Begründung und ist dem Wahrheitskriterium verpflichtet, Handlungswissen dient der Handhabung von Regeln z. B. bei situativen Entscheidungsfindungen und richtet sich nach dem

Kriterium der Angemessenheit bzw. Verhältnismäßigkeit (vgl. z. B. DEWE/FERCHHOFF/ RADTKE 1992, S. 82). Die weiteren Konsequenzen dieses Modells werden unterschiedlich beurteilt: Während auf der einen Seite beispielsweise davon ausgegangen wird, dass die beiden funktional differenzierten Wissensbereiche nicht unmittelbar aufeinander bezogen werden können (vgl. TENORTH 1990), wird andernorts die Möglichkeit einer „Vermittlung und Verschmelzung der beiden Sphären Theorie und Praxis in einer spezifischen Form des Könnens" unterstellt (MÄGDEFRAU/SCHUMACHER 2001, S. 414). Im Zusammenhang der letzten Position wird die Frage interessant, welche Transformationsprozesse für die Veränderung von theoretischem Wissen zu praktischem Handlungswissen verantwortlich sind (vgl. Darstellung R.2). Hierüber ist bisher wenig Spezifisches bekannt. Gemeinhin wird angenommen, dass erworbenes theoretisches Wissen im Laufe der Zeit – z. B. während längerer unterrichtlicher Tätigkeit – Routineformen annimmt.

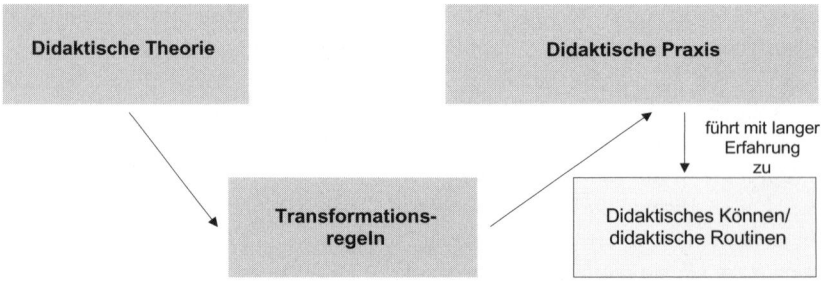

**Darstellung R.2:** Zum Verhältnis von didaktischer Theorie und Praxis: Transformation

Unserem eigenen Verständnis entspricht eine dritte Variante des Theorie-Praxis-Verhältnisses, bei der wir davon ausgehen, dass von der Theorie zur Praxis weder ein naiver Transfer noch spezifische Transformationsregeln führen, sondern dass es darauf ankommt, Theorie und Praxis bzw. Wissenschaftswissen und Handlungssituationen in Relation zueinander zu setzen. Aus der Sicht der Lehrperson stellt dies eine Reflexionsleistung dar, deren Ziel es ist, die Fähigkeit zu entwickeln, Wissenschaftswissen (in diesem Fall allgemeindidaktisches Wissen) zu spezifischen Lehr- und Lernsituationen sowie zu den eigenen subjektiven Theorien (vgl. Kap. 6) in Beziehung zu setzen (vgl. Darstellung R.3). Mit einer solchen Sichtweise ist die Annahme verbunden, dass die besondere Leistung einer Profession unter anderem darin besteht, zwischen den Bereichen der Theorie und der Praxis zu „vermitteln". DEWE/FERCHHOFF/RADTKE schreiben dem professionell Agierenden dazu eine Handlungsstruktur zu, die es erlaubt, „in der Alltagspraxis auftretende Handlungsprobleme aus der Distanz ‚stellvertretend' für den alltagspraktisch Handelnden wissenschaftlich reflektiert zu deuten und zu bearbeiten" (1992, S. 81). Dies entspricht weder einem einseitigen Könnenserwerb in Expertenkulturen (im Sinne einer Meisterlehre) noch einem isolierten Erwerb expliziten Wissens, sondern besitzt eine ganz eigene Qualität.

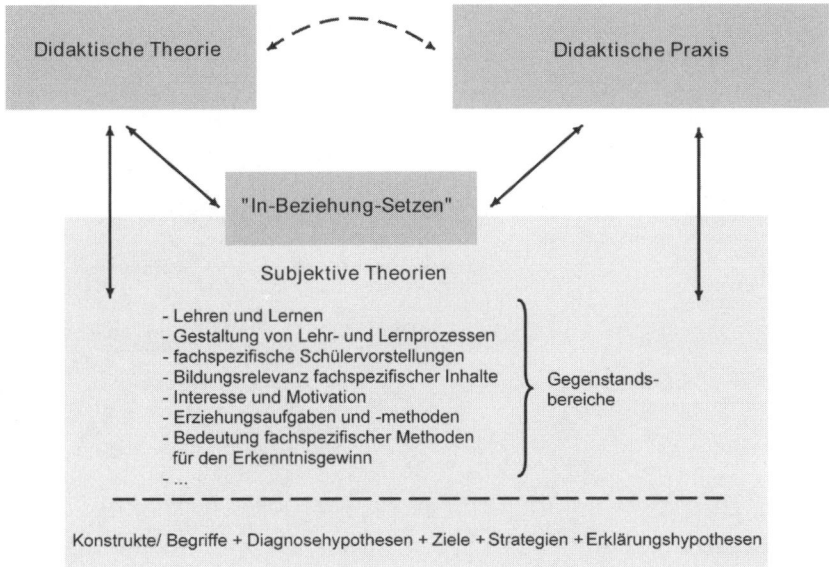

**Darstellung R.3:** Zum Verhältnis von didaktischer Theorie und Praxis: Reflexion

Das Bewusstsein über Argumentationsebenen in didaktischen Konzepten ist nicht nur im Hinblick auf den Aufbau angemessener Erwartungshorizonte hilfreich, sondern auch in Bezug auf die konstruktive Ausschöpfung der in den didaktischen Ansätzen formulierten Erkenntnisse und Anregungen für die eigene didaktische Theoriebildung der Lehrperson.

**Anmerkungen**

1   Bei der Verwendung der Bedeutung eines Modells als Modell für etwas noch nicht Vorhandenes, wie z. B. einen Plan oder einen (Zukunfts-)Entwurf wäre eine solche Überprüfung nicht möglich, d. h. der „Wahrheitswert" einer Aussage in einem solchen Modell könnte nicht geprüft werden.

# Anhang:
# Beispiel einer
# komponentenbezogenen
# Unterrichtsvorbereitung

Das nachstehende Beispiel bezieht sich auf ein Thema aus der Elektrizitätslehre im Fach Physik oder Technologie. Das Thema lautet „Mehrere Verbraucher in einem Stromkreis" und ist für eine höhere Klasse der Sekundarstufe I gedacht. Für das Beispiel wird im Folgenden eine komponentenbezogene Vorbereitung gemäß den Schritten und Fragen im Abschnitt 7.2.3 ausgeführt.

*(1) Einordnung des Themas:*
Bei dem Thema „Mehrere Verbraucher in einem Stromkreis" geht es um Gesetzesaussagen zur Reihen- und Parallelschaltung von Widerständen und um deren handlungsbezogene Anwendung. Das Thema soll in einer dritten Unterrichtseinheit im Rahmen einer Unterrichtsreihe zum Inhaltsbereich „Grundzusammenhänge im elektrischen Stromkreis" behandelt werden. Es wird angenommen, dass die Unterrichtsreihe aus vier Unterrichtseinheiten – „Größen des elektrischen Stromkreises", „Das Ohmsche Gesetz", „Mehrere Verbraucher in einem Stromkreis", sowie „Elektrische Leistung und Arbeit" – besteht und dass der Unterrichtsreihe eine Reihe zum Inhaltsbereich „Elektrizität als Energieform" vorausgegangen ist. Je nach Schulform können weitere Unterrichtsreihen zur Elektrizitätslehre folgen.

*(2) Lernvoraussetzungen:*
Aufgrund der vorausgegangenen Unterrichtsreihe zur „Elektrizität als Energieform" sowie der Unterrichtseinheiten „Größen des elektrischen Stromkreises" und „Das Ohmsche Gesetz" kann man davon ausgehen, dass die Lernenden Vorstellungen von Wirkungen des elektrischen Stroms entwickelt haben und die Grundgrößen Spannung (V), Stromstärke (I) und Widerstand (R) sowie das Ohmsche Gesetz kennen. Je nach konkreter Klasse wird es allerdings Unterschiede in der Anwendungsfähigkeit geben. Auf jeden Fall ist es wichtig, dass die Lehrperson den Schülerinnen und Schülern am Beginn der Unterrichtseinheit die Möglichkeit gibt, ihre Vorstellungen bzw. „subjektiven Theorien" zu den physikalischen Zusammenhängen – als Ausgangspunkt für Weiterentwicklungen – zu artikulieren.

Im Hinblick auf notwendige Fertigkeiten zur Messung von Spannung und Strom-stärke bei der beabsichtigten Erarbeitung der Gesetzesaussagen zur Reihen- und Parallelschaltung von Widerständen kann man aufgrund der vorherigen Unterrichtseinheiten vermuten, dass die meisten Lernenden über entsprechende Techniken und Fertigkeiten verfügen, so dass die Messungen in Kleingruppen vorgenommen werden können.

Bezogen auf das intellektuelle Niveau ist anzunehmen, dass die meisten Lernenden mindestens die Stufe des konkret-differenzierenden Denkens erreicht haben. Auf dieser Basis müsste es möglich sein, von konkreten Messungen elektrischer Größen zur formelmäßigen Beschreibung von Gesetzesaussagen zu gelangen.

In sozialer bzw. moralischer Hinsicht ist eine Spannbreite vom zweiten bis zum vierten Urteilsniveau zu erwarten. Dies hat unter anderem die Konsequenz, dass die Bedeutung des Themas für alle dann erschließbar ist, wenn der Nutzen einer Auseinandersetzung mit dem Inhalt erkennbar wird (vgl. Abschnitt 7.2.3).

Im Hinblick auf die Bedürfnisse sind bei den Jugendlichen vor allem Zugehö-rigkeits- und Geltungsbedürfnisse zu erwarten. Deshalb sollte der Lernprozess die Möglichkeit zu gemeinsamem Tun und zu einer eigenständigen Leistung für die Jugendlichen bieten.

Insgesamt müssten die obigen Überlegungen bei einer Vorbereitung für eine konkrete Klasse jeweils auf deren Bedingungen hin angepasst werden.

*(3) Inhalte:*

Bei dem Inhalt „Mehrere Verbraucher in einem Stromkreis" soll es zunächst um die Erarbeitung von Gesetzesaussagen zur Reihen- und Parallelschaltung gehen. Dabei können die zu erarbeitenden Gesetze als exemplarisch für naturwissenschaftliche Aussagen gelten und das Verfahren zu ihrer Erarbeitung als exemplarisch für na-turwissenschaftliches Vorgehen. Darüber hinaus sollen die Gesetzesaussagen zur Reihen- und Parallelschaltung als Basis für die Gestaltung einer Klingelanlage dienen. Die Gestaltung einer solchen Anlage lässt sich als exemplarisch für die Anwendung naturwissenschaftlicher Gesetzesaussagen in technischen Zusammenhängen bzw. Systemen auffassen.

Für die Erarbeitung und Anwendung der Gesetzesaussagen zur Reihen- und Paral-lelschaltung eignet sich eine Gestaltungsaufgabe, die in folgenden Zusammenhang gestellt werden kann:

> Ein Jugendlicher hat sich im Keller der elterlichen Wohnung einen Hobbyraum eingerichtet. Da er sich zeitweise im Hobbyraum und zeitweise in seinem Zim-mer aufhält, möchte er eine Klingelanlage installieren, bei der von einem Taster an der Haustür aus gleichzeitig eine Klingel im Hobbyraum und eine Klingel in seinem Zimmer betätigt wird. Im Keller des Hauses ist bereits ein zusätzlicher Klingeltransformator, der für eine Spannung von 8 Volt und eine Stromstärke von 1 Ampere ausgelegt ist, vorhanden (vgl. den Raumplan, Darstellung A.1). Es stellt sich die Frage, wie eine entsprechende Klingelanlage aussehen könnte.

Die Lösung dieser Aufgabe erfordert Kenntnisse zum Stromkreis und zu den Gesetzesaussagen der Reihen- und/oder Parallelschaltung sowie die Fähigkeit, diese Kenntnisse zur Gestaltung der Klingelanlage umzusetzen. Dabei wird durch die Aufgabe selbst die Bedeutsamkeit der zu erarbeitenden Inhalte für praktische Fragestellungen verdeutlicht. Über die Lösung der konkreten Aufgabe hinaus sind die zu erarbeitenden Kenntnisse für Erklärungen, Vorhersagen oder Handlungsanleitungen bei allen Fragen zu Fällen hilfreich, in denen in einem Stromkreis mehrere Verbraucher betrieben werden, z. B.: Wie lässt sich erklären, dass eine Sicherung für eine Doppelsteckdose, von der aus zwei Verbraucher betrieben werden, „durchgebrannt" ist? oder: Wird eine Sicherung mit einem bestimmten Nennstrom beim Anschluss von zwei Verbrauchern „durchbrennen"? oder: Welche Sicherung muss man für eine Doppelsteckdose mit zwei Verbrauchern wählen? Solche oder ähnliche Anwendungsfälle, die auf die Bedeutsamkeit des zu Lernenden verweisen, können in der Regel entsprechenden Physik- oder Technologiebüchern entnommen werden (vgl. z. B. NÜCKE/REINHARD 1990, S. 128 f; BRAUN u.a. 1991, S. 172).

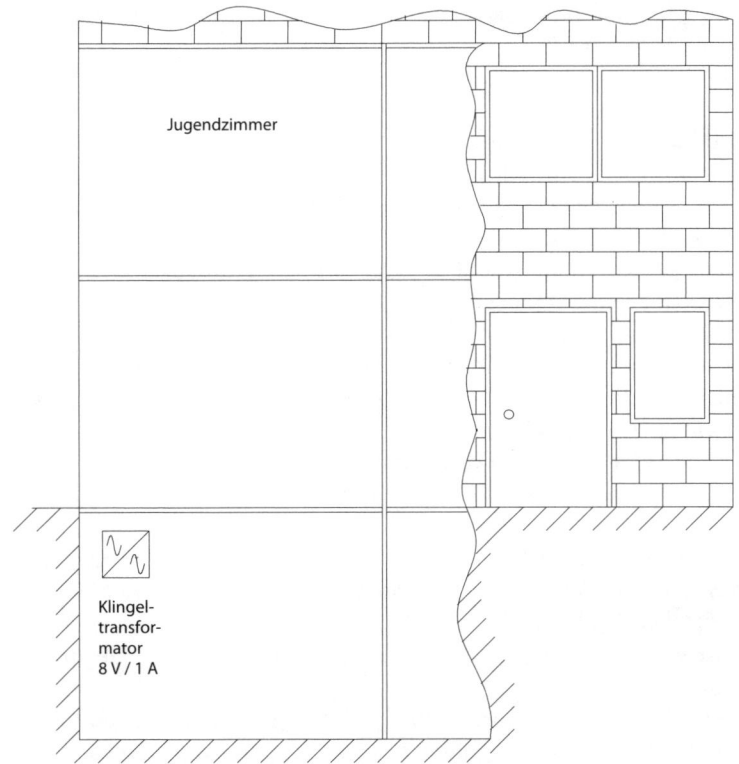

Jugendzimmer

Klingel-
transfor-
mator
8 V / 1 A

**Darstellung A.1:** Raumplan (dabei bedeuten: V = Volt, A = Ampere)

Reihenschaltung

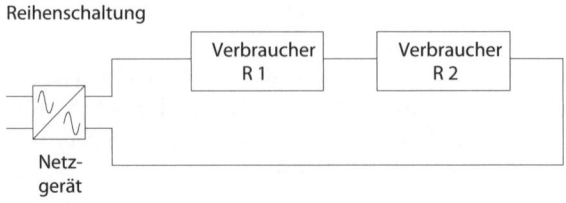

Parallelschaltung

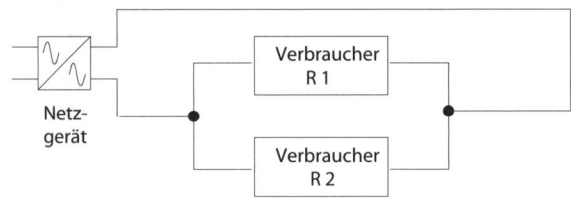

**Darstellung A.2:** Reihen- und Parallelschaltung von Widerständen im Stromkreis (dabei bedeutet: R= Widerstand)

Für die Lösung der obigen Aufgabe zur Gestaltung einer Klingelanlage müssen zunächst Grundlagen erarbeitet werden. Diese beziehen sich auf folgende Fragen:

a) Welche Möglichkeiten gibt es, die beiden Klingeln (Verbraucher) in einem Stromkreis zu schalten?

b) Welche Gesetzesaussagen zum Zusammenhang von Stromstärke, Spannung und Widerstand gelten bei möglichen Schaltungen?

Überlegungen zur Frage a) sollten in die Erkenntnis einmünden, dass zwei oder mehr Verbraucher prinzipiell in zwei Formen in einem Stromkreis geschaltet sein können:

– als Reihenschaltung oder

– als Parallelschaltung (vgl. Darstellung A.2).

Die Frage b) sollte in einem experimentellen Vorgehen geklärt werden. Dazu können – jeweils getrennt – für die Reihen- und die Parallelschaltung folgende Schritte durchgeführt werden:

– Formulieren von Vermutungen zur Stromstärke und zur Spannung am einzelnen Verbraucher (Widerstand),

– Überlegungen zu einer geeigneten Versuchsanordnung zur Überprüfung der Vermutungen,

– Überprüfung der Vermutung durch Messung in entsprechend aufgebauten Stromkreisen (gemäß Darstellung A.3),

– Formulieren der ermittelten Gesetzesaussagen.

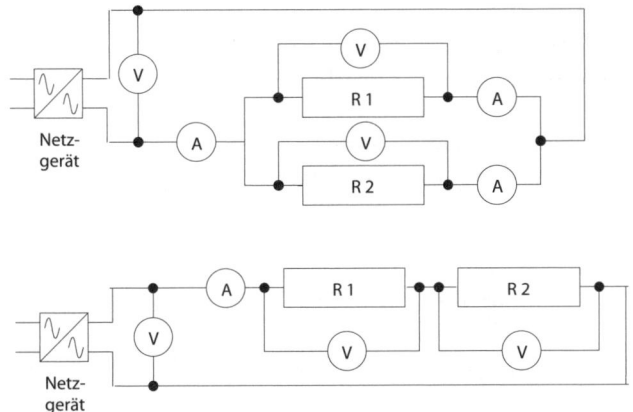

**Darstellung A.3:** Messung von Spannung und Stromstärke bei der Reihen- und Parallelschaltung (dabei bedeuten: V=Voltmeter, A= Amperemeter, R=Widerstand)

Die experimentelle Prüfung wird zu folgenden Gesetzesaussagen führen: Für die Reihenschaltung gilt:
- Die Stromstärke ist an allen Verbrauchern (Widerständen) gleich: $I = I_1 = I_2 = ...$
- Die Summe der Spannungen an Einzelverbrauchern (Einzelwiderständen) ist gleich der Gesamtspannung: $U = U_1 + U_2 + ...$
- Daraus folgt nach dem Ohmschen Gesetz ($\frac{U}{I} = R$), dass die Summe der Einzelwiderstände gleich dem Gesamtwiderstand ist: $R = R_1 + R_2 + ...$

Für die Parallelschaltung gilt:
- Die Spannung ist an allen Verbrauchern (Widerständen) gleich: $U = U_1 = U_2 = ...$
- Die Summe der Ströme in den Einzelwiderständen ist gleich dem Gesamtstrom: $I = I_1 + I_2 + ...$
- Daraus folgt nach dem Ohmschen Gesetz ($U = R \cdot I$), dass die Summe der Kehrwerte der Einzelwiderstände gleich dem Kehrwert des Ersatzwiderstandes (= Gesamtwiderstandes) ist:

$$\frac{1}{R} = \frac{1}{R_1} + \frac{1}{R_2} + ...$$

Diese Gesetzesaussagen stellen die Grundlage für den Entwurf einer Klingelanlage für den Eingangsfall dar. Dabei ist es sowohl möglich, die beiden Klingeln in Reihen- oder in Parallelschaltung anzuordnen. Darstellung A.4 zeigt als Beispiel eine Ausführung als Parallelschaltung. Eine Parallelschaltung ist letztlich einer Reihenschaltung vorzuziehen, da bei Defekten an einer Klingel wenigstens noch die andere Klingel läuten würde, während bei der Reihenschaltung beide Klingeln ausfallen würden.

Bei Verwendung des vorhandenen Klingeltransformators (8 V/1 A) müssten
- bei einer Parallelschaltung zwei Klingeln mit je 8 V und 0,5 A,
- bei einer Reihenschaltung zwei Klingeln mit je 4 V und 1 A
installiert werden.

Entsprechende Materialien (Klingeltransformatoren, Klingeln, Taster und Klingeldraht) sollten bereitgestellt werden, so dass die Klingelanlage modellartig aufgebaut
werden kann.

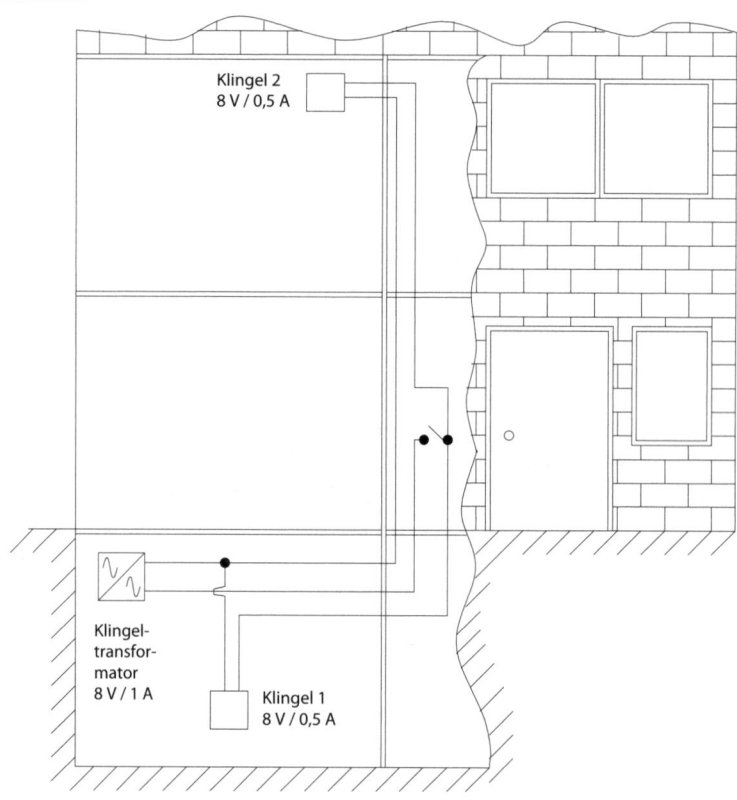

**Darstellung A.4:** Entwurf der Klingelanlage

Für den Vergleich und die Bewertung unterschiedlicher Lösungen können vor allem
vier Gesichtspunkte herangezogen werden:
- Richtigkeit der verwendeten Gesetzesaussagen und der Berechnungen,
- Funktionsfähigkeit der Anlage,
- Einfachheit der Umsetzung, z. B. möglichst kurze Leitungen,
- Sicherheit der Anlage, z. B. Vermeiden von Störungen oder Unfallgefahren.

In der Zusammenfassung sollten noch einmal die folgenden Sachverhalte ins Bewusstsein gehoben werden:
- die Grundformen der Schaltung von mehreren Verbrauchern in einem Stromkreis,
- die Gesetzesaussagen zur Reihen- und Parallelschaltung,
- die Schritte zur experimentellen Erarbeitung der Gesetzesaussagen,
- Gesichtspunkte für die Bewertung eines technischen Systems (Klingelanlage) auf der Basis von naturwissenschaftlichen Gesetzesaussagen.

Als Anwendung für die erarbeiteten Gesetzesaussagen kann je eine Aufgabe gestellt werden, die der Erklärung, der Vorhersage oder der Erarbeitung einer Handlungsanleitung dient (vgl. z. B. BRAUN u. a. 1991, S. 166 ff.):

a) Ein Elektrogerät wird über eine Gummischlauchleitung („Gummikabel") von 50 m Länge von einer Steckdose mit 220 V betrieben. Eine Spannungsmessung am Heizgerät ergibt allerdings nur einen Spannungswert von 208 V. Wie kann man dies erklären?

b) Was geschieht, wenn bei einer Christbaumbeleuchtung, die für fünfzehn Kerzen mit je 15 V und 0,3 A ausgelegt ist, drei Kerzen ersetzt werden, die für eine Christbaumbeleuchtung mit 20 Kerzen mit je 11 V und 0,3 A gedacht sind?

c) An einer Zweifachsteckdose mit 220 V sollen bei Bedarf ein Bügeleisen mit einem Widerstand von 60 Ω und ein Wasserboiler mit einem Widerstand von 40 Ω gleichzeitig betrieben werden. Was für eine Sicherung (Nennstrom?) muss für die Absicherung der Doppelsteckdose eingesetzt werden?

Die Lösung der Aufgaben lautet:

a) Erklärung: Am Elektrogerät wird nur ein Spannungswert von 208 V gemessen, weil das „Gummikabel" als Widerstand mit dem Elektrogerät in Reihe geschaltet ist, und weil für die Reihenschaltung gilt, dass sich die Einzelspannung an einem Verbraucher als Differenz zwischen der Gesamtspannung und den Einzelspannungen an den übrigen Verbrauchern ergibt.

b) Vorhersage: Die Brenndauer der Kerzen wird sich verringern, weil die Spannung an der einzelnen Kerze zunimmt und weil gilt, dass die Brenndauer abnimmt, wenn die Spannung über dem vorgesehenen Wert liegt. Die Spannung an der einzelnen Kerze nimmt zu, weil die Stromstärke steigt und weil gilt, dass die Spannung gleich dem Produkt aus Stromstärke und Widerstand ist. Die Stromstärke steigt, weil der Gesamtwiderstand abnimmt und weil sich die Stromstärke an jedem einzelnen Verbraucher bei einer Reihenschaltung als Quotient aus der Gesamtspannung und dem Gesamtwiderstand ergibt. Der Gesamtwiderstand nimmt ab, weil der Einzelwiderstand in den drei ersetzten Kerzen geringer ist als in den vorgesehenen und weil gilt, dass der Gesamtwiderstand bei einer Reihenschaltung als Summe der Einzelwiderstände zu errechnen ist.

c) Handlungsanleitung: Es ist eine Sicherung mit einem Nennstrom von $I > 9{,}17$ A zu wählen, weil die Stromstärke bei dem Betrieb von Bügeleisen und Wasserboiler

9,17 A betragen wird. Dies ergibt sich aus der Anwendung der Gesetzesaussagen für die Parallelschaltung.

In der Phase der Weiterführung sollten Fragen besprochen werden, die gegebenenfalls von den Lernenden gestellt werden. Eine Überleitung zur nächsten Unterrichtseinheit über „Elektrische Leistung und Arbeit" kann durch den Hinweis erfolgen, dass bei manchen Verbrauchern nicht die vorgesehenen Spannungs- und Stromstärken, sondern die Spannung und die Leistung angegeben sind.

*(4) Zielvorstellungen:*

Am Ende der Unterrichtseinheit sollen folgende Lehrziele erreicht sein:

- Die Lernenden sollen die Gesetzesaussagen zu den Zusammenhängen bei Stromstärke, Spannung und Widerstand im Falle der Reihen- und der Parallelschaltung von Verbrauchern nennen können.
- Die Lernenden sollen in der Lage sein, die Gesetzesaussagen zur Reihen- und Parallelschaltung für die Erklärung, Vorhersage und Handlungsanleitung bei entsprechenden Problemen und Gestaltungen anzuwenden.
- Die Lernenden sollen das experimentelle Vorgehen zur Erarbeitung von Gesetzesaussagen beschreiben können.
- Die Lernenden sollen am Beispiel der Klingelanlage Gesichtspunkte für die Bewertung eines technischen Systems erläutern können.

Im Hinblick auf Arbeitstechniken und Arbeitsformen sollen die Lernenden ihre Fertigkeiten zur Durchführung experimenteller Untersuchungen und zur Gestaltung von Schaltungen im Bereich der Elektrizitätslehre sowie ihre Fähigkeit zur Arbeit in Kleingruppen weiterentwickeln.

Diese Ziele lassen sich zunächst einmal mit Blick auf vorhandene Lehrpläne rechtfertigen, in denen unter anderem Kenntnisse zu Grundzusammenhängen im Stromkreis und die Fähigkeit zu ihrer Anwendung, Kenntnisse zum naturwissenschaftlichen Vorgehen und entsprechende Realisierungen sowie Überlegungen zum Zusammenhang von naturwissenschaftlichen Gesetzesaussagen und technischen Gestaltungen gefordert werden.

Außerdem können die Ziele mit Blick auf die Leitidee eines sachgerechten, selbstbestimmten und kreativen Handelns in sozialer Verantwortung gerechtfertigt werden. Die Kenntnis und Anwendung der Gesetzesaussagen zur Reihen- und Parallelschaltung kann eine Voraussetzung für einen sachgerechten Umgang mit elektrischen Geräten sein, der eigenständige Entwurf einer technischen Anlage kann selbstbestimmtes und – in Grenzen – auch kreatives Handeln fördern, die Bewertung technischer Entwürfe ermöglicht den Einbezug von Gesichtspunkten sozialer Verantwortung, z. B. Unfallsicherheit und sparsamer Umgang mit Material.

Schließlich verweisen die vorhergehenden Überlegungen zur Bedeutsamkeit im Rahmen der inhaltlichen Vorbereitung darauf, dass sich die Ziele im Hinblick auf die Gegenwart und die Zukunft der Jugendlichen rechtfertigen lassen. Die Überlegungen sollten bei der Verständigung über die Ziele in das Gespräch mit den Jugendlichen in den unterrichtlichen Prozess eingebracht werden.

*(5) Lernaktivitäten und Lehrhandlungen:*
Unter Berücksichtigung der Überlegungen im Abschnitt 5.2.1 sind folgende Lernaktivitäten wünschenswert: Die Jugendlichen
– machen sich den Eingangsfall zur Gestaltung einer Klingelanlage – auf der Basis
  ihres Wissens- und Kenntnisstandes – bewusst, äußern erste Vermutungen und
  erfahren dabei die Schwierigkeiten, die in der Aufgabe liegen,
– nennen Ziele bzw. beteiligen sich an der Verständigung über die Ziele und stellen
  Überlegungen zur Bedeutsamkeit der Lerninhalte an,
– bedenken, welche Grundlagen erarbeitet werden müssen, damit die Gestaltungsaufgabe gelöst werden kann, und welche Vorgehensweisen dafür sinnvoll
  sind,
– erarbeiten im Gespräch mit der Lehrperson die beiden Grundformen, in denen
  mehrere Verbraucher in einem Stromkreis geschaltet sein können, und ermitteln
  in einem experimentellen Vorgehen selbsttätig, welche Gesetzesaussagen für die
  Reihen- und die Parallelschaltung gelten,
– entwerfen auf der Basis der erarbeiteten Kenntnisse selbstständig einen Schaltplan
  für die Klingelanlage, berechnen Spannung und Stromstärke für die erforderlichen
  Klingeln und realisieren die Klingelanlage modellartig,
– stellen ihre Lösung vor und bewerten die vorgestellten Lösungen (einschließlich
  der eigenen Lösung) im Vergleich nach verschiedenen Gesichtspunkten und fassen
  mit der Lehrperson die erarbeiteten Schaltungsformen und Gesetzesaussagen, die
  Schritte experimentellen Vorgehens sowie Vergleichs- und Bewertungsgesichts-
  punkte für technische Gestaltungen zusammen,
– wenden ihre Kenntnisse zur Erklärung, zur Vorhersage und zum Gewinnen von
  Handlungsanleitungen bei Problemstellungen zur Reihen- und Parallelschaltung
  an und besprechen ihre Lösungen,
– stellen – gegebenenfalls – weiterführende Fragen, besprechen diese und reflektieren
  mit ihrer Lehrperson den ausgeführten Lernweg und die Lernergebnisse.
Die Lehrhandlungen der Lehrperson sollen diese Lernaktivitäten der Lernenden
anregen und unterstützen. Da solche Lehrhandlungen in der Handlungslinie unter
(7) aufgeführt werden, brauchen sie hier nicht weiter detailliert zu werden.
Unter Umständen werden für eine innere Differenzierung Arbeitsblätter mit unterschiedlichen Lernhilfen für die experimentelle Anordnung und die Entwürfe für die
Anlage notwendig, um unterschiedlichen Lernvoraussetzungen gerecht zu werden.
*(6) Erfahrungsformen bzw. Medien, Sozialformen und Organisation:*
Im Hinblick auf die Verwendung von Medien bietet es sich an:
– die Aufgabenstellung mit Hilfe eines Arbeitstransparents (gemäß Darstellung A.1)
  durch die Lehrperson zu erläutern und den Lernenden später ein entsprechendes
  Arbeitsblatt für einen Schaltungsentwurf an die Hand zu geben,
– die Fragen zur Erarbeitung von Grundlagen sowie die Vorgehensschritte an der
  Tafel oder auf einer Folie festzuhalten,

- die zwei Grundformen der Schaltung von Verbrauchern (Reihen- und Parallelschaltung) an der Tafel oder auf einer Folie – nach der gesprächsweisen Erarbeitung – zu fixieren (gemäß Darstellung A.2),
- Schaltpläne zur experimentellen Prüfung der Reihen- und Parallelschaltung durch die Lernenden – gegebenenfalls auf bereitgestellten Arbeitsblättern mit unterschiedlichen Lernhilfen – zu entwerfen (vgl. Darstellung A.3),
- Experimentiergeräte für den Aufbau entsprechender Schaltungen (Netzgeräte, Kabel, Widerstände, Spannungsmessgeräte, Strommessgeräte) bereitzustellen,
- Messergebnisse durch die Lernenden schriftlich festzuhalten,
- die korrekten Gesetzesaussagen an der Tafel oder auf einer Folie zu fixieren,
- den Schaltungsentwurf für die Klingelanlage auf dem eingangs verteilten Arbeitsblatt (gemäß Darstellung A.4) durch die Lernenden – unter Umständen mit differenzierenden Lernhilfen – zu entwickeln,
- Materialien für eine modellartige Realisierung der entworfenen Klingelanlage zur Verfügung zu stellen (Transformatoren, Klingeldraht, Klingeln, Taster),
- für die Präsentation der Gestaltungsergebnisse durch die Lernenden die Schaltungsentwürfe für die Klingelanlage auf Folien zu übertragen und die modellartigen Realisierungen zu nutzen,
- die Zusammenfassung an der Tafel oder auf einer Folie festzuhalten und durch alle Lernenden in das Physikheft zu übernehmen (vgl. die inhaltlichen Überlegungen unter 3),
- Anwendungsaufgaben auf einem Arbeitsblatt durch die Lehrperson zu präsentieren und durch die Schülerinnen und Schüler zu bearbeiten (vgl. die inhaltlichen Überlegungen unter 3).

Als Sozialformen bieten sich an:
- für die Aufgabenstellung und für die Verständigung über Ziele und Vorgehen sowie für die Erarbeitung der Schaltungsformen: der Klassenunterricht bzw. das Klassengespräch,
- für die experimentelle Erarbeitung der Gesetzesaussagen zur Reihen- und Parallelschaltung sowie für den Entwurf eines Schaltplans der Klingelanlage und für deren modellartige Realisierung: die Kleingruppenarbeit – unter Umständen im Sinne einer inneren Differenzierung nach Leistungsstand,
- für die Präsentation der Ergebnisse, den Vergleich und die bewertende Diskussion sowie für die Zusammenfassung: der Klassenunterricht bzw. das Klassengespräch,
- für die Bearbeitung der Anwendungsaufgaben: die Einzel- oder Partnerarbeit,
- für die Besprechung der Ergebnisse der Anwendungsaufgaben für die Sammlung von weiterführenden Fragen, für deren Besprechung sowie für die Reflexion des Lernweges und der Lernergebnisse: der Klassenunterricht bzw. das Klassengespräch.

Organisatorische Aspekte der Unterrichtsvorbereitung beziehen sich demgemäß auf die Sicherung der medialen und räumlichen Voraussetzungen gemäß den obigen Überlegungen sowie auf eine angemessene Zeitplanung.

*(7) Hausarbeiten und Lernerfolgskontrolle:*
Die Anwendungsaufgaben können unter Umständen auch in der Form häuslicher Arbeit ausgeführt werden.
Eine ausdrückliche Lernerfolgskontrolle bzw. Klassenarbeit könnte gegebenenfalls im Rahmen der Phase der Weiterführung und Bewertung durchgeführt werden, unter Umständen auch schon am Ende der Phase der Anwendung.

*(8) Handlungslinie:*
Im Folgenden wird für die geplante Unterrichtseinheit eine Handlungslinie entworfen. Dabei werden die bisherigen komponentenbezogenen Überlegungen im Sinne einer offenen Handlungsorientierung für den Unterrichtsablauf zusammengeführt:

*Aufgabenstellung:*
Die Lehrperson erläutert unter Verwendung eines Arbeitstransparents (gemäß Darstellung A.1) den unter (3) beschriebenen Fall, dass in einem Haus in zwei Räumen je eine Klingel installiert werden soll, wobei beide Klingeln von einem Taster aus zu bedienen sein sollen. Nach der Präsentation des Falles gibt die Lehrperson die Möglichkeit, eigene Erfahrungen zum Fall oder Klärungswünsche und Nachfragen einzubringen. Falls notwendig, werden Klärungen herbeigeführt.
Danach fragt die Lehrperson nach spontanen Ideen zur Gestaltung der Klingelanlage. Vermutlich bringen die Lernenden zunächst Vorschläge allgemeiner Art ein, z. B. zwei Klingeln an den Klingeltransformator und den Taster anzuschließen. Mögliche Nachfragen nach der Auslegung der Klingeln (Spannung?/Stromstärke?) sowie nach dem genauen Verlauf der Leitungen bzw. der Anschlüsse werden dazu führen, dass den Lernenden die Schwierigkeiten, die in der Aufgabe liegen, bewusst werden. Zugleich hat die Lehrperson die Chance, vorhandene Vorstellungen der Lernenden zu den physikalischen Zusammenhängen zu erkennen.

*Zielvereinbarung und Bedeutsamkeit:*
Die Lehrperson entwickelt im Gespräch mit den Lernenden die Zielvorstellung, mögliche Formen der Schaltung von mehreren Verbrauchern in einem Stromkreis sowie die dabei geltenden Gesetzesaussagen für Stromstärken, Spannungen und Widerstände zu erarbeiten. Die Lehrperson verständigt sich mit den Lernenden auf eine solche Erarbeitung und erläutert, dass es den Lernenden danach möglich sein wird, einen sachgerechten Schaltplan für das Eingangsproblem zu entwerfen, die Auslegung der notwendigen Klingeln zu berechnen und die Klingelanlage modellartig zu realisieren sowie die Konstruktion zu bewerten.
Die Lehrperson fragt nach weiteren Fällen, für die Kenntnisse zu mehreren Verbrauchern in einem Stromkreis hilfreich sein können. Falls durch entsprechende Beiträge

der Lernenden die Bedeutsamkeit des Themas noch nicht hinreichend bewusst wird, verweist die Lehrperson auf weitere Beispiele (vgl. inhaltlichen Überlegungen unter 3). Insgesamt sollte deutlich werden, dass entsprechende Kenntnisse es ermöglichen, Erklärungen und Vorhersagen sowie Handlungsanleitungen für Problemstellungen bei mehreren Verbrauchern in einem Stromkreis zu formulieren.

*Verständigung über das Vorgehen:*
Die Lehrperson regt an, Fragen zusammenzustellen, die als Grundlage für den Entwurf einer Klingelanlage und die Berechnung der Klingelkennwerte zunächst bearbeitet werden müssen. Im Gespräch werden als Hauptfragen herausgearbeitet:
a) Welche Möglichkeiten gibt es, die zwei Klingeln als Verbraucher in einem Stromkreis zu schalten?
b) Welche Gesetzesaussagen zum Zusammenhang von Stromstärke, Spannung und Widerstand gelten bei möglichen Schaltungen?
Nach der Festlegung der Fragen wird im Gespräch für das weitere Vorgehen vereinbart:
a) Die Grundformen der Schaltung sollen im gemeinsamen Gespräch erarbeitet werden.
b) Die Gesetzesaussagen sollen von den Lernenden in Kleingruppen in einem experimentellen Vorgehen ermittelt werden. Bei der entsprechenden Kleingruppenarbeit soll mit Bezug auf mögliche Schaltungsformen folgendermaßen vorgegangen werden:
   – Formulieren von Vermutungen zur Stromstärke und zur Spannung an zwei oder mehr Verbrauchern in einem Stromkreis,
   – Überlegungen zu einer geeigneten Versuchsanordnung zur Überprüfung der Vermutungen,
   – Überprüfung der Vermutungen durch Messung,
   – Formulieren der ermittelten Gesetzesaussagen.
Die beiden Hauptfragen und die geplanten Vorgehensweisen werden an der Tafel oder auf einer Folie festgehalten.

*Erarbeitung von Grundlagen für die Aufgabenlösung:*
Die Lehrperson entwickelt mit den Lernenden in einem Klassengespräch zwei Grundformen der Schaltung: die Reihenschaltung und die Parallelschaltung. Entsprechende Schaltskizzen werden an der Tafel oder auf einer Folie festgehalten (gemäß Darstellung A.2).
Danach stellt die Lehrperson die Experimentiergeräte vor (Netzgeräte, Kabel, Widerstände, Spannungs- und Strommessgeräte). Kleingruppen werden gebildet und erhalten zunächst die Aufgabe, Vermutungen zum Zusammenhang von Stromstärke und Spannung bei der Reihen- und Parallelschaltung zu formulieren sowie eine Versuchsanordnung zu skizzieren – unter Umständen mit unterschiedlichen Lernhilfen. Bei den Lernhilfen sollte die Lehrperson die vorhandenen Vorstellungen der Lernenden beachten. Nachdem die einzelne Kleingruppe der Lehrperson ihre Skizze

der geplanten Versuchsanordnung vorgelegt hat (vgl. z. B. Darstellung A.3), werden ihr die Experimentiergeräte übergeben.

Die Kleingruppen führen experimentelle Prüfungen durch und formulieren Gesetzesaussagen zur Reihen- und Parallelschaltung. Die Lehrperson steht zur Beratung zur Verfügung. Im Anschluss daran schlägt die Lehrperson ein gemeinsames Gespräch zu den ermittelten Aussagen vor. Die korrekten Gesetzesaussagen werden an der Tafel oder auf einer Folie festgehalten.

*Aufgabenlösung:*

Die Lehrperson regt an, in den Kleingruppen nunmehr eine Schaltung für die Klingelanlage zu entwerfen und die Kennwerte der dafür notwendigen Klingeln zu berechnen. Dazu verteilt die Lehrperson ein Arbeitsblatt gemäß Darstellung A.1. Die Kleingruppen erarbeiten – unter Umständen mit differenzierenden Lernhilfen – eine Lösung.

Nach der Vorlage einer Lösungsskizze erhalten die Kleingruppen die Materialien zur modellartigen Realisierung der Klingelanlage (Transformator, Klingeln, Taster und Klingeldraht). Die Kleingruppen realisieren ihre Klingelanlage in modellartiger Form und überprüfen die Funktionsfähigkeit. Gegebenenfalls korrigieren sie ihren Entwurf. Die Lehrperson steht zur Beratung zur Verfügung. Die letztlich erarbeitete Lösung wird auf eine Folie übertragen.

*Vergleich und Zusammenfassung:*

Die Kleingruppen präsentieren ihre Schaltpläne der Klingelanlage und die ermittelten Kennwerte für die Klingeln auf ihren Folien. Dazu wird die jeweilige modellartige Realisierung vorgestellt. Die verschiedenen Lösungen werden vergleichend diskutiert. Dabei sollten vier Gesichtspunkte – welche die Lehrperson im Gespräch mit den Lernenden erarbeitet – bedacht werden:

– Richtigkeit der verwendeten Gesetzesaussagen und der Berechnungen,
– Funktionsfähigkeit der Anlage,
– Einfachheit der Umsetzung, z. B. möglichst kurze Wege für die Verbindungen,
– Sicherheit der Anlage, z. B. Vermeiden von Störungen und Unfallgefahren.

Im Anschluss an die vergleichende Diskussion fasst die Lehrperson mit den Lernenden an der Tafel oder auf einer Folie folgende Inhalte zusammen:

– die Grundformen der Schaltung von mehreren Verbrauchern in einem Stromkreis,
– die Gesetzesaussagen zur Reihen- und Parallelschaltung,
– Schritte beim experimentellen Vorgehen,
– Gesichtspunkte zum Vergleich und zur Bewertung technischer Anlagen bzw. Systeme.

Dazu können auch vorherige Aufzeichnungen an der Tafel oder auf Folien mit verwendet werden. Die Lernenden erhalten Gelegenheit, die Zusammenfassung in ihre Physikhefte zu übertragen.

*Anwendung:*

Die Lehrperson bringt auf einem Arbeitsblatt drei Anwendungsaufgaben ein, je eine zur Formulierung einer Erklärung, einer Vorhersage und einer Handlungsanleitung bei Problemstellungen zur Verwendung mehrerer Verbraucher in einem Stromkreis (gemäß den inhaltlichen Überlegungen unter 3). Die Lernenden bearbeiten die Aufgaben in Einzel- oder Partnerarbeit. Dies kann unter Umständen auch in häuslicher Arbeit geschehen.

Die Ergebnisse werden anschließend in der Klasse bzw. im Kurs besprochen (vgl. die Lösungen unter 3).

*Weiterführung und Bewertung:*

Die Lehrperson gibt den Lernenden Gelegenheit, weitere Fragen einzubringen, die für sie von Interesse sind. Die Fragen werden bearbeitet.

Unter Umständen wird eine ausdrückliche Lernerfolgskontrolle bzw. Klassenarbeit durchgeführt und anschließend besprochen.

Abschließend reflektiert die Lehrperson im Gespräch mit den Lernenden den Lernweg sowie die Lernergebnisse und leitet zur nächsten Unterrichtseinheit über.

# Literaturverzeichnis

AEBLI, H. (1983): Zwölf Grundformen des Lehrens. Eine allgemeine Didaktik auf psychologischer Grundlage. Stuttgart: Klett

ALT, C. (2001): Kindheit in Ost und West. Dauer und unterschiedlich schneller Wandel familialer Lebensformen in Deutschland aus der Sicht der betroffenen Kinder. Opladen: Leske + Budrich

ARBUTHNOT, J. B./ FAUST, D. (1981): Teaching moral reasoning: Theory and practice. New York: Harper & Row

ASCHERSLEBEN, K. (1976): Einführung in die Unterrichtsmethodik. 2. Auflage. Stuttgart: Kohlhammer

ATKINSON, J. W. (1964): An introduction to motivation. Princeton: van Nostrand

AUE-KLEB, C. (1985): Arbeitnehmer + Verbraucher. Wirtschaftskunde. Hamburg: Handwerk und Technik

AUFENANGER, S. (1992): Entwicklungspädagogik. Die soziogenetische Perspektive. Weinheim: Deutscher Studienverlag

AUFENANGER, S./ GARZ, D./ ZUTAVERN, M. (1981): Erziehung zur Gerechtigkeit. Unterrichtspraxis nach Lawrence Kohlberg. München: Kösel

AUFENANGER, S. (1999): Lernen mit neuen Medien – Was bringt es wirklich? Forschungsergebnisse und Lernphilosophien. Medien praktisch. 23 (1999) 4, S. 4-8

AUSUBEL, D. P. (1974): Psychologie des Unterrichts. Band 1/ 2. Weinheim: Beltz

BAACKE, D./ HEITMEYER, W. (1985): Neue Widersprüche. Zur Notwendigkeit einer integrierten Jugendtheorie. In: Baacke, D./ Heitmeyer, W. (Hrsg.): Neue Widersprüche. Jugendliche in den achtziger Jahren. München: Juventa, S. 7-23

BANDURA, A. (1977): Social learning theory. Englewood Cliffs, N. J.: Prentice-Hall

BAUERSFELD, H. (1982): Analysen zur Kommunikation im Mathematikunterricht. In: Bauersfeld, H. u. a.: Analysen zum Unterrichtshandeln. Köln: Aulis 1982, S. 1-40

BAUMERT, J. u. a. (1997): TIMSS – Mathematisch-naturwissenschaftlicher Unterricht im internationalen Vergleich. Deskriptive Befunde. Opladen: Leske + Budrich

BAUMERT, J. u. a. (Hrsg.) (2002): PISA 2000 – Die Länder der Bundesrepublik Deutschland im Vergleich. Opladen: Leske + Budrich

BAUMERT, J./ BOS, W./ WATERMANN, R. (1998): TIMSS/ III. Schülerleistungen in Mathematik und den Naturwissenschaften am Ende der Sekundarstufe II im internationalen Vergleich. Berlin: MPI

BAUMGART, F. (Hrsg.) (1999): Theorien der Schule: Erläuterungen – Texte – Arbeitsaufgaben. Bad Heilbrunn: Klinkhardt

BECKER, H. (1984): Stundenblätter Recht. Sekundarstufe I. Stuttgart: Klett

BEHNE, K. E. (Hrsg.) (1987): Film-Musik-Video. Regensburg: Bosse

BERKOWITZ, M. W. (1986): Die Rolle der Diskussion in der Moralerziehung. In: Oser, F./ Fatke, R./ Höffe, O. (Hrsg.): Transformation..., a. a. O., S. 89-123

BERLINER, D. C. (1994): Teacher expertise. In: Husen, T./ Postlethwaite, T. N. (Hrsg.): The international encyclopedia of education. Band 10. London: Pergamon, S. 6020-6026

BERLINER, D. C. (2001): Learning about and learning from expert teachers. International journal of educational research. 35 (2001), S. 463-482

BERLYNE, D. E. (1974): Konflikt, Erregung, Neugier. Zur Psychologie der kognitiven Motivation. Stuttgart: Klett

BEYER, B. K. (1977): Moralische Diskussion im Unterricht. Wie macht man das? Politische Didaktik. (1977) 3, Materialanhang, S. 2-14

BILDUNGSKOMMISSION NRW (1995): Zukunft der Bildung – Schule der Zukunft. Denkschrift. Neuwied: Luchterhand

BLANKERTZ, H. (1972): Kollegstufenversuch in Nordrhein-Westfalen – das Ende der gymnasialen Oberstufe und der Berufsschulen. Die Deutsche Berufs- und Fachschule. 58 (1972) 1, S. 2-20

BLANKERTZ, H. (1977): Theorien und Modelle der Didaktik. 10. Auflage. München: Juventa

BLANKERTZ, H. (1982): Die Sekundarstufe II. Perspektiven unter expansiver und restriktiver Bildungspolitik. In: Blankertz, H. u. a. (Hrsg.): Sekundarstufe II ..., a. a. O., S. 321-339

BLANKERTZ, H. u. a. (Hrsg.) (1982): Sekundarstufe II – Jugendbildung zwischen Schule und Beruf. Enzyklopädie Erziehungswissenschaft. Band 9. 1. Stuttgart: Klett-Cotta

BLÖMEKE, S. (2003): Lehren und Lernen mit neuen Medien. Forschungsstand und Forschungsperspektiven. Unterrichtswissenschaft. 31 (2003) 1, S. 57-82

BLÖMEKE, S./ HERZIG, B./ TULODZIECKI, G. (2007): Gestaltung von Unterricht. Eine Einführung in Schultheorie und Schulentwicklung. Bad Heilbrunn: Klinkhardt

BLOOM, B. S., u. a. (1972): Taxonomie von Lernzielen im kognitiven Bereich. Weinheim: Beltz

BOECKMANN, K. (Hrsg.) (1980): Analyse von Unterricht in Beispielen. Stuttgart: Klett

BOHNSACK, F. (1987): Der Werte- und Verhaltenswandel in Gesellschaft und Jugend und seine Bedeutung für die Schule. Folgerungen aus empirischen Forschungsergebnissen. Die Deutsche Schule. 79 (1987) 4, S. 421-429

BOHNSACK, F. (2000): Probleme und Kritik der universitären Lehrerausbildung. In: Bayer, M./ Bohnsack, F./ Koch-Priewe, B./ Wildt, J. (Hrsg.): Lehrerin und Lehrer werden ohne Kompetenz? Professionalisierung durch eine andere Lehrerbildung. Bad Heilbrunn: Klinkhardt, S. 52-123

BÖNSCH, M. (1998): Didaktisches Additum. Prüfungsanforderungen für Lehramtsreferendar/innen. Neuwied: Luchterhand

BORRIES, B. v. (1998): Historische Projektarbeit im Vergleich der Methodenkonzepte. Empirische Befunde und normative Überlegungen. In: Schönemann, B./ Mütter, B. (Hrsg.): Geschichtsbewusstsein und Methoden historischen Lernens. Weinheim: Deutscher Studien Verlag, S. 276-306

BOSSING, N. L. (1967): Die Projekt-Methode. In: Geißler, G. (Hrsg.): Das Problem der Unterrichtsmethode. 7. Auflage. Weinheim: Beltz, S. 115-143

BRANSFORD, J. D. u. a. (1990): Anchored instruction. Why we need it and how technology can help. In: Nix, D./ Spiro, R. (Hrsg.): Cognition, education, and multimedia. Exploring ideas in high technology. Hillsdale: Lawrence Erlbaum, S. 115-141

BRAUN, C. u. a. (1991): Grundkenntnisse Metall. 3. Auflage. Hamburg: Handwerk und Technik

BRENNER, G. (1990): Gesellschaftliche Pluralisierung und Schule. Welche pädagogischen Reaktionen sind vorstellbar? Die Deutsche Schule. 82 (1990) 4, S. 439-451

BREUER, K./ KUMMER, R. (1990): Cognitive effects from process learning with computer-based simulations. Computers in Human Behavior. 6 (1990), S. 69-81

BREUER, K./ KUMMER, R./ WULF, F. (1985): Hilfen bei der Entwicklung der Dritten Welt. In: Breuer, K./ Tulodziecki, G.: Abschlußbericht zum Modellversuch „Förderung kognitiver Komplexität durch den Einsatz mikrocomputerstützter Simulationsprogramme im Unterricht der Berufsschule". Typoskript. Paderborn: Universität-Gesamthochschule, FB 2, Anlage 2

BREZINKA, W. (1978): Metatheorie der Erziehung. München, Basel: Ernst Reinhardt Verlag

BREZINKA, W. (1984): „Modelle" in Erziehungstheorien. Ein Beitrag zur Klärung der Begriffe. Zeitschrift für Pädagogik. 30 (1984) 6, S. 835-858

BROMME, R. (1992): Der Lehrer als Experte. Zur Psychologie des professionellen Wissens. Bern: Hans Huber

BROMME, R. (1997): Kompetenzen, Funktionen und unterrichtliches Handeln des Lehrers. In: Weinert, F. E. (Hrsg.): Psychologie des Unterrichts und der Schule. Göttingen: Hogrefe (= Enzyklopädie der Psychologie; D, 1, 3), S. 177-212

BRUNER, J. S. (1970): Der Prozess der Erziehung. Düsseldorf: Pädagogischer Verlag Schwann

BRUNER, J. S. (1974): Entwurf einer Unterrichtstheorie. Berlin: Berlin Verlag

BRUNER, J. S./ OLSON, D. R. (1975): Lernen durch Erfahrung und Lernen durch Medien. In: Dichanz, H./ Kolb, G. (Hrsg.): Quellentexte zur Unterrichtstechnologie I. Stuttgart: Klett, S. 184-208

BRUNNER, E. J. (2002): Lehrer-Schüler-Interaktion. In: Rost, D. H. (Hrsg.): Handwörterbuch Pädagogische Psychologie. Weinheim: PVU, S. 381-387

BUNDESMINISTERIUM FÜR BILDUNG UND FORSCHUNG (Hrsg.) (2001): TIMSS – Impulse für Schule und Unterricht. Forschungsbefunde, Reforminitiativen, Praxisberichte und Video-Dokumente. Bonn: BMBF

BUTTERWEGGE, C./ LOHMANN, G. (2000): Jugend, Rechtsextremismus und Gewalt: Opladen: Leske + Budrich

COHN, R. (1975): Von der Psychoanalyse zur themenzentrierten Interaktion. Stuttgart: Klett

COLBY, A./ KOHLBERG, L. (1978): Das moralische Urteil. Der kognitionszentrierte entwicklungspsychologische Ansatz. In: Steiner, G. (Hrsg.): Piaget und die Folgen. Die Psychologie des 20. Jahrhunderts. Band 7. Zürich: Kindler, S. 348-366

COLBY, A./ KOHLBERG, L. (1987): The measurement of moral judgment. Vol. I, Cambridge: Cambridge University Press

COLLINS, A./ BROWN, J. S./ NEWMAN, S. E. (1989): Cognitive apprenticeship. Teaching the crafts of reading, writing, and mathematics. In: Resnick, L. B. (Hrsg.): Knowing, learning, and instruction. Hillsdale: Lawrence Erlbaum, S. 453-494

COMENIUS, J. A. (1657/ 1992): Didactica magna. Große Didaktik. Übers. u. hrsg. von Andreas Flitner. 7. Auflage. Stuttgart: Klett-Cotta

CUBE, F. v./ ALSHUTH, D. (1986): Fordern statt Verwöhnen. Die Erkenntnisse der Verhaltensbiologie in Erziehung und Führung. München: Piper

DALIN, P. (1999): Theorie und Praxis der Schulentwicklung. Neuwied: Luchterhand

DECI, E. L./ RYAN, R. M. (1993): Die Selbstbestimmungstheorie der Motivation und die Bedeutung für die Pädagogik. Zeitschrift für Pädagogik. 39 (1993) 2, S. 223-238

DEKRA (2001): Der Manager im Industriebetrieb. Dekra Planspiele. CD-ROM. Stuttgart: Dekra

DER KULTUSMINISTER des Landes Nordrhein-Westfalen (Hrsg.) (1989): Richtlinien und Lehrpläne für die Hauptschule in Nordrhein-Westfalen – Physik. Frechen: Verlagsgesellschaft Ritterbach

DESI-KONSORTIUM (Hrsg.) (2008): Unterricht und Kompetenzerwerb in Deutsch und Englisch. Ergebnisse der DESI-Studie. Weinheim: Beltz

DEUTSCHE SHELL [14. Shell Jugendstudie] (2002): Zusammenfassung und Hauptergebnisse. Deutsche Shell GmbH, Abt. Information und Presse <http://www.shell-jugendstudie.de/download/hauptergebnisse_2002.pdf> (02/ 2003)

DEUTSCHER BILDUNGSRAT (1970): Strukturplan für das Bildungswesen. Empfehlungen der Bildungskommission Stuttgart: Klett

DEWE, B./ FERCHHOFF, W./ RADTKE, F. O. (1992): Das „Professionswissen" von Pädagogen. Ein wissenschaftstheoretischer Rekonstruktionsversuch. In: Dewe, B./ Ferchhoff, W./ Radtke, F. O. (Hrsg.): Erziehen als Profession. Zur Logik professionellen Handelns in pädagogischen Feldern. Opladen: Leske + Budrich, S. 70-91

DEWEY, J. (1916/1986): Democracy and Education. New York: Macmillan. Deutsch von: Schreier, H.: John Dewey: Erziehung durch und für Erfahrung. Stuttgart: Klett-Cotta

DEWEY, J. (1938): Experience and education. New York: Macmillan

DIETRICH, G. (1984): Pädagogische Psychologie. Bad Heilbrunn: Klinkhardt

DILLON, A./ GABBARD, R. (1998): Hypermedia as an educational technology. A review of the quantitative research literature on learner comprehension, control, and style. Review of Educational Research. 68 (1998), S. 322-349

DITTON, H. (1992): Ungleichheit und Mobilität durch Bildung. Theorie und empirische Untersuchung über sozialräumliche Aspekte von Bildungsentscheidungen. Weinheim: Juventa

DITTON, H. (2002): Unterrichtsqualität – Konzeption, methodische Überlegungen und Perspektiven. Unterrichtswissenschaft. 30 (2002) 3, S. 197-212

DOERNER, D. (1976): Problemlösen als Informationsverarbeitung. Stuttgart: Kohlhammer

DOERNER, D. (2000): Die Logik des Misslingens: strategisches Denken in komplexen Situationen. Reinbek bei Hamburg: Rowohlt

DOLCH, J. (1965): Grundbegriffe der pädagogischen Fachsprache. 5. Auflage. München: Ehrenwirth

DRERUP, H. (1989): Probleme außerwissenschaftlicher Verwendbarkeit von Erziehungswissenschaft. Zum Einfluß von Erziehungswissenschaft im politisch-administrativen Bereich. In: König, E./ Zedler, P. (Hrsg.): Rezeption und Verwendung erziehungswissenschaftlichen Wissens in pädagogischen Handlungs- und Entscheidungsfeldern. Weinheim: Deutscher Studien Verlag, S. 143-165

DUIT, R. (1995): Zur Rolle der konstruktivistischen Sichtweise in der naturwissenschaftsdidaktischen Lehr- und Lernforschung. Zeitschrift für Pädagogik. 41 (1995) 6, S. 905-923

DUIT, R. (2000): Konzeptwechsel und Lernen in den Naturwissenschaften in einem mehrperspektivischen Ansatz. In: Duit, R./ Rhöneck, Ch. v. (Hrsg.): Ergebnisse fachdidaktischer und psychologicher Lehr-Lernforschung. Beiträge zu einem Workshop an der Pädagogischen Hochschule Ludwigsburg. Kiel: IPN, S. 77-103

DUNCKER, L. (1993): Projektlernen: Neue Rollen für die Schüler. Eine schultheoretische Ortsbestimmung. In: Bastian, J./ Gudjons, H. (Hrsg.): Das Projektbuch II. Hamburg: Bergmann + Helbig, S. 65-80

ECKENSBERGER, L. H./ REINSHAGEN, H. (1980): Kohlbergs Stufentheorie der Entwicklung des moralischen Urteils: Ein Versuch ihrer Reinterpretation im Bezugsrahmen handlungstheoretischer Konzepte. In: Eckensberger, L. H./ Silbereisen, R. K. (Hrsg.): Entwicklung sozialer Kognitionen. Stuttgart: Klett-Cotta, S. 65-131

EDELSTEIN, W. (1986): Moralische Intervention in der Schule. Skeptische Überlegungen. In: Oser, F./ Fatke, R./ Höffe, O. (Hrsg.): Transformation..., a. a. O., S. 327-349

EDER, F. (2002): Unterrichtsklima und Unterrichtsqualität. Unterrichtswissenschaft. 30 (2002) 3, S. 213-229

EINSIEDLER, W. (1981): Lehrmethoden. Probleme und Ergebnisse der Lehrmethodenforschung. München: Urban & Schwarzenberg

EINSIEDLER, W. (2002): Das Konzept „Unterrichtsqualität". Unterrichtswissenschaft. 30 (2002) 3, S. 194-196

ERIKSON, E. (1970): Jugend und Krise. Stuttgart: Klett

FEND, H. (1981): Theorie der Schule. 2. Auflage. München: Urban & Schwarzenberg

FESTINGER, L. (1964): Die Lehre von der „kognitiven Dissonanz". In: Schramm, W. (Hrsg.): Grundfragen der Kommunikationsforschung. München: Juventa, S. 27-28

FISCHER, F./ MANDL, H. (2000): Lehren und Lernen mit neuen Medien. München: Institut für Empirische Pädagogik und Pädagogische Psychologie der Ludwig-Maximilians-Universität (= Forschungsberichte; 125)

FORUM BILDUNG [Arbeitsstab Forum Bildung in der Geschäftsstelle der Bund-Länder-Kommission für Bildungsplanung und Forschungsförderung] (Hrsg.) (2002): Empfehlungen und Einzelergebnisse des Forum Bildung, Bd. II. Köln: Digitale Zeiten GmbH

FREY, K. (1982): Die Projektmethode. Weinheim: Beltz

FRIESE, S. (1998): Zum Zusammenhang von Selbst, Identität und Konsum. In: Neuner, M./ Reisch, L. A. (Hrsg.): Konsumperspektiven. Verhaltensaspekte und Infrastruktur. Berlin: Duncker & Humblot, S. 35-53

FRÖHLICH, A. (1982): Handlungsorientierte Medienerziehung in der Schule. Grundlagen und Handreichung. Tübingen: Niemeyer

FÜRSTENAU, B. (1999): Förderung von Problemlösefähigkeit im planspielgestützten Unterricht. Unterrichtswissenschaft. 27 (1999) 2, S. 135-158

GAGE, N. L./ BERLINER, D. C. (1996): Pädagogische Psychologie. 5. Auflage. Weinheim: Psychologie Verlags Union

GAGNÉ, R. M. (1965): The conditions of learning. New York: Holt, Rinehart and Winston

GAGNÉ, R. M. (1969): Die Bedingungen des menschlichen Lernens. Hannover: Schoedel

GENSICKE, T. (2000): Wertewandel in den neunziger Jahren – Trends und Perspektiven. In: Seibert, N./ Serve, H. J./ Terlinden, R. (Hrsg.): Problemfelder der Schulpädagogik. Bad Heilbrunn: Klinkhardt, S. 21-56

GENSICKE, T. (2006): Zeitgeist und Wertorientierungen. In: Shell Deutschland Holding (Hrsg.): Jugend 2006, a.a.O., S. 160-202

GERGEN, K. J./ GERGEN, M. M. (1981): Social Psychology. New York: Harcourt Brace Jovanovich

GERSTENMAIER, J./ MANDL, H. (1995): Wissenserwerb unter konstruktivistischer Perspektive. Zeitschrift für Pädagogik. 41 (1995) 6, S. 867-888

GILLIGAN, C. (1983): In a Different Voice. Psychological Theory and Women's Development. 6. Print. Cambridge, Mass.: Harvard University Press

GOMOLLA, M./ RADTKE, F. -O. (2002): Institutionelle Diskriminierung: die Herstellung ethnischer Differenz in der Schule. Opladen: Leske + Budrich

GORDON, T. (1981): Lehrer-Schüler-Konferenz. Wie man Konflikte in der Schule löst. Reinbek: Rowohlt

GREENLEAF, C. (1996): Technological indeterminacy. The role of classroom writing practices in shaping computer use. Berkeley: University

GRELL, J. (2002): Direktes Unterrichten. Ein umstrittenes Unterrichtsmodell. In: Wiechmann, J. (Hrsg.): Zwölf Unterrichtsmethoden, a.a.O., S.35-49

GRUBER, H. (1998): Expertise. In: Rost, D. H. (Hrsg.): Handwörterbuch Pädagogische Psychologie. Weinheim: Psychologie Verlags Union, S. 126-129

GRUBER, H. u. a. (1992): Lehr- und Lernforschung. Neue Unterrichtstechnologien. In: Ingenkamp, K./ Jäger, R. S./ Petillon, H./ Wolf, B. (Hrsg.): Empirische Pädagogik 1970-1990. Eine Bestandsaufnahme der Forschung in der Bundesrepublik Deutschland Bd. II. Weinheim: Deutscher Studien Verlag, S. 471-516

GRUBER, H./ RENKL, A. (2000): Die Kluft zwischen Wissen und Handeln: Das Problem des trägen Wissens. In: Neuweg, G. H. (Hrsg.): Wissen – Können – Reflexion. München: Studienverlag, S. 155-174

GRUEHN, S. (2000): Unterricht und schulisches Lernen. Schüler als Quellen der Unterrichtsbeschreibung. Münster: Waxmann

GUDJONS, H. (1992): Handlungsorientiert Lehren und Lernen. Projektunterricht und Schüleraktivität. 3. Auflage. Bad Heilbrunn: Klinkhardt

GUDJONS, H./ TESKE, R./ WINKEL, R. (Hrsg.) (1983): Didaktische Theorien. 2. Auflage. Hamburg: Bergmann + Helbig

HAACK, J. (2002): Interaktivität als Kennzeichen von Multimedia und Hypermedia. In: Issing, L. J./ Klimsa, P. (Hrsg.): Information und Lernen mit Multimedia. 3. Auflage. Weinheim: Psychologie Verlags Union, S. 127-136

HABERMAS, J. (1971): Vorbereitende Bemerkungen zu einer Theorie kommunikativer Kompetenz. In: Habermas, J./ Luhmann, N.: Theorie der Gesellschaft oder Sozialtechnologie. Frankfurt a. M.: Suhrkamp, S. 101-141

HABERMAS, J. (1973): Erkenntnis und Interesse. Frankfurt a. M.: Suhrkamp

HAGE, K. (1985): Das Methodenrepertoire von Lehrern. Eine Untersuchung zum Schulalltag der Sekundarstufe I. Opladen: Leske + Budrich

HAGEMANN, W./ TULODZIECKI, G. (Hrsg.) (1985): Lehren und Lernen im Politikunterricht. Entwicklungs- und lerntheoretische Ansätze. Bad Heilbrunn/Hamburg: Klinkhardt/Handwerk und Technik

HAGEMANN, W./ TULODZIECKI, G. (1978): Einführung in die Mediendidaktik. Köln: Verlagsgesellschaft Schulfernsehen

HAPPE, H./ TULODZIECKI, G. (1985): Förderung des politisch-moralischen Urteilsniveaus durch die Diskussion aktueller politischer Probleme in Kleingruppen. In: Hagemann, W./ Tulodziecki, G. (Hrsg.): Lehren und Lernen..., a. a. O., S. 102-138

HARBECKE, U. (1983): Abenteuer Bundesrepublik. Die Geschichte unseres Staates. Bergisch Gladbach: Lübbe

HARVEY, O. J./ HUNT, D. E./ SCHRODER, H. M. (1961): Conceptual Systems and Personality Organisation. New York: Wiley

HAUF, A./ TULODZIECKI, G. (1992): Unterrichtskonzepte für eine Auseinandersetzung mit neuen Technologien. In: Tulodziecki, G./ Breuer, K./ Hauf, A.: Konzepte..., a. a. O., S. 149-202

HECKHAUSEN, H. (1974): Motive und ihre Entstehung. In: Weinert, F. E. u. a.: Pädagogische Psychologie. Band 1. Funk-Kolleg. Frankfurt a. M.: Fischer, S. 133-171

HEIMANN, P. (1962): Didaktik als Theorie und Lehre. Die Deutsche Schule 54 (1962) 9, S. 407-427

HEIMANN, P. (1976): Didaktik als Unterrichtswissenschaft. Hrsg. von Reich, K./ Thomas, H. Stuttgart: Klett

HEIMANN, P./ OTTO, G./ SCHULZ, W. (1965): Unterricht – Analyse und Planung. Hannover: Schroedel

HEITMEYER, W. (1995): Rechtsextremistische Orientierungen bei Jugendlichen. Empirische Ergebnisse und Erklärungsmuster einer Untersuchung zur politischen Sozialisation. Weinheim, München: Juventa Verlag

HEITMEYER, W./ COLLMANN, B./ CONRADS, J. (1998): Gewalt. Schattendasein der Individualisierung bei Jugendlichen aus unterschiedlichen Milieus. 3. Auflage. Weinheim, München: Juventa Verlag

HEITMEYER, W./ OLK, T. (Hrsg.) (1990): Individualisierung von Jugend. Gesellschaftliche Prozesse, subjektive Verarbeitungsformen, jugendpolitische Konsequenzen. Weinheim: Juventa

HELMKE, A. u. a. (2002): Sozialer und sprachlicher Hintergrund. In: Helmke, A./ Jäger, R. S. (Hrsg.): Das Projekt ..., a. a. O., S. 71-153

HELMKE, A./ HOSENFELD, I./ SCHRADER, F. -W. (2002): Unterricht, Mathematikleistung und Lernmotivation. In: Helmke, A./ Jäger, R. S. (Hrsg.): Das Projekt ..., a. a. O., S. 413-480

HELMKE, A./ JÄGER, R. S. (Hrsg.) (2002): Das Projekt MARKUS. Mathematik-Gesamterhebung Rheinland-Pfalz. Kompetenzen, Unterrichtsmerkmale, Schulkontext. Landau: VEP

HENTIG, H. v. (1984): Das allmähliche Verschwinden der Wirklichkeit. Ein Pädagoge ermutigt zum Nachdenken über die Neuen Medien. München: Hanser

HENTIG, H. v. (1993): Die Schule neu denken. Eine Übung in praktischer Vernunft. 2. Auflage. München: Hanser

HERBART, J. F. (1913): Über meinen Streit mit der Modephilosophie. In: Willmann, O./ Fritzsch, T. (Hrsg.): Pädagogische Schriften. Band. I, Osterwieck/ Harz: Zickfeldt

HERZIG, B. (1998): Förderung ethischer Urteils- und Orientierungsfähigkeit. Grundlagen und schulische Anwendungen. Münster: Waxmann

HERZIG, B. (2002): Analoge und digitale Medien im Bildungsprozess. Theoriebasierte Entwicklung einer integrativen Sichtweise für die Medienbildung. Habilitationsschrift. Paderborn: Universität, FB 2

HERZIG, B. (2003): Der Datenschutz, die Hacker und die Moral. Datenschutz als Thema politischer Bildung. Gesellschaft, Wirtschaft, Politik (GWP). Sozialwissenschaften für politische Bildung, Heft 1/ 2003, S. 99-109

HEYMANN, H. W. (1996): Allgemeinbildung und Mathematik. Weinheim/ Basel: Beltz

HILGARD, E. R./ BOWER, G. H. (1966): Theories of learning. 3. Auflage. New York: Appleton-Century-Crofts

HORNSTEIN, W. (1990): Jugend heute – Individualisierung und soziale Ausdifferenzierung. In: Scharinger, K. (Hrsg.): Jugend in den neunziger Jahren. Planen und Hoffen. Nürnberg: GFP, S. 15-29

HOSENFELD, I. u. a. (2002): Die Rolle des Kontextes. In: Helmke, A./ Jäger, R. S. (Hrsg.): Das Projekt ..., a. a. O., S. 155-256

HUBER, L. (1997): Vereint, aber nicht eins: Fächerübergreifender Unterricht und Projektunterricht. In: Hänsel, D. (Hrsg.): Handbuch Projektunterricht. Weinheim: Beltz, S. 31-53

HUNT, D. E. (1966): A Conceptual Systems Change Model and its Application to Education. In: Harvey, O. J. (Hrsg.): Experience, Structure and Adaptibility. New York: Springer, S. 277-302

HUNT, D. E. (1978): Theorie und Forschung über konzeptuelle Niveaus als Wegweiser zur Erziehungs-praxis. In: Mandl. H./ Huber, G. L. (Hrsg.): Kognitive Komplexität, ..., a. a. O., S. 293-309

HURRELMANN, K. (2004): Lebensphase Jugend. Weinheim, München: Juventa

HUTTERER, R. (1998): Das Paradigma der humanistischen Psychologie: Entwicklung, Ideengeschichte und Produktivität. Wien: Springer

INGLEHART, R. (1971): The silent revolution in Europe. Intergenerational change in post-industrial societies. American Political Science Review 65 (1971), S. 991-1017

INGLEHART, R. (1980): Zusammenhang zwischen sozio-ökonomischen Bedingungen und individuellen Wertprioritäten. Kölner Zeitschrift für Soziologie und Sozialpsychologie. 32 (1980) 1, S. 144-153

INGLEHART, R. (1987): Wertwandel unter Bedingungen sozialer Unsicherheit. In: Olk, T./ Otto, H. -U. (Hrsg.): Soziale Dienste im Wandel. Band 1. Neuwied, Darmstadt: Luchterhand, S. 25-68

INGLEHART, R. (1990): Cultural shift in advanced industrial society. Princeton: University Press

INSTITUT FÜR FILM UND BILD in Wissenschaft und Unterricht (Hrsg.) (1992): Gesamtkatalog 1992. Grünwald: FWU

ISB (Staatsinstitut für Schulpädagogik und Bildungsforschung) (Hrsg.): Entwurf zum Lehrplan für das Bay-erische Gymnasium. Stand: 18. 09. 2002. München <http://www. isb.bayern. de/bf/isbl> (12/2002)

JANK, W./ MEYER, H. (2002): Didaktische Modelle. 5. Auflage. Berlin: Cornelsen Scriptor

JERUSALEM, M. (1997): Schulklasseneffekte. In: Weinert, F. E. (Hrsg.): Psychologie des Unterrichts und der Schule. Enzyklopädie der Psychologie, Serie Pädagogische Psychologie. Band 3. Göttingen: Hogrefe, S. 253-278

JGG (2003): Jugendgerichtsgesetz. In: Strafvollzugsgesetz. Beck-Texte. 16. Auflage. Stuttgart: dtv

JUGEND '81 (1985). Lebensentwürfe, Alltagskulturen, Zukunftsbilder. Studie im Auftrag des Jugendwerks der Deutschen Shell. 2. Auflage. Opladen: Leske + Budrich

JUGEND '92 (1992). Lebenslagen, Orientierungen und Entwicklungsperspektiven im vereinigten Deutschland. Studie im Auftrag des Jugendwerks der Deutschen Shell. Band 1: Gesamtdarstellung und biografische Porträts des Jugendwerks. Opladen: Leske + Budrich

JUGEND UND MEDIEN (1986). Eine Studie der ARD/ZDF-Medienkommission und der Bertelsmann Stiftung. Frankfurt a. M.: Metzner

JUGENDLICHE UND ERWACHSENE '85 (1985). Generationen im Vergleich. Jugendwerk der Deutschen Shell (Hrsg.), Band 1: Biografien – Orientierungsmuster – Perspektiven. Opladen: Leske + Budrich

JÜRGENS, E. (2002): Es wird viel mehr Abstieg als Aufstieg produziert. Nur wenn man an die Köpfe der Lehrer herankommt, wird sich in Schulen Nennenswertes bewegen lassen. Frankfurter Rundschau online v. 10. 04. 2002

KAISER, F.-J. (1976): Entscheidungstraining. Die Methoden der Entscheidungsfindung. 2. Auflage. Bad Heilbrunn: Klinkhardt

KAISER, F.-J./ KAMINSKI, A. (1994): Methodik des Ökonomie-Unterrichts – Grundlagen eines handlungs-orientierten Lernkonzepts mit Beispielen. Bad Heilbrunn: Klinkhardt

KEGAN, R. (1986): Die Entwicklungsstufen des Selbst. Fortschritte und Krisen im menschlichen Leben. München: Kindt Verlag

KEIM, W. (1983): Das Kurssystem in der gymnasialen Oberstufe im Spannungsfeld von technokratischem Kalkül und pädagogischer Verantwortung. In: Keim, W. (Hrsg.): Kursunterricht – Begründungen, Modelle, Erfahrungen. Darmstadt: Wissenschaftliche Buchgesellschaft 1987, S. 536-562

KILPATRICK, W. H. (1921): An Introductory Statement: Definition of Terms. Teachers College Record. 22 (1921), S. 283

KING, A./ SCHNEIDER, B. (1991): Die globale Revolution. Ein Bericht des Rates des Club of Rome. Hamburg: Spiegel Spezial 2/ 1991

KLAFKI, W. (1963): Studien zur Bildungstheorie und Didaktik. Weinheim: Beltz

KLAFKI, W. (1969): Didaktische Analyse als Kern der Unterrichtsvorbereitung. In: Roth, H./ Blumenthal, A. (Hrsg.): Grundlegende Aufsätze aus der Zeitschrift Die Deutsche Schule. Hannover: Hermann Schroedel Verlag, S. 5-34

KLAFKI, W. (1970): Analyse der Schule als organisierter Institution. In: Klafki, W. u. a.: Erziehungswissenschaft. Band 1. Funk-Kolleg. Frankfurt a. M.: Fischer, S. 153-193

KLAFKI, W. (1983): Die bildungstheoretische Didaktik im Rahmen kritisch-konstruktiver Erziehungswissenschaft. In: Gudjons, H./ Teske, R./ Winkel, R. (Hrsg.): Didaktische ... a. a. O., S. 10-26

KLAFKI, W. (1985): Neue Studien zur Bildungstheorie und Didaktik. Beiträge zur kritisch-konstruktiven Didaktik. Weinheim: Beltz

KLAFKI, W. (1995a): Schlüsselprobleme als thematische Dimension eines zukunftsorientierten Konzepts von Allgemeinbildung. In: Münzinger, W./ Klafki, W.: Schlüsselprobleme im Unterricht. Die Deutsche Schule. 3. Beiheft 1995, S. 9-14

KLAFKI, W. (1995b): Zum Problem der Inhalte des Lehrens und Lernens in der Schule aus der Sicht der kritisch-konstruktiven Didaktik. In: Hopmann, S./ Riquarts, K. (Hrsg.): Didaktik und/ oder Curriculum. Zeitschrift für Pädagogik. 33. Beiheft. Weinheim: Beltz, S. 91-102

KLIEME, E./ KNOLL, S./ SCHÜMER, G. (o. J.): TIMSS-Impulse für Schule und Unterricht. Multimedia-CD-ROM. Berlin: Bundesministerium für Bildung und Forschung

KLINGBERG, L. (1972): Einführung in die Allgemeine Didaktik. Berlin: Volk und Wissen

KLINGBERG, L. (1990): Lehrende und Lernende im Unterricht. Berlin: Volk und Wissen

KMK [Sekretariat der Ständigen Konferenz der Kultusminister der Länder in der Bundesrepublik Deutschland] (Hrsg.) (1996): Vereinbarung über die Schularten und Bildungsgänge in der Sekundarstufe I. Beschluss der KMK vom 3. 12. 1993 in der Fassg. 27. 9. 1996

KMK [Sekretariat der Ständigen Konferenz der Kultusminister der Länder in der Bundesrepublik Deutschland] (Hrsg.) (2000a): Die gymnasiale Oberstufe in den Ländern in der Bundesrepublik Deutschland. Beschluss der KMK vom 30. 01. 1981 in der Fassg. 16. 06. 2000

KMK [Sekretariat der Ständigen Konferenz der Kultusminister der Länder in der Bundesrepublik Deutschland] (Hrsg.) (2000b): Handreichungen für die Erarbeitung von Rahmenlehrplänen der Kultusministerkonferenz (KMK) für den berufsbezogenen Unterricht in der Berufsschule und ihre Abstimmung mit Ausbildungsordnungen des Bundes für anerkannte Berufe. Stand: 15. 09. 2000

KNOLL, M. (1991): Europa – nicht Amerika. Zum Ursprung der Projektmethode in der Pädagogik 1702-1875. Pädagogische Rundschau. 44 (1991), S. 44-48

KOCH, L. (2008): Lernen und Erfahrung. In: Mertens, G./ Frost, U./ Böhm, W./ Ladenthin, V. (Hrsg.): Handbuch Erziehungswissenschaft, a.a.O., S. 365-371

KOHLBERG, L. (1974): Zur kognitiven Entwicklung des Kindes. Frankfurt a. M.: Suhrkamp

KOHLBERG, L. (1977): Kognitive Entwicklung und moralische Erziehung. Politische Didaktik 3 (1977) 1, S. 5-21

KOHLBERG, L. (1986): Der „Just Community"-Ansatz der Moralerziehung in Theorie und Praxis. In: Oser, F./ Fatke, R./ Höffe, O. (Hrsg.): Transformation..., a. a. O., S. 21-55

KOHLBERG, L./ BOYD, D. R./ LEVINE, C. (1986): Die Wiederkehr der sechsten Stufe: Gerechtigkeit, Wohlwollen und der Standpunkt der Moral. In: Edelstein, W./ Nunner-Winkler, G. (Hrsg.): Zur Bestimmung der Moral. Frankfurt a. M.: Suhrkamp, S. 205-240

KOHLBERG, L./ TURIEL, E. (1978): Moralische Entwicklung und Moralerziehung. In: Portele, G. (Hrsg.): Sozialisation..., a. a. O., S. 13-80

KOHLBERG, L./ WASSERMANN, E./ RICHARDSON, N. (1978): Die Gerechte Schul-Kooperative. Ihre Theorie und das Experiment der Cambridge Cluster School. In: Portele, G. (Hrsg.): Sozialisation ..., a. a. O., S. 215-259

KÖNIG, E. (1975): Theorie der Erziehungswissenschaft. Bd. 1, München: Wilhelm Fink Verlag

KRAMPEN, G./ REICHLE, B. (2002): Frühes Erwachsenenalter. In: Oerter, R./ Montada, L. (Hrsg.): Entwicklungspsychologie, a. a. O., S. 319-349

KRAPP, A. (1998): Entwicklung und Förderung von Interessen im Unterricht. Psychologie in Erziehung und Unterricht. 45 (1998), S. 186-203

KRAPP, A. (2001): Interesse. In: ROST, D. H. (Hrsg.): Handwörterbuch Pädagogische Psychologie. 2. Auflage. Weinheim: Psychologie Verlags Union, S. 286-294

KRAPP, A./ WEIDENMANN, B. (Hrsg.) (2001): Pädagogische Psychologie. Ein Lehrbuch. 4. Auflage. Weinheim: Psychologie Verlags Union

KRATHWOHL, D. R./ BLOOM, B. S./ MASIA, B. B. (1975): Taxonomie von Lernzielen im affektiven Bereich. Weinheim und Basel: Beltz.

KRECH, D. u. a. (1985): Grundlagen der Psychologie. Band 5: Motivations- und Emotionspsychologie. Weinheim: Beltz

KUCKARTZ, U./ GRUNENBERG, H. (2002): Umweltbewusstsein in Deutschland. Marburg <http://www. empirische-paedagogik.de/ub2002neu/indexub2002. htm>, (10/2003)

KULTUSMINISTERIUM des Landes Nordrhein-Westfalen (1993): Richtlinien und Lehrpläne für das Gymnasium – Sekundarstufe I – Physik. Frechen: Verlagsgesellschaft Ritterbach

KULTUSMINISTERKONFERENZ (1987): Rahmenlehrpläne über die Berufsausbildung in den industriellen Elektroberufen. Beschluss vom 7. Jan. 1987

KUMMER, R. (1991): Computersimulation in der Berufsschule. Frankfurt a. M.: Lang

LANGNESS, A./ LEVEN, I./ HURRELMANN, K. (2006): Jugendliche Lebenswelten: Familie, Schule, Freizeit. In: Shell Deutschland Holding (Hrsg.): Jugend 2006, a.a.O., S. 49-102

LEUTNER, D. (1992): Adaptive Lehrsysteme. Instruktionspsychologische Grundlagen und experimentelle Analysen. Weinheim: Psychologie Verlags Union

LIPSMEIER, A. (1982): Die didaktische Struktur des beruflichen Bildungswesens. In: Blankertz, H. u. a. (Hrsg.): Sekundarstufe II..., a. a. O., S. 227-249

LORENZ, K. (1939): Vergleichende Verhaltensforschung. In: Lorenz, K./ Leyhausen, P.: Antriebe tierischen und menschlichen Verhaltens. Gesammelte Abhandlungen. München: Piper 1968, S. 15-47

MÄGDEFRAU, J./ SCHUMACHER, E. (2001): Zwischen Wissen und Können? Über die Bedeutung von Erziehungswissenschaft und pädagogischer Praxis in der Lehrerbildung. Die Deutsche Schule. 93 (2001) 4, S. 411-422

MAGER, R. F. (1978): Lernziele und Unterricht. Weinheim: Beltz

MAITLAND, K. A./ GOLDMANN, J. (1974): Moral Judgement as a Function of Peergroup Interaction. Journal of Personality and Social Psychology. 30 (1974) 5, S. 699-704

MANDL, H./ GRUBER, H./ RENKL, A. (2002): Situiertes Lernen in multimedialen Lernumgebungen. In: Issing, L. J./ Klimsa, P. (Hrsg.): Information und Lernen mit Multimedia und Internet. 3. Auflage. Weinheim: Beltz, S. 139-148

MANDL, H./ HUBER, G. L. (Hrsg.) (1978): Kognitive Komplexität. Bedeutung, Weiterentwicklung, Anwendung. Göttingen: Hogrefe

MARTIAL, I. v. (1996): Einführung in didaktische Modelle. Hohengehren: Schneider Verlag

MASLOW, A. H. (1981): Motivation und Persönlichkeit. Reinbek bei Hamburg: Rowohlt

MAYR, J. (1994): Lehrer/in werden. Innsbruck: Österreichischer Studien Verlag

MEAD, G. H. (1968): Geist, Identität und Gesellschaft. Frankfurt a. M.: Suhrkamp

MEIXNER, J./ MÜLLER, K. (Hrsg.) (2001): Konstruktivistische Schulpraxis. Neuwied: Luchterhand

MEMMERT, W. (1983): Didaktik in Grafik und Tabellen. 3. Auflage. Bad Heilbrunn: Klinkhardt

MERTENS, G./ FROST, U./ BÖHM, W./ LADENTHIN, V. (Hrsg.) (2008): Handbuch Erziehungswissenschaft, Bd. I, Paderborn: Ferdinand Schöningh

MESSNER, R. (1978): Planung des Lehrens und Handlungsinteresses der Schüler im offenen Unterricht. In: WPB (178) 4, S. 145 ff.

MEYER, H. (1984): Leitfaden zur Unterrichtsvorbereitung. 6. Auflage. Frankfurt a. M.: Scriptor

MEYER, H. (1978): Trainingsprogramm zur Lernzielanalyse. 8. Auflage. Königstein: Athenäum

MEYER, H. (2002): Unterrichtsmethoden. Bd. 1, Theorieband. Berlin: Cornelsen Scriptor

MEYER, H. (2003): Unterrichtsmethoden. Bd. 2, Praxisband. Berlin: Cornelsen Scriptor

MILLER, A. (1981): Conceptual Matching Models and Interactional Research in Education. Review of Educational Research. 51 (1981) 1, S. 33-84

MÖLLER, J./ MÜLLER-KALTHOFF, T. (2000): Lernen mit Hypertext. Effekte von Navigationshilfen und Vorwissen. Zeitschrift für Pädagogische Psychologie. 14 (2000), S. 116-123

MPFS [MEDIENPÄDAGOGISCHER FORSCHUNGSVERBUND] (2008a): JIM-Studie 2008: Jugend, Information, (Multi-)Media. Stuttgart: Landesanstalt für Kommunikation Baden Württemberg

MPFS [MEDIENPÄDAGOGISCHER FORSCHUNGSVERBUND] (2008b): KIM-Studie 2008: Kinder + Medien, Computer + Internet. Stuttgart: Landesanstalt für Kommunikation Baden Württemberg

NEBER, H. (1987): Angewandte Problemlösepsychologie. In: Neber, H. (Hrsg.): Angewandte Problemlösepsychologie. Münster: Aschendorf, S. 1-117

NEUMANN, H. u. a. (1982): Analyse von Spielfilmen. Information für Lehrer. Praxis Schulfernsehen (1982) 73/74, S. 91-96

NÖLLE, K. (2000): Probleme der Form und des Erwerbs unterrichtsrelevanten pädagogischen Wissens. Zeitschrift für Pädagogik. 46 (2000) 1, S. 48-67

NÜCKE, E./ REINHARD, A. (1990): Physikaufgaben für technische Berufe. 25. Auflage. Hamburg: Handwerk und Technik

OERTER, R. (2002): Kindheit. In: Oerter, R./ Montada, L. (Hrsg.): Entwicklungspsychologie, a. a. O., S. 209-257

OERTER, R./ DREHER, E. (2002): Jugendalter. In: Oerter, R./ Montada, L. (Hrsg.): Entwicklungspsychologie, a. a. O., S. 258-318

OERTER, R./ MONTADA, L. (Hrsg.) (2002): Entwicklungspsychologie. Weinheim: Beltz PVU

OESTERDIEKHOFF, G. W./ JEGELKA, N. (Hrsg.) (2001): Werte und Wertewandel in westlichen Gesellschaften. Opladen: Leske + Budrich

OSER, F. (1981): Moralisches Urteil in Gruppen. Soziales Handeln, Verteilungsgerechtigkeit, Stufen der interaktiven Entwicklung und ihre erzieherische Stimulation. Frankfurt a. M.: Suhrkamp

OSER, F. (1984): Humanisierung der beruflichen Ausbildung durch die Entwicklung des sozial-moralischen Urteils. HASMU-Bericht 1980-83. Fribourg: Universität, Pädagogisches Institut

OSER, F./ ALTHOF, W. (1992): Moralische Selbstbestimmung. Modelle der Entwicklung und Erziehung im Wertebereich. Stuttgart: Klett-Cotta

OSER, F./ FATKE, R./ HÖFFE, O. (Hrsg.) (1986): Transformation und Entwicklung. Grundlagen der Moralerziehung. Frankfurt a. M.: Suhrkamp

PARDON, H. (1983): Orientierungsmuster von Jugendlichen Anfang der 80er Jahre. Ergebnisse einer qualitativen Untersuchung. In: Bauer, K. O./ Hellmann, D./ Pardon, H.: Einstellungen und Sichtweisen von Jugendlichen. Trends und neue Ergebnisse der Jugendforschung. Weinheim: Beltz, S. 90-164

PESTALOZZI, J. H. (1792): Lienhard und Gertrud. Ein Buch für das Volk. Teil I und pädagogisch wichtige Partien der Teile II - IV. Herausgegeben von A. Reble. 3. Auflage. Bad Heilbrunn: Klinkhardt 1981

PETERSSEN, W. H. (1996): Lehrbuch Allgemeine Didaktik. München: Ehrenwirth

PETILLON, H. (1980): Soziale Beziehungen in Schulklassen. Weinheim: Beltz

PIAGET, J. (1947/ 1972): Psychologie der Intelligenz (1947). Olten: Walter

PIAGET, J. (1979): Das moralische Urteil beim Kinde. Frankfurt a. M.: Suhrkamp

PLÖGER, W. (1999): Allgemeine Didaktik und Fachdidaktik. München: Fink

PORTELE, G. (Hrsg.) (1978): Sozialisation und Moral. Neuere Ansätze zur moralischen Entwicklung und Erziehung. Weinheim: Beltz

PRAGER, J./ WIELAND, C. (2005): Jugend und Beruf. Repräsentativumfrage zur Selbstwahrnehmung der Jugend in Deutschland. Gütersloh: Bertelsmann Stiftung

PRANGE, K. (1986): Bauformen des Unterrichts. Eine Didaktik für Lehrer. 2. Auflage. Bad Heilbrunn: Klinkhardt

PRENZEL, M./ ARTELT, C./ BAUMERT, J./ BLUM, W./ HAMMANN, M./ KLIEME, E. & PEKRUN, R. (Hrsg.) (2007): PISA 2006. Die Ergebnisse der dritten Vergleichsstudie. Münster: Waxmann

PRENZEL, M./ SCHIEFELE, H. (2001): Motivation und Interesse. In: Roth, L. (Hrsg.): Pädagogik. Handbuch für Studium und Praxis. 2. Auflage. München: Oldenbourg, S. 919-930

PREUSS, E. (Hrsg.) (1976): Zum Problem der inneren Differenzierung. Bad Heilbrunn: Klinkhardt

RATKE, W. (1632/1970): Allunterweisung. Schriften zur Bildungs-, Wissenschafts- und Gesellschaftsreform. Teil 1. Berlin: Volk und Wissen

REICH, G. u. a. (1982): Soziale Studien und Medien. Unterrichtsprojekte zum Spielen in der Grundschule. Köln: Verlagsgesellschaft Schulfernsehen

REICH, K. (1996): Systemisch-konstruktivistische Pädagogik. Einführung in Grundlagen einer interaktionistisch-konstruktivistischen Pädagogik. Neuwied, Kriftel: Luchterhand

REICH, K. (2002): Konstruktivistische Didaktik. Lehren und Lernen aus interaktionistischer Sicht. Neuwied, Kriftel: Luchterhand

REIN, W. (1907): Pädagogik im Grundriß. 4. Auflage. Leipzig: Göschen

REINHOLD, P./ LIND, G./ FRIEGE, G. (1999): Wissenszentriertes Problemlösen in Physik. In: Zeitschrift für Didaktik der Naturwissenschaften. 5 (1999) 1, S. 41-62

REINMANN-ROTHMEIER, G./ MANDL, H. (2001): Unterrichten und Lernumgebungen gestalten. In: Krapp, A./ Weidenmann, B. (Hrsg.): Pädagogische Psychologie …, a. a. O., S. 601-646

REIS, O. (1997): Risiken und Ressourcen für die Persönlichkeitsentwicklung im Übergang zum Erwachsenenalter. Weinheim: Psychologie Verlags Union

REISING, D. (1986): Kognitive Komplexität als Differenzierungskriterium. Entwicklung und Evaluation eines Unterrichtskonzepts für die Berufsfachschule. Frankfurt a. M.: Lang

RHEINBERG, F. (2002): Motivation. Stuttgart: Kohlhammer

ROBINSOHN, S. B. (1967): Bildungsreform als Revision des Curriculums. Neuwied. Luchterhand

ROST, D. H./ SCHILLING, S. (2002): Attraktive Schüler und Schülerinnen. In: Rost, D. H. (Hrsg.): Handwörterbuch Pädagogische Psychologie. Weinheim: PVU, S. 29-35

ROTH, H. (1963): Pädagogische Psychologie des Lehrens und Lernens. 7. Auflage. Hannover: Schroedel

ROTH, L./ PETRAT, G. (Hrsg.) (1974): Unterrichtsanalysen in der Diskussion. Hannover: Schroedel

ROUSSEAU, J. J. (1762/ 1963): Emil. Oder über die Erziehung. Hrsg. von Prang, M., Stuttgart: Reclam 1963

SALOMON, G. (1979): Interaction of media, cognition and learning. San Francisco: Jossey-Bass

SCHAARSCHMIDT, U./ AROLD, H./ KIESCHKE, U. (2000): Die Bewältigung psychischer Anforderungen durch Lehrkräfte. Informationen über ein Forschungsprojekt an der Universität Potsdam. Potsdam <http://www.psych.uni-potsdam. de/personality/files/bew-psychischer-anf.pdf> (06/2003)

SCHÄFER, K.-H. (1976a): Aspekte der kritisch-kommunikativen Didaktik. In: Schäfer, K.-H./ Schaller, K.: Kritische Erziehungswissenschaft ..., a. a. O., S. 177-220

SCHÄFER, K. -H. (1976b): Einführung in die kritisch-kommunikative Didaktik. In: Schäfer, K.-H./ Schaller, K.: Kritische Erziehungswissenschaft ..., a. a. O., S. 124-176

SCHÄFER, K.-H./ SCHALLER, K. (1976): Kritische Erziehungswissenschaft und kommunikative Didaktik. 3. Auflage. Heidelberg: Quelle & Meyer

SCHÄFERS, B. (2001): Jugendsoziologie. Opladen: Leske + Budrich

SCHALLER, K. (1976): Einführung in die kritische Erziehungswissenschaft. In: Schäfer, K.-H./ Schaller, K.: Kritische Erziehungswissenschaft..., a. a. O., S. 9-74

SCHIEFELE, H. (1981): Motivation und Motiventwicklung. In: Schiefele, H./ Krapp, A. (Hrsg.): Handlexikon zur Pädagogischen Psychologie. München: Ehrenwirth, S. 360-265

SCHIEFELE, U./ KÖLLER, O. (2002): Intrinsische und extrinsische Motivation. In: Oerter, R./ Montada, L. (Hrsg.): Entwicklungspsychologie, a. a. O., S. 304-310

SCHNEEKLOTH, U. (2006): Die „großen Themen": Demografischer Wandel, Europäische Union und Globalisierung. In: Shell Deutschland Holding (Hrsg.): Jugend 2006, a.a.O., S. 145-167

SCHNEEWIND, K. A. (2002): Familienentwicklung. In: Oerter, R./ Montada, L. (Hrsg.), Entwicklungspsychologie, a. a. O., S. 105-127

SCHÖN, D. A. (1983): The Reflective Practitioner. London: Temple Smith

SCHREIER, H. (1986): John Dewey: Erziehung durch und für Erfahrung. Stuttgart: Klett-Cotta

SCHREINER, C. (1979): Muss Strafe sein? Skizze einer psychologischen Theorie der Strafe in der Perspektive Sozialen Lernens. Zeitschrift für Pädagogik. 25 (1979), S. 231-245

SCHRODER, H. M. (1975): Die Entwicklung der Informationsfähigkeit. In: Krohne, H. W. (Hrsg.): Fortschritte in der Pädagogischen Psychologie. München: Reinhardt, S. 61-79

SCHRODER, H. M./ DRIVER, M. J./ STREUFERT, S. (1975): Menschliche Informationsverarbeitung. Die Strukturen der Informationsverarbeitung bei Einzelpersonen und Gruppen in komplexen sozialen Situationen. Weinheim: Beltz

SCHULTZ, U. u. a. (1984): Gesetzt den Fall. Rechtskunde ab 10. Schuljahr. Informationen für Lehrer. Praxis Schulfernsehen. (1984)10, S. 111-130

SCHULZ, W. (1965): Unterricht – Analyse und Planung. In: Heimann, P./ Otto, G./ Schulz, W.: Unterricht ..., a. a. O., S. 13-47

SCHULZ, W. (1981): Unterrichtsplanung. 3. Auflage. München: Urban & Schwarzenberg

SCHULZ, W. (1983): Die lehrtheoretische Didaktik. Oder: Didaktisches Handeln im Schulfeld – Modellskizze einer professionellen Tätigkeit. In: Gudjons, H./ Teske, R./ Winkel, R. (Hrsg.) Didaktische ..., a. a. O., S. 29-45

SCHULZE, T. (1980): Schule im Widerspruch: Erfahrungen, Theorien, Perspektiven. München: Kösel-Verlag

SCHWEER, M. (1997a): Eine differentielle Theorie interpersonalen Vertrauens. Überlegungen zur Vertrauensbeziehung zwischen Lehrenden und Lernenden. Psychologie in Erziehung und Unterricht. 44 (1997), S. 2-12

SCHWEER, M. (1997b): Bedingungen interpersonalen Vertrauens zum Lehrer. Implizite Vertrauenstheorie, Situationswahrnehmung und Vertrauensaufbau bei Schülern. Psychologie in Erziehung und Unterricht. 44 (1997), S. 143-151

SEEL, N. (2000): Psychologie des Lernens. Lehrbuch für Psychologen und Pädagogen. München: Ernst Reinhardt Verlag

SEIFFGE-KRENKE, I. (1981): Soziales Verhalten in der Schulklasse. In: Twellmann, W. (Hrsg.): Handbuch ..., Band 3, a. a. O., S. 329-372

SEIFFGE-KRENKE, I./ TODT, E. (1977): Motiv und Motivation im Bereich der Persönlichkeitsforschung. In: Todt, E. (Hrsg.): Motivation. Eine Einführung in Probleme, Ergebnisse und Anwendungen. Heidelberg: Quelle & Meyer, S. 148-198

SHELL DEUTSCHLAND HOLDING (Hrsg.) (2006): Jugend 2006. Eine pragmatische Generation unter Druck. Frankfurt a.M.: Fischer Taschenbuch Verlag

SHULMAN, L. S. (1992): Research on teaching. A historical and personal perspective. In: Oser, F. (Hrsg.): Effective and responsible teaching. The new synthesis. San Francisco: Jossey-Bass, S. 14-29

SKINNER, B. F. (1953): Science and human behavior. New York: Macmillan

SÖLTENFUSS, G. (1983): Grundlagen handlungsorientierten Lernens. Dargestellt an einer didaktischen Konzeption des Lernens im Simulationsbüro. Bad Heilbrunn: Klinkhardt

SOWI-ONLINE (2003): Online-Reader „Berufsorientierung". sowi-online e. V. Bielefeld <http:// www. sowi-online.de/reader/berufsorientierung/berufsorientierung.htm>, (10/2003)

SPIRO, R. J./ JEHNG, J. C. (1990): Cognitive flexibility and hypertext. Theory and technology for the nonlinear and multidimensional traversal of complex subject matter. In: Nix, D./Spiro, R. (Hrsg.): Cognition, education, and multimedia. Exploring ideas in high technology. Hillsdale: Lawrence Erlbaum, S. 163-205

STACHOWIAK, H. (1973): Allgemeine Modelltheorie. Wien: Springer

STÄNDIGE KONFERENZ der Kultusminister der Länder in der Bundesrepublik Deutschland (1972): Vereinbarung zur Neugestaltung der gymnasialen Oberstufe in der Sekundarstufe II. Neuwied: Luchterhand

STÄNDIGE KONFERENZ der Kultusminister der Länder in der Bundesrrepublik Deutschland (1977): Übereinkünfte zur einheitlichen Durchführung der Vereinbarung zur Neugestaltung der gymnasialen Oberstufe in der Sekundarstufe II. Neuwied: Luchterhand

STARK, R. u. a. (1995): Förderung von Handlungskompetenz durch geleitetes Problemlösen und multiple Lernkontexte. Zeitschrift für Entwicklungspsychologie und Pädagogische Psychologie. 27 (1995), S. 289-312

STATISTISCHES BUNDESAMT (Hrsg.) (2008): Bevölkerung und Erwerbstätigkeit. Bevölkerung mit Migrationshintergrund. Ergebnisse des Mikrozensus 2007. Wiesbaden: Statistisches Bundesamt

STATISTISCHES BUNDESAMT (Hrsg.) (2009): Bevölkerung und Erwerbstätigkeit. Haushalte und Familien. Ergebnisse des Mikrozensus 2008. Wiesbaden: Statistisches Bundesamt

STEINER, G. (2001): Lernen und Wissenserwerb. In: Krapp, A./ Weidenmann, B. (Hrsg.): Pädagogische Psychologie, a. a. O., S. 137-205

StGB (2002): Strafgesetzbuch. Beck-Texte. 38. Auflage. Stuttgart: dtv

STIGLER, J. W. u. a. (1999): The TIMSS videotape classroom study. Methods and findings from an exploratory research project on eighth-grade mathematics instruction in Germany, Japan, and the United States. Washington, DC: U. S. Government Printing Office <http://nces.ed.gov/timss> (11/2003)

STIGLER, J. W./ HIEBERT, J. (1997): Understanding and improving classroom mathematics instruction. An overview of the TIMSS video study. Phi Delta Kappa. 79 (1997) 1, S. 14-21

STRAKA, G. A./ MACKE, G. (2002): Lern-lehrtheoretische Didaktik. Münster: Waxmann

STREECK-FISCHER, A. (1989): Jugendliche zwischen Ausstieg und Überanpassung. Die Deutsche Schule. 81 (1989) 4, S. 441-452

STREUFERT, S./ STREUFERT, S. (1978): Behavior in the Complex Environment. New York: Wiley & Sons

STURZBECHER, D./ WURM, S. (2001): Jugend in Ostdeutschland: Wertorientierungen, Zukunftserwartungen, Familienbeziehungen und Freizeitcliquen. In: Sturzbecher, D. (Hrsg.): Jugend in Ostdeutschland: Lebenssituationen und Delinquenz. Opladen: Leske + Budrich

TENORTH, H. -E. (1990): Profession und Disziplin. Bemerkungen über die krisenhafte Beziehung zwischen pädagogischer Arbeit und Erziehungswissenschaft. In: Drerup, H./ Terhart, E. (Hrsg.): Erkenntnis und Gestaltung. Vom Nutzen erziehungswissenschaftlicher Forschung in praktischen Verwendungskontexten. Weinheim: Deutscher Studien Verlag, S. 81-97

TERGAN, O. -S. (2002): Hypertext und Hypermedia. Konzeption, Lernmöglichkeiten, Lernprobleme und Perspektiven. In: Issing, L. J./ Klimsa, P. (Hrsg.): Information und Lernen mit Multimedia. 3. Auflage. Weinheim: Psychologie Verlags Union, S. 99-112

TERHART, E. (1986): Organisation und Erziehung. Neue Zugangsweisen zu einem alten Dilemma. Zeitschrift für Pädagogik. 32 (1986), S. 205-223

TERHART, E. (1999): Konstruktivismus und Unterricht. Gibt es einen neuen Ansatz in der Allgemeinen Didaktik? Zeitschrift für Pädagogik. 45 (1999) 4, S. 629-647

TERHART, E. (2002): Konstruktivismus und Unterricht. Eine Auseinandersetzung mit theoretischen Hintergründen, Ausprägungsformen und Problemen konstruktivistischer Didaktik. 2. Auflage. Soest: Verlag für Schule und Weiterbildung

THÜRINGER KULTUSMINISTERIUM (1999): Thüringer Lehrpläne für die Regelschule und für die Förderschule mit dem Bildungsgang der Regelschule. Astronomie

TULODZIECKI, G. (1980): Kommunikativ orientierte Unterrichtsplanung als Konsequenz aus der Kritik des unterrichtstechnologischen Ansatzes. In: König, E./ Schier, N./ Vohland, U. (Hrsg.): Diskussion Unterrichtsvorbereitung. Verfahren und Modelle. München: Fink, S. 295-321

TULODZIECKI, G. (1983a): Theoriegeleitete Entwicklung und Evaluation von Lehrmaterialien als eine Aufgabe der Unterrichtswissenschaft. Unterrichtswissenschaft. 11 (1983), S. 27-45

TULODZIECKI, G. (1983b): Unterricht und Medienverwendung im Einfluß der Massenkommunikation. In: Theuring, W. (Hrsg.): Lehren und Lernen mit Medien. Beiträge aus Medienforschung und Medienpraxis. Grünwald: FWU, S. 41-56

TULODZIECKI, G. (1987): Unterricht mit Jugendlichen. Eine Didaktik für allgemein- und berufsbildende Schulen. Bad Heilbrunn: Klinkhardt

TULODZIECKI, G. (1992a): Medienerziehung in Schule und Unterricht. 2. Auflage. Bad Heilbrunn: Klinkhardt

TULODZIECKI, G. (1992b): Unterrichtskonzepte zu naturwissenschaftlichen Grundlagen. In: Tulodziecki, G./ Breuer, K./ Hauf, A.: Konzepte ..., a. a. O., S. 60-103

TULODZIECKI, G. (1992c): Unterrichtskonzepte zu technischen Systemen. In: Tulodziecki, G./ Breuer, K./ Hauf, A.: Konzepte..., a. a. O., S. 104-148

TULODZIECKI, G. (1996): Unterricht mit Jugendlichen. Eine handlungsorientierte Didaktik mit Unterrichtsbeispielen. 3. Auflage. Bad Heilbrunn: Klinkhardt und Handwerk und Technik

TULODZIECKI, G. (1997): Medien in Erziehung und Bildung. Grundlagen und Beispiele einer handlungs- und entwicklungsorientierten Medienpädagogik. 3. Auflage. Bad Heilbrunn: Klinkhardt

TULODZIECKI, G. u. a. (1995): Handlungsorientierte Medienpädagogik in Beispielen. Projekte und Unterrichtseinheiten für Grundschulen und weiterführende Schulen. Bad Heilbrunn: Klinkhardt

TULODZIECKI, G./ AUFENANGER, S. (1989): Medienethische Reflexionen. Sozial-moralische Argumentationen zu Medieninhalten. Stuttgart: Landesinstitut für Erziehung und Unterricht

TULODZIECKI, G./ BREUER, H./ HAUF, A. (1992): Konzepte für das berufliche Lehren und Lernen. Naturwissenschaftliche Grundlagen, technische Systeme, neue Technologien und komplexe Arbeitsaufgaben im Unterricht. 3. Auflage. Bad Heilbrunn/Hamburg: Klinkhardt/ Handwerk und Technik

TULODZIECKI, G./ BREUER, K. (1985): Ansatz zur Entwicklung lernprozeßorientierter Konzepte für den Politikunterricht. In: Hagemann, W./ Tulodziecki, G.: Lehren und Lernen..., a. a. O., S. 13-56

TULODZIECKI, G./ BREUER, K. (1992): Zur Entwicklung von Unterrichtskonzepten. In: Tulodziecki, G./ Breuer, K./ Hauf, A.: Konzepte..., a. a. O., S. 13-59

TULODZIECKI, G./ HAUF, A. (1986): Meine persönlichen Daten gehen keinen was an! Moralische Orientierungen in Schüleräußerungen zu einem Datenschutzproblem. LOG IN. 6 (1986) 2, S. 33-36

TULODZIECKI, G./ HERZIG, B. (2002): Computer & Internet im Unterricht. Medienpädagogische Grundlagen und Beispiele. Berlin: Cornelsen Scriptor

TWELLMANN, W. (Hrsg.) (1981): Handbuch Schule und Unterricht. Band 1/Band 3. Düsseldorf: Schwann

UHL, S. (1991): Kohlbergs Theorie des moralischen Urteilens als Grundlage der Moralerziehung? Kritische Einwände aus erziehungswissenschaftlicher Sicht. Die Realschule 99 (1991) 2, S. 70-71

ULICH, D. (1981): Die Lehrer-Schüler-Interaktion. In: Twellmann, W. (Hrsg.): Handbuch ..., Band 1, a. a. O., S. 161-177

UNVERZAGT, G./ HURRELMANN, K. (2001): Konsum-Kinder. Was fehlt, wenn es an gar nichts fehlt. Freiburg i. Br.: Herder

VOIGT, J. (1984): Interaktionsmuster und Routinen im Mathematikunterricht. Theoretische Grundlagen und mikroethnographische Falluntersuchungen. Weinheim/ Basel: Beltz

VOLLMEYER, R./ RHEINBERG, F. (1998): Motivationale Einflüsse auf Erwerb und Anwendung von Wissen in einem computersimulierten System. Zeitschrift für Pädagogische Psychologie. 12 (1998), S. 11-23

WAGNER-WINTERHAGER, L. (1990): Jugendliche Ablöseprozesse im Wandel des Generationenverhältnisses: Auswirkungen auf die Schule. Die Deutsche Schule. 92 (1990) 4, S. 452-465

WATZLAWIK, P./ BEAVIN, J. H./ JACKSON, D. D. (1969): Menschliche Kommunikation. Formen, Störungen, Paradoxien. Bern: Huber

WEICK, K. E. (1976): Educational Organizations as Loosely Coupled Systems. Administrative Science Quarterly. 21 (1976), S. 1-19

WEIDENMANN, B. (1994): Wissenserwerb mit Bildern. Instruktionale Bilder in Printmedien, Film, Video und Computerprogrammen. Bern: Huber

WEINER, B. (1986): An attributional theory of motivation and emotion. New York: Springer

WEINERT, F. E. (1996): „Der gute Lehrer", „die gute Lehrerin" im Spiegel der Wissenschaft. Was macht Lehrende wirksam und was führt zu ihrer Wirksamkeit? Beiträge zur Lehrerbildung. 14 (1996) 2, S. 141-151

WEINERT, F. E./ HELMKE, A. (1997): Entwicklung im Grundschulalter. Weinheim: Psychologie Verlags Union

WEINERT, F. E./ SCHRADER, F.-W./ HELMKE, A. (1989): Quality of instruction and achievement outcomes. International Journal of Educational Research. 13 (1989), S. 895-914

WEINERT, F. E./ SCHRADER, F.-W./ HELMKE, A. (1990): Unterrichtsexpertise – Ein Konzept zur Verringerung der Kluft zwischen zwei theoretischen Paradigmen. In: Alisch, L.-M./ Baumert, J./ Beck, K. (Hrsg.): Professionswissen und Professionalisierung. Sonderband in Zusammenarbeit mit der Zeitschrift Empirische Pädagogik. Braunschweig: Copy-Center Colmsee, S. 173-206

WENIGER, E. (1952): Didaktik als Bildungslehre. Teil I: Theorie der Bildungsinhalte und des Lehrplans. Weinheim: Beltz

WIATER, W. (1993): Unterrichten und lernen in der Schule. Eine Einführung in die Didaktik. Donauwörth: Auer

WIECHMANN, J. (Hrsg.) (2002): Zwölf Unterrichtsmethoden. Weinheim: Beltz

WILD, E./ HOFER, M./ PEKRUN, R. (2001): Psychologie des Lerners. In: Krapp, A./ Weidenmann, B. (Hrsg.): Pädagogische Psychologie, a. a. O., S. 207-270

WILD, K.-P. (2000): Lernstrategien im Studium. Strukturen und Bedingungen. Münster: Waxmann

WILLMANN, O. (1967): Didaktik als Bildungslehre. Freiburg i. Br.: Herder

WINKEL, R. (1976): Der gestörte Unterricht. Bochum: Verlag Ferdinand Kamp

WINKEL, R. (1983): Die kritisch-kommunikative Didaktik. In: Gudjons, H./ Teske, R./ Winkel, R. (Hrsg.): Didaktische ..., a. a. O., S. 79-93

WISSENSCHAFTLICHER BEITRAT FÜR FAMILIENFRAGEN (2005): Familiale Erziehungskompetenzen. Beziehungsklima und Erziehungsleistungen in der der Familie als Problem und Aufgabe. Weinheim, München: Juventa

WITTROCK, M. C. (1977): The human brain. Englewood Cliffs: Prentice Hall

WOITULJEWITSCH, W. L. (1952): Über das Erwerben von Kenntnissen. Pädagogik, H. 2, 1952

WRAGGE-LANGE, I. (1983): Interaktionsmuster im Frontalunterricht. Drei Fallanalysen. Beltz: Weinheim

WYGOTSKI, L. S. (1978): Mind in society. The development of higher psychological processes. Cambridge: Cambridge University Press

YANKELOVICH, D. (1974): The New Morality. A Profile of American Youth in the 70's. New York: McGraw-Hill 1974

ZILLER, T. (1884): Allgemeine Pädagogik. Zweite, sehr vermehrte und mit Anmerkungen versehene Auflage der Vorlesungen über Allgemeine Pädagogik. Leipzig: Matthes

ZINNECKER, J./ BEHNKEN, I./ MASCHKE, S./ STECHER, L. (2002): null zoff & voll busy. Die erste Jugendgeneration des neuen Jahrhunderts. Opladen: Leske + Budrich

# Autorenverzeichnis

# Sachwortverzeichnis

# Verzeichnis der Darstellungen und Tabellen